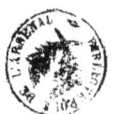

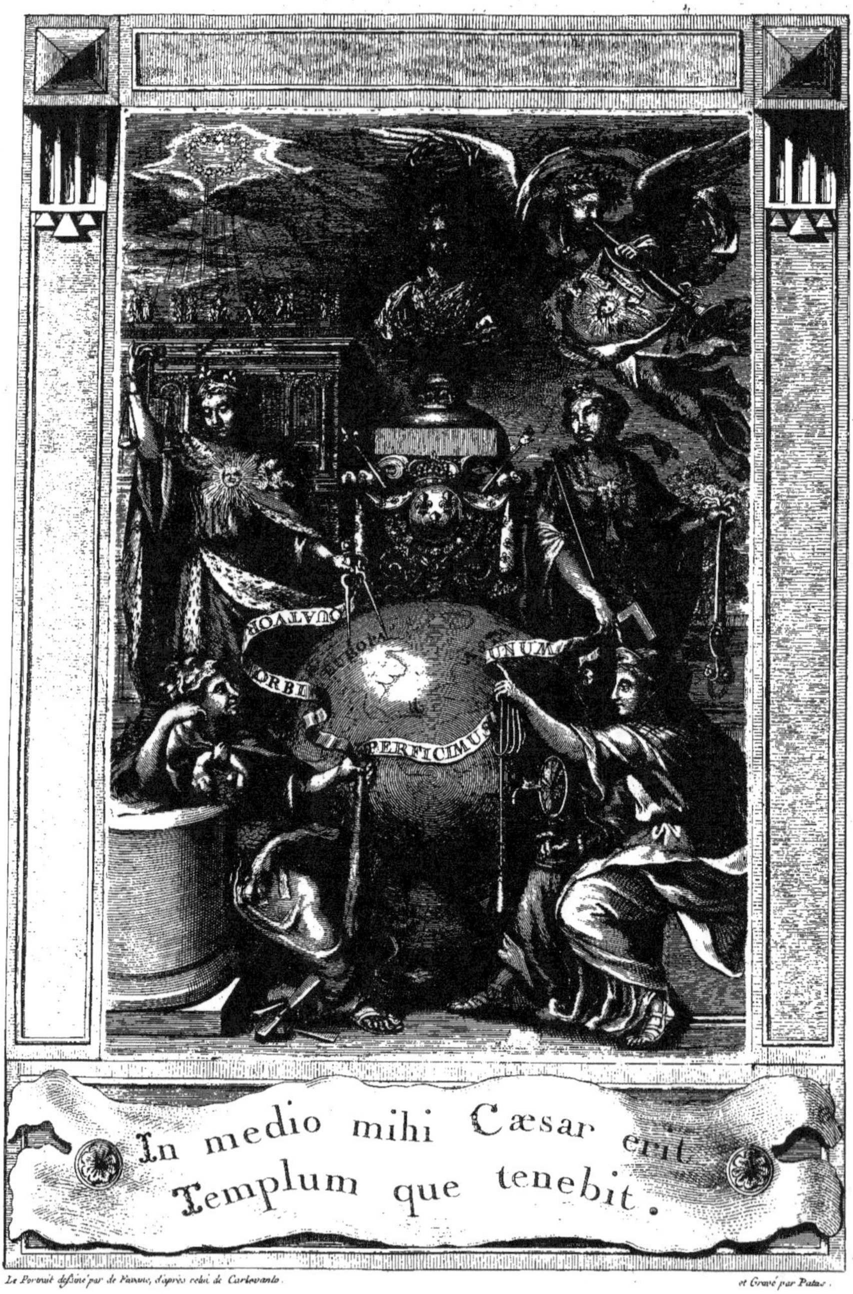
QUATVOR
ORBI
EUROPA
UNUM
PERFICIMUS
In medio mihi Cæsar erit
Templum que tenebit.

Le Portrait dessiné par de Favanne, d'après celui de Carlevanlo. *et Gravé par Patas.*

HISTOIRE
de la Campagne de 1674 en *Alsace*
précédée d'un Tableau historique de la
Guerre de Hollande Jusqu'à
cette Époque

OUVRAGE
Enrichi de Plans et de Cartes

DÉDIÉ ET PRÉSENTÉ
AU ROY

Par le Chevalier de Beaurain
Géographe de sa Majesté et son Pensionnaire
en M.DCC.LXXIV.

C. L. Desrais. Del. 1774.   L. Patas. Sculp.

HISTOIRE
DE LA CAMPAGNE
DE M. LE PRINCE
DE CONDÉ,
EN FLANDRE EN 1674.

Fœliciter audax.

HISTOIRE
DE LA CAMPAGNE
DE M. LE PRINCE
DE CONDÉ,
EN FLANDRE EN 1674;
PRÉCÉDÉE d'un Tableau Historique de la Guerre de Hollande jusqu'à cette époque :
OUVRAGE
ENRICHI DE PLANS ET CARTES,
DÉDIÉ ET PRÉSENTÉ AU ROI,
Par le Chevalier DE BEAURAIN, Géographe de Sa Majesté, & son Pensionnaire.

A PARIS,
Chez l'AUTEUR, rue Gille-Cœur, la premiere porte cochere à droite, en entrant par le quai des Augustins.
ET
Chez
- CH. ANT. JOMBERT pere, Libraire du Roi pour l'Artillerie & le Génie, rue Dauphine.
- DELAGUETTE, Libraire-Imprimeur, rue de la Vieille-Draperie.
- MONORY, Libraire de S. A. S. Monseigneur le Prince de Condé, rue de la Comédie Françoise.

M. DCC. LXXIV.
AVEC PRIVILÉGE DU ROI.

AVERTISSEMENT

DE M. LE CHEVALIER DE BEAURAIN.

L'Accueil que le Public a daigné faire aux Campagnes du Maréchal de Luxembourg, données par feu mon Pere, m'a fait naître l'idée de travailler à quelque Ouvrage de ce genre qui pût être utile aux Militaires. La Campagne de mil six cens soixante-quatorze en Flandre, par l'armée du Roi aux ordres de M. le Prince de Condé, regardée comme une des plus sçavantes de ce grand Homme, m'a paru être une de celles qu'il étoit le plus intéressant de traiter ; & en conséquence je l'ai annoncée & proposée par souscription en Février 1772.

Les bontés du Public ont parfaitement répondu à mon attente : la liste nombreuse de Souscripteurs que je joins ici, & qui se trouve ornée des premiers noms du Royaume & des Pays étrangers, en est le témoignage. Elles ont redoublé mon activité & mon zèle, & m'ont déterminé à n'épargner ni soins, ni travail, ni dépenses pour la perfection de mon entreprise.

J'avois dans mon cabinet toutes les ressources possibles pour les détails typographiques. Les meilleures Cartes connues, plusieurs qui ne le sont pas, & quelques-unes manuscrites, levées par d'habiles Ingénieurs, vers le tems même de la Campagne dont je m'occupois, ne me laissoient rien à desirer à cet égard ; j'observerai en passant l'importance du dernier article, car le terrein change d'un siecle à l'autre. Les détails des faits militaires qui se sont passés il y a cent ans, ne s'appliqueroient pas également au terrein tel qu'il est au-

AVERTISSEMENT.

jourd'hui : *l'expofition qu'on voudroit en faire fur des Cartes exactement conformes à celui-ci, fe trouveroit en plufieurs points inintelligible, & le deffein infidèle.*

Je poffédois auffi beaucoup de détails fur les opérations militaires que je devois décrire, & j'avois la reffource des Livres en grand nombre qui en ont traité ; mais la mine la plus abondante où je pouvois puifer étoit la Bibliothéque de Son Alteffe Séréniffime Monfeigneur le Prince de Condé. Ce Prince, digne émule du Héros dont je voulois décrire les actions, a daigné favorifer mon entreprife & l'honorer de fon fuffrage ; il a même permis que la correfpondance de fon illuftre Ancêtre relativement à la Campagne de 1674, me fût confiée, avec les Manufcrits, Plans & Cartes qui y avoient rapport. C'eft fur ces piéces authentiques que le travail que j'offre au Public eft affis. Rien ne pouvoit mieux en affurer la jufteffe & la vérité.

Après avoir fait tout ce qu'on pouvoit attendre de mon zèle & du genre de travail auquel je me fuis livré jufqu'ici, il ne me reftoit plus à defirer que le fecours d'un Militaire inftruit & appliqué, qui joignît l'expérience à la théorie & dont le nom pût me concilier le fuffrage des Lecteurs. L'intérêt que M. le Chevalier de Chaftellux a bien voulu me témoigner en tout tems, & les lumieres que j'en avois déjà tirées en d'autres occafions, m'ont infpiré la confiance de m'adreffer à lui, & quoique fes occupations ne lui aient pas permis d'entreprendre la partie hiftorique de cet Ouvrage, je ne lui ai pas moins d'obligations, puifque c'eft lui qui a engagé M. le Chevalier d'Agueffeau à vouloir bien s'en charger. Perfonne n'étoit plus capable de remplir toute l'étendue de mes vues. Sans doute qu'il n'appartient qu'au Public de juger fon travail ainfi que le mien ; mais il m'eft permis du moins de me féliciter qu'un Officier auffi diftingué

AVERTISSEMENT.

& auſſi connu par ſon application & par ſes ſervices, ait bien voulu concourir à mon entrepriſe, en y joignant une partie non moins pénible & non moins eſſentielle. Témoin des recherches qu'il a faites & des peines qu'il a priſes pour donner à cette Hiſtoire toute la clarté & la préciſion dont elle eſt ſuſceptible, nous nous empreſſons de lui rendre ce témoignage déſintéreſſé, ainſi que l'hommage de notre reconnoiſſance, que nous n'offrons pas moins à ſon Ami, puiſque, dans ſon abſence, il a bien voulu le remplacer & veiller à l'édition & à la correction de cet Ouvrage.

M. le Chevalier d'Agueſſeau, non content de donner à l'Hiſtoire de la Campagne de 1674 toute l'extenſion & le développement poſſibles, a jugé à propos d'y joindre une Introduction ou Tableau hiſtorique des premieres années de la guerre de Hollande, & des événemens politiques & militaires qui ont amené & préparé cette guerre, au moyen de quoi le narratif de cet Ouvrage, dont le projet n'embraſſoit dans le principe que l'Hiſtoire d'une Campagne, dans le genre de celles du Maréchal de Luxembourg, s'eſt trouvé lui ſeul preſqu'auſſi conſidérable que celui des cinq Campagnes de ce Général. L'Introduction a exigé trois Cartes de plus, ſur leſquelles je n'avois pas compté. On peut juger combien cette augmentation de frais, d'Impreſſion & de Cartes, a augmenté mes dépenſes. J'ai redoublé d'efforts, & je m'y ſuis livré avec plaiſir & avec zèle, perſuadé que l'Ouvrage en ſera plus digne des ſuffrages Publics.

Je n'ai rien négligé ni épargné pour la perfection de mes Cartes, tant en ce qui concerne l'exactitude, que pour la beauté & la netteté de l'exécution, & j'eſpere que le Public en ſera content. Le tracé des opérations & poſitions militaires y a été ſubordonné au texte de l'Hiſtoire.

AVERTISSEMENT.

J'ai defiré que la beauté de l'exécution typographique répondît à l'importance de l'Ouvrage. Pouvoit-il être annoncé par un frontifpice plus agréable aux François que le portrait d'un Roi qui a fait leur gloire à la tête des armées, & leur félicité pendant la paix, dont il leur affure les douceurs? Et quel autre ornement plus digne de correfpondre à celui-là, que l'image du Héros dont les exploits vont être préfentés aux yeux du Lecteur!

AVANT-PROPOS.

Nous devons rendre compte au Public des sources où nous avons puisé pour la composition de cet Ouvrage, & lui indiquer au moins sommairement, les autorités sur lesquelles nous avons fondé notre travail.

Les premieres de toutes & celles auxquelles nous avons subordonné toutes les autres, sont les Lettres originales de M. le Prince, celles des principaux Officiers de son armée à ce Général & entr'eux, les rapports de ces Officiers, des partisans, des espions, &c. Son Altesse Sérénissime Monseigneur le Prince de Condé, digne héritier du grand Homme dont nous présentons les actions pour exemple aux Militaires, a daigné s'intéresser à l'entreprise que nous exécutons, & a bien voulu nous procurer le seul moyen d'y réussir, en permettant que tous les Manuscrits de sa Bibliothéque qui pouvoient y être relatifs, nous fussent confiés.

Nous avons suivi, en second lieu, les papiers publics du tems, Gazettes, Journaux & Mercures, & nous avons consulté ceux de tous les Partis. Ces écrits nous ont guidés pour les indications de lieux & de dates, pour ce qu'on peut appeler le squelette des faits; mais pour leurs causes & leurs effets, pour la véritable couleur sous laquelle il faut les présenter, nous avons cherché d'autres guides. La plupart de ces écrits sont marqués au coin de la partialité la plus révoltante.

Les mémoires des Contemporains ont eu le troisiéme rang dans notre travail : nous avons donné la préférence à ceux dont les Auteurs nous ont transmis des faits dont ils avoient été témoins, & sur-tout lorsqu'ils y avoient eu part ; mais nous avons eu égard à la position où ils se trouvoient, à leur caractère connu, à leurs intérêts. Nous avons cru devoir spécifier l'influence que ces causes devoient avoir sur leurs récits & sur leurs jugements.

Nous avons consulté enfin le grand nombre d'Historiens François & étrangers qui ont parlé des faits dont nous nous occupons, &

qui ont écrit fur la guerre de Hollande, foit en général, foit d'une maniere détaillée.

Mais au milieu de cette abondance apparente, quelle pauvreté réelle! L'incertitude fur les faits naît de la multitude même des écrits qui nous les tranfmettent, parce qu'ils y font préfentés d'une maniere contradictoire. Dans prefque tous, ils font déguifés, altérés par la flatterie ou par la haine, défigurés par l'impéritie & par l'ignorance: on ne peut compter abfolument fur aucun, la vérité ne peut être établie que fur la comparaifon de tous.

Cette comparaifon feroit fufpecte; elle paroîtroit arbitraire & fyftématique, fi elle ne portoit fur un appui dont on ne peut contefter la folidité, fi les piéces d'après lefquelles nous avons jugé & rapproché tous les textes, & décidé entr'eux, n'étoient irrécufables: telles font en effet les Lettres originales qui forment la correfpondance de M. le Prince, & que nous avons annoncées pour nos premieres autorités.

C'eft dans cette correfpondance & dans quelques Manufcrits qui s'y trouvoient joints, que nous avons puifé prefque tous les détails de camps & de marches qui entroient dans notre plan, & que nous n'euffions pu trouver ailleurs. Elle a de même fourni beaucoup de renfeignements & de détails concernant les trois armées que M. le Prince avoit à combattre.

Mais c'eft dans les Lettres mêmes de ce grand Homme que nous nous fommes éclairés fur le développement de fes projets, fur les vues dans lefquelles il agiffoit, fur les motifs de fes opérations: c'eft d'après lui-même que nous en avons fuivi le fil, & faifi l'enfemble, que nous avons connu les moyens qui le fervoient, les obftacles qui le gênoient ou l'arrêtoient.

Nous avons fubordonné à la correfpondance & aux rapports qui l'accompagnoient, tous les recits & détails que nous avons trouvés ailleurs: nous n'avons rien admis pour vrai qui ne fe conciliât avec la premiere.

AVANT-PROPOS.

On concevra aifément quel travail a été néceffaire pour faire le dépouillement de tous ces papiers qui n'étoient nullement préparés pour l'Hiftoire; pour y retrouver des petits détails, épars & noyés dans une quantité de chofes accefloires & inutiles; pour en détacher ces détails, les raffembler, les lier fans y laiffer de lacune, & en former une chaîne hiftorique.

Souvent c'eft dans une Lettre qui avoit un autre objet, d'autres fois dans un rapport d'Efpion, enfin partout ailleurs qu'où il eût été naturel de les chercher, que le hazard ou une recherche obftinée nous ont fait rencontrer des éclairciffements qui nous manquoient.

Les Gazettes, les Journaux & les Mercures, nous ont principalement fervi à nous redreffer, à nous raccorder fur les dates, fur des détails locaux, à nous faire connoître les noms des fous-ordres employés, des bleffés, des tués: nous les avons pris pour points d'appui à cet égard; mais nous avons repouffé loin de nous la partialité révoltante qui les caractérife.

Nous avons tâché, par une difcuffion approfondie des piéces originales & de ces écrits périodiques du tems, ainfi que des Mémoires & des Hiftoires qui ont été donnés depuis, tant par les François que par les Etrangers, de pénétrer en quelque forte les faits, d'en faifir l'enchaînement & les caufes, de les préfenter fous leur véritable couleur; car nous penfons qu'il y a une couleur à donner à l'Hiftoire, fans laquelle elle manque d'expreffion ou de vérité: Nous n'avons pas même cru que les détails arides dont eft hériffée l'Hiftoire de la Campagne de 1674, nous difpenfaffent abfolument de ce foin.

Nous avons eu à chaque pas des contradictions à concilier, & ces contradictions fe font préfentées, non-feulement dans les Livres imprimés, mais encore dans les Manufcrits qui nous ont été communiqués, & même dans ceux que nous avons tirés de la Bibliothéque de S. A. S. Monfeigneur le Prince de Condé. Il exifte entr'autres un Journal foi-difant de M. le Prince, qui eft de toute fauffeté dans des points principaux, & qui ne peut avoir été fait qu'après coup, par quelque Officier qui travailloit d'après des mémoires dont une partie étoit fauffe ou altérée. Il y a dans ce prétendu Journal des erreurs fingulieres, particuliérement dans ce qui y eft dit des mouvemens des armées ennemies. Nous prononçons ainfi, & d'une maniere pofitive, pour l'avoir comparé à la correfpondance de M. le Prince & aux Gazettes, avec lefquelles il eft en contradiction abfolue; & nous en donnons avis au Public, parce que nous fçavons qu'il en exifte plufieurs copies. Lorfqu'on poffède un Manufcrit, on s'imagine prefque toujours avoir une chofe précieufe & qui mérite toute confiance; & cependant les Manufcrits ainfi que les livres contiennent fouvent des chofes très-fauffes.

Que de fois en compofant cet Ouvrage avons-nous eu occafion de gémir du peu de foin avec lequel en général l'Hiftoire eft écrite! Il eft prefque à la honte de la France que celle du régne de Louis XIV, nous manque encore. En effet, à la réferve d'un tableau fait par un grand Maître, nous n'avons prefque que des compilations. Encore fi elles avoient le caractere de la vérité! Mais celles qui nous viennent des écrivains réfugiés, décélent à chaque inftant la partialité & la haine, tandis que la plûpart des Ecrivains François fe font décrédités par l'adulation. Nous n'en excepterons pas le célébre Peliffon, eftimable à d'autres titres, mais qui nous a laiffé trois volumes de panégyrique qu'il a appellés Hiftoire, où prefque tous les faits font exagérés, enflés, où l'on n'apprend rien fi ce n'eft que le Prince dont il étoit l'Hiftoriographe, fut un grand Homme. Il avoit à préfenter des tems heureux, une fuite de fuccès & de victoires. Il lui fuffifoit de faire reffortir les faits, d'employer l'éloquence de la vérité; & il l'a gâtée par celle des mots & des phrafes. M. de Voltaire a dit quelque part qu'il étoit plus difficile à Peliffon de ne pas flatter que de bien écrire. L'adulation étoit le vice de ce tems; & il étoit peut-être excufable, par l'admiration & l'yvreffe qu'infpiroient la vigueur, les fuccés & la gloire de ce régne, après des tems de foibleffe, de trouble & de malheur.

AVANT-PROPOS.

Les Lettres de Pelisson, écrites avec beaucoup d'agrément, de facilité & de naturel, pleines de détails très-intéressants, d'anecdotes, de traits, qu'on ne trouve pas ailleurs, ne sont pas exemptes de ce ton de flatterie que nous reprochons à son Histoire, & par conséquent ne sont pas exemptes d'erreur : Comme il n'étoit employé ni dans les Armées ni dans les Conseils, il écrivoit à ses amis d'après ce qui se disoit à la Cour, & l'on sçait que ce n'est pas toujours un titre de vérité.

L'Histoire de Louis XIV, donnée par Reboulet, est regardée comme la meilleure & la plus sage de toutes celles que nous avons ; mais combien ne laisse-t-elle pas encore à desirer !

On s'attendroit à trouver dans celle de M. de Quincy, toute l'instruction que devroient présenter les détails militaires d'un régne aussi riche à cet égard, pendant lequel les plus grands Généraux ont long-tems commandé. Cette Histoire n'est au contraire qu'une énorme compilation de gazettes, faite sans choix, sans critique, qui fourmille d'erreurs ; où les détails sont inintelligibles, malgré les images appellées plans ou cartes par lesquelles on prétend les éclaircir ; où malgré la grande quantité de ces détails, il reste des lacunes sur des points importants ; où rien n'est développé, ni les plans des guerres, ni les projets de campagne, ni les raisons de la conduite des Généraux, ni leurs fautes, ni leurs traits de génie, ni les causes de leur succès ou de leurs malheurs ; où enfin les Militaires ne trouveroient que sécheresse & ennui sans instruction, si quelques-uns avoient le courage de la lire. * Cet

---

* Nous citerons ici, pour justifier ce que nous disons de l'Ouvrage de M. de Quincy, quelques-unes des erreurs contenues dans le récit qu'il fait de la Campagne de 1674.

T. 1. p. 379. *Le Roi lui envoya des ordres* (à M. le Prince de Condé) *pour couvrir le Maréchal de Bellefont, qui devoit attaquer les forts d'Erklens & de Navagne & le château d'Argenteau sur la Meuse : le Maréchal*, (p. 380.) *couvert par le Prince de Condé, attaqua d'abord le fort d'Erklens, qu'il emporta d'emblée le 10 du mois de Mai.* 1°. Erklens ne fut jamais un fort. C'étoit une petite ville entourée d'un simple mur terrassé. Elle fut emportée, après une résistance très-vive de la part de trois cens hommes qui y étoient en quartier, par M. le Comte de la Lippe, commandant un détachement de deux mille hommes de l'armée de M. de Bellefont. 2°. *Couvert par le Prince de Condé.* Le même jour, 10 Mai, qu'on attaquoit cette petite ville, située, dans le pays de Juliers à la rive droite de la Meuse, M. le

AVANT-PROPOS.

Ouvrage nous a moins fourni de fecours pour l'Hiftoire de la Campagne de 1674, qu'il ne nous a embarraffés & retardés par la comparaifon que nous nous fommes crus obligés d'en faire avec les documens originaux.

Nous avons fait quelque ufage des *Lettres pour fervir à l'Hiftoire Militaire de Louis XIV*; mais nous ne les avons pas fuivies en tout, parce que nous y avons reconnu des erreurs, & que nous fommes convaincus qu'il y a de ces Lettres qui font ou controuvées ou altérées.

Nous avons cité & difcuté dans quelques points les Mémoires de Chavagnac, de la Fare, de Feuquieres, l'Hiftoire du fiége de Grave, &c.

M. de la Rofiere avoit donné avant nous une Hiftoire de la Campagne de 1674 : nous l'avons confultée avec confiance & avec fruit. Nous regrettons que fon plan n'ait pas été auffi étendu que le nôtre ; il ne nous auroit rien laiffé à faire, & le public y auroit gagné. S'il lui eft échappé quelques légeres erreurs, c'eft fans doute parce qu'il n'avoit pas entre les mains les piéces originales d'après lefquelles nous avons travaillé. Nous l'invitons à

Prince de Condé affembloit fon armée, & prenoit fon premier camp, près de Tournay, à la rive gauche de l'Efcaut. Eft-il poffible d'écrire l'Hiftoire avec cette négligence, & de mettre auffi peu d'importance à y inférer des chofes vraies ou fauffes ?

Suivons encore quelques lignes, autant d'erreurs. *Le château d'Argenteau rendu le 16. Il capitula la nuit du 17 au 18. M. de Bellefont n'en fut pas plutôt le maître qu'il le fit fauter*, ce ne fut que le 11 Juin, ainfi que *le fort de Navagne qu'il attaqua enfuite, & qu'il força de fe rendre le 24.* Ce fut le 22 que Navagne capitula, & ce fort ne fut rafé que fix femaines après, au commencement de Juillet.

Encore même page. *Le Prince d'Orange attendoit l'armée de l'Empereur, qui le joignit au commencement d'Août.* Ce fut du 24 au 27 Juillet.

Pages 381---386. Le détail de la bataille de Seneff inexact & infuffifant.

Page 386. *Après que les deux armées fe furent raccommodées des pertes de la bataille de Seneff, elles fe remirent en campagne ; le Prince d'Orange fit tout ce qu'il put pour en venir encore aux mains, &c.* L'armée des Alliés ne fit aucun mouvement pour cela, & elle ne fortit de fon camp de Kiévrain, que pour aller faire le fiége d'Oudenarde.

Inexactitude encore dans le peu de détail qu'il y a fur ce fiége, & les mouvements qui fuivirent. De même dans ce qui concerne celui de Grave, &c. &c.

AVANT-PROPOS.

achever l'Histoire qu'il a entreprise des guerres de Louis XIII & de Louis XIV, persuadés que cet Ouvrage ne nous laissera plus à regretter l'imperfection de celui de M. de Quincy. M. de la Rosiere a bien voulu nous communiquer une relation assez rare de la Campagne de 1674, du Prince d'Orange, donnée par un homme qui étoit attaché à ce Prince. Cette piéce, quoique très-partiale, nous a aidés à éclaircir le détail trés-compliqué des mouvemens des armées confédérées.

Nous avons tiré peu de secours des anciennes Histoires de M. le Prince. Il n'en eût pas été de même de celle que nous a donnée M. Desormeaux : si son plan eût embrassé les détails, nous nous serions guidés avec confiance d'après ses recherches. Il mérite celle du Public, par la maniere sage & judicieuse dont il écrit l'Histoire, comme il excite l'intérêt de ses Lecteurs par l'élégance & la noblesse de son style. Nous desirerions que la chaleur & l'élévation de celui de M. Turpin ne l'eût pas entraîné trop rapidement dans l'examen des faits ; il eût évité des erreurs, *

---

* Nous lisons, Vie du Prince de Condé, tome 2 page 225, au sujet du siége de Grave : » Les » ennemis resterent quelque tems dans l'inaction ; mais, voulant profiter de leur supériorité, ils » détacherent quinze mille hommes, aux ordres de Rabenhaupt, pour faire le siége de Grave, » persuadés que le Prince de Condé sortiroit de son camp pour prévenir cette conquête ; mais la » place étoit défendue par Chamilly, qui se comporta comme à l'ordinaire, c'est-à-dire, qu'il fit » des prodiges qui déterminerent les assiégeants à renoncer à leur entreprise. » Ce qui indiqueroit que le siége a été levé ; cependant il est de notoriété publique qu'il ne l'a point été, & que les assiégeants n'ont jamais renoncé à leur entreprise. La bataille de Seneff, page suivante, est avancée de deux jours, & il n'y a pas une plus grande exactitude dans les détails. Il est dit, page 239, que la tranchée fut ouverte le 14 d'Octobre devant Oudenarde. Il y avoit alors plus de trois semaines qu'il n'étoit plus question de ce siége ; & l'armée Françoise qui le fit lever, entroit dans ses quartiers d'hiver, &c. L'exactitude est le devoir principal de l'Historien ; c'est la précision du dessein, que ne doivent point exclure la richesse de l'expression & la beauté du coloris.

M. Turpin est pourtant excusable par l'exemple d'un trop grand nombre d'Historiens accrédités. Nous ouvrons le Journal Historique du Régne de Louis XIV, par le P. Daniel ; Ouvrage qui ne pouvant avoir que le mérite des dates, devroit au moins avoir celui-là : nous prenons une page au hazard, (cxvij) & nous choisissons, entre les erreurs de cette page, le siége d'Oudenarde avancé d'un mois ; vingt jours de tranchée ouverte devant Huy, dont la ville ouvrit ses portes à la premiere sommation, & dont le château tint seulement deux jours : les Espagnols & les Hollandois donnés pour avoir fait ce siége ; tandis que c'étoit le Général Sporck à la tête des Impériaux, &c. &c. Est-il possible d'écrire l'Histoire avec cette légéreté, avec cette négligence ? Il est inconcevable qu'un Jésuite, enseveli dans l'ombre de son cabinet, & uniquement voué à ce genre de travail, mit aussi peu de soin au dépouillement & à la vérification aisée des faits qu'il écrivoit ! combien cette inexactitude dans l'Histoire de son tems, n'est-elle pas propre à infirmer la confiance du Public pour celle qu'il nous a donnée des tems antérieurs !

qui ne peuvent venir que de la rapidité de fon travail, & dont nous ne parlons, qu'afin que le Public ne foit pas étonné de nous voir quelquefois en contradiction avec la vie que cet Ecrivain a donnée du grand Condé.

Après avoir indiqué les principales fources où nous avons puifé, & les autorités d'après lefquelles nous avons travaillé, nous ne donnerons pas la lifte inutile des livres auxquels nous avons eu recours, & que nous avons confultés pour la plûpart en pure perte. Il faudroit indiquer tous ceux qui ont quelque rapport direct ou indirect à l'Hiftoire du temps dont nous traitons, car nous n'en avons négligé aucune ; heureux fi la richeffe & la fûreté des fecours euffent été proportionnées à la multitude des livres ! Nous avons cru de même pouvoir nous difpenfer, au moyen du compte que nous rendons au Public dans cet Avant-Propos, de juftifier chacun des détails de cette Hiftoire, en indiquant en marge les autorités d'après lefquelles nous les avons arrêtés tels que nous les donnons : Il eût fallu non-feulement hériffer les marges de citations, ce que l'éditeur nous a priés d'éviter ; mais encore, dans beaucoup de cas, mettre fous les yeux du Public, les raifons qui nous ont décidés entre plufieurs rapports contradictoires, ainfi que le travail par lequel nous avons tiré ce que nous croyons la vérité, non pas d'aucun témoignage en particulier, mais de la comparaifon de tous : enfin il eût fallu joindre à l'Hiftoire les preuves juftificatives de l'Hiftoire.

Celle de la Campagne de 1674, embraffe le plus grand détail poffible des marches, des campemens, des fiéges, de la bataille de Seneff, en un mot, de tous les faits de guerre, & de tout ce qui lie ces faits. Le projet de cet Ouvrage avoit été conçu à l'inftar des Campagnes du Maréchal de Luxembourg ; mais nous lui avons donné beaucoup plus d'extenfion & de développement. Nous avons conduit le Lecteur dans les camps, dans les champs de bataille : nous l'avons fait affifter au Confeil des Généraux, & ce que nous difons à cet égard n'a rien de conjectural, puifque tout eft fondé fur la correfpondance de M. le Prince : Nous avons tâché

de

AVANT-PROPOS.

de faire connoître les motifs & les suites des opérations, de faire remarquer, au travers de l'ordre successif des dates, la relation bien plus importante des causes & des effets, de rapprocher les faits qui se tiennent, quoique séparés & distans les uns des autres, de ne négliger aucun détail, & de ne pas laisser perdre de vue l'ensemble ; heureux si par-là nous avons pu sauver l'aridité de ces détails, & si quelque Militaire peut en retirer de l'instruction !

Il ne seroit pas possible de traiter toute l'Histoire Militaire avec l'étendue que nous avons donnée à cet Ouvrage ; mais il seroit utile qu'on écrivît sur ce plan, ou à peu près, quelques-unes des plus belles campagnes des grands Maîtres dans l'art de la guerre : On y distingueroit leur maniere différente : On y observeroit les progrès de cet art, & les Officiers studieux qui suivroient ces campagnes, y acquerroient une expérience anticipée.

Nous avons placé à la tête de celle de 1674, & pour y servir d'Introduction, une Histoire générale de la guerre de Hollande jusqu'à cette époque : elle nous a paru nécessaire pour servir d'exposition aux scenes importantes que nous devions mettre sous les yeux du Lecteur : d'ailleurs si ces faits sont connus du plus grand nombre, nous espérons du moins que personne ne verra sans quelque intérêt ce tableau destiné à représenter sous le même point de vue tous les événements politiques & militaires arrivés au commencement d'une guerre, qui bornée dans son principe, eut bientôt embrâsé toute l'Europe.

Il ne nous reste plus qu'un mot à dire, & c'est pour notre propre satisfaction. En offrant au Public ce fruit d'un travail toujours pénible & souvent désagréable, nous sommes loin d'être conduits par aucun motif de présomption. Contents de lui présenter des objets instructifs & intéressants, nous avons cru que s'il ne nous appartenoit pas de les montrer dans toute leur grandeur, nous devions du moins les rendre avec simplicité. Toute notre confiance a été fondée sur la nature des faits que nous avions à transmettre. Ils portent leur autorité avec eux. C'est nous qui racontons ; mais c'eſt M. le Prince qui inſtruit : eh ! quel Maître pour des Militaires & pour des François ! Le ſeul reproche que nous pourrions mériter, ſeroit donc d'avoir entrepris cet Ouvrage dont quelqu'autre ſe feroit mieux acquitté, ſi nous ne l'avions prévenu ; mais alors nous donnerions pour excuſe l'attachement que nous avons pour notre métier , le zèle qui nous anime pour notre Patrie , & les encouragements que nous avons reçus de l'amitié , celui de tous les piéges dont l'amour propre puiſſe le moins ſe défendre.

LISTE DES SOUSCRIPTEURS.

MESSIEURS

Le Prince Adam Czatorisky.
Le Comte d'Andlau.
Le Comte d'Anterroches.
Le Comte d'Apchon.
Le Chevalier d'Arcq.
Le Marquis d'Arcambale.
Le Comte d'Arnouville.
Le Baron d'Auger.
Le Chevalier d'Augny.
Le Duc d'Aumont.
Le Comte d'Autichamps.
Le Comte d'Auvet.
Le Marquis d'Avrincourt.
Le Duc d'Ayen.

M. Bailly du Coudray.
Le Comte de Bafleroy.
Le Chevalier de Bafleroy.
Le Comte de Balincourt.
Le Comte de Bannes.
Le Marquis du Barry.
Le Comte de Baſſompierre.
Le Baron de Baye.
M. de Beaurain.
Le Marquis de Beauffan.
Le Prince de Beauvau.
M. de Beauvoir.
Le Comte de Bellefont.
Le Marquis de Beranger.
Le Comte de Berenger.
Le Comte de Bercheny.
Le Prince de Bergh.
M. de Bercy.
M. Bertin.
L'Abbé du Bertrem.
Le Baron de Beſenval.
Le Comte Béthiſy.
Le Marquis de Beuvron.
Le Marquis de Bievre.
Le Marquis de la Billarderie.

MESSIEURS

Le Comte de la Blache.
Le Vicomte de la Blache.
Le Comte de Blangis.
Le Comte de la Blinaye.
Le Comte de Blot.
Le Marquis de Bouzols.
Le Marquis de Brancas.
Le Comte de Braſſac.
Le Comte de Brienne.
Le Marquis de Briffe.
Madame la Comteſſe de Brionne.
Le Marquis de Briqueville.
Le Comte Budes de Guébriant.
M. de Buzelet.

Le Prince Camille de Rohan.
Le Vicomte de Cambiſe.
Le Comte de Caraman.
Le Comte de Carcado.
MM. de Caſtella, Capitaines aux Gardes Suiſſes.
Le Marquis de Caſtera.
Le Marquis de Caſtries.
Le Comte de Caupenne.
Le Marquis de Cavanac.
Le Marquis de Chabrillan.
Le Comte de Chabrillan.
Le Marquis de Chamborant.
Le Marquis de Champignelles.
Le Marquis de la Charce.
Le Duc de Charoſt.
Le Chevalier de Chaſtelux.
Le Marquis de Chaſtelux.
Le Comte de Chaſtelux.
Le Comte de Chaſtullé.
Le Comte du Châtelet-Lomon.
Le Marquis de Chauvelin.
Le Comte de la Cheze.
Le Marquis du Chilleau.
Le Marquis de Choiſeul.

LISTE DES SOUSCRIPTEURS.

MESSIEURS

Le Baron de Choiseul.
Le Comte de Choiseul-Gouffier.
Le Marquis de Civrac.
Le Comte de Clarac.
Le Comte de Clermont-Gallerande.
M. du Clufel.
Le Duc de Coigny.
Le Chevalier de Coigny.
M. de Collange.
Le Marquis du Coudray.
M. de Courcelles.
Le Marquis de Courtemer.
Le Marquis de Crenolle.
Le Marquis de Crillon.
Le Marquis de Croismare.
Le Prince de Croy.
Le Marquis de Cruffol-d'Amboife.
Le Chevalier de Cruffol.

Le Comte de Damas-Danlezy.
Le Marquis de Dampierre.
Le Marquis Dafnieres.
Le Comte Daunay.
Le Marquis Davarey.
Le Comte de Déguenfeldt.
M. Defprez de Roche.
Le Comte de Diefback de Torny.
Le Comte de Diefback de Meziere.
Le Baron de Diefback.
Le Chevalier de Diefback.
Le Comte de Dillon.
Le Comte de Donezan.
Le Comte du Dreneuc.
Le Comte de Dunedo.
M. Dupati de Clam.
Le Duc de Duras.
Le Comte de Durtal.
Le Duc de Durfort.
Le Comte de Durfort.
Le Chevalier de Durfort.

Le Comte d'Egmont.
Le Comte d'Ennery.
Le Marquis d'Entragues.

MESSIEURS

Le Vicomte d'Efcliniac.
Le Baron d'Efpagnac.
Le Comte d'Efpinchal.
Le Comte d'Eftain.

Le Vicomte de Faudoas.
Le Marquis de la Fayette.
Le Marquis de la Ferriere.
Le Comte de Flamarens.
Le Comte de Flavigny.
Le Baron de Flaxeland.
Le Comte de Fleuranges.
Le Chevalier-Commandeur de Fleury.
Le Prince Frederic d'Hanhalt, Bernebourg, Schonbourg, &c.
Le Duc de Fronfac.

Le Prince de Galitzin.
Le Chevalier du Gard.
Le Comte de Genlis.
Le Marquis de Gontault.
Le Marquis de la Grange.
Le Bailly de Groflier.
Le Comte de Guerchy.
Le Marquis de la Guiche.
Le Comte de Guines.

Le Marquis du Hallay.
Le Marquis d'Harcourt.
Le Marquis d'Harwill.
Le Comte d'Hauffonville.
Le Chevalier-Commandeur d'Hautefeuille.
Le Duc d'Havrec.
Le Baron d'Heiff.
Le Marquis d'Houdetot.
Le Comte d'Hunolftein.

Le Comte de Jarnac.
Le Marquis de Jaucourt.
Le Comte de Jaucourt.
Le Vicomte de Jaucourt.
Le Comte de Jonfac.
Le Comte de Jumilhiac.

LISTE DES SOUSCRIPTEURS.

MESSIEURS

M. de Karrer.

Le Feld-Maréchal Comte de Lacy.
Le Comte de Laigle.
Le Marquis du Lau.
Le Comte du Lau.
Le Comte du Lau-d'Allemants.
Le Vicomte de Laval.
M. de Lavit.
Le Prince de Lembefc.
Le Préfident de Leffeville.
Le Comte de Lévis.
Le Comte de Lewenhaupt.
Le Duc de Liancourt.
Le Comte de Lillebonne.
Le Marquis de Livarot.
Le Comte de Lowendhal.
Le Comte de Lufignem.
Le Duc de Luxembourg.
Le Chevalier de Luxembourg.

Le Marquis de Maillardor.
Le Comte de Maillebois.
Le Comte de Mailly.
Le Comte de Maifonthou.
Le Comte de Maldérée.
M. Marquet de Paire.
Le Comte de Maulde.
Le Marquis de Méjanes.
Le Comte de Melfort.
Le Comte de Menou.
Le Marquis de Mefmes.
M. de Meuron.
Le Marquis de Miran.
Le Comte de Modene.
Le Prince de Monaco.
Le Marquis de Monetay.
Le Marquis de Montalembert.
Le Comte de Montbarrey.
Le Comte de Montboiffier.
Le Marquis de Montmelas.
Le Comte de Montmorin.
M. de Montriboud.
M. de Monfauge.

MESSIEURS

M. de Montullé.
Le Marquis de Muralt.
Le Comte de Murinais.
Le Comte de Muy.

Le Prince de Naffau.
Le Marquis de Nédonchel.
M. Nehell.
Le Marquis de Nefle.
Le Préfident de Nicolaï fils.
Le Duc de Nivernois.
Le Duc de Noailles.
Le Marquis de Noailles.

Le Comte d'Orçay.

M. Pages.
Le Comte de Palmes.
M. de Pernan.
Le Comte de Peyre.
Le Prince Pignatelly de Fuentes.
Le Régiment de Poitou.
Le Vicomte de Polignac.
Le Vicomte de Pons.
M. de Poncharoft.
Le Marquis de Poyanne.
M. de Préfigny.
Le Comte de Pujet.
Le Comte de Puyfegur.

Le Marquis de la Queuille.
Le Comte de Quitry.
Le Duc de Quintin.

Le Comte de Rabodange.
Le Comte de la Riviere.
Le Prince de Robecq.
Le Comte de Rochambeau.
Le Comte de Rochechouart.
Le Marquis de Rochechouart.
Le Duc de la Rochefoucault.
Le Vicomte de la Rochefoucault.
Le Prince de Rochefort.
Le Marquis de la Roche-Aymond.
Le Comte de Rohan-Chabot.

LISTE DES SOUSCRIPTEURS.

MESSIEURS

Le Baron de Roll-d'Emenholtz.
Le Marquis de Romé.
Le Marquis de Rosen.
Le Marquis de Rosanbo.
Le Marquis de Rougé.
Le Comte de Rougé.

Le Baron de Salis, Colonel du Régiment de son nom.
Le Baron de Salis, Capitaine aux Gardes-Suisses.
Le Comte de Schonberg.
Le Comte de Ségur.
Le Marquis de Seignelay.
M. de Sérilly.
Milord Shelburne.
Le Comte de Sourdis.
Le Comte de Sorant.
Le Comte de Stainville.
Le Vicomte de Saint-Chamans.
M. de Saint-Julien.
Le Chevalier de Saint-Laurens.
Le Chevalier de Saint-Maurices.
Le Chevalier de Saint-Sauveur.
Le Marquis de Saint-Simon.
Le Chevalier-Commandeur de Saint-Sulpice.
Le Comte de Strogonof.

M. Taaffe.
Le Baron de Talleyrand.
Le Vicomte de Talaru.
Le Comte de Tavanne.
Le Vicomte de Tavanne.
Le Marquis de Thiboutot.
M. de Thomé.
Le Prince de Tingry.
Le Comte de Toulongeon.
Le Chevalier de la Tour.
Le Marquis de la Tour-du-Pin.
Le Comte de Toulouse-Lautrec.
Le Marquis de la Tournelle.
Le Baron de Traverse-d'Ortenstein.
Le Duc de la Tremoille.

MESSIEURS

Le Comte de Troisville.
M. de Trudaine.
Le Chevalier de Turgot.
Le Comte de Turpin.

Le Marquis d'Usson.
Le Comte d'Usson.
Le Duc d'Uzès.

Le Comte de Valentinois.
Le Marquis de la Valette.
Le Duc de la Valiere.
M. Vaucraisson de Cormainville.
Le Comte de Vaudreuil.
Le Vicomte de Vaudreuil.
Le Marquis de la Vaupalliere.
Le Comte de Vaux.
Le Marquis de Vérac.
Le Comte de Vibraye.
Le Comte de Vienne.
Le Duc de Villequier.
Le Marquis de Villers.
Le Baron de Viomesnil.
Le Marquis de Visé.
Le Marquis de Vogué.

Le Comte Waldner.
Le Comte de Wallsh-Serrant.
Le Comte de Waters.
Le Baron de Wimpffen.
Le Baron de Wurmser.

Le Baron de Zurlauben.

Libraires Souscripteurs.

MESSIEURS

Monory, rue de la Comédie Françoise.
Prault fils aîné, quai de la Vallée.
Lottin, rue Saint Jacques.
Delaguette, rue de la Vieille-Draperie.
Sanctus, rue de Condé.
Toutan.
Guerrier.

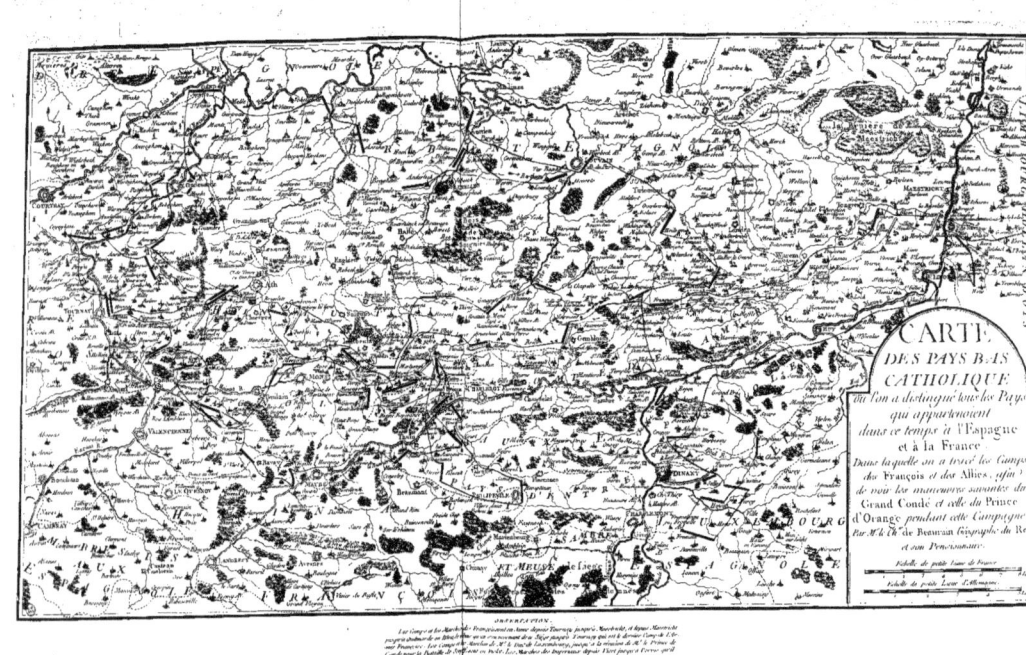

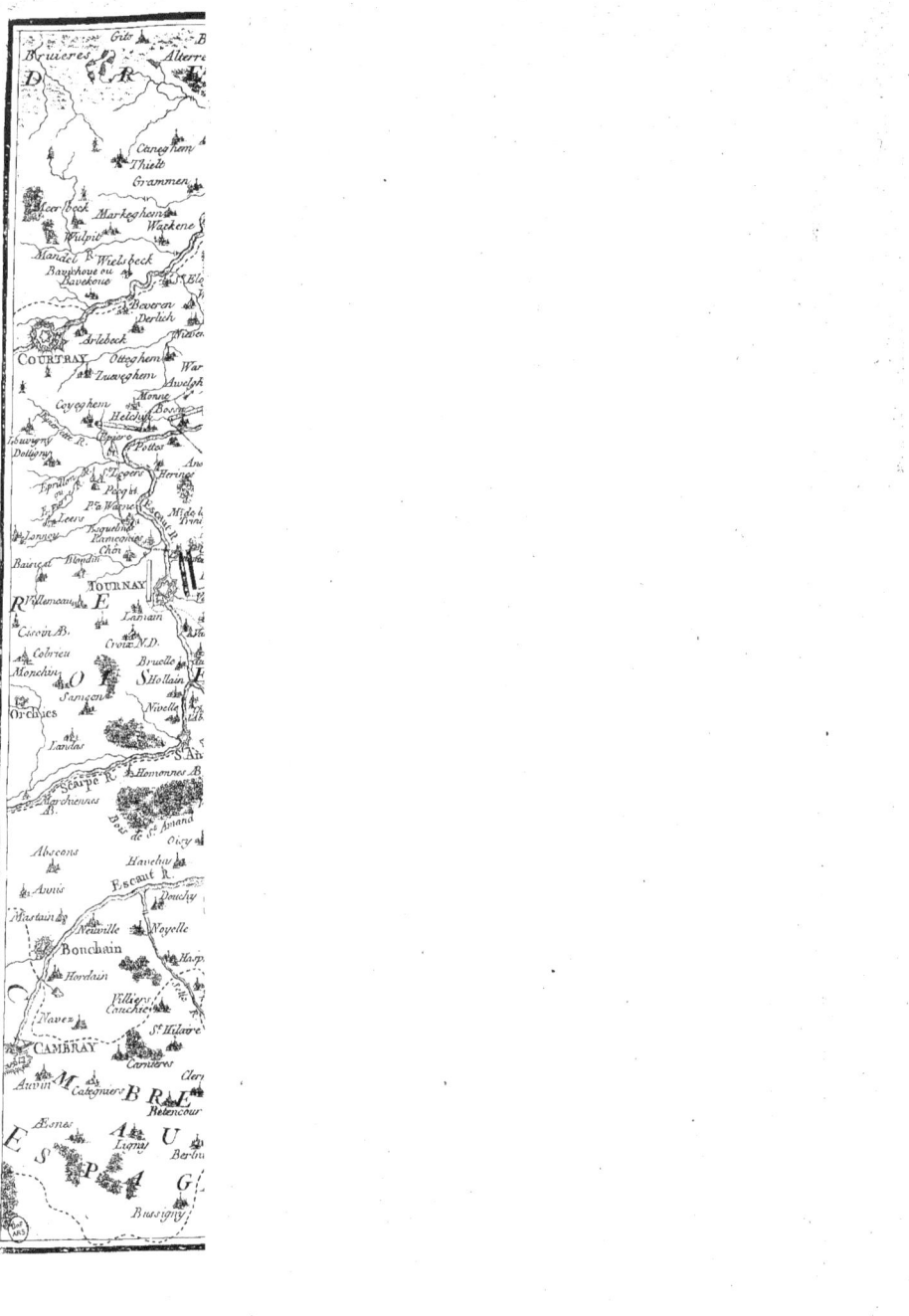

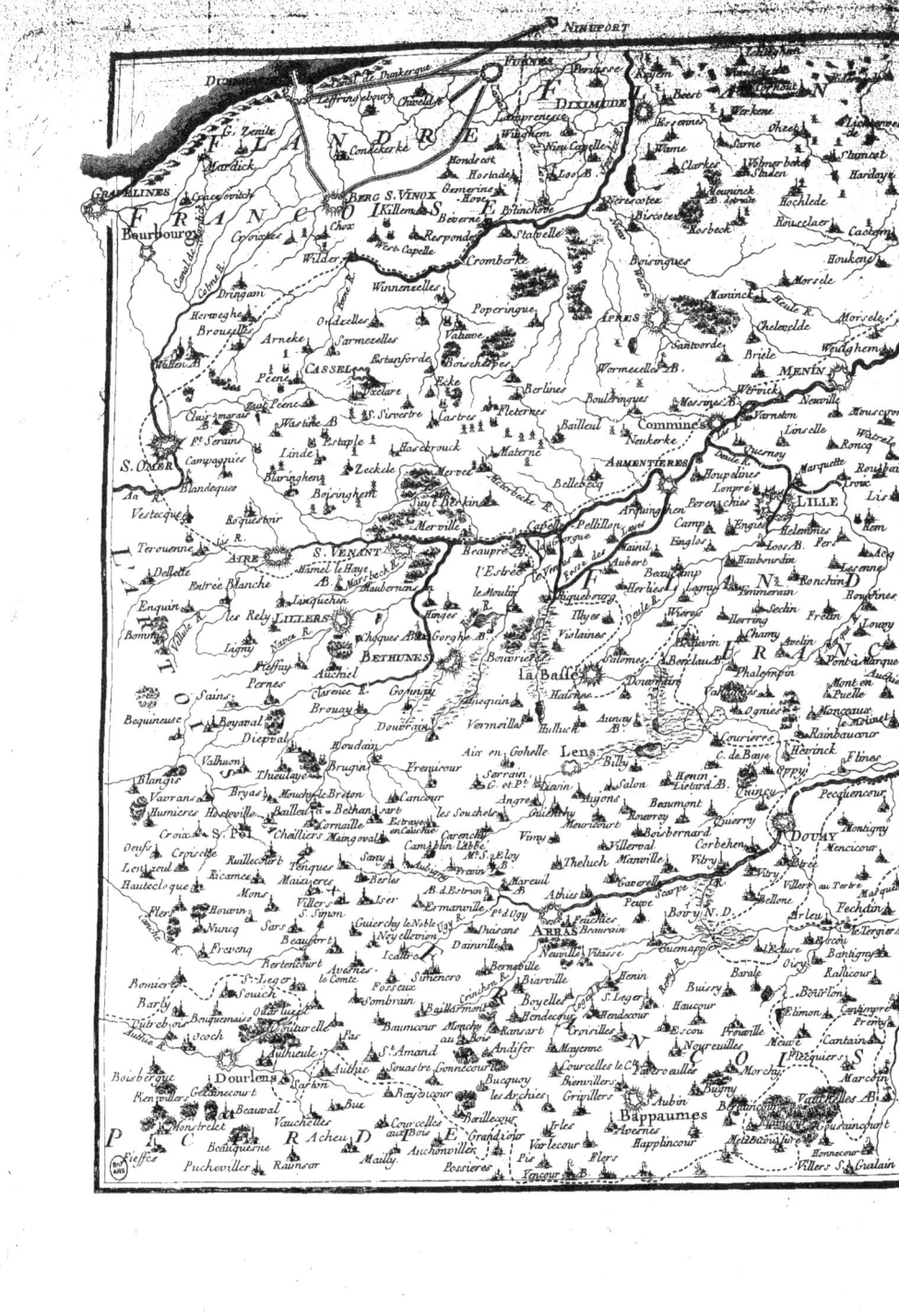

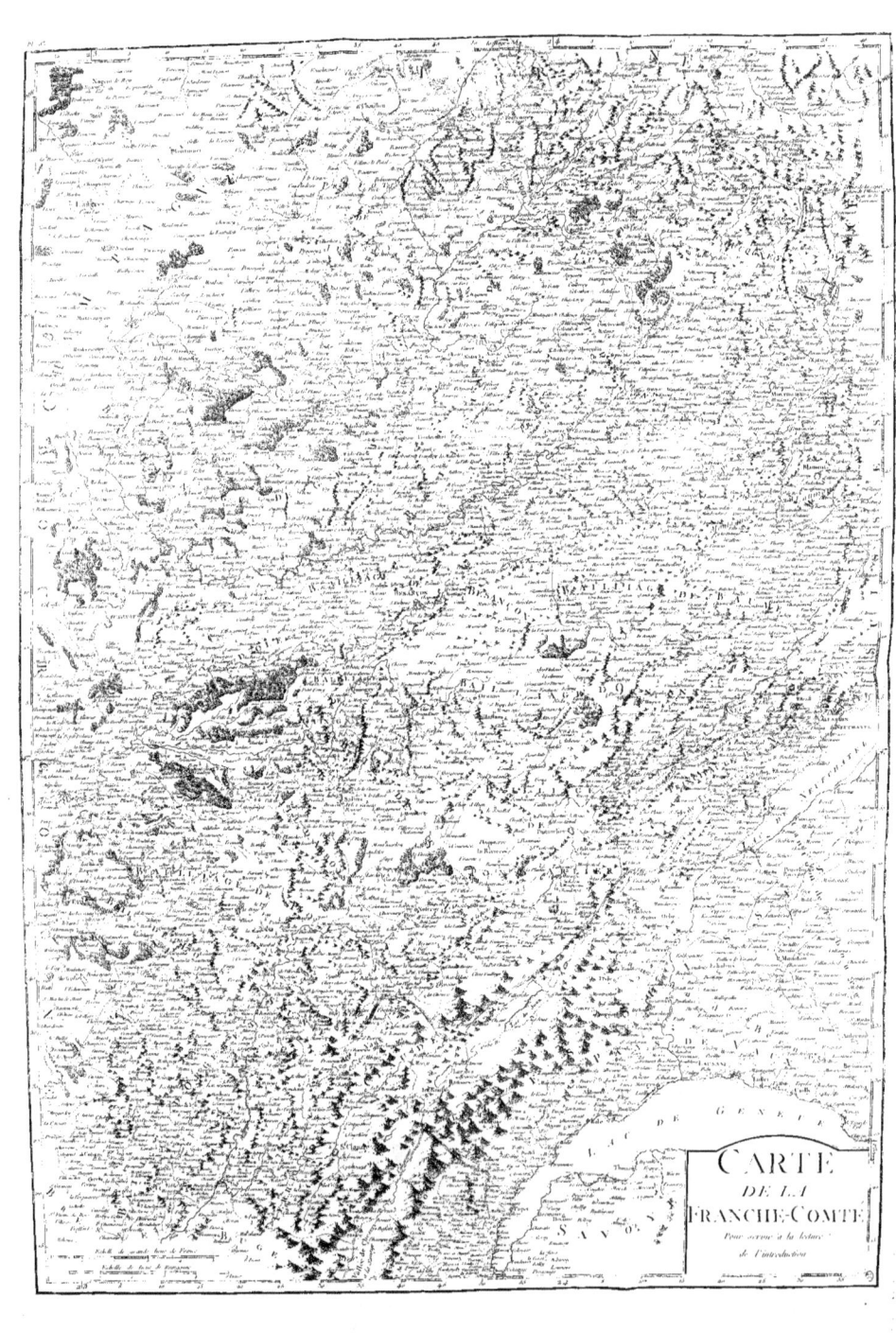

TABLEAU
HISTORIQUE

DES NÉGOCIATIONS qui ont préparé la Guerre de Hollande, & du commencement de cette Guerre, pour servir d'Introduction à la Campagne de 1674.

La paix signée en 1668 à Aix-la-Chapelle entre la France & l'Espagne, n'avoit laissé qu'une foible & vaine espérance de tranquillité à l'Europe. Louis XIV, arrêté dans le cours de ses succès & de ses conquêtes par les négociations de la Hollande, & par la triple alliance dont elle s'étoit rendue le principal agent, avoit conçu dès-lors contre cette République, un ressentiment qui devoit avoir tôt ou tard des effets proportionnés à sa fierté & à sa puissance.

Paix d'Aix-la-Chapelle. Négociations de la Hollande. Médailles injurieuses. Louis XIV offensé. Projets de vengeance.

La paix d'Aix-la-Chapelle ne fut donc qu'une courte trêve, & tout annonça bientôt qu'elle ne dureroit qu'autant de tems qu'il en falloit pour préparer de grands moyens pour la guerre.

Les Hollandois ne ménagerent nullement le Monarque à qui leurs négociations avoient déplu, & qu'ils avoient irrité en formant une ligue pour arrêter le cours de ses conquêtes.

A

INTRODUCTION

Ils étoient excufables peut-être aux yeux du politique impartial, lorfqu'ils craignoient le voifinage d'un Prince ambitieux & puiffant, & qu'ils defiroient de conferver entr'eux & lui les Pays-Bas Efpagnols pour barrieres. Mais les Courtifans de Louis XIV ne jugeoient pas ainfi de leur conduite. Ils n'y voyoient qu'audace & témérité, & concluoient à la vengeance.

L'hiftoire, qui juge avec moins de paffion que les contemporains, ne doit point imputer aux Chefs de l'adminiftration Hollandoife, les libelles, fatyres & pafquinades qui fe répandirent après la paix fur le compte de la France. Ils eurent tort, s'ils le purent, de ne point en réprimer la licence. Ils les défavouerent. Louis le Grand eût pu les méprifer.

La fameufe médaille où Van-Buningen eft repréfenté comme un nouveau Jofué arrêtant le foleil au milieu de fa courfe, fut l'ouvrage de la flatterie & peut-être de l'enthoufiafme national. Les Etats protefterent qu'ils n'y avoient aucune part. Ils en firent foigneufement rechercher les efpéces & le coin. L'Auteur de l'hiftoire métallique des Pays-Bas affure n'en avoir pu trouver qu'une feule dans un médailler de Leyde. Van-Buningen étoit au-deffus de cette adulation, & la défavoue lui-même dans des écrits publics. Eh! pouvoit-on fuppofer que dans une République, où la jaloufie entre les concitoyens eft fi éveillée & fi fenfible, on confacrât un monument auffi faftueux aux négociations d'un Miniftre, qui après tout n'avoit fait que concourir pour fa part à l'ouvrage de la paix?

Il y eut une autre médaille avouée & frappée par ordre des Etats en 1668. La Hollande s'y trouve repréfentée par une femme appuyée contre un trophée, ayant à fes côtés une Bible ouverte, & foulant aux pieds des fers. Elle tient à fa main une lance, au haut de laquelle on voit le chapeau de la liberté. L'infcription récapitule avec fafte tous les fuccès de la République: ASSERTIS LEGIBUS, EMENDATIS SACRIS, ADJUTIS, DEFENSIS, CONCILIATIS REGIBUS, VINDICTÂ MARIUM LIBERTATE, PACE EGREGIÂ VIRTUTE ARMORUM PARTÂ, STABILITÂ ORBIS EUROPÆI QUIETE. Cette légende pompeufe & exagérée ne paroiffoit pas avoir plus de rapport à la France, qu'aux autres Puiffances de l'Europe; elle défignoit plutôt l'Efpagne, dont la Hollande avoit rompu les fers. On a rarement trouvé de la modeftie dans les infcriptions; & l'hiftoire, comptant peu fur

A LA CAMPAGNE DE 1674.

l'exactitude des termes, n'a jamais dû y chercher que l'indication des faits & des dates.

Il est fâcheux d'avoir à trouver dans les passions des hommes les sources des guerres qui déchirent les Etats. L'histoire cherche en vain des raisons politiques qui aient déterminé Louis XIV à la guerre de Hollande. Vouloit-il faire la conquête entière des Etats de cette République, & après les avoir conquis, pouvoit-il se promettre de les conserver? Ne devoit-il pas s'attendre à voir l'Europe entière, déjà alarmée de son ambition & de ses premiers succès, se liguer contre lui? Les écrits publics du tems n'alleguent aucune raison politique de l'invasion de la Hollande, aucun droit à la conquête. Tous ne parlent que de la gloire de Louis XIV, de la fierté de la Hollande, de la nécessité de la châtier & de l'humilier. La déclaration de guerre ne mit pas même en avant d'autres projets, d'autres motifs.

Quoiqu'il en soit des causes qui entraînerent la guerre de Hollande, les quatre années qui suivirent la paix d'Aix-la-Chapelle, furent employées avec activité de la part de la France à s'y préparer. Politique & moyens militaires, tout fut mis en usage.

La politique avoit à s'occuper d'enlever à la Hollande ses Alliés, d'en gagner à la France, & de disposer l'Europe à voir sans inquiétude les préparatifs militaires de Louis XIV, & la guerre qui devoit en être la suite. *Louis XIV prépare l'exécution de ses projets contre la Hollande.*

La dissolution de la triple alliance devenoit donc la premiere affaire du Conseil François, & le Roi d'Angleterre, le plus puissant des Princes qui la formoient devoit être le premier objet de ses négociations. *Dissolution de la triple alliance. Négociations avec l'Angleterre.*

Tout fut employé pour enlever à ses Alliés ce Prince voluptueux & facile. Il étoit, ainsi que Louis XIV, personnellement mécontent des Hollandois. Leurs Gazetiers & la populace s'étoient répandus contre lui en libelles & en pasquinades, auxquels sa maniere licencieuse de vivre ne donnoit peut-être que trop de sujet. L'orgüeilleuse & austere simplicité de ces Républicains lui déplaisoit; elle contrastoit avec le goût qu'il avoit pour les plaisirs. Sans être dur, par paresse il eût voulu être despote. Il eût voulu transporter à sa Cour, avec les délices de celle de France, le pouvoir absolu du Monarque qui y régnoit. L'alliance de ce Prince pouvoit seule le soustraire à la dépendance de son Parlement; & les subsides étrangers étoient son premier *Charles II.*

INTRODUCTION

besoin. Quelques puissants que dussent être ces motifs, les moyens politiques ordinaires parurent insuffisants pour les faire valoir. Louis XIV s'approcha du foible Charles II avec tout le faste de sa puissance. Il s'avança vers la Flandres sous prétexte de visiter ses conquêtes, & d'ordonner quelques travaux pour en assurer la conservation. La Duchesse d'Orléans fut du voyage. On lui confia le secret de la négociation. De Calais, où le Roi la conduisit, elle passa à Douvres. Son frere étoit venu l'y recevoir. Ils y passerent quinze jours au milieu des fêtes & des plaisirs. C'étoit la maniere de négocier la plus propre à réussir auprès de Charles II. Mais c'étoit trop peu de l'amitié qu'on lui connoissoit pour sa sœur, pour assurer le succès de ces démarches. La Duchesse d'Orléans avoit au nombre des Femmes de sa Cour, Mademoiselle de Kerowel. La politique s'aida de l'effet de ses charmes. L'événement prouva l'habileté du choix qu'on avoit fait d'elle. Elle fut depuis Duchesse de Portsmouth, & mere du Duc de Richemont. L'argent fut prodigué aux Ministres de Charles II, à ce qu'on appelloit la CABALE. Ce Prince fut décidé par tant de moyens réunis. La triple alliance fut rompue, & celle avec la France arrêtée, mais tenue secrette. La Duchesse d'Orléans quitta l'Angleterre, satisfaite de ses succès. Une mort inopinée, & non exempte du soupçon de poison, l'enleva bientôt à la France. Mademoiselle de Kerowel repassa en Angleterre, seconda Colbert de Croissy dans la confection du traité qui avoit été arrêté au voyage de Douvres, & contribua depuis à entretenir Charles II dans ses liaisons avec la France.

Il fut aisé de détacher le Roi de Suéde de la Hollande. La triple alliance avoit été conclue par la Régence, qui gouvernoit pendant sa minorité. L'Espagne n'étoit point exacte à payer les subsides auxquels elle s'étoit engagée. L'argent de la France, & l'art de ses Ambassadeurs déciderent aisément le Conseil de ce Prince à rompre les anciens engagements, & à souscrire à ceux qui lui étoient proposés par Louis XIV.

Les troubles de Hongrie furent favorables aux négociations du Chevalier de Gremonville à la Cour de Vienne. L'Empereur Léopold, malgré sa haine contre la France, malgré sa politique jalouse & soupçonneuse, malgré l'opinion qu'il avoit de l'ambition de Louis XIV, & le desir qu'il nourrissoit d'en arrêter les effets, céda à la nécessité des circonstances, & signa un traité par

Marginalia:
1670.
Mme Henriette d'Angleterre.
Mademoiselle de Kerowel.
Avec la Suéde. Charles XI.
Avec la Cour de Vienne.

par lequel il s'engageoit à ne point se mêler de la guerre de
Hollande, à condition que la France n'accorderoit pas de
secours aux révoltés de Hongrie : traité plus que suspect, & qu'il
étoit clair que l'Empereur romproit tôt ou tard, suivant que ses
propres affaires le lui permettroient.

1671.
1. NOVEMBRE.

Le Marquis de Villars fit inutilement à la Cour d'Espagne
les offres les plus séduisantes. Louis XIV proposa le partage des
conquêtes projettées. Mais la plaie faite par la derniere guerre
étoit trop récente. Le Conseil de Madrid n'y avoit vu qu'une
violation du traité des Pyrenées, & craignoit de fournir au Roi
des moyens de l'enfreindre encore.

Avec l'Espagne.

La situation des Etats de l'Electeur de Cologne rendoit
l'alliance de ce Prince nécessaire à la guerre de Hollande.
Il fut aisé de l'y déterminer. Il étoit gouverné en tout par le
Prince de Furstemberg, Evêque de Strasbourg & son Ministre,
& celui-ci étoit depuis long-tems dévoué à la France. On offrit
l'Electeur de lui faire rendre les places que les Hollandois
avoient autrefois enlevées à ses Etats, & particuliérement
Rhimberg. On lui donna douze piéces de canon, que le
Cardinal Mazarin lui avoit autrefois promises. Il reçut des
troupes Françoises dans plusieurs de ses villes, augmenta les
siennes qui devoient leur être auxiliaires, & embrassa tous les
projets du Roi.

Avec l'Electeur de Cologne.

L'Evêque de Munster (Van-Galen) prévint les propositions
de Louis XIV. Ce Prélat, plus fait pour l'épée que pour la crosse,
aimoit la guerre, & détestoit les Hollandois. Il fut empressé de
se liguer contr'eux avec le Prince qui les avoit autrefois secourus
contre lui. La maniere dont il leur fit la guerre eut tout le caractere
de l'animosité & du désordre.

Avec l'Evêque de Munster.

Le mariage de Monsieur avec la Princesse Elisabeth-Charlotte,
fille de l'Electeur Palatin, assura à la France l'alliance de son pere.
Il devoit à la protection de ce Royaume son rétablissement dans
son Electorat, qui avoit été stipulé à la paix de Munster.

Avec l'Electeur Palatin.
16 NOVEMBRE.

On obtint des Electeurs de Tréves & de Mayence de persister
dans l'ancienne alliance du Rhin, ou du moins de se tenir dans
la neutralité.

Avec ceux de Tréves & de Mayence.

On acheta par un traité assez singulier & inégal, & par un
subside de cinq mille écus par mois, une espece de neutralité
du Duc de Brunswick, Evêque d'Osnabruck. Ce Prince conservoit, par un article à part, la liberté de fournir un secours de

Avec le Duc de Brunswick.
23 OCTOBRE.

B

six cens hommes, aux ennemis de la France qui lui payoit ce subside.

Avec Liége. L'Electeur de Cologne eût voulu engager le Chapitre de Liége, dont il étoit Evêque, à entrer dans son alliance avec Louis XIV. Les Liégeois s'y refuserent. On s'assura au moins de leur neutralité.

Avec le Duc de Neubourg. On rechercha l'alliance du Duc de Neubourg, dons les Etats de Juliers facilitoient un passage dans la Hollande, & on lui promit de s'intéresser à le faire élire Roi de Pologne.

Invasion de la Lorraine. Le Duc de Lorraine, voisin toujours brouillon & inquiet, haïssoit trop la France pour pouvoir être gagné par des négociations. Il intriguoit sans cesse à Vienne, à la Haye, à Madrid, & cherchoit à susciter des ennemis à Louis XIV. Il tenoit des troupes sur pied, en levoit de nouvelles sous différents prétextes, & fortifioit ses places contre la teneur du traité de Marsal. Les limites qui séparoient la France de ses Etats n'étoient pas bien décidées, ou du moins il n'en convenoit pas. Quelques droits lévés sur des marchandises qui lui arrivoient de Flandres, l'irriterent au point d'oser user de représailles envers un Monarque dont il avoit déjà éprouvé la puissance. Il fit arrêter des marchandises de France qui passoient par la Lorraine, & enlever des poteaux aux armes du Roi. Louis XIV répondit à ces insultes par une armée, aux ordres du Maréchal de Crequi, qui pensa surprendre le Duc dans sa capitale. Ses places firent

1670. peu de résistance. Ses Etats furent conquis & occupés par les François en moins d'un mois, & l'imprudent & malheureux Charles réduit à promener dans l'Europe ses troupes, ses intrigues & ses projets de vengeance contre le Roi qui l'avoit humilié & puni.

Cependant Louis XIV ne méprisa point l'effet que pouvoit faire dans l'opinion publique son invasion en Lorraine. En même

31 AOUST. tems que ses troupes s'en emparoient, il écrivoit à la Diette de l'Empire pour justifier son entreprise. Il annonçoit qu'il n'avoit en vue que de punir un Prince infidele à ses engagements qui l'avoit plusieurs fois offensé, & protestoit qu'il n'avoit nul dessein de profiter des Etats dont il le dépouilloit.

Guerre de Candie. Tout ce qu'il y avoit de grand, de noble & de hardi tentoit l'ame de Louis XIV. Les Vénitiens, assiégés depuis vingt-trois ans dans l'Isle de Candie par les Turcs, & pressés depuis deux par le Grand Visir Coprogli à la tête de quarante mille hommes, n'invoquerent pas en vain ſes ſecours. Il étoit inconcevable qu'une Puiſſance ſi foible pût réſiſter auſſi long-tems aux forces réunies de l'Empire Ottoman. Ils s'adreſſerent inutilement à tous les Princes Chrétiens. L'Empereur, dont la politique intéreſſée viſoit beaucoup moins au grand qu'à l'utile, les avoit abandonné. Louis XIV ſeul leur envoya des vaiſſeaux & des troupes, aux ordres des Ducs de Beaufort & de Navailles. Le Duc de la Feuillade les avoit précédé de quelques mois, à la tête de deux cens Gentilshommes des meilleures maiſons du Royaume, que le même deſir de gloire lui avoit aſſociés, & de quelques troupes qu'il avoit levées à ſes frais. Ce ſecours de ſept à huit mille hommes ne retarda que de quelques mois la priſe de Candie; mais la valeur brillante avec laquelle les François s'y conduiſirent, étendit de plus en plus leur réputation dans l'Europe: elle rendit la puiſſance du Roi plus reſpectable & plus redoutable; & les troupes revenues de ce ſiége, en petit nombre, mais plus aguerries, devoient contribuer au ſuccès de ſes projets ultérieurs de guerre & de conquêtes.

1669.

Le ſecours qu'il avoit accordé aux Vénitiens contre les Turcs, n'empêcha point le Grand-Seigneur de rendre hommage à ſa puiſſance par une ambaſſade extraordinaire. Il reçut vers le même tems dans ſes Etats le Roi Caſimir de Pologne, que les dégoûts du Trône avoient déterminé à en ſacrifier les honneurs aux douceurs de la vie privée. Peu de tems après il concilia les différends qui diviſoient la République de Genes & le Duc de Savoye; il força les Algériens à la paix, leur arracha les eſclaves & les vaiſſeaux François qu'ils avoient pris, & délivra ſon commerce des inquiétudes que lui donnoient ces Pirates. Telles furent les principales opérations politiques & militaires, qui remplirent l'intervalle de la paix d'Aix-la-Chapelle à la guerre de Hollande, & par leſquelles Louis XIV préparoit ſes ſuccès.

Ses Miniſtres ne furent pas moins actifs au dedans à en diſpoſer les moyens. On ſait que Colbert & Louvois étoient alors à la tête des principaux départements. Il ſuffit de nommer ces deux hommes illuſtres, pour annoncer le ſuccès des adminiſtrations qui leur étoient confiées. Tous deux pleins d'activité & de génie, leurs paſſions mêmes ſervirent à la gloire de leur Maître. La jalouſie qui les diviſa, ne donna que plus de reſſort à leurs talents. Par leurs ſoins & leurs travaux, le

Préparatifs au dedans. Colbert & Louvois.

militaire, la marine & le commerce s'éleverent rapidement à un point qui étonna l'Europe.

Louvois s'occupa dès les premiers inflans qui fuivirent la paix d'Aix-la-Chapelle, à rétablir la difcipline des troupes, qui avoit grand befoin de l'inflexibilité qu'il y apporta. Il fit beaucoup de réglements & d'arrangements utiles. Il voulut que les corps fuffent exercés & inftruits. Il fentit qu'il étoit néceffaire qu'ils le fuffent ; mais il manquoit de principes & de lumieres fur la maniere dont ils devoient l'être. On ofe même dire que perfonne en France n'étoit en état de lui en donner. Les plus grands Généraux de ce fiecle, habiles à manier les troupes en campagne, ignoroient l'art de les former, de les préparer pour la guerre. Ils foupçonnoient peu que cet art pût exifter. Leur vie toujours active & peu ftudieufe ne leur avoit pas permis de fixer leur attention fur cet objet. Le François, fier de fon ardeur & de fa bravoure, ne penfoit pas encore que ces qualités précieufes puffent affurer fes fuccès, en fe dirigeant par l'inftruction, & fe modifiant par la difcipline.

Il étoit intéreffant, avant d'entreprendre de nouvelles conquêtes, d'affurer celles de la derniere guerre. Elles devoient fervir de point d'appui pour la guerre de Hollande ; & reculant les frontieres du Royaume, le garantir de tout danger & de toute invafion en cas de malheurs. Elles offroient des places fpacieufes & commodes, pour des approvifionnements & des magafins de toute efpéce. Leurs garnifons réunies devoient former des armées, & menacer par différents points les Provinces dans lefquelles on fe propofoit de porter la guerre. Vauban affura ces avantages par toutes les reffources d'un art, qu'il avoit créé & porté à fa perfection. Les citadelles de Lille, de Tournay & d'Arras furent conftruites fur fes plans & par fes foins. Ath, qui formoit une tête avancée & importante vers Bruxelles, devint une place très-forte. Les travaux immenfes entrepris à Dunkerque furent achevés & portés à leur perfection. On ajouta beaucoup aux fortifications de Douay. Aucun pofte, aucune place ne furent négligés ; & l'on travailla par-tout à raifon de la pofition & de l'importance.

Colbert porta la même activité fur les départements confiés à fes foins. L'induftrie fut excitée au dedans, le commerce au dehors. La marine commença à fe faire confidérer comme un des plus forts appuis de l'Etat. Les anciens ports furent réparés ;

on en creufa de nouveaux ; on conftruifit dans tous : & le pavillon François fut bientôt en état de balancer la puiffance de ceux à qui la négligence du Cardinal Mazarin avoit laiffé ufurper l'empire des mers.

On fit de grandes augmentations de troupes : on recruta les anciennes. On forma des approvifionnements confidérables de vivres & de munitions de guerre fur toute la frontiere des Pays-Bas. Les finances ne manquerent à aucun de ces préparatifs. A peine paroiffoient-ils coûter au Royaume : on eût dit qu'ils étoient l'excédent de fes moyens. Tous les arts de luxe brilloient en même tems dans la capitale, dans les fêtes de la Cour. On élevoit des édifices, on formoit les établiffements les plus beaux, les plus fomptueux, les plus difpendieux. Toutes les parties de l'adminiftration fe conduifoient de front avec une vivacité, avec un éclat faits pour en impofer à l'Europe. Il eût fallu pénétrer dans l'intérieur des Provinces, vifiter la ferme délabrée de l'agriculteur indigent & trop oublié par Colbert, pour fe douter que les projets brillants de Louis XIV, & même fes fuccès, alloient coûter des larmes à fes peuples.

Toutes les Cours obfervoient avec inquiétude ces marques extérieures de richeffe & de puiffance. Tant de préparatifs, tant d'armements de terre & de mer leur infpiroient une jufte terreur. On voyoit cependant de quel côté alloit gronder l'orage. Les projets de Louis XIV étoient le bruit de l'Europe. La Puiffance menacée fut inactive à fe préparer des moyens de défenfe. La Hollande, fiere de fes richeffes & de fes fuccès paffés, de fon commerce immenfe, de fa puiffance maritime, qui balançoit celle de l'Angleterre, comptant trop fur fes Alliés, comptant fur les ennemis qu'elle penfoit que des entreprifes ambitieufes fufciteroient bientôt à la France ; divifée au dedans par des factions inteftines qui déchiroient fon fein, & qui s'éteignirent à peine par l'extrême danger & dans le fang de deux citoyens illuftres : la Hollande, dis-je, fans milice nationale, incapable par fa conftitution d'en avoir une, & méprifant celle qu'elle ftipendioit, s'occupa trop peu & trop tard des forces de terre qu'elle avoit à oppofer aux armées de Louis XIV. *La Hollande: Etat & conduite de cette République.*

Arrachée enfin à fa fécurité par le bruit des armes de la France, elle effaya de fléchir le Monarque qui la menaçoit. Pierre de Groot défavoua, au nom des Etats, les médailles, les libelles qui avoient offenfé ce Prince. Il protefta de l'attachement *1671. DÉCEMBRE. Démarches envers la France.*

de ſes Maîtres, du deſir qu'ils avoient d'entretenir l'ancienne alliance ; il demanda ſi c'étoit en effet contre la République que ſe faiſoient d'auſſi formidables apprêts de guerre ; offrit des explications, des réparations même ſur tout ce qui pouvoit avoir déplu. La réponſe de Louis XIV fut fiere & conciſe. Il dit qu'il ne devoit compte de ſa conduite à perſonne, qu'il feroit de ſes troupes l'uſage que demandoit la dignité de ſa couronne, & que le mois de Mars en apprendroit l'emploi.

1672. JANVIER.

Envers l'Angleterre. Conduite du Roi d'Angleterre.

Les démarches de la Hollande auprès de l'Angleterre furent auſſi infructueuſes. Charles II étoit lié par le traité ſecret conclu avec la France en 1670. Il l'avoit caché à ſon Parlement pour en obtenir des ſubſides, parce qu'il ſavoit combien il auroit trouvé d'oppoſition à ſes projets, s'ils euſſent été connus. Le vœu de la nation étoit pour le maintien de la triple alliance. Elle étoit déjà rompue par le dernier traité, lorſque ce Prince annonçoit encore dans ſes diſcours aux deux Chambres le deſir de l'obſerver. Il mettoit en avant les puiſſants préparatifs de Louis XIV, pour faire ſentir la néceſſité d'armer, & ſur-tout celle de lui accorder des ſubſides. Il vouloit faire craindre à ſes ſujets l'ambition de la France, à laquelle il étoit convenu de concourir. Son objet néanmoins fut rempli, il obtint deux millions cinq cens mille livres ſterlings de ſon Parlement. Louis XIV payoit en même tems ſon alliance, & fourniſſoit des ſommes conſidérables à ſa prodigalité & à l'avarice de ſes Miniſtres. Tous ces moyens furent inſuffiſants. Il manquoit encore à Charles II quinze cens mille livres ſterlings pour commencer la guerre. Un de ſes Miniſtres oſa lui conſeiller de faire fermer ſon Echiquier, & d'en employer les fonds. Le Prince ſe détermina à ce hardi & dangereux parti. Des reſſources de finances auſſi prodigieuſes & auſſi multipliées, jointes à beaucoup de circonſtances de détail, qu'il n'entre point dans notre plan de décrire ici, étoient propres à confirmer les ſoupçons & les craintes de la Hollande. Le rappel du Chevalier Temple, Miniſtre agréable à cette République, ami de Witt, coopérateur avec lui de la triple alliance, Philoſophe politique, oſant porter de la droiture dans les négociations ; & le choix de Downing, ſon oppoſé en tout & membre avoué de la CABALE, avoient aſſez annoncé aux Etats généraux la mauvaiſe volonté du Roi d'Angleterre. L'incident préparé ou inattendu d'un yacht Anglois, ramenant Madame Temple, qui paſſa au travers d'une flotte Hollandoiſe, & devant lequel cette flotte, composée de 62 voiles, & commandée par Ruyter & Van-Ghent, sur les côtes mêmes des Provinces-Unies, osa bien ne pas baisser pavillon ; cet incident, dis-je, fut saisi avec empressement. Downing eut ordre de demander réparation de l'insulte faite au pavillon Anglois, & d'exiger une punition exemplaire du Lieutenant-Amiral Van-Ghent. L'Ambassadeur suivit ses instructions avec tout l'emportement de son caractere, & la haine particuliere qu'il avoit vouée à la nation Hollandoise. Soit sacrifice à la politique, soit justice, il fut puni à son retour de la violence qu'il avoit mise dans ses négociations. Cependant les Hollandois se déterminerent à envoyer un Ambassadeur extraordinaire à Charles II, pour démêler ses intentions, pour demander la continuation de la triple alliance, & pour faire satisfaction à ce Prince de ses griefs contre la Hollande. Les Etats reconnurent la supériorité du pavillon Anglois, en confirmation du traité de Breda. Leurs expressions ne furent pas trouvées assez claires, leurs satisfactions suffisantes ; on chercha des délais, des prétextes. Enfin Arlington (*) déclara qu'il n'étoit plus tems de traiter, & l'Ambassadeur prit congé du Roi, après n'en avoir reçu que des paroles menaçantes.

Prétexte saisi par l'Angleterre pour rompre avec la Hollande.

1 6 7 2. MARS.

Au milieu de ces négociations, les Etats avoient trop reconnu ce qu'ils devoient craindre des projets offensifs de la France, & de la mauvaise volonté de Charles II, pour ne pas penser à se préparer enfin des moyens de résistance. Leur marine étoit nombreuse & en bon état. Ils prirent les mesures nécessaires à la défense de leurs côtes; ordonnerent qu'on fermât les ports & les passes qui pouvoient donner un accès facile aux vaisseaux ennemis, & résolurent l'armement d'une flotte de plus de 80 voiles, dont 36 Vaisseaux du premier rang & le reste à proportion, aux ordres du célebre Ruyter. Mais autant leurs forces de mer étoient sur un pied formidable, autant leurs troupes de terre étoient négligées, mauvaises & peu nombreuses. Leurs forteresses n'étoient pas en meilleur état. Jean de Witt, qui depuis long-tems étoit à la tête de l'administration de la République, desiroit la paix & en avoit espéré la continuation. Il étoit, ainsi que le Chevalier Temple, le principal auteur de la triple alliance, attaché à son ouvrage. Il avoit été long-tems à croire que Charles II s'en détachât. Il regardoit ce traité comme le fondement

Préparatifs de la Hollande.

(*) Henri Bennet, Comte d'Arlington, fut un des principaux Ministres de Charles II.

de la tranquillité de l'Europe & de la sûreté de son Pays. C'étoit sur un grand commerce, & sur la marine qu'il lui donnoit pour appui, qu'il prétendoit en affermir les richesses & la puissance. Il regardoit les troupes de terre comme l'instrument du despotisme, &, zélé Républicain, il craignoit qu'elles ne devinssent un jour fatales à cette liberté que sa Patrie avoit achetée par tant de travaux & de sang. Ces principes du Pensionnaire firent long-tems négliger l'entretien des troupes & des places, & lorsque la guerre menaça la République, ils retarderent au-delà des bornes de la prudence les mesures qu'il falloit prendre pour les réparer. Enfin le péril éminent donna de l'activité. On travailla à la hâte, dans l'hiver de 1672 à 1673, aux fortifications des places les plus importantes. On y forma des magasins de munitions de guerre & de bouche ; on rassembla de toutes parts de mauvaises recrues ; on en tira d'Allemagne, de Suisse, de Suéde ; mais le secours le plus puissant sur lequel eut à compter la République, fut celui de l'Electeur de Brandebourg avec qui elle contracta un traité d'alliance, où ce Prince s'engageoit à lui fournir vingt mille hommes.

1672. 26 AVRIL. Traité d'alliance de la Hollande avec l'Electeur de Brandeboug.

Les Etats avoient conclu auparavant un traité assez vague avec l'Espagne, mais dont l'objet étoit la défense commune des Pays-Bas & des Provinces-Unies, en cas d'attaque des uns ou des autres de la part de la France. On pouvoit compter que ce traité, quelque incertain qu'il fût dans ses expressions, auroit son effet, dés que l'intérêt commun l'exigeroit. C'est le meilleur garant des engagements des Princes. L'Espagne avoit appris ce qu'elle avoit à craindre des armes de la France & des prétentions avouées de Louis XIV. Le Comte de Monterey, gouverneur des Pays-Bas, n'avoit pas pris moins d'alarme que la Hollande. Les paroles de paix de l'Ambassadeur de France rassuroient peu. On ignoroit où alloit tomber la foudre. Monterey fit travailler avec activité aux fortifications de ses principales places, telles que Mons, Valenciennes, Bruxelles, Bruges, Anvers, &c. Il fit ajouter de nouvelles piéces à quelques-unes. Le danger parut assez pressant pour engager les Ecclésiastiques à mettre la main à l'œuvre.

Liaisons de la République avec l'Espagne. 17 Décembre 1671.

Préparatifs de défense dans les Pays-Bas Espagnols.

L'Archevêque de Bruxelles parut lui-même à la tête de son Clergé sur l'attelier d'un nouveau bastion qu'on étoit pressé de construire. Cet exemple fut suivi à Valenciennes, à Bruges, & dans presque toutes les grandes Villes des Pays-Bas. Le luxe

contribua

contribua comme la Religion à la défense commune. On employa
les chevaux de carrosses des gens aisés au transport des terres.
Tout annonçoit combien on redoutoit les armes de Louis XIV.

1672.

Les factions qui divisoient la Hollande, ralentissoient l'activité
des mesures qu'il étoit nécessaire de prendre pour sa défense.
L'approche du danger fit perdre au parti Républicain l'ascendant
qu'il avoit eu jusqu'alors. Le Prince d'Orange fut enfin élevé
aux dignités de ses ancêtres. L'Edit de 1667, qui abolissoit à
jamais le Stadhoudérat, & dont on avoit fait jurer l'observation
au Prince d'Orange lui-même, fut négligé. On contesta beaucoup
sur les différentes places qu'il devoit réunir, & sur les conditions
auxquelles elles lui seroient accordées. Son parti & les circonstances l'emporterent. Witt eut lui-même la sagesse de céder. Il
chercha seulement à modifier, par les conditions du serment,
l'autorité de celui qui alloit être le Chef suprême de la République. Le Prince fut nommé à la charge de Capitaine Général
le 25 Février. Il avoit été résolu d'attendre qu'il eût 22 ans, pour
metre seulement en délibération si on le nommeroit à cette place.
On ne tint pas plus de compte de cette résolution, que de
beaucoup d'autres que l'esprit Républicain avoit dictées; & on
le dispensa facilement de six mois qui lui manquoient encore
pour atteindre cet âge. Ce Prince annonçoit déjà les grandes
qualités qui l'ont si fort distingué depuis, & qui le préparoient
à jouer un rôle principal dans les affaires de l'Europe. Il ne fut
pas plutôt muni de l'autorité que sa charge lui donnoit sur les
forces de terre & de mer de la République, que l'administration
prit entre ses mains plus de vigueur, d'activité & de consistance.
Il visita les frontieres; pressa de toutes parts les levées de
troupes, & les travaux des fortifications : enfin il leva pour son
compte un régiment de gardes à pied; & les Etats y joignirent
une compagnie de gardes à cheval, une de Suisses, un régiment
de cavalerie, & un de dragons; ce qui forma la maison du
Prince, au nombre d'environ quatre mille hommes.

Divisions en Hollande.

Elévation du Prince d'Orange aux charges de ses Ancêtres.

Tous ces préparatifs de défense occupoient encore les
Hollandois, lorsque Charles II donna le signal des hostilités,
en tirant contr'eux les premiers coups de canon de cette guerre
qui devoit embrâser l'Europe, & ne se terminer que par la paix
de Nimegue. Le rétablissement de son neveu dans la charge de
ses ancêtres n'avoit pas réconcilié ce Prince avec les Etats, ni
changé en rien ses mesures. Les liaisons du sang sont peu pour

D

INTRODUCTION

1672.

Premieres hostilités de l'Angleterre contre la Hollande.

les Rois ; heureux au moins les peuples, si ce sacrifice de la nature tournoit à leur profit !

Charles II, peu scrupuleux dans ses moyens, fit attaquer sans déclaration de guerre, la flotte Hollandoise qui revenoit de Smyrne. Aucun acte formel n'avoit encore annulé le traité de la triple alliance. M. Meerman, Ambassadeur extraordinaire des Etats-Généraux, négocioit encore, que cet acte d'hostilité étoit déjà résolu. Ce Prince crut s'enrichir par une prise aussi considérable, & par-là se fournir des moyens abondants pour ses dépenses particulieres & pour la guerre. L'Amiral Holmes fut chargé de l'expédition. Sa conduite insidieuse répondit à l'esprit de la commission qui lui étoit confiée. Il approcha la flotte Hollandoise avec des démonstrations pacifiques. Il invita l'Amiral Van-Ness à venir à son bord. Un de ses Officiers tendit le même piége au Contre-Amiral. Mais les Hollandois étoient prévenus des mauvaises intentions des Anglois. Ils avoient mis leurs vaisseaux de guerre & leurs vaisseaux marchands

23 & 24 MARS.

dans le meilleur état de défense. L'attaque la plus vive succéda à la fourberie. Les Hollandois se défendirent avec vigueur dans trois combats consécutifs. Ils perdirent un vaisseau de guerre & quelques vaisseaux marchands peu considérables. Ce foible succès ne procura pas à Charles II les avantages qu'il s'en promettoit, & lui fit peu d'honneur. Il fit semblant de désavouer la conduite de son Amiral ; prétendit que le hasard avoit fait rencontrer les deux flottes, & publia que l'obstination des Hollandois à ne pas reconnoître la supériorité de son pavillon, avoit seule engagé le combat. Mais le public avoit formé son jugement, & ne voulut voir dans cette espéce de désaveu du Roi d'Angleterre, que le regret de s'être exposé inutilement au reproche d'une entreprise irréguliere & injuste.

7 AVRIL.

Déclaration de guerre de l'Angleterre contre la Hollande.

La déclaration de guerre suivit de près cet acte d'hostilité qu'elle auroit dû précéder. Elle contenoit beaucoup de généralités & d'allégations vagues. Elle citoit quelques peintures & quelques médailles injurieuses à Charles II, quoique les Etats-Généraux les eussent désavouées ; elle se fondoit sur les difficultés concernant le pavillon, & sur quelques autres au sujet de Surinam. En rompant les derniers traités, elle annonçoit encore le projet d'en remplir les conditions & d'en maintenir l'esprit ; tant les manifestes des Princes se jouent de la crédulité des hommes & de l'opinion publique !

A LA CAMPAGNE DE 1674.

Louis XIV dédaigna les détails dans lesquels étoit entré Charles II. Il ne cita dans la déclaration de guerre qu'il rendit publique, que sa gloire offensée, l'ingratitude des Provinces-Unies, & l'indignation qu'il avoit conçue de leur conduite. La nation embrassa avec ardeur les projets de son Roi. On se vengea à Paris des pasquinades qui avoient excité les plaintes de la France contre la Hollande. On fit courir une médaille, dont le corps étoit un soleil qui élevoit les vapeurs d'un marais, avec cette légende : EVEXI, SED DISCUTIAM. Le Pere Comire fit la fable latine des grenouilles dont le soleil desséecha la demeure, parce qu'elles s'enfloient & croassoient contre lui. Fontenelle la traduisit. Lafontaine en donna une imitation. Nous jettons en passant ces détails, qui peignent l'esprit des peuples. La puissance de Louis XIV & l'éclat de ses préparatifs, en opposition avec la foiblesse apparente de la Hollande, justifioient en quelque sorte l'ivresse des François, le mépris qu'ils avoient de leurs ennemis, & l'opinion qu'ils se formoient de leurs succès. Le commencement de la guerre répondit pleinement à ces brillantes espérances.

1672. 7 AVRIL. De la France contre la Hollande.

Le Roi avoit alors cent quatre-vingt mille hommes de troupes. Jamais l'état militaire d'aucun Souverain de l'Europe n'avoit été sur un pied aussi formidable. Louis XIV donna le premier l'exemple funeste, & malheureusement trop suivi, de ces grandes armées qui, épuisant les campagnes, rassemblent dans les camps une multitude toujours onéreuse & souvent inutile. Les troupes du Roi étoient aussi belles que nombreuses. Elles étoient assez bien disciplinées & exercées, pour un tems où à peine on se doutoit que ces parties de la science militaire pussent être utiles, & qu'il y eût quelque chose à ajouter au courage. Il y avoit peu d'uniformes ; mais la magnificence dans les habillemens en égaloit l'irrégularité. La maison du Roi sur-tout, annonçoit par la richesse de ses vêtemens & de son équipement, la puissance du Prince à qui elle appartenoit.

Etat militaire de la France.

C'est avec cent vingt mille hommes ainsi disposés, que le Roi entra en Flandres, & marcha à la conquête de la Hollande. Il traînoit avec lui toute sa Cour & des équipages immenses. La magnificence de ses Officiers généraux étoit proportionnée à la sienne. Elle plaisoit à ce Prince qui a quelquefois confondu le faste avec la grandeur. Mais si son armée pouvoit être comparée à celle de Darius pour le luxe & pour le nombre,

Armée destinée à la conquête de la Hollande.

elle méritoit également de l'être à celle d'Alexandre pour la valeur & pour l'esprit qui l'animoit. Le François étoit glorieux de son Roi, & échauffé du desir de lui plaire. Il ne doutoit pas qu'il ne marchât à une conquête certaine, & chacun étoit d'autant plus avide de l'occasion de se signaler, qu'il craignoit d'en être privé par la rapidité des succès.

1672.

Condé, Turenne.

Condé & Turenne étoient à l'armée de Louis XIV. La réputation de ces deux grands hommes sembloit annoncer la sagesse des conseils & l'habileté des opérations auxquelles on présumoit qu'ils auroient la plus grande part. La prévoyante activité de Louvois avoit placé des magasins par-tout où ils devoient être utiles, & il avoit pourvu abondamment à tous les cas & à toutes les possibilités. Les ressources de Colbert ne manquoient à aucun achat, à aucune dépense, & son génie fécond laissoit à peine appercevoir au Roi qu'il fût difficile d'y fournir.

Achats, Magasins.

L'alliance de l'Evêque de Munster & de l'Electeur de Cologne étoit de la plus grande utilité. On fit des achats considérables dans les Etats de ces deux Princes, & à portée des lieux mêmes où l'on devoit en former des magasins sur le Rhin & sur la Meuse. Ces deux grandes rivieres, qui des frontieres de France coulent directement en Hollande, sembloient être disposées par la nature pour les projets de Louis XIV, & offroient les plus grandes facilités pour les transports.

A l'ombre de la sécurité dans laquelle on avoit entretenu autant qu'on avoit pu les Hollandois, Louvois n'avoit pas négligé de les dégarnir d'approvisionnements de guerre & de bouche, & d'augmenter les magasins du Roi aux dépens des leurs; tandis que ces Marchands, plus avides de gain que soigneux de leur sûreté, oublioient que l'argent n'est pas toujours le plus important des trésors.

Départ du Roi.

La Cour partit de Saint-Germain le 25 d'Avril 1672, pour aller joindre l'armée à Charleroy, où elle s'étoit réunie par différentes colonnes. Nous n'entrerons pas dans un détail circonstancié des opérations militaires de cette campagne, non plus que de celle de 1673; & nous nous contenterons d'en présenter les grands événements.

Assemblée de l'armée à Charleroy. Marche sur la Meuse.

Le Roi arrivé le 5 de Mai à Charleroy, y resta jusqu'au 11 à faire la revue de son armée & à se montrer à ses troupes. Il envoya à M. de Monterey à Bruxelles, pour le prévenir qu'il feroit

A LA CAMPAGNE DE 1674.

seroit obligé de passer sur les terres d'Espagne. On ouvrit les marches par lesquelles on devoit se porter sur la Meuse. M. de Turenne partit le 9 avec vingt-cinq mille hommes, & le Roi suivit le 11 avec l'armée. Cinq mille hommes resterent en avant de la haute Sambre, pour observer les Espagnols, des intentions desquels on se défioit. Un Officier vint cependant à Tongres le complimenter au nom du Roi d'Espagne & de la part de Monterey. Il fut traité splendidement & renvoyé avec le portrait de Sa Majesté enrichi de diamans. L'armée arriva le 17 à Viset, & ce fut là que se déterminerent décidément les projets offensifs de la campagne.

1672. MAI.

M. de Chamilly avoit été détaché en même tems avec un corps de troupes pour se saisir de Maseyck, petite ville dépendante de l'Electeur de Cologne, comme Evêque de Liége. Les habitants firent quelque semblant de se défendre, mais on les soumit aisément. Le traité de la France avec ce Prince assuroit son aveu, au moins tacite, de cette espéce d'infraction de la neutralité accordée au Pays de Liége; infraction au reste justifiée par la nécessité de la guerre, puisque Maseyck, situé sur la Meuse au dessous de Maëstricht, étoit un poste très-intéressant à occuper. On donna sur le champ l'ordre d'y faire quelques fortifications. On occupa de même Tongres, Saint-Tron, Bylsen & quelques autres postes. Les premiers étoient nécessaires à la communication de l'armée avec Charleroy. Viset, où se trouvoit pour lors le quartier de Sa Majesté, est situé sur la Meuse au dessus de Maëstricht, comme Maseyck l'est au dessous. Ainsi cette ville étoit presqu'environnée des troupes du Roi. On crut que la campagne alloit s'ouvrir par le siége de cette importante place. Les Hollandois y avoient une garnison considérable, & pour Commandant le Rhingrave, homme capable de la bien défendre. Il fut discuté dans le Conseil de guerre quel parti on prendroit, & si l'on attaqueroit la Hollande par la Meuse ou par le Rhin. Condé opina fortement pour le premier de ces avis & pour le siége de Maëstricht. Cette place, quoique très-forte, devoit être aisément emportée par les armes du Roi; un premier succès décideroit de leur réputation, & en imposeroit aux ennemis. Le Prince indiquoit le côté de la montagne Saint-Pierre, par lequel on pouvoit attaquer avec avantage. Les Catholiques en grand nombre dans Maëstricht, & qui desiroient d'être sous la domination de Sa Majesté,

S'empare de Maseyck.

Différence d'opinion entre Condé & Turenne sur le plan de campagne, & particuliérement sur le projet d'assiéger Maëstricht.

E

1672.
MAI & JUIN.

favoriseroient son entreprise. Cette conquête deviendroit une place d'armes excellente, un entrepôt considérable & assez avancé d'approvisionnements de toute espéce, & gêneroit beaucoup les projets communs des Espagnols & des Hollandois, en cas que par la suite, ils vinssent à s'unir contre la France, ce qui étoit fort à craindre.

Turenne opposa à ces raisons le tems qu'exigeroit la prise d'une aussi bonne place, défendue par une garnison nombreuse; celui qu'elle donneroit aux ennemis de se reconnoître, d'achever leurs préparatifs de défense, & peut-être d'agir offensivement; l'importance dont il étoit de pénétrer le plutôt possible, & par les moyens les plus courts, dans l'intérieur de leur pays, & par-là de les étonner, de les accabler par les premiers coups; la facilité enfin de bloquer Maëstricht, & de rendre inutile la garnison que cette place contenoit. Telles furent les raisons principales, par lesquelles ces deux grands hommes balancerent leurs avis dans le Conseil du Roi. Il est à observer que le projet plus mesuré, plus prudent, plus lent, fut embrassé par celui des deux dont le caractere étoit plus ardent & plus actif; & qu'au contraire le parti plus vif, plus décidé, plus hardi, fut soutenu par celui qui passoit pour plus flegmatique & plus froid : tant l'un & l'autre avoient le mérite d'être bien moins entraînés par leur tempérament, que dirigés par leurs lumieres ! Louvois se

On renonce au projet d'assiéger Maëstricht.

réunit à l'avis de Turenne, & y décida le Roi. On résolut de fortifier ou retrancher les principaux postes qu'on avoit au-tour de Maëstricht, particuliérement ceux de la haute & basse Meuse,

L'armée passe la Meuse, & marche sur le Rhin.

& d'en occuper de nouveaux à la rive droite. On fit jetter des ponts sur cette riviere, que l'armée passa le 24 pour se porter sur le Rhin; & on substitua au projet du siége de Maëstricht,

Siéges d'Orsoy, de Wesel, de Rhimberg & Burich.

celui d'attaquer en même tems Orsoy, Wesel, Rhimberg & Burich. Le Roi arriva le 2 Juin devant Orsoy. La contrescarpe fut attaquée & emportée le même soir, & le lendemain la ville se rendit à discrétion. Le Prince de Condé, dont l'armée détachée de celle du Roi en faisoit l'avant-garde, avoit passé la Meuse le 22, & s'étoit dirigé sur Wesel. Cette place étoit défendue, indépendamment de ses fortifications propres, par le fort de la Lippe, situé sur la riviere de ce nom. Il fut emporté l'épée à la main la nuit du 2 au 3, dans le même tems que les troupes du Roi attaquoient avec le même succès la contrescarpe d'Orsoy. La prise du fort jetta l'épouvante

A LA CAMPAGNE DE 1674. 19

dans la place. Les femmes & les bourgeois s'ameuterent. Le Gouverneur Van-Santen perdit la tête. Les Bourguemeſtres d'une part, & les Officiers de l'autre, ſortirent à l'envi pour demander une capitulation au Prince. Le grand Condé devoit être indigné de pareilles infamies. Il entra dans Weſel le 5. La garniſon, de quinze à dix-huit cens hommes, fut priſonniere de guerre, à la réſerve du Gouverneur lui-même & de huit Officiers, dont ſix devoient être à ſon choix & deux à celui du Prince : condition ſinguliere & bien faite pour rendre ſuſpects ceux à qui le Général François accorderoit cette honteuſe faveur. Le Prince d'Orange en jugea ainſi. Ils furent tous arrêtés. Van-Santen fut banni & dégradé des armes, & un Capitaine paya de ſa tête la trahiſon qui avoit concouru à livrer cette conquête à la France.

1672.
JUIN.

Burich, mauvaiſe petite ville, défendue ſeulement par trois cens hommes, ne put, malgré la fermeté de ſon Commandant, tenir contre le Vicomte de Turenne, & la garniſon ſe rendit priſonniere de guerre le 4 de Juin. Rhimberg, beaucoup meilleure, & en état de ſoutenir un ſiége, ne coûta que de l'argent au Vainqueur. On n'y tira pas un coup de canon. La garniſon eut la liberté de ſe retirer à Maëſtricht, où Doſſery, qui la commandoit, fut décapité peu de tems après, pour prix de ſa trahiſon.

De Weſel Condé marcha à Emmerick. La garniſon évacua la place ; celles des forts de Hulſt, Dorkel & Queſſel ſe rendirent à la premiere ſommation, & furent faites priſonnieres de guerre. Doëtkum ouvrit ſes portes à M. de Beauvezé, Brigadier de cavalerie, détaché avec cent cinquante chevaux de l'armée du Prince. Dans le même tems, & preſque le même jour, car rien n'égaloit la rapidité de ces conquêtes, Turenne aſſiégeoit Rées. Il arriva que les François rencontrerent un brave homme, & qui forma le projet de ſe défendre ; mais il eût été trop extraordinaire d'en rencontrer deux. Wimbergen, c'eſt le nom du Gouverneur de Rées, avoit donné inutilement au Commandant d'un fort dépendant de ſa place & qui importoit à ſa défenſe, des ordres conformes à ce qu'il vouloit faire lui-même. Cet Officier ſe rendit à la premiere ſommation des François. Le Gouverneur de Rées ne ſe découragea point pour cela, & refuſa d'en faire autant. Condé ſe joignit à Turenne, & voulut en impoſer à l'ennemi par l'éclat de ſon nom & de ſa réputation. Le Hollandois avoit à ſa porte les deux premiers Généraux de

Priſe de pluſieurs Villes & Forts.

Siége & défenſe de Rées.

l'Europe, & au-dedans des féditieux qui vouloient le forcer à
se rendre. Ceux-ci se portere*nt* aux derniers excès contre lui.
Enfin il céda à la néceffité, & demanda à Condé les honneurs
de la guerre. Ce grand homme, sur qui le mérite avoit ses
droits même dans un ennemi, penchoit à les lui accorder;
mais il crut devoir envoyer des députés au Roi pour décider
de la capitulation. Louvois refusa durement ce que Condé avoit
permis d'espérer, & ne vit que témérité & insolence, ce furent
ses termes, dans une résistance où le Prine n'avoit trouvé que
de la bravoure. Wimbergen refusa à son tour de signer les articles
envoyés par le Ministre, il vouloit s'enterrer sous les ruines
de sa place déjà fort endommagée. Le clergé & les bourgeois
s'ameuterent de nouveau avec la plus grande violence, mena-
cerent la garnison, & s'opposerent au service de l'artillerie.
Wimbergen fut forcé de sacrifier son honneur & son courage,
& la garnison se rendit prisonniere de guerre.

1672.
JUIN.

Tandis que l'armée du Roi & les corps avancés que
commandoient Condé & Turenne descendoient ainsi le Rhin,
s'emparoient de toutes les villes & forts qui bordent le cours
de ce fleuve, faisant les garnisons prisonnieres de guerre, sans
qu'il en coûtât beaucoup plus de tems que n'en exigeoient de
simples marches; l'Evêque de Munster, secondé du Duc de
Luxembourg qui l'avoit joint avec un gros détachement de
troupes Françoises, marchoit de son côté vers l'Over-Yssel, &
attaquoit la Hollande par ses possessions à la rive droite du
fleuve. Ce Prélat donna aussi un manifeste. Il étoit encore plus
vague & plus inutile que ceux de l'Angleterre & de la France.
Les véritables raisons de son agression étoient dans son caractere
brouillon, entreprenant & inquiet. Quoiqu'il en soit, il bombarda
Groll, qui se rendit à lui & au Duc de Luxembourg le 9 Juin,
troisiéme jour de l'investissement.

L'Evêque de
Munster & le
Duc de Luxem-
bourg à la rive
droite du Rhin
& de l'Yssel.

Les conquêtes du Roi ne s'étoient étendues jusqu'à ce moment
qu'à la frontiere de la Hollande. La plupart des places dont il
s'étoit emparé n'appartenoient même pas en propriété à la
République qui les tenoit en séquestre des Electeurs de Cologne
& de Brandebourg. Le Rhin & l'Yssel, qui n'est qu'un bras de ce
fleuve, formoient ses plus importantes barrieres. C'est dans
l'espace qu'ils embrassent qu'étoient renfermées ses grandes &
belles villes, & il falloit passer l'un ou l'autre pour aller l'attaquer
dans le centre de ses richesses & de sa puissance.

Il

A LA CAMPAGNE DE 1674.

Il paroît que le projet du Roi avoit été d'abord d'entrer dans l'Over-Yssel, pour prendre ensuite la Hollande à revers, en forçant le passage de l'Yssel. La longueur de ce bras du Rhin fournissoit un développement facile aux grandes armées du Roi, & par la même raison en rendoit la garde plus difficile aux troupes de la République. On l'avoit bordé dans un long espace de dispendieux & d'inutiles retranchements. Il étoit aisé d'en surprendre le passage dans quelques-uns des endroits les moins gardés. Condé avoit voulu parier qu'il n'en coûteroit pas cent hommes au Roi. Cependant lorsque ce prince, campé aux environs d'Emmerick, eut occasion de reconnoître par lui-même les bords du Rhin entre le point où d'un de ses bras il forme le Waal, & celui où de l'autre il forme l'Yssel, il trouva que cette partie du fleuve étoit plus accessible qu'il ne l'avoit cru. Elle l'étoit plus que l'Yssel. Le fleuve y étoit moins profond, ses bords moins difficiles. L'extrême sécheresse de la saison l'avoit rendue presque guéable en quelques endroits. Elle étoit même dégarnie, le Prince d'Orange ayant réuni ses plus grandes forces sur l'Yssel, où sans doute il présumoit que se porteroit l'armée du Roi. Le passage du Rhin dans cet intervale mettoit les troupes Françoises en possession du Betaw ou Betuw, espéce d'isle formée par ce fleuve & le Waal, l'une des plus riches possessions de la République. On prenoit à revers Nimegue & les places de la Meuse. On menaçoit Arnheim. On s'éloignoit moins qu'en se portant sur l'Yssel. Il est vrai qu'il restoit encore une fois le Rhin même à passer; mais cet inconvénient devenoit léger si l'on se rendoit maître d'Arnheim. Toutes ces raisons furent pesées dans le Conseil. Condé & Turenne furent d'avis du passage du Rhin entre le Waal & l'Yssel. Le Roi s'y décida aisément, & on s'occupa d'en préparer l'exécution avec autant de secret que de promptitude.

1672. JUIN.

Le passage du Rhin résolu.

Mais la témérité Françoise prévint les mesures de la prudence, & le bonheur qui la seconda lui donna un succès plus prompt, plus brillant, plus décisif qu'on ne l'eût peut-être obtenu d'une opération conduite avec plus de sagesse. Nous devons sacrifier ici les éloges faux, outrés, mal entendus, dont les Poëtes, les Historiens & les Flatteurs de tout genre accablerent à l'envi Louis XIV. Rendons plutôt à ce Prince sa véritable gloire, & ne chargeons ni sa mémoire ni celle des illustres Généraux qu'il avoit à ses ordres, du blâme qu'il auroit encouru, s'il avoit entrepris de deſſein prémédité l'étonnante expédition que nous allons raconter. Elle fut le fruit de la valeur brillante & audacieuſe de la Nobleſſe Françoiſe, & de ce deſir qu'elle portoit juſqu'à l'enthouſiaſme de ſe ſignaler ſous les yeux de ſon Roi. On n'avoit jamais projetté de paſſer le Rhin au gué ni à la nage ; mais ſur des pontons de cuivre, dont l'uſage étoit encore nouveau dans les armées, & qui venoient d'être inventés par Martinet (*). Le Roi partit du camp de Rées le 11 Juin avec peu de troupes, pour aller joindre le Prince de Condé à celui d'Emmerick. Les diſpoſitions avoient été faites & les ordres donnés pour jetter un pont le 12 au-deſſous du fort de Schenk, & preſque vis-à-vis d'une maiſon de péage ou TOLHUYS, en langue du pays, près de laquelle il y avoit une tour ſuſceptible de quelque défenſe. L'Evêque de Munſter & M. de Luxembourg s'avançoient en même tems dans l'Over-Yſſel, & le Roi faiſoit marcher quelques troupes vers l'Yſſel, pour y faire des démonſtrations offenſives, & y retenir le Prince d'Orange. La vivacité de l'exécution a trop fait oublier la ſageſſe des meſures qui avoient été priſes. On travailla la nuit du 11 au 12 à l'établiſſement des batteries néceſſaires pour protéger la conſtruction du pont & le paſſage des troupes ; mais le travail du pont alloit fort lentement. Le 12 au matin il n'y avoit encore que ſix pontons de placés, & on ne pouvoit pas eſpérer qu'il fût achevé de la journée. On n'avoit pas encore perfectionné cette invention nouvelle, par cette célérité de manœuvre qu'on y a ajoutée depuis. Il y avoit lieu de craindre que le Prince d'Orange, ſi on lui en laiſſoit le tems, ne renforçât conſidérablement le corps qui gardoit cette partie du Rhin, ou n'y vînt lui-même avec ſon armée, & ne rendît le paſſage impoſſible. J'ai dit qu'on avoit indiqué au Prince de Condé quelques endroits que la grande ſéchereſſe de la ſaiſon rendoit preſque guéables. Un de ces gués, mauvais & incertain, ſe trouvoit vis-à-vis le Tolhuys. On propoſa de le reconnoître. Le Comte de Guiche s'en chargea. Il s'avança juſques vers le milieu du fleuve. Quelques Gentilshommes à lui le traverſerent en entier. Le prétendu gué étoit très-étroit. Dans le paſſage qu'ils avoient ſuivi, ils avoient eu une vingtaine

---

(*) M. Martinet, Lieutenant-Colonel du Régiment du Roi à ſa création, & Colonel en 1670, s'occupa beaucoup des détails de l'infanterie, & d'en perfectionner le ſervice, la diſcipline & les armes.

de pas à nager, & pour peu qu'on s'écartât de droite ou de gauche, sur-tout à droite où portoit le cours du fleuve, il y en avoit beaucoup plus. Cependant de Guiche & les siens, avides de dangers & de gloire, & enthousiasmés de l'idée de conduire une entreprise aussi brillante, affoiblirent un peu la difficulté en rendant compte au Roi, & lui annoncerent le gué pour meilleur qu'il n'étoit. Condé, dont on ne pouvoit pas accuser la prudence d'être timide, eut quelque peine à se rendre au projet de tenter le passage. Le Roi s'y décida. Le Comte de Guiche donna l'exemple, après avoir insisté sur le conseil. Il rentra le premier dans le fleuve, accompagné de quelques jeunes gens de la premiere noblesse empressés de se distinguer, & suivis du régiment des Cuirassiers. Le Général Würtz défendoit avec peu de troupes cette partie du Rhin. Il n'avoit point d'artillerie; il en attendoit d'Arnheim, ainsi que des troupes qui devoient le renforcer. La cavalerie ennemie marcha en très-bon ordre au premier escadron François qui parut sur le bord du fleuve. Il y eut un instant d'incertitude; mais elle ne dura que jusqu'à ce que celui-ci fut joint par un plus grand nombre de Cuirassiers qui arrivoient successivement. Dès qu'il y eut plusieurs escadrons formés, ils marcherent à leur tour à la cavalerie ennemie, qui s'en alla & ne reparut plus. Le feu de l'artillerie Françoise favorisoit ce passage, & incommodoit fort les Hollandois, qui n'avoient pour y répondre que trois petites piéces placées à la tour du Tolhuys. Après les Cuirassiers passa la Maison du Roi. On avoit d'abord passé presqu'à la file, on reconnut cette faute, & on traversa en colonne serrée & sur plusieurs cavaliers de front. Par ce moyen on abrégeoit l'opération & on diminuoit le danger en rompant le cours des eaux du fleuve. Les François se trouverent bientôt très en force & au nombre de six mille chevaux à la rive gauche. Le Prince de Condé, le Duc d'Enghien & le Duc de Longueville passerent dans un bateau en côtoyant les troupes. L'infanterie ennemie, abandonnée de sa cavalerie, tenoit encore dans de mauvais retranchements à quelque distance de la riviere; mais elle étoit au moment de mettre bas les armes & d'accepter le quartier que le Prince de Condé & le Comte de Guiche lui offroient. Le Duc de Longueville & d'autres jeunes gens, au nombre de dix ou douze, coururent étourdiment à ces retranchements, & furent y provoquer & menacer très-inutilement

1672. JUIN.

Exécuté.

cette infanterie découragée. Elle fit fur eux une derniere décharge, dont le Duc de Longueville, Guitry & quelques autres furent tués. Le Prince de Condé, qui y courut pour fecourir ou arrêter fon neveu, y fut bleffé d'un coup de feu au poignet. Cet inftant venoit de coûter un fang précieux à la France. La cavalerie fut animée du defir de le venger, & courut aux retranchements. Les ennemis les abandonnerent. La plus grande partie s'enfuit. Tout ce qui put être atteint fut tué ou pris. Telle fut l'exacte vérité de ce fameux paffage du Rhin, qui fit tant de bruit dans le monde, & qui fut préconifé & porté jufqu'au miracle par tant de Poëtes & d'Orateurs.

Dès que la cavalerie & la Maifon du Roi furent de l'autre côté du Rhin, on travailla à achever le pont de bateaux. Le Roi y paffa le foir & vint jouir de fon triomphe. Il étoit d'autant plus fatisfaifant qu'il avoit peu coûté : à la réferve de la malheureufe décharge où avoit péri le Duc de Longueville, & d'un petit nombre de perfonnes qui s'étoient noyées dans le Rhin, on avoit peu perdu. Les Hollandois eux-mêmes n'eurent pas un grand nombre de morts. On le conçoit aifément à la foible réfiftance qu'ils firent. Jamais fuccès fi brillant & d'une telle importance n'avoit coûté moins de fang. On eft étonné de la facilité avec laquelle le Prince d'Orange laiffa pénétrer ainfi les François dans le cœur de la Hollande. La défection de Montbas, qu'il avoit d'abord chargé de la défenfe du Rhin, la contradiction ou réelle ou fuppofée des ordres que celui-ci prétendit avoir reçu des Etats & du Prince, le peu de troupes & d'artillerie avec lefquelles Würtz lui fut fubftitué, & le foible ufage que cet Officier Général, homme de réputation, fit de ces moyens : toutes ces circonftances & d'autres qui leur tiennent, forment un problême hiftorique, dont la difcuffion paffe notre objet. Nous nous contenterons de remarquer que Louis XIV étoit alors dans fes jours de gloire & de bonheur.

Le refte des troupes de M. le Prince de Condé, infanterie & artillerie, paffa fur le pont de bateaux. Ce Prince étant hors d'état de fervir jufqu'à la guérifon de fa bleffure, le Roi donna le commandement de ce corps d'armée à M. de Turenne, qui devoit agir dans le Betaw, prendre Nimegue, Arnheim, le fort de Schenk, paffer le bras du Rhin qui traverfe la Hollande, &

A LA CAMPAGNE DE 1674.

& prendre le Prince d'Orange à revers s'il s'obstinoit à rester sur l'Yssel, tandis que le Roi lui-même, avec son armée, marcheroit à la rive droite de cette riviere.

1672.
JUIN.

Aussi-tôt après le passage du Rhin, le Roi poursuivit ses conquêtes, & elles se succéderent avec la même rapidité qu'auparavant. Le Prince d'Orange abandonna les retranchemens de l'Yssel, d'où la retraite pouvoit lui être coupée par M. de Turenne, & qu'il jugeoit trop foibles pour pouvoir les défendre. Il se replia sous Utrecht, laissant d'inutiles renforts aux garnisons des places les plus importantes. Les malheurs qu'avoit essuyés la République, & les dangers plus grands encore qui la menaçoient, loin de réunir les partis qui la déchiroient, en augmentoient l'animosité. Chacun imputoit à l'autre les malheurs publics. Le parti de Louwestein ou des freres de Witt regardoit la résistance comme inutile; il inclinoit à se soumettre aux armes du Roi, & à se confier à sa clémence. Celui du Prince d'Orange, (& il comprenoit une grande partie de l'état militaire), ne désespéroit pas du salut de l'Etat, & ne vouloit que des résolutions vigoureuses. Les provinces & les villes commençoient à se diviser, & plusieurs vouloient traiter séparément avec le Roi pour en obtenir de meilleures conditions. Dans presque toutes les places fortes les bourgeois demandoient à capituler, & les garnisons avoient à se défendre en même tems contre la mauvaise volonté de leurs compatriotes, & contre les attaques des ennemis. On conçoit aisément combien cet état des choses devoit faciliter les succès ultérieurs des François.

L'Yssel abandonné par les Hollandois.

Divisions en Hollande.

M. de Turenne ne perdit point de tems, & dès qu'il fut joint par les troupes qui devoient être à ses ordres, il ne différa pas à agir. Arnheim ne fit nulle résistance, & donna à ce Général un pont sur le bras du Rhin qui conserve le nom de ce fleuve après la séparation de l'Yssel & traverse toute la Hollande. Après Arnheim, le Maréchal attaqua Knotzembourg, fort situé vis-à-vis de Nimegue, dont la prise étoit nécessaire au siége de cette place. Le Commandant se défendit avec beaucoup de vigueur, mais il fut obligé de céder à celle des François & à leur supériorité. Ils y perdirent assez de monde. On crut ensuite nécessaire de s'emparer du fort de Schenk, situé dans l'angle formé par le Rhin & le Waal. Cette forteresse très-importante par sa position, munie d'une bonne garnison, & en état à tous égards de faire une longue résistance, capitula le jour même qu'elle fut attaquée.

Conquêtes de M. de Turenne dans le Betaw.
Arnheim.

Le fort de Schenk.

G

INTRODUCTION

1672.
JUIN & JUILLET.

Le Gouverneur étoit un jeune homme sans expérience, à qui son pere, Bourguemestre de Nimegue, avoit fait donner cet emploi important. Après avoir fait détruire par présomption & par ignorance de nouveaux ouvrages que le Général Würtz avoit fait ajouter à sa place, il finit par perdre la tête dès l'instant qu'il vit les François. Cet abus énorme dans la distribution des emplois a coûté bien des désastres à la République.

Nimegue.

Après la prise de Knotzembourg, M. de Turenne tenoit Nimegue bloqué; mais il n'ouvrit la tranchée devant cette place que le 3 Juillet. Le Gouverneur se défendit avec honneur, & ne capitula que le 9. C'étoit beaucoup pour une place Hollandoise. En même tems, ou peu après, ce Général s'empara, ou par lui-même ou par des détachements de son armée, de tout ce qui restoit aux Hollandois dans le Betaw, sur le Waal & sur la Meuse. Saint-André, Worn & Thiel ouvrirent leurs portes

Gennep, Grave, &c.

à M. d'Apremont le 27 & 28 Juin. Gennep se rendit le 3 Juillet à M. de Chamilly. Grave, que deux ans après le frere de cet Officier Général défendit avec tant d'honneur & de gloire, capitula le 5 sans coup férir. Les Etats Généraux entassant faute sur faute & inconséquence sur inconséquence, avoient ordonné au Gouverneur de cette place de l'abandonner & de se retirer avec sa garnison à Bois-le-Duc. Il reçut, mais trop tard, des ordres contraires. Il se pressa de rentrer avec quelques troupes, en attendant celles qu'on devoit lui envoyer encore; mais la ville étoit déjà en négociation avec M. de Turenne, & un cops de cavalerie Françoise se présentoit aux portes presqu'en même tems que lui. Il fut contraint d'accepter la capitulation proposée, & de retourner à Bois-le-Duc avec les troupes qu'il avoit amenées. Pour comble de malheur, l'infanterie qu'on lui envoyoit de cette place, & qui devoit former la garnison de Grave, fut attaquée en route par le Marquis de Joyeuse, qui eut avis de sa marche, & la tailla en piéces. On voit combien les fautes des Etats Généraux leur ont causé de pertes. M. de Turenne prit ensuite Crevecœur, Bommel & nombre d'autres petites places ou forts, dont les noms obscurs ne méritent pas d'être placés ici, & qui n'attendirent que les sommations, ou même les prévinrent. Telles furent les opérations rapides de ce Général dans le Betaw. Nous retournons à l'armée du Roi, dont les conquêtes ne le furent pas moins.

A LA CAMPAGNE DE 1674.

Ce Prince ne resta à Emmerick que le tems qu'exigeoient les arrangements de subsistance. Il en partit le 16 pour marcher sur l'Yssel. Nous avons dit que le Prince d'Orange avoit abandonné ce fleuve; au moyen de quoi le Roi fit passer quelques troupes, & la communication s'établit avec M. de Turenne par Arnheim. La saison étoit d'une sécheresse extrême. L'Yssel étoit guéable; le Roi le passa, & fut visiter les retranchements du Prince d'Orange. On reconnut qu'ils étoient défectueux, & que ce Prince eût été dans l'impossibilité de les défendre. L'armée marcha le 17 à Doësbourg. La tranchée n'y fut ouverte que le 19. Cette place, qui auroit pu faire une défense beaucoup plus longue, capitula le 21, & la garnison fut, selon l'usage, prisonniere de guerre. On y perdit Martinet, homme de réputation, qui étoit plus propre qu'aucun autre à établir la discipline & à perfectionner l'art militaire. Le Roi détacha Monsieur pour faire le siége de Zutphen. Cette ville étoit déchirée de divisions; les uns vouloient se soumettre, & les autres se défendre: il en résulta qu'elle capitula le 26 aux conditions ordinaires. Deventer, capitale de l'Over-Yssel, & plusieurs autres villes de peu d'importance, se rendirent à l'Evêque de Munster & à M. de Luxembourg, vers le même tems.

Nous avons suivi les conquêtes du Roi dans les Duchés de Cléves & de Gueldres, dans l'Over-Yssel & dans le Betaw. Il lui reste maintenant à pénétrer dans l'intérieur de la Hollande. Les succès de ses armes & la terreur qui les précede, lui en ont préparé de nouveaux. Le Prince d'Orange, retiré sous Utrecht, n'y avoit que douze ou quinze mille hommes. C'étoient les débris des forces de la République. On eût composé une armée bien plus forte des garnisons prises par la France. L'Espagne s'alarmoit des succès éclatans du Roi, & se préparoit à se joindre à ses ennemis. Le Comte de Monterey envoya quelques Régiments Espagnols aux Hollandois. Guillaume avec ce foible renfort & sa petite armée osa répondre aux Etats d'Utrecht de les défendre contre les François. On avoit d'abord refusé de le recevoir dans cette ville. La consternation & le désordre y étoient au plus haut point. Enfin il y fut admis avec acclamation. On refusa, on accepta ses offres. Malgré la force d'esprit qui les dictoit & qui les excuse, elles étoient présomptueuses. Des ordres qu'il reçut des Etats Généraux, car il n'étoit point encore Stadhouder, lui éviterent

1672. JUIN.
Le Roi marche sur l'Yssel.

Siége de Doësbourg.

De Zutphen.

De Deventer.

le chagrin de ne pouvoir les remplir. On lui prescrivoit de se retirer avec son armée dans la Province de Hollande. Utrecht abandonnée n'eut rien de plus pressé que d'ouvrir ses portes aux troupes du Roi. Les Députés qu'elle lui avoit envoyés avoient été à sa rencontre jusqu'au camp de Doësbourg, il les suivit de près, & campa le 30 Juin sous les murs de sa nouvelle conquête.

1672.
JUIN &
JUILLET.
Soumission de la Province d'Utrecht.

Le Marquis de Rochefort fut ensuite détaché avec un corps de troupes pour s'avancer dans le pays. Il s'empara le 12 Juillet de Naërden, ville importante sur le Zuyderzée, qui ne fit qu'une très-foible résistance. Il ne restoit plus qu'un pas à faire jusqu'à Amsterdam, & c'en étoit fait de la Hollande. M. de Rochefort manqua l'instant précieux à la guerre. Des succès si rapides inspiroient plus de confiance que d'activité. Il tarda de marcher à Muyden, poste important à une lieue d'Amsterdam, où sont les écluses principales, au moyen desquelles on peut inonder tout le pays. La perte de cette petite ville entraînoit celle de la capitale. Le Prince d'Orange avoit négligé de la défendre, comme le Marquis de Rochefort de l'attaquer. L'épouvante y étoit à tel point que les Magistrats prirent quelques cavaliers François, qui alloient en maraude, pour l'avant-garde d'un corps d'armée, & leur offrirent les clefs de leur ville. Ils furent bientôt honteux de leur erreur, enyvrerent les cavaliers, & reprirent les clefs. On révoqueroit en doute cette singuliere anecdote, si tous les Historiens ne s'accordoient à nous la transmettre. Le Marquis de Rochefort voulut deux jours après réparer sa faute, mais le Prince d'Orange avoit déjà reconnu la sienne, & Muyden se trouva pourvue d'une garnison suffisante. Ce fut là le terme de nos conquêtes. Leur rapidité avoit étonné l'Europe, ébloui les François eux-mêmes, & accablé la Hollande. On laissa à la République l'instant de respirer. Elle ranima ses forces, & résista bientôt après à celles d'une Puissance qui n'avoit besoin que d'un jour de plus pour consommer son ouvrage.

Prise de Naërden.

Faute des François.

Les Hollandois n'avoient pas été aussi malheureux sur mer que sur terre. Ils avoient une puissante marine, & à la tête de cette marine étoit le célebre Ruyter, le plus grand homme de mer de son siecle. Il attaqua le 7 Juin à Solsbay les flottes réunies d'Angleterre & de France. Jamais combat, au jugement même de cet Amiral, qui ne s'exagéroit point le danger, ne fut si long

Bataille de Solsbay.

long & si terrible. Il commença & finit avec le jour. Il s'y fit des prodiges de valeur. La perte fut considérable de part & d'autre. Les deux partis s'attribuerent la victoire, & il n'en résulta que de faire voir que la Hollande, qui s'attiroit le mépris de l'Europe par le peu de résistance qu'elle opposoit à ses ennemis dans le continent, étoit encore formidable sur mer, puisqu'elle seule y balançoit les forces des deux grandes Puissances qui s'étoient liguées pour la détruire.

1672. JUIN.

Cependant les Etats-Généraux, entraînés par le parti des Witt qui vouloient la paix, avoient envoyé des Ambassadeurs au camp de Doëlbourg pour la demander à Louis XIV. A leur tête étoit Pierre de Groot, précédemment Ambassadeur en France, ami de Witt, lui-même zélé partisant de la paix, & ne pensant pas que sa Patrie eût d'autre parti à prendre que de se soumettre. Ils n'avoient point de conditions à proposer au Roi. Ils étoient chargés de demander celles qu'il plairoit à ce Prince de leur prescrire. Ils arrivoient en Suppliants bien plus qu'en Ministres. Cependant l'armée n'étoit encore que sur le Rhin & sur l'Yssel, & la Province d'Utrecht n'étoit pas encore conquise. L'humiliation des Hollandois ne toucha point la Cour de France. Les Députés n'eurent point audience du Roi. Louvois leur parla avec toute la dureté de son caractere. On refusa de traiter avec eux jusqu'à ce qu'ils eussent un pouvoir illimité. Groot retourna pour le solliciter à la Haye. Il étoit suivi de l'armée du Roi, qui pénétroit dans la Province d'Utrecht. Malgré cette circonstance, qui aggravoit de plus en plus le danger de la République, il rencontra beaucoup d'oppositions & de difficultés. L'extrême malheur commençoit à roidir les esprits, & à leur rendre le nerf & le ressort qui jusques-là leur avoient manqué. On se ressouvint que dans des circonstances encore plus critiques on avoit résisté à Philippe II, Prince aussi puissant que Louis XIV, & l'on crut qu'une liberté payée par tant de sang & de travaux, méritoit bien qu'on la rachetât encore au même prix. Cependant le plein pouvoir fut accordé, mais non unanimement; plusieurs de ceux qui devoient le signer refuserent de le faire; beaucoup de Membres des Etats protesterent, d'autres s'absenterent de l'assemblée où cette résolution fut prise; Fagel, Greffier des Etats, dit à Groot : » Vous pouvez partir, & aller vendre » votre Patrie; mais vous aurez de la peine à mettre l'Acheteur

Les Hollandois demandent la paix.

» en possession de ce que vous aurez vendu : vous pensez à
» sauver vos terres ; mais on aura soin d'y semer du sel, afin
» que leur stérilité apprenne jusqu'à la troisième génération ce
» que vous avez fait à l'ombre du plein pouvoir que vous vous
» faites donner, & que vous allez porter à vos Condéputés, &c.«
Groot partit néanmoins avec cet acte, dicté par le découragement d'une partie de ses concitoyens, & arraché à la fermeté des autres. Il arriva le 29 Juin au camp du Roi sous Amerong.

Propositions de la Hollande. On entra en négociation. Les Députés offrirent Maëstricht, & six millions pour les frais de la guerre. Louvois reçut ces propositions avec mépris. Ils joignirent à Maëstricht les autres places de la Généralité, c'est-à-dire, qui appartiennent en commun aux sept Provinces, & porterent les six millions jusqu'à dix. Pomponne, plus sage & plus modéré que Louvois, étoit d'avis qu'on accordât la paix à ces conditions. Elles furent

Demandes exorbitantes de la France. refusées. Louis XIV, demandoit outre les places proposées, le Brabant Hollandois, la partie de la Gueldres en deçà du Rhin, Nimegue, Grave & dépendances, le Comté de Meurs pour l'Electeur de Cologne ; Groll & autres places pour l'Evêque de Munster ; exercice public de la Religion Catholique ; exemption de tous droits & visites pour tous les François voyageant ou commerçant dans l'étendue des sept Provinces-Unies ; vingt millions pour les frais de la guerre ; tous les ans un Ambassadeur, & une médaille pour reconnoître que la Hollande tenoit sa liberté de la bonté du Roi, &c. Ces propositions effrayerent même Groot, malgré tout le désir qu'il avoit de faire la paix. Il retourna rendre compte à ses

La négociation rompue. Maîtres, désespérant qu'elle pût s'effectuer. Toute négociation fut rompue ; & bientôt après il ne vit lui-même d'autre moyen que de se bannir de sa Patrie, pour assurer sa vie contre la haine publique.

Négociations aussi infructueuses de la Hollande avec l'Angleterre. La députation que les Etats-Généraux envoyerent au Roi d'Angleterre en même tems qu'au Roi de France & pour le même objet, ne fut pas plus heureuse. Charles II vouloit se concerter avec Louis XIV. Il envoya une Ambassade à ce Prince, qui eut ordre de passer par la Haye, & pouvoir de traiter avec les Etats-Généraux & le Prince d'Orange. Il évita, par cette raison, de traiter avec les Députés de la République. On chercha des prétextes pour les retenir à Hamptoncourt & les empêcher d'aller à Londres. On craignoit

que leur préfence n'échauffât le peuple, déjà mécontent des
mefures de fon Roi, de l'alliance de la France, de l'ambition
de Louis XIV, & de la ruine de la Hollande. Les Ambaffadeurs
Anglois fe conduifirent avec toute la duplicité que nos fauffes
maximes de politique peuvent admettre dans les négociations.
Ils s'annoncerent bons Hollandois à la Haye. Le peuple crut
ce qu'il defiroit, & les vit avec plaifir. Arrivés au camp François,
ils renouvellerent le traité d'alliance avec le Roi, ftipulerent
de concert avec ce Prince les conditions de paix à offrir à la
Hollande, & convinrent qu'elle ne feroit accordée par aucune
des deux Puiffances, qu'autant que toutes les deux auroient
fatisfaction complette fur tous les points qu'elles prefcrivoient.
Les propofitions des Miniftres Anglois furent envoyées à la Haye.
Elles n'étoient pas moins dures que celles de la France. Ils
demandoient un million de livres fterlings pour les frais de la
guerre; l'honneur du pavillon; le Stadhoudérat à perpétuité
pour le Prince d'Orange & fes defcendants; les ifles de
Walcheren, de Cafant, de Goes, de Worn, l'Eclufe &
dépendances, &c. Le Prince d'Orange, malgré les articles
de ces propofitions qui lui étoient favorables, fut le premier
à opiner à les rejetter. Cet avis prévalut. Il ne fut plus queftion
que de fe préparer à la guerre. On prit les réfolutions les plus
vigoureufes, & le fanatifme de la liberté fe ranima encore une
fois dans le fein de la République.

 La Hollande fut mife fous les eaux. On ne vit que ce moyen
de la rendre inacceffible aux armes de Louis XIV. Amfterdam
donna l'exemple de tout facrifier au danger éminent, & à la
défenfe publique. Ses habitants abandonnerent les jardins & les
maifons de plaifance qui faifoient leurs délices, & préférerent
de les livrer à la dévaftation des eaux, plutôt qu'à celle de
l'ennemi. La vaiffelle d'argent fut envoyée au tréfor public.
On fit de toutes parts des levées de foldats. On fortifia tout
ce qui pouvoit l'être. Les habitants de prefque toutes les villes
s'armerent pour les défendre. Les Univerfités devinrent des
champs d'exercices militaires. Les Anabaptiftes mêmes éluderent
leur ferment. Dans l'impoffibilité de porter les armes, ils fe
vouerent à des travaux plus pénibles, & voulurent fervir
comme manœuvres à la conftruction des fortifications qui
dévoient les défendre. Mais il falloit un chef pour donner de
l'union & de la confiftance à toutes ces mefures. La haine

INTRODUCTION

1672.
JUILLET.
Le Stadhoudérat rétabli le 8.

qu'on portoit au Stadhoudérat fut oubliée, & on s'empressa de le relever avec la même ardeur qu'on avoit mise à le détruire. L'Edit de suppression avoit été aboli, lacéré; & le Prince d'Orange, ainsi qu'un Dictateur de l'ancienne Rome, fut élevé, comme la ressource de ses concitoyens, à cette charge suprême de la République.

Lenteurs & fautes de la France.

L'activité de Louis XIV à attaquer la Hollande sembla se rallentir lorsque celle-ci en mit plus à se défendre. On eût dit que ce Prince étoit fatigué de ses succès. Il lui étoit pardonnable de croire qu'il pouvoit sans conséquence donner quelque relâche à la fortune, & qu'elle seroit toujours à ses ordres. Il s'arrêta à Utrecht au milieu de ses conquêtes, lorsque rien n'étoit encore préparé pour en suspendre le cours. Il se refusa aux conseils de Condé, qui vouloit qu'on ne donnât pas aux Hollandois le tems de se reconnoître, & qu'on marchât droit à Amsterdam, tandis que tout y étoit encore livré au désordre, à l'épouvante & à la terreur. Turenne, plus prudent, plus méthodique, balança ces avis, dont on ne reconnut pas la sagesse, parce qu'on les attribua à l'impétuosité de Condé. Il voulut qu'on assurât les conquêtes plutôt que d'en précipiter le cours. Pendant ces incertitudes, la Hollande s'inonda. Louis XIV ne fut plus à tems de faire ce qu'il eût exécuté avec facilité peu de jours plutôt. Il remit aux tems des glaces à consommer son entreprise; & ce Prince, n'ayant plus de gloire à acquérir, quitta la Province d'Utrecht avec une partie de ses troupes, y laissa le Duc de Luxembourg pour y commander, passa à Arnheim, Nimegue, Grave, &c. visita ses conquêtes, en confia la conservation avec le commandement de son armée au Vicomte de Turenne, traversa le Brabant Hollandois, y tenta infructueusement quelques entreprises, &

Retour du Roi à S. Germain le premier Août.

revint à Saint-Germain passer le reste de l'été au milieu des plaisirs & des applaudissements de ses sujets.

Louvois. Fautes de ce Ministre.

La faute que fit le Roi de s'arrêter au milieu de ses conquêtes, lorsque rien ne pouvoit en suspendre le cours, & qu'il eût pu dans la même campagne achever celle de la Hollande, ne fut pas la plus grande de toutes. Louvois, qui l'avoit entraîné à refuser une paix brillante & avantageuse, par laquelle la France, après deux mois de gloire & de succès, eût bien plus gagné que par celle qui fut conclue six années après à Nimegue; Louvois, que par cette raison la postérité auroit droit d'accuser de tout

le

le sang versé dans une guerre longue & cruelle, mais qui, fidele à son devoir, servoit son Maître avec zele & activité. Louvois, dont le génie étoit fécond en ressources & en moyens, avoit pourtant des idées fausses sur la guerre, & il étoit malheureusement d'une opiniâtreté & d'une fierté qui repoussoient les avis, sur-tout de ceux des grands hommes, dont il étoit l'ennemi & dont il craignoit la faveur ou envioit la gloire. Dans cette occasion il fit commettre au Roi deux fautes énormes: l'une de disperser une partie de l'armée dans toutes les places grandes & petites que ce Prince avoit conquises; l'autre de rendre aux ennemis, pour une rançon très-modique & peu importante, vingt-cinq mille prisonniers de guerre qu'il avoit en sa puissance. Par ces fausses opérations, l'armée Françoise se trouva considérablement affoiblie, lorsque les Hollandois reprirent de la vigueur, lorsque resserrés dans un plus petit espace, ils purent par cela même agir avec plus de consistance & d'ensemble, lorsque leurs malheurs & les succès de Louis XIV alloient leur attirer des alliés, & faire de nouveaux ennemis à ce Monarque. Quelle ressource pour cette République, que vingt-cinq mille hommes d'anciennes troupes, qui ne se rappelloient plus leurs fautes & leurs humiliations passées, que pour brûler du desir de les réparer!

1672.
JUILLET.

Condé & Turenne s'opposerent, autant qu'ils le purent, à ces résolutions. Ils vouloient qu'on se contentât de trois ou quatre places principales, & qu'on démantelât toutes les autres. Ces deux grands hommes pensoient que c'est avec des armées & non avec des garnisons qu'on fait & qu'on conserve des conquêtes. Ils conseilloient qu'on envoyât tous les prisonniers de guerre travailler au canal du Languedoc. Louvois trouva plus simple de les rendre & d'en recevoir la foible rançon. Les garnisons étoient plus dans la dépendance du Ministre que dans celle du Général; elles lui fournissoient une quantité d'emplois à donner, & cela augmentoit les détails de ses départements. Il les gouvernoit bien, mais il les aimoit trop. L'art de la fortification pratiqué par Vauban ajoutoit encore à l'estime qu'on faisoit des places. Le génie de cet homme illustre rendoit l'illusion pardonnable. Condé & Turenne pressentoient l'abus. Louvois ne craignit point de combattre l'avis de ces deux Généraux que tous les Militaires de l'Europe reconnoissoient pour leurs maîtres. Le Roi, décidé par son Ministre, n'hésita plus à prendre

INTRODUCTION

1672.
JUILLET, AOUST.

Suite des conquêtes de l'Evêque de Munster dans l'Over-Yssel & dans la Frise.

des mesures qui, malgré l'habileté de Turenne & de Luxembourg, nuisirent beaucoup aux succès ultérieurs de ses armes.

Pendant que ces événements se passoient, l'Evêque de Munster poussoit ses conquêtes dans l'Over-Yssel & dans la Frise, & pressoit les Hollandois à la rive droite de l'Yssel. Ses premiers succès furent faciles. Secondé par M. de Luxembourg, il s'étoit emparé sans grande peine de Groll, Deventer, Qwoll, & de beaucoup d'autres petites villes ou forts. Presque par-tout la trahison, la peur, & les dissentions intestines avoient concouru à lui faire ouvrir les portes. M. de Luxembourg le quitta à la fin de Juin pour rejoindre l'armée du Roi, sous Utrecht.

Siége & prise de Coëvorden.

L'Evêque marcha à Coëvorden, & mit le siége devant cette place le 4 Juillet. Elle capitula le 12. Elle eût été capable d'une bien plus longue résistance; mais les mêmes causes qui avoient jusques-là facilité les succès des armes du Roi & de ses Alliés, furent encore favorables aux troupes de Munster. Leur Général trouva enfin de la résistance & du courage dans Groningue,

Siége & belle défense de Groningue.

qu'il assiégea le 19 Juillet. Cette place étoit défendue par le Général Rabenhaupt, qui fit depuis le siége de Grave contre le Marquis de Chamilly. Cet Officier y montra la même vigueur & le même courage que lui opposa depuis le Commandant François. Soldat & bourgeois, tout partagea la noble audace dont il étoit animé, & la résistance la plus opiniâtre & la plus désespérée fut unanimement résolue. Quelques traîtres & quelques lâches se trouvant mêlés parmi ces braves gens, ils furent punis avec la derniere sévérité. L'effet répondit à ces vigoureuses mesures, & le 27 Août, après 38 jours de tranchée ouverte, pendant lesquels l'attaque & la défense furent également vives & opiniâtres, Van-Galen fut obligé de lever le siége. Il l'eût peut-être prolongé encore, si l'Electeur de Cologne, qui étoit avec lui, mais qui portoit bien moins d'ardeur & d'animosité dans cette guerre, n'eût voulu retirer ses troupes. Rabenhaupt, qui venoit enfin d'apprendre à sa Patrie qu'elle pouvoit résister, reprit aussi-tôt après la levée du siége quelques forts, dont les troupes de Munster s'étoient rendues maîtresses aux environs de Groningue; & ce fut l'époque à laquelle leurs affaires commencerent à décliner dans la Frise & dans l'Over-Yssel.

Le départ du Roi laissa respirer la Hollande. Le Vicomte de Turenne achevoit encore de se rendre maître de quelques places. Il resta à la tête de l'armée qui se trouvoit affoiblie

A LA CAMPAGNE DE 1674.

par les garnisons, par les troupes que le Roi emmena, & par le déchet de la campagne. Toutes les entreprises qu'un tel Général, secondé par Luxembourg, ne put exécuter, nous osons dire qu'elles étoient vraiment impossibles; ajoutons encore qu'il est très-probable que Louvois retrancha beaucoup pour eux de l'abondance de moyens en tout genre qu'on avoit prodigués lorsque le Roi commandoit en personne. L'économie commençoit à devenir nécessaire; & le Ministre ne voyoit pas sa gloire & sa faveur aussi intéressée à favoriser les opérations des Généraux qu'à seconder celles de son Maître. Les succès de l'armée n'avoient plus la même importance pour une Cour transférée à Saint-Germain, où les plaisirs avoient succédé aux fatigues de la guerre, & le Roi lui-même ne parut laisser d'autre soin à ses Généraux, que de conserver des conquêtes qu'il se réservoit de poursuivre dans une autre campagne.

1672. AOUST.

Les Hollandois, presque réfugiés sous les eaux, à peine revenus de la terreur que leur avoient imprimée les succès rapides des armées du Roi, se déchiroient encore par leurs discordes civiles. Il falloit sans doute qu'un des deux partis succombât pour rétablir l'ordre & la tranquillité dans la République. Les deux freres de Witt, citoyens vertueux jusqu'au stoïcisme, ennemis par principes & non par passion de la Maison d'Orange, dont ils craignoient que le pouvoir ne devînt funeste à la liberté de leur patrie, succomberent enfin à la haine publique, qu'ils n'avoient point méritée. Après avoir échappé plusieurs fois au fer des assassins, ils furent massacrés impitoyablement le 20 Août par une populace aussi aveugle qu'effrénée.

Discordes civiles en Hollande.

Les freres de Witt massacrés.

Le parti Républicain fut abattu par la chûte de ses deux Chefs. Le Prince d'Orange profita de ces excès qu'il détestoit, & dont il voulut, mais en vain, punir les auteurs. Il domina dès-lors, par lui ou par les siens, dans toutes les délibérations de la République, & les mesures qui furent prises eurent désormais plus d'ensemble, de consistance & de vigueur.

Les succès de Louis XIV avoient jetté l'alarme dans l'Empire. L'Electeur de Brandebourg se préparoit à exécuter son traité d'alliance avec les Hollandois, & à marcher à leur secours. L'Empereur se joignit à lui, en conséquence des traités secrets qu'il avoit conclus avec ce Prince & avec la République; traités plus sinceres que celui que la guerre de Hongrie l'avoit forcé

Parti que prennent les différentes Puissances de l'Europe dans cette guerre entre la France & la Hollande.

de faire l'année précédente avec la France. Animé d'un sentiment de haine personnelle contre Louis XIV, voyant avec envie ses progrès & sa puissance, il cherchoit à gagner tous les Princes de l'Empire à son parti. De toutes parts on négocioit, on corrompoit, on séduisoit. La Suéde n'observoit ni ne rompoit l'ancien traité de triple alliance ; elle se contentoit d'offrir son inutile médiation. Le Dannemarck & les Princes de la Maison de Brunswick marchandoient. Ceux de Hesse & de Saxe attendoient d'être mieux décidés par l'événement. Les Electeurs de Baviere & Palatin embrassoient l'alliance de la France, mais sans la soutenir par aucune démarche effective & réelle. Celui de Trêves étoit porté pour l'Empire. Mayence desiroit de rester neutre, & s'offroit aussi pour médiateur. L'Espagne n'étoit point formellement déclarée ; mais Monterey fournissoit des secours à la Hollande. De ce choc d'intérêts, de négociations & d'intrigues, résultoit cependant que le vœu le plus général de l'Europe étoit contre la France, & que le nombre des ennemis qu'elle alloit avoir à combattre augmenteroit de plus en plus.

L'Electeur de Brandebourg marche pour lecourir la Hollande. Est joint par un corps de troupes Impériales.

L'Electeur de Brandebourg se mit en marche à la fin d'Août à la tête de vingt ou vingt-cinq mille hommes, & fut joint vers le milieu de Septembre dans l'Evêché d'Hildesheim par dix-huit mille que lui envoyoit l'Empereur, aux ordres du célebre Montécuculi & du Duc de Bournonville. Une armée si considérable faisoit une diversion puissante en faveur des Etats-Généraux. Elle eût été plus fructueuse, si la vigueur, la célérité & le concert des opérations eussent répondu au nombre des troupes. Le Prince de Lobkowitz, Ministre de l'Empereur, fut accusé dans le tems de s'être vendu à la France. Il fut exilé peu après. Montécuculi même ne fut pas à l'abri du soupçon ; la lenteur de ses marches & le peu de concert qui régna toujours entre lui & l'Electeur, donnerent lieu de penser qu'il s'entendoit mieux avec Lobkowitz.

Le Vicomte de Turenne se porte sur le Rhin.

Quoiqu'il en soit, Turenne eut ordre de quitter la Hollande, & de défendre le Rhin. Il ne put avoir qu'un corps de douze à quinze mille hommes qu'il rassembla même avec peine. Il est difficile de concevoir comment cette armée de cent vingt mille hommes avec laquelle le Roi avoit commencé la campagne, étoit fondue & dispersée à ce point. Luxembourg resté en Hollande, & chargé du commandement en chef après

Le Duc de Luxembourg reste en Hollande.

le départ de Turenne, n'y confervoit que les troupes néceffaires.

1672.
SEPTEMBRE.

Le public fe figuroit déja que, fuivant la routine ordinaire,
ce feroit fur les rives du Rhin qu'on défendroit le paffage de ce
fleuve : telles furent même les premieres inftructions que Turenne reçut de la Cour ; mais fupérieur aux idées communes,
il fentit qu'il étoit bien plus avantageux de primer l'ennemi au-
delà du fleuve, & qu'il réuffiroit mieux à l'arrêter ou à l'éloigner par la fupériorité de fes mouvements & de fes marches. Ce
fut le plan auquel il fe détermina. Il paffa le Rhin le 10 Septembre à Wefel, & s'avança hardiment dans le pays de la Mark.
Il y reçut quelque foible renfort, en impofa aux Etats de l'Empire, obferva & fuivit les mouvements de l'armée de l'Electeur,
fe rapprocha de Cologne, remonta le Rhin jufqu'au Mein, où
les troupes du Duc de Lorraine fe joignirent à celles de l'Empereur ; & après avoir contenu par les marches les plus favantes,
& promené pendant deux mois l'armée ennemie au-delà du
fleuve, il le repaffa lui-même à Andernack au commencement
de Novembre, pour donner quelque repos à fes troupes : alors il
mit à contribution les Etats de l'Electeur de Trêves, qui fe retiroit dans Coblentz & y recevoit garnifon Impériale, empêcha
ce Prince & les Electeurs de Mayence & Palatin de livrer les
paffages dont ils étoient maîtres, & tint toujours, par l'habileté
de fes difpofitions, les Généraux Allemands dans l'impoffibilité
de le forcer. Ceux-ci rebutés de la défenfe opiniâtre du bas
Rhin, efpérerent d'être plus heureux à Strafbourg ; mais le
Prince de Condé commandoit un corps de dix-huit mille hommes fur le haut Rhin. A peine étoit-il guéri de fes bleffures,
que le Roi lui confia le commandement. M. le Prince fe fiant
peu à la neutralité des Strafbourgeois, trouva le moyen de brûler leur pont. Enfin l'Electeur de Brandebourg fatigué de tant
de marches & tentatives inutiles fur tout le cours du Rhin,
& défefpérant de forcer le paffage d'un fleuve où il trouvoit
par-tout ou Condé ou Turenne, prit le parti de fe retirer en
Weftphalie pour y prendre des quartiers d'hiver dans les Evê-
chés de Munfter & de Cologne. Turenne defcendit le Rhin &
marcha avec fa petite armée à Wefel. Il annonça à la Cour qu'il
alloit encore une fois repaffer ce fleuve. On lui répondit de
n'en rien faire. Il infifta & fuivit fon projet. Sa préfence raffura
l'Evêque de Munfter qui chanceloit, & que les armes & les

Turenne paffe
le Rhin & mar-
che au devant
de l'Electeur.
Mouvements
favants & rapi-
des de ce Gé-
néral.

Le Prince de
Condé fur le
haut Rhin.

L'Electeur de
Brandebourg fe
retire en Weft-
phalie. Turenne
l'y pourfuit & le
force de fe reti-
rer jufques fur
l'Elbe.

1673.
JANVIER.

K

négociations de l'Electeur euſſent bientôt détaché de la France. Aidé de quelques troupes de l'Evêque, le Général François pouſſa l'armée ennemie de poſte en poſte depuis le Rhin juſqu'au Weſer, s'empara de tous les Etats de l'Electeur en Weſtphalie, le força de repaſſer le Weſer au commencement de Mars, le paſſa lui-même à ſa ſuite, & ne l'abandonna que lorſque la ſéparation de cette armée découragée & effrayée d'une activité juſqu'alors ſans exemple, ne lui laiſſa plus d'ennemis à combattre. Les troupes Electorales ſe retirerent dans la Principauté d'Halberſtadt; pour celles de l'Empereur, le Duc de Bournonville les ramena en Franconie. Montécuculi étoit depuis quelque tems retourné à Vienne. L'Electeur rentra dans ſa Capitale au bout de ſix mois, aſſez mécontent d'une levée de boucliers qui ne lui fut pas plus honorable qu'utile. Turenne au contraire, couvert d'une gloire nouvelle, mais content ſur-tout d'avoir bien ſervi ſon Maître, ramena ſes troupes dans le Comté de la Mark, qu'il leur abandonna tout entier pour ſe rétablir & les récompenſer de leurs fatigues. Ce grand homme, après avoir repouſſé le Prince Allemand des bords du Rhin juſqu'au fond de ſes Etats, fut encore le Négociateur de la paix, que celui-ci ſe vit forcé de demander. Le Roi ſatisfait de ſe délivrer de cet ennemi dans un tems où il s'en élevoit de toutes parts contre lui, ne ſe rendit pas difficile: les conditions de ſa neutralité furent la retraite des troupes Françoiſes & de celles de Munſter, qui reçurent ordre d'évacuer ſes Etats en Weſtphalie, & la promeſſe qu'on lui fit de lui remettre à la paix les places du Duché de Cleves qui avoient été conquiſes ſur les Hollandois.

Quoique l'entrepriſe de l'Electeur de Brandebourg n'eut point eu le ſuccès qu'on en eſpéroit, elle remplit néanmoins un objet principal, par la diverſion puiſſante qu'elle opéra en faveur de la République, en attirant ſur le Rhin les forces & l'attention de la France. Il ne reſta vis-à-vis du Prince d'Orange, pour conſerver les conquêtes de Hollande, ou les étendre, que le Duc de Luxembourg avec une armée médiocre preſque toute entiere répandue dans les garniſons. Nous retournons à cette ſcène principale de la guerre. Plus attachés à la liaiſon des faits qu'à l'ordre des dates, nous n'avons pu quitter M. de Turenne, depuis le mois de Septembre, où il marcha contre l'Electeur juſqu'à celui d'Avril, où il força ce Prince à demander la paix. Quel eſt le Militaire qui étudiant les actions de cet homme illuſtre, pourroit l'abandonner ſans regret dans le cours d'une de ſes opérations!

Il étoit eſſentiel à la réputation du Prince d'Orange d'entreprendre, au riſque même d'un ſuccès incertain. Il forma le projet d'enlever Woërden, poſte avancé de l'armée Françoiſe, ſur le chemin d'Utrecht à la Haye. Le Comte de la Mark y commandoit avec une garniſon aſſez foible. Le Prince fit quelques démonſtrations ſur Naërden pour y attirer le Duc de Luxembourg, & tint un inſtant ce Général incertain ſur ſes véritables projets. Celui-ci ſe contenta d'en renforcer la garniſon. Cependant il apprit par le canon de Woërden, & par les ſignaux du Comte de la Mark, l'attaque ſubite du Stadhouder. Il y marcha en grande diligence avec tout ce qu'il put raſſembler de troupes. L'attaque étoit pouſſée avec vigueur; la défenſe fut égale. Le ſecours renverſa les plus grands obſtacles. Après une perte conſidérable de part & d'autre, le Prince d'Orange fut obligé d'abandonner ſon entrepriſe.

Il en forma bientôt après une plus importante & plus conſidérable. Il ne s'agiſſoit de rien moins que de percer les quartiers des François, d'en couper la communication, d'enlever quelque poſte, de battre pluſieurs corps détachés, & de s'emparer d'une Place forte ſur la frontiere même de la France. Ce projet étoit convenu avec les Eſpagnols qui devoient y coopérer. Le Comte de Monterey ne craignit pas ſans doute d'être déſavoué de cet acte formel d'hoſtilité, par lequel il mettoit ſa nation en guerre ouverte avec Louis XIV. Le Prince d'Orange forma un corps de vingt ou vingt-quatre mille hommes. Il laiſſa ſeulement devant M. de Luxembourg ce qui étoit néceſſaire pour garder les débouchés, par leſquels les inondations permettoient encore de pénétrer en Hollande. Ses troupes s'embarquerent dans le commencement de Novembre pour entrer en Brabant, & il les ſuivit de près. Il ſe dirigea ſur Maëſtricht, porta M. de Duras au-delà de la Meuſe & enſuite au-delà de la Roër, revint ſur Maëſtricht, où il fut joint par un corps de ſept à huit mille Eſpagnols aux ordres de M. de Marſin, s'empara, chemin faiſant, du Château de Walkembourg, annonça par tous ſes mouvements & toutes ſes diſpoſitions, le projet d'aſſiéger Tongres, & finit en effet par faire inveſtir cette place. Le Comte de Montal, Gouverneur de Charleroy, Officier du plus grand mérite, & qui avoit ordre de ſe jetter dans celle qui ſeroit le plus menacée,

1672.

Woërden attaqué & ſecouru.

Projets ſur Charleroy.

NOVEMBRE & DECEMBRE.

Tongres menacé & inveſti.

INTRODUCTION

1672.
DÉCEMBRE.

Charleroy assiégé.

Le Comte de Montal rentre dans cette place, & passe au travers des Assiégeants.

fut trompé par les démonstrations du Stadhouder, & courut à la défense de Tongres. Mais Charleroy ne fut pas plutôt privé de son Gouverneur, que le Prince y marcha avec ses principales forces, fit sur le champ investir cette place, & y rappella même les troupes qui étoient devant Tongres. Montal au désespoir de voir assiéger sous ses yeux cette Forteresse importante qui lui étoit confiée, & de ne pouvoir la défendre, crut devoir tout entreprendre pour y rentrer. Il arriva avec cent cavaliers déguisés, ainsi que lui, au camp des ennemis, se donnant pour être des leurs. Un premier corps de garde les laissa passer. Un second eut des soupçons, fit des difficultés, de la résistance. Montal répondit le sabre à la main, se fit jour au travers de ceux qui vouloient l'arrêter, en tua plusieurs, perdit quelques-uns des siens, & arriva au travers de mille périls à la porte de sa place, où il fut reçu comme une divinité tutélaire. Il communiqua son audace & son zéle à sa garnison, ne négligea rien pour se défendre, & fit des sorties vigoureuses sur les assiégeants. D'un autre côté, le Roi alarmé de ce siége, & sentant l'importance de la conservation de Charleroy, donna des ordres pour y faire marcher des troupes & le secourir. Il s'avança lui-même jusqu'à Compiegne avec le projet de passer en Flandre, s'il étoit nécessaire. Mais les travaux du siége avançoient peu. Les Espagnols n'avoient pas fourni à tems tout ce qu'ils avoient promis en artillerie, en munitions. La rigueur de la saison faisoit souffrir les troupes, & la gelée ne permettoit qu'avec une difficulté extrême de travailler aux tranchées. Toutes ces raisons déterminerent le Stadhouder à lever le siége, & les troupes Espagnoles & Hollandoises reprirent le chemin de leurs garnisons. Il avoit fait attaquer peu de jours auparavant la petite ville de Binche, où trois cens François furent faits prisonniers de guerre. Il la fit démanteler sur le champ, ainsi que le château de Walkembourg. Ces foibles conquêtes furent le seul fruit de son expédition. Le projet en avoit été conçu avec hardiesse : il ne fut pas poussé avec assez de vivacité & de vigueur. Les moyens n'avoient pas été assez préparés, ou ne furent pas fournis à tems par les Espagnols. La Cour de France en eut néanmoins de l'inquiétude ; on vit tout ce que le Prince d'Orange pouvoit oser, & les Hollandois entreprendre sous ses ordres.

Le siége levé.
22 Décembre.

Entreprises du Duc de Luxembourg, à la faveur des glaces.

La gelée qui contrarioit ses projets, favorisoit ceux du Duc de Luxembourg. Ce Général avoit formé celui de pénétrer en

Hollande

A LA CAMPAGNE DE 1674.

Hollande à la faveur des glaces. Il rassembla tout ce qu'il put tirer de ses garnisons, & forma un corps de dix ou douze mille hommes. Les Hollandois perdirent encore une fois la tête. Le Prince d'Orange n'étoit point avec eux. Ils lâcherent le pied par-tout. Bodegrave ne fut pas défendu; Swammerdam fit peu de résistance. Nieuwerbrug, poste excellent & essentiel, hérissé de retranchements & de fortifications, fut abandonné par le Colonel Brott-Win, qui, peu de tems après, paya de sa tête sa lâcheté. Il est probable que si la gelée eût durée, le Duc de Luxembourg auroit complettement rempli son objet, se seroit avancé jusqu'à la Haye, & auroit porté la terreur des armes du Roi jusqu'au sein de la Hollande. Mais le dégel survint presque dès le commencement de son opération. Il eut les plus grandes difficultés à surmonter. Son intrépidité ne s'en découragea pas. S'il n'eût pas apprécié la poltronnerie des Hollandois, elle eût peut-être été imprudence. Une neige très-forte, avant-coureur du dégel, l'accompagna dès le commencement de sa marche. Ses troupes eurent presque toujours à marcher dans la neige, ou sur des glaces qui plioient sous elles. Il crut trouver des canaux gelés qui ne l'étoient pas, & fut obligé d'y faire construire de mauvais ponts faits à la hâte. Un de ces ponts manqua, n'y ayant encore qu'une partie de l'armée de passée, & elle se trouva séparée & sans communication. Sans la lâcheté des Officiers Hollandois, & sur-tout celle du Commandant de Nieuwerbrug, la retraite eût été fort difficile; & même avec cette circonstance elle exigea toute la tête du Duc de Luxembourg. On renversa les retranchements de ce poste. Bodegrave & Swammerdam furent mis à feu & à sang. Tous les Historiens du tems nous font un affreux tableau des atrocités auxquelles le soldat s'y livra. La destruction de ces deux magnifiques Bourgs de Hollande, la haine du nom François, & la terreur des armes du Roi répandues de plus en plus dans le pays, furent à peu près les seuls fruits de cette expédition, qui fut très-courte. Le Duc de Luxembourg, partit d'Utrecht le 17 Décembre, y rentra le 31. Le Prince d'Orange n'apprit qu'à Breda, à son retour du siége de Charleroy, l'invasion des François. Il arriva à Alfen le 30, lorsque M. de Luxembourg commençoit déjà sa retraite. Il n'étoit pas exempt de blâme, d'avoir ainsi exposé sa patrie par son absence, & par celle des troupes dont il l'avoit dégarnie.

En même tems que ce Prince entreprenoit le siége de Charle-

1672. DECEMBRE.

Bodegrave & Swammerdam détruits.

roy, & que les glaces sembloient ouvrir à M. de Luxembourg le chemin de la Hollande, le Général Rabenhaupt projettoit aussi de mettre à profit les rigueurs de la saison, & d'enlever Coëvorden à l'Evêque de Munster. Cette place fut attaquée & emportée de vive-force le 30 Décembre, par un détachement de la garnison de Groningue. Sept ou huit cents hommes qui s'y trouvoient furent tués ou pris. Tels furent les événements qui terminerent l'année 1672. Nous avons déjà empiété sur la suivante par le récit de la marche de M. de Turenne sur le Weser. Nous allons en reprendre le cours, & essayer d'en tracer rapidement, mais avec vérité, les principales opérations politiques & militaires.

1672.
DÉCEMBRE.

Coëvorden repris par les Hollandois.

Les horreurs de la guerre & les négociations de la paix marchoient en quelque sorte de front ; mais la premiere se faisoit avec animosité, avec ardeur ; & on ne s'occupoit de celle-ci que foiblement & avec peu de sincérité. Chacun vouloit prendre son moment, attendoit l'événement, & en espéroit des circonstances plus favorables. Cependant le Roi de Suéde, qui, malgré son engagement avec la Hollande par l'ancien traité de triple alliance, n'avoit pas voulu armer en faveur de cette République, chercha au moins à la servir par ses négociations, & offrit sa médiation aux Puissances belligérantes. Elle fut acceptée. Le lieu du Congrès fut d'abord proposé à Dunkerque, & les Rois d'Angleterre & de France insisterent fortement pour que cette ville fût préférée à toute autre ; mais les Hollandois s'y refuserent absolument, craignant de ne pas y trouver la sûreté & la liberté nécessaires. On disputa ensuite entre Cologne & Aix-la-Chapelle. Après beaucoup de discussions & d'incertitudes, Cologne fut préférée.

Médiation de la Suéde.

Congrès de Cologne.

Le Roi de Suéde avoit jugé, avec raison, que rien ne seroit plus propre à faciliter les négociations de la paix, que d'arrêter les opérations de la guerre, & qu'une suspension d'armes étoit un préalable nécessaire à la tenue d'un Congrès. Elle fut refusée d'abord par la Hollande dans la mauvaise saison, où elle croyoit avoir moins à craindre des armes de Louis XIV, & présumoit plus de ses propres avantages. Elle le fut ensuite par ce Prince, lorsque les approches de l'été lui permirent d'assembler & de faire agir toutes ses forces, dont il espéroit des succès égaux à ceux de la campagne précédente. Les Plénipotentiaires de toutes les Puissances intéressées s'acheminerent donc vers Cologne au milieu du bruit des armes & des préparatifs de guerre. On verra

1673.

Suspension d'armes refusée.

A LA CAMPAGNE DE 1674. 43

que le succès de ce Congrès répondit à ces sinistres augures, & qu'après des tentatives infructueuses pour la paix, il n'en résulta que d'allumer dans l'Europe une guerre plus générale & plus vive.

1673.
MAI.

Le Roi divisa ses troupes en trois corps d'armée. Il se réserva le commandement du plus considérable, avec lequel il devoit agir en Flandre, en Brabant ou sur la Meuse. Le Prince de Condé eut le commandement de l'armée de Hollande, & M. de Turenne fut chargé de celle du haut Rhin.

La France assemble trois armées.

Les secours que le Comte de Monterey avoit donnés la campagne précédente aux Hollandois, & la part principale qu'il avoit eue à l'entreprise sur Charleroy, n'avoient point été hautement avoués; mais Louis XIV voyoit clairement que ces mêmes secours alloient avoir lieu, & d'une maniere peut-être plus décisive & plus efficace; que la foiblesse & l'incertitude de la Cour d'Espagne retardoient seules les mesures que Monterey poursuivoit avec chaleur; qu'elle céderoit bientôt à ses conseils & aux sollicitations de l'Empereur, & qu'ainsi il ne devoit point ménager dans les Pays-Bas Espagnols, un ennemi qu'il falloit tôt ou tard se résoudre à combattre.

Ce Prince partit de Saint-Germain le premier de Mai, prit sa route par la Flandre, en visita les principales places, rassembla les différentes troupes qui devoient composer son armée, & marcha le long de la Lys. Il campa le 15 à Courtray, le 24 entre Deinse & Gand. On jetta des ponts sur le canal de Bruges. Monsieur le passa le 26 à la tête de neuf ou dix mille hommes. On fit quelques courses dans la Flandre Hollandoise, qui n'eurent aucun effet important. Ce fut inutilement aussi qu'on essaya de surprendre quelques forts, ou d'en corrompre les Commandants. Le 28, Monsieur repassa le canal. Le 29 l'armée repassa la Lys & l'Escaut. Les jours suivants le Roi marcha par Alost sur Bruxelles, & campa le 2 Juin près de cette Capitale.

Départ du Roi.

Assemblée & premieres marches de son armée.

La marche directe du Roi avoit paru menacer Gand & Bruges, & les places de la Flandre Hollandoise. Le retour de l'armée sur Bruxelles donna les mêmes alarmes pour cette grande Ville. On y fit des dispositions de défense. Monterey qui s'étoit retiré à Anvers, fit demander au Roi quelles étoient ses intentions. Ce Prince répondit vaguement & en Monarque qui dédaigne de rendre compte de sa conduite. Emmanuel de Lira, chargé de cette commission, fut renvoyé avec des politesses & une boëte enrichie de diamants. Un Officier que Monterey avoit envoyé au Roi, au camp de Courtray pour le complimenter, avoit été traité de même. Ce Prince étonnoit ses ennemis par sa magnificence, en même tems qu'il les accabloit de sa puissance. Le Gouverneur des Pays-Bas rappella la plus grande partie des troupes qu'il avoit chez les Hollandois. C'étoit sans doute ce que le Roi vouloit. Il s'étoit proposé de détourner les secours des points où il vouloit porter ses coups. L'armée, après avoir séjourné deux jours, presque sous le canon de Bruxelles, marcha droit sur Maëstricht. Elle fut précédée du Comte de Lorges, chargé avec un gros détachement de l'investissement à la rive gauche de la Meuse, tandis que M. de Montal, avec la plus forte partie des garnisons de Charleroy, Tongres & Mazeyck, en faisoit autant à la rive droite. Le Roi y arriva le 10. Sept mille paysans furent employés aux lignes. La tranchée fut ouverte le 13, selon les Historiens Hollandois; elle ne le fut que le 17, selon les Historiens François. Cette différence est peu importante : elle montre seulement combien le récit des faits les plus simples se ressent de l'esprit de parti. Vauban conduisoit le siége. Fariaux, Officier Espagnol, homme de réputation, donné par le Comte de Monterey au Prince d'Orange, commandoit dans la place. Les fortifications n'étoient pas en très-bon état. Les Hollandois avoient si long-tems négligé leurs forteresses, que depuis le commencement de la guerre, ils n'avoient eu ni le tems ni le moyen de les rétablir parfaitement. La garnison étoit de six mille hommes. On ne doutera pas qu'un siége où le Roi commandoit en personne, & étoit secondé par Vauban, ne fût conduit avec habileté & poussé avec vigueur. Les troupes Françoises y déployerent la valeur brillante de la nation. De leur côté, les Hollandois se défendirent avec courage. La perte fut considérable de part & d'autre. Cependant Fariaux avoit promis au Prince d'Orange de tenir beaucoup plus long-tems qu'il ne fit. Les bourgeois, les Magistrats, les Ecclésiastiques prirent encore l'épouvante, & le presserent de se rendre. La ville renfermoit un grand nombre de Catholiques qui desiroient plutôt la domination du Roi qu'ils ne la craignoient. Pour le Gouverneur il avoit d'autant plus à redouter la mauvaise volonté du peuple, qu'il s'en étoit fait haïr, soit par des vexations, soit par la dureté de son caractere. Il voyoit peu d'apparence que le Prince d'Orange

range pût réaliser les espérances qu'il lui avoit données de le secourir. S'il résistoit plus long-tems, il devoit craindre d'être fait prisonnier de guerre. Toutes ces raisons réunies firent pancher la balance. Il capitula le 30 Juin, & la garnison sortit le 2 Juillet avec les honneurs de la guerre.

1673.
JUIN
&
JUILLET.

Tandis que le Roi, s'avançant sur la Lys & sur l'Escaut, menaçoit les places de la Flandre Hollandoise & Espagnole, & ajoutoit Maëstricht à ses conquêtes, le Prince de Condé, commandant dans la Province d'Utrecht, tentoit infructueusement quelques entreprises sur la Hollande. La foible armée qui lui étoit confiée n'étoit proprement que d'observation. Louvois lui accordoit peu de moyens. La Hollande, toujours inondée, n'étoit accessible que par quelques digues, & le Prince d'Orange avoit eu le tems d'y faire construire des forts & des retranchements inexpugnables. Cependant il en coûtoit à des hommes tels que Condé & Luxembourg, de rester inactifs. Il étoit difficile de réussir autrement que par quelque attaque vive & de surprise. Le Prince en médita une sur Nieuwersluys, poste situé sur la petite riviere du Vecht, qui seule fournit des eaux douces à Amsterdam; mais le projet fut éventé: le Prince d'Orange envoya un renfort de troupes, ordonna qu'on ajoutât de nouveaux retranchements à ceux qui y étoient déjà, & fit avancer dans la riviere quelques frégates chargées d'artillerie, de sorte que le Duc de Luxembourg, arrivé avec quatre mille hommes, essaya en vain d'exécuter son entreprise.

Entreprises du Prince de Condé en Hollande.

Condé ne s'en tint pas là. Il voulut s'emparer de Muyden, que la négligence du Marquis de Rochefort avoit manqué l'année précédente. Il falloit, pour attaquer cette place, en dessécher les environs. Avant de combattre l'ennemi, le Prince avoit à vaincre l'élément qui le lui déroboit. Il entreprit assez inutilement des travaux considérables, pour faire écouler les eaux, & empêcher celles du Zuyderzée de refluer dans les terres. Il parvint cependant à faire arriver quelque artillerie sur le Muyderberg, montagne qui domine Muyden & tient à cette ville. Il éleva des épaulements, des redoutes, &, malgré toutes les difficultés, il se seroit rendu maître de cette clef de la Hollande, si les habitants d'Amsterdam ne l'avoient promptement secourue. Ce qui contribua le plus à sauver cette place, c'est que les pieces de canon qu'on y envoya, se trouverent d'un calibre plus fort que celles du

INTRODUCTION

1673.
JUIN & JUILLET.

Opérations maritimes.

Prince de Condé, qui n'étoient proprement que des piéces de campagne.

Mais ce n'étoit ni le siége de Maëstricht, ni les entreprises du Prince de Condé qui devoient le plus effrayer la Hollande; elle avoit plus à craindre encore de la part des flottes combinées d'Angleterre & de France. L'habileté & la valeur de ses Amiraux & de ses gens de mer la sauva dans trois batailles sanglantes données à peu d'intervale l'une de l'autre.

Ruyter & Tromp.

Il suffit de nommer Ruyter & Tromp, pour faire présumer des succès de la marine Hollandoise. Ces deux hommes illustres, brouillés ensemble, se reconcilierent pour le salut commun, & combattirent avec un zele égal pour la défense de leur Patrie. Il ne régnoit pas le même concert dans la flotte combinée. Les intérêts étoient différents. L'alliance des deux Rois étoit trop peu avouée par leurs nations, pour en éteindre la jalousie. Le peuple Anglois ne vouloit pas la destruction entiere de la Hollande, & bien moins encore qu'elle devînt la conquête de Louis XIV. La marine de France étoit nouvelle, elle étoit précieuse à ce Prince, & elle ne devoit pas acheter ses succès par de trop grandes pertes. La flotte Angloise fut mal fournie, & trop tard, des choses qui lui étoient nécessaires. Le Parlement contrarioit les mesures de son Roi; & le Duc d'York forcé, pour ne pas se soumettre au serment du Test (*), de se démettre du commandement de la flotte, favorisoit peu le Prince Robert qui lui succéda. Celui-ci passoit pour être peu porté pour la Cour. On lui donna pour Vice-Amiral le Chevalier Edouard Sprag qu'il n'aimoit pas, & qui reçut, à ce qu'on croit, des instructions secrettes. Tous deux cependant se conduisirent avec la plus grande valeur, & Sprag perdit la vie dans le dernier combat en changeant pour la troisiéme fois de vaisseau.

Etat des flottes respectives.

Les flottes combinées étoient fort supérieures à celle des Hollandois. Les premieres rassembloient environ 140 ou 150 voiles, dont 90 vaisseaux de lignes. Les Anglois en composoient à peu près les deux tiers. On ne comptoit guere plus de cent voiles dans la flotte Hollandoise. Les trois Puissances avoient rassemblé presque toutes leurs forces maritimes. Le nombre des vaisseaux, le courage des combattants &

(*) Serment par lequel tout homme qui possede un emploi public en Angleterre, s'oblige à ne reconnoître d'autre suprématie civile & ecclésiastique que celle du Roi.

l'animosité des nations, plus grande encore sur mer que sur terre, sembloient annoncer les batailles les plus sanglantes & les plus décisives. Elles ne furent que sanglantes, & la vie des hommes fut prodiguée inutilement sur les mers.

1673. JUIN, &c.

Le projet des Anglois & des François étoit de faire une descente en Hollande. C'en étoit fait de la République s'il eût réussi. Ruyter, après avoir tenté inutilement dans le mois de Mai d'échouer quelques bâtiments dans la Tamise pour en barrer le passage, étoit revenu sur les côtes de Zélande, afin d'y rassembler la totalité de la flotte, & d'y veiller de près à la défense de sa Patrie. Il y fut attaqué le 7 Juin par la flotte ennemie. La bataille commença à une heure après midi & ne finit qu'avec le jour. On y montra de part & d'autre la plus grande valeur, & le succès fut à peu près égal, la nuit seule sépara les combattants. Le Prince Robert se retira vers les côtes d'Angleterre; Ruyter vers les ports de Zélande, dont il étoit fort près. Les deux partis prétendirent la victoire. Le seul succès fut pour la Hollande, puisque ce combat éloigna l'ennemi de ses côtes, & empêcha pour cette fois la descente dont elle étoit menacée.

Bataille navale.

Ruyter n'eut pas plutôt réparé ses vaisseaux, qu'il remit à la voile, & résolut de chercher l'ennemi. Il l'attaqua le 14 à cinq heures du soir. Le combat fut encore vif & sanglant, mais pas plus décisif que le premier. La flotte combinée rentra dans la Tamise, où elle avoit besoin de se ravitailler & de se radouber. Elle en avoit formé le projet, même avant le combat. Ruyter revint à sa station ordinaire de Schoonveldt.

Les côtes de Hollande furent quelque tems tranquilles, par l'éloignement des flottes ennemies. On s'occupa de mettre celle de la République en état de maintenir la supériorité, ou au moins l'égalité qu'elle avoit obtenue dans les derniers combats. On osa former des projets offensifs sur les côtes de France; mais ils étoient chimériques, & peut-être le Gouvernement ne parut s'en occuper, que pour faire perdre aux Hollandois les idées de foiblesse & de découragement, dans lesquelles les succès de Louis XIV les avoit jettés.

Les flottes combinées remirent en mer à la fin de Juillet, avec le double projet d'enlever les vaisseaux de la Compagnie des Indes Hollandoise qui revenoient au Texel, & de tenter encore une descente en Hollande. Les Etats-Généraux, le Prince d'Orange & Ruyter, avertis de ces projets importants, ne virent pas d'autre moyen d'en prévenir l'exécution, que de rifquer le tout pour le tout, c'eſt-à-dire, d'attaquer les ennemis, & de confier encore une fois le fort des Provinces-Unies à une bataille navale. Elle ſe donna le 21 Août près du Texel. Elle fut des plus ſanglante : on y combattit depuis le matin juſqu'au ſoir avec acharnement. Les eſcadres oppoſées ſe mêlerent & ſe pénétrerent pluſieurs fois avec des ſuccès balancés, mais achetés par beaucoup de ſang. Il ne s'en répandit pas encore aſſez pour décider la victoire. Les Hollandois la prétendirent; les Anglois & les François la leur conteſterent, ſans cependant ſe l'attribuer auſſi hautement. Ils s'accuſerent mutuellement de s'être retirés les premiers; mais ils avoient combattu avec trop de fureur pour que le jour éclairât la fin du combat, & pût décider la queſtion. La flotte combinée regagna les côtes d'Angleterre; pour celle de la République elle étoit près de ſes ports. L'objet qui avoit déterminé ſes Amiraux à combattre fut rempli. Ses vaiſſeaux de l'Inde purent rentrer au Texel, & les côtes de Hollande & de Zélande furent préſervées de deſcente le reſte de cette campagne. Nous avons voulu en tracer de ſuite les opérations maritimes les plus importantes. Nous retournons à celles des armées de terre.

1673. JUILLET & AOUST.
Bataille du Texel.

Le Prince Maurice de Naſſau avoit été envoyé en Friſe pour défendre cette Province contre l'Evêque de Munſter. Il y eut beaucoup de petits combats de peu d'importance, dont les ſuccès furent balancés. Le ſeul qui mérita quelque attention fut l'attaque de Swartluys par le Prince Maurice ; cette place fut ſecourue à tems par les troupes de Munſter, & par quelques Régiments François que le Prince de Condé leur avoit envoyés. Les Hollandois après avoir combattu avec courage, furent repouſſés avec aſſez de perte.

Opérations en Friſe.

Louis XIV s'étant rendu maître de Maëſtricht, n'avoit plus de conquêtes à faire en Hollande, qui ne lui fuſſent dérobées par les eaux. Les places mêmes du Brabant Hollandois, Bréda, Bois-le-Duc, &c. étoient environnées de vaſtes inondations. Il reſtoit des difficultés à vaincre, & peu de gloire à acquérir. Le Roi ſe réduiſit à conſerver ſes conquêtes, en confia le ſoin au Prince de Condé, dont il renforça l'armée de quelques troupes, mit une forte garniſon dans Maëſtricht, & prit avec le reſte de la ſienne la route de la Lorraine.

Le Roi part de Maëſtricht, & paſſe en Lorraine.

Cette

Cette Province conservoit beaucoup d'habitants attachés à leur ancien Maître, qui regrettoient son gouvernement, & craignoient celui de la France. Plusieurs paroissoient enclins à remuer, pour peu qu'ils en trouvassent l'occasion favorable. Le Roi voulut leur en imposer par sa présence, & en même tems se les concilier par les plaisirs de sa Cour & par ses bienfaits. On travailloit cependant aux fortifications de Nancy. Les troupes que ce Prince menoit avec lui y furent employées. Il y passa presque tout le mois d'Août; de-là il se porta en Alsace jusqu'à Brisach, s'assura de la neutralité de Strasbourg, fit entrer ses troupes dans Colmar & Scheleftat, enlever l'artillerie & démolir les fortifications de ces deux villes Impériales, sur lesquelles il n'avoit que le droit de protection par le traité de Westphalie, mais dont il craignoit que ses ennemis ne s'emparassent, revint au commencement de Septembre à Nancy, y passa tout le reste de ce mois, & fut de retour à Versailles vers le milieu d'Octobre.

1673. JUILLET & AOUST.

En Alsace.

Pendant son voyage de Lorraine & d'Alsace, le Roi mécontent de l'Electeur de Trêves, & soupçonnant la bonne volonté de ce Prince, faisoit filer dans ses Etats un corps de troupes aux ordres du Marquis de Rochefort. Il craignoit que cet Electeur, qui favorisoit déjà la cause de ses ennemis, & avoit reçu garnison Impériale, tant dans Coblentz que dans Erenbresteyn, ne se déclarât bientôt ouvertement pour eux, & ne leur livrât ses autres places. Il crut devoir le prévenir. Trêves fut investi le 26 Août par M. de Fourilles, & se rendit le 8 Septembre à M. de Rochefort, après huit jours de siége. L'Electorat déjà maltraité l'hiver précédent par les troupes de M. de Turenne, le fut encore plus par les nouvelles troupes Françoises qui y furent introduites. Ces actes d'hostilité furent présentés avec beaucoup de force à la Diéte de l'Empire, & mirent le Prince qui les supportoit au nombre des ennemis déclarés du Roi, à la tête desquels l'Empereur étoit placé.

Siége de Trêves.

Celui-ci menaçoit, prioit, supplioit, employoit tous les ressorts de l'intrigue & de la politique pour armer tous les Princes de l'Empire & l'Europe entière contre Louis XIV. Il peignoit son ambition des couleurs les plus fortes, en exageroit les preuves, représentoit ce Monarque comme violateur des traités de Westphalie dont il s'étoit rendu garant, comme destructeur de la liberté de l'Allemagne qu'il devoit protéger, & voulant se frayer par la Couronne Impériale même le chemin

N

1673.
AOUST.

à la Monarchie univerfelle. Non content d'appuyer fes manifeftes de tout l'art de la politique, il voulut encore émouvoir l'efprit du peuple par l'appareil de la Religion. Ce fut le Crucifix à la main, & en récevant la Communion dans l'Eglife de Marienzell, fameufe par des pélerinages & des miracles, que Léopold prit l'Être fuprême à témoin de la droiture de fes intentions & de la juftice de fa caufe. Il lui demandoit fes graces pour la guerre qu'il alloit entreprendre contre la France, comme pour celle qu'il avoit à foutenir contre le Turc, les préfentant l'une & l'autre fous le même point de vue, & comme intéreffant également le bonheur de la Chrétienté.

L'objet de Léopold fut rempli. Le nombre des ennemis de Louis XIV alla bientôt groffiffant de plus en plus. Les Princes de l'Empire qui lui étoient alliés, fe détacherent fucceffivement de fes intérêts. Ceux qui étoient reftés neutres, furent forcés par les armes, ou entraînés par la politique, à prendre parti contre lui; & avant que le Congrès inutile qui étoit affemblé pour la paix fe féparât, la France devoit avoir l'Europe prefque entiere pour ennemie.

Traités entre l'Empereur, le Roi d'Efpagne, le Duc de Lorraine & les Provinces-Unies.

Il y eut un traité préliminaire & fecret figné à la Haye le premier Juillet entre l'Empereur, l'Efpagne, le Duc de Lorraine & les Provinces-Unies. Ce traité fut renouvellé, confirmé & développé par deux autres, fignés pareillement à la Haye le 30 Août, entre l'Efpagne & les Etats-Généraux d'une part, & de l'autre entre l'Empire & les mêmes Etats-Généraux. On y ftipuloit alliance offenfive & défenfive. La paix ne devoit être faite que du commun confentement & à la fatisfaction des Alliés. On devoit forcer la France à rendre à l'Efpagne les places dont elle s'étoit emparée depuis le traité des Pyrenées. La Hollande s'obligeoit encore à lui céder Maëftricht, quand on l'auroit repris. L'Efpagne fecouroit la République de toutes fes forces de terre & de mer. L'Empereur fourniffoit trente mille hommes. Le Duc de Lorraine huit mille. La Hollande payoit des fubfides à l'Empereur. Les trois Puiffances en payoient au Duc de Lorraine pour fes huit mille hommes. Les Etats-Généraux s'engageoient à renforcer leur armée le plus qu'il leur feroit poffible. Telles furent les principales claufes des traités par lefquels l'Empereur & l'Efpagne fe liguerent avec la Hollande contre la France. Ils devoient avoir leur exécution auffi-tôt après l'échange des

A LA CAMPAGNE DE 1674.

ratifications. Elles furent remises à la fin de Septembre, & les déclarations de guerre, déjà précédées par des hostilités, furent publiées de part & d'autre dans le mois d'Octobre.

Il ne se passa rien d'intéressant en Hollande dans les mois de Juillet & d'Août. Le Prince de Condé, resté avec peu de troupes, & arrêté de toutes parts par les eaux, étoit réduit à une inactivité qui le peinoit. On voit par ses dépêches qu'il s'en plaignit amérement. Il laissa M. de Luxembourg à Utrecht, & se porta dans le Brabant, tant pour y contenir les Hollandois que pour essayer quelques tentatives sur Bois-le-Duc, qui n'eurent aucun succès. De-là il passa en Flandre, lorsque les Espagnols commencerent à remuer, & qu'il parut certain qu'ils alloient se déclarer. Son avis étoit de les prévenir, & d'attaquer quelques-unes de leurs places, avant qu'ils se fussent préparés à les défendre. C'étoit se procurer tous les avantages de la guerre. Mais les conseils du Prince de Condé furent rarement suivis, & les Ministres eussent craint, en les adoptant, de paroître dominés par la supériorité de ce grand homme. On a dit qu'il n'avoit rien fait qui fût digne de sa réputation pendant cette campagne; mais que pouvoit-il faire avec si peu de moyens, & sur-tout avec aussi peu d'infanterie, dans un pays où l'on ne pouvoit cheminer que par quelques digues étroites, défendues par des forts au milieu des eaux? Il atteste dans ses dépêches qu'il avoit été obligé, pour rassembler quatorze mauvais bataillons, de dégarnir les garnisons, au point d'exposer les places d'où il les tiroit. L'histoire de ce Prince prouve assez que lorsqu'il fut inactif, c'est qu'il ne pouvoit mieux faire, & que le défaut de ne pas entreprendre ne fut jamais le sien.

Le Prince d'Orange ne montra pas plus d'activité pendant les mois de Juillet & d'Août. Il les passa en grande partie, soit à la Haye, soit en Zélande, soit au Texel. La crainte d'une descente, la nécessité de veiller aux mesures qu'il avoit à y opposer, & l'importance des opérations de la flotte, d'où dépendoit alors beaucoup plus que des armées de terre, le salut de ce qui restoit encore de la Hollande, paroissoient fixer toute son attention. La bataille du Texel dissipa toutes ses inquiétudes; alors il se détermina à rentrer en action, & voulut profiter de la foiblesse de l'armée Françoise qui couvroit les Provinces conquises. Il fit quelques démonstrations vers le Brabant, fit attaquer Bommel, & poussa un détachement de

1673.
AOUST, &c.

Inaction forcée du Prince de Condé en Hollande & en Flandre.

1673.
SEPTEMBRE.

Siége de Naërden.

quinze cens chevaux du côté de Grave. Tandis que le Duc de Luxembourg, trompé par ces manœuvres, s'avançoit vers Thiel avec cinq mille hommes, pour soutenir des places qu'on ne devoit point assiéger, le Prince d'Orange profita de son éloignement pour passer l'Amstel & le Vecht, & s'avancer dans le Graveland, d'où il détacha Fariaux avec un corps de cavalerie pour investir Naërden. Cet Officier, le même qui avoit défendu Maëstricht, exécuta cette commission le 6 Septembre, & fut suivi de l'armée du Prince, composée d'environ vingt-cinq mille hommes. La tranchée fut ouverte le 8. Dupas, Officier de réputation, recommandé au Ministre par M. de Turenne, commandoit dans la place, dont la garnison étoit de près de trois mille hommes. Sa conduite ne répondit pas à l'idée qu'on avoit de lui. Il ne tint que quatre jours, & capitula le 12, les dehors de la place n'étant point encore emportés. La garnison fut conduite à Arnheim. Les Hollandois & les François furent également surpris d'une reddition aussi prompte. M. de Luxembourg assembloit en vain un corps de troupes pour marcher au secours de la place assiégée, & ne fut pas à tems. Dupas publia une apologie inutile, se plaignit du mauvais état de sa place, de sa garnison, de M. de Luxembourg même. Il prétendit avoir voulu conserver les troupes du Roi, & que deux jours plus tard, elles ne pouvoient manquer d'être prisonnieres de guerre. Il fut mis au Conseil de guerre, & le demanda lui-même. Le jugement ne répondit pas à son attente. Il fut déclaré coupable, dégradé publiquement de noblesse & des armes dans la ville d'Utrecht par la main du Bourreau, & condamné à une prison perpétuelle. Cependant l'année suivante il obtint la permission de servir comme Volontaire dans Grave, & s'y fit tuer.

De Coëvorden.

Vers ce même tems l'Evêque de Munster assiégeoit Coëvorden, que M. de Rabenhaupt avoit repris sur lui à la fin de l'année précédente. Il avoit fait élever à grands frais une digue, au moyen de laquelle il faisoit refouler les eaux de la riviere du Vecht sur cette place, & espéroit, en l'inondant, de la forcer à se rendre. Les eaux s'étoient déjà élevées jusques sur la contrescarpe, & se répandoient dans la plus grande partie de la ville. La digue étoit défendue par deux forts, & garnie d'une artillerie nombreuse. Rabenhaupt étoit en marche pour y attaquer les troupes de Munster, & tâcher de sauver Coëvorden.

Un

A LA CAMPAGNE DE 1674.

Un orage violent la fecourut avant lui. Le premier Octobre les eaux percerent en plufieurs points la digue qui les foutenoit. Elles cauferent de grands dommages aux affiégeants, & leur firent périr beaucoup d'hommes. Ils furent obligés de lever le fiége. M. de Rabenhaupt n'arriva que pour les pourfuivre dans leur retraite, où il ne fe paffa rien d'important.

1673. SEPTEMBRE & OCTOBRE.

Dès que l'alliance de l'Empereur & de la Hollande fut décidée, le projet commun fut de joindre leurs armées, & au moyen de cette réunion, de chercher à frapper des coups plus décififs. Celle de l'Empereur s'affembla à Egra à la fin d'Août, au nombre d'environ trente-cinq mille hommes. Ce Prince en fit lui-même la revue; elle fe mit auffi-tôt en marche aux ordres du Comte de Montécuculi & du Duc de Bournonville, fe dirigeant fur la Franconie.

Affemblée de l'armée de l'Empereur.

Après avoir forcé l'Electeur de Brandebourg à la paix, M. de Turenne, obligé par le traité même de quitter les quartiers qu'il avoit donnés à fes troupes dans le Comté de la Mark, alla jufqu'en Franconie chercher les Impériaux qui avoient fecouru l'Electeur, & ne leur laiffa pas de relâche qu'ils n'euffent regagné la Bohême. Il fe replia enfuite fur la Wétéravie, où il prit, au commencement de Juin, des quartiers de rafraîchiffement, dont fes troupes avoient le plus grand befoin, & dont elles jouirent prefque tout l'été. Il étoit à Wetzlar dans un excellent Pays, dans un point à peu près central entre le haut & le bas Rhin, également à portée d'obferver les mouvements des Princes de l'Empire, & de les contenir.

1673. JUIN. Opérations de M. de Turenne.

Lorfque l'armée Impériale s'affembla, Turenne eut ordre de s'oppofer à fes projets, foit qu'elle voulût menacer l'Alface & fe porter fur le haut Rhin, foit qu'elle eût celui d'aller fe joindre à l'armée Hollandoife fur le bas Rhin. Le Général François avoit reçu quelques renforts; mais il étoit encore très-inférieur à Montécuculi. Il quitta les bords de la Lohr le 19 Août, fe porta fur le Mein qu'il paffa à Selingftadt & s'empara d'Afchaffembourg, où il refta jufqu'au 9 de Septembre. Alors il s'avança au-devant de Montécuculi, bien affuré qu'il fauroit mieux obferver & contenir fon ennemi, lorfqu'il en feroit près, que lorfqu'il en refteroit éloigné. Les deux armées fe rencontrerent à peu de diftance de Rothembourg. Turenne prit vis-à-vis de Montécuculi une pofition audacieufe, & telle que celui-ci ne pouvoit, fans un extrême danger, ni l'attaquer, ni décamper en

Et de Montécuculi.

fa préfence. Il fe détermina cependant pour ce dernier parti, & l'exécuta avec toute l'habileté dont il étoit capable. Turenne ne put en tirer qu'un très-léger avantage. Montécuculi fe rapprocha du Mein, & occupa un pofte excellent entre Würtzbourg & Ochfenfurt. Le Général François le fuivit, & fe campa affez près de lui pour ne lui permettre, ni de paffer le Mein en fa préfence, ni de marcher vers l'Alface, fans lui prêter le flanc d'une maniere très-périlleufe. C'eft d'après de tels hommes qu'il faudroit apprendre la fcience des pofitions. Ils refterent quinze jours dans celles que nous indiquons. Turenne fut obligé de quitter la fienne par la défection de l'Evêque de Würtzbourg, fur la bonne foi duquel il avoit trop compté. Ce Prélat, qui s'étoit engagé à la neutralité, la rompit, livra fon pont aux Impériaux, & leur permit de mettre une garnifon dans fa ville. Ceux-ci fe trouverent par-là maîtres d'un paffage important fur le Mein. Ils pousserent des détachements fur la communication des François, à qui ils enleverent un convoi confidérable près de Wertheim. Turenne fe replia fur le Tauber, & ravagea, chemin faifant, les terres de l'Evêque de Würtzbourg, en punition de fon infidélité. Il envoya un gros détachement à Afchaffembourg, pour affurer cette place contre les entreprifes des Impériaux. Montécuculi jetta un pont fur le Mein près de la Lohr, & la paffa au commencement d'Octobre. Il s'avança fucceffivement dans le Speffer-Walt, fur la Kintz, & enfin au-delà de cette riviere fur le bas Mein. Hanau & Francfort refuferent de recevoir garnifon Impériale, & voulurent refter neutres. Montécuculi ne pouvant obtenir de paffer fur le pont de Francfort, en fit jetter un près de cette ville. Turenne obferva tous fes mouvements, en manœuvrant toujours à hauteur de lui fur la rive gauche de cette riviere, & prenant des pofitions qui ne permettoient pas au Général Allemand de la repaffer & de l'attaquer. Enfin celui-ci s'approcha de Mayence, dont l'Electeur avoit renouvellé au Vicomte de Turenne fes engagements de neutralité; il fit travailler à un pont fur le Rhin, & employa toutes les démonftrations qui pouvoient annoncer le projet d'entrer dans le Palatinat & de menacer les frontieres de France. Turenne, dont l'objet principal étoit de garantir l'Alface, & qui pouvoit craindre que Montécuculi ne l'y devançât, quitta les bords du Mein le 20 Octobre, fe rapprocha du Necker, repaffa cette riviere à Ladembourg, & le Rhin à Philifbourg, tenant des détachements de cavalerie vers Openheim pour éclairer les mouvements des Impériaux. Dès que Montécuculi se vit hors de mesure avec le Général François, il se détermina à suivre son véritable objet sur lequel il avoit réussi à le tromper; il embarqua son infanterie sur le Rhin, & dirigea sa cavalerie par la Wétéravie vers le bas Rhin, où il devoit se joindre au Prince d'Orange. Turenne informé à Philisbourg de la marche des Impériaux, ne fut plus à temps de s'opposer à cette jonction, ni au siége de Bonn qui en fut le premier effet. Il traversa néanmoins le Palatinat, & s'avança jusques sur la Mozelle. L'Electeur de Trêves avoit non-seulement donné libre passage aux Impériaux par Coblentz, mais les avoit favorisés en tout. Plusieurs postes importants sur cette riviere étoient occupés par leurs troupes, Turenne l'eût en vain passée, & n'eût fait que compromettre sa petite armée contre les forces réunies de Montécuculi & du Prince d'Orange. Il fit sentir à l'Electeur tout le poids de la guerre, & après avoir fait vivre quelque tems ses troupes dans ses Etats & dans le Palatinat, il les mit en quartier d'hiver en Lorraine & en Alsace.

1 6 7 3.
OCTOBRE
&
NOVEMBRE.

Le Prince d'Orange, après le siége de Naërden, jugea qu'il consumeroit inutilement ses forces à attaquer de front les conquêtes des François, qu'elles seroient défendues avec plus de vigueur que cette place, & qu'il étoit bien plus expédient d'agir au loin par des diversions puissantes, en réunissant les armées qui devoient secourir la Hollande. Il se concerta en conséquence avec le Comte de Monterey, & ayant rassemblé à Hérenthals un corps de vingt-cinq mille hommes Hollandois & Espagnols, il en partit le 16 Octobre pour marcher vers la Meuse, qu'il passa le 22 près de Venloo sans nulle opposition. Il acheva avec la même facilité sa marche vers le Rhin, & sa jonction avec Montécuculi se fit le 3 Novembre entre Andernach & Bonn. On décida sur le champ d'assiéger cette résidence Electorale. Elle fut investie le 5, l'Electeur l'avoit abandonnée pour se retirer à Cologne. Elle étoit défendue par une garnison de deux mille hommes. Le Maréchal d'Humieres, détaché avec sept ou huit mille par le Prince de Condé, tenta en vain de la secourir. Cent dragons seulement pénétrerent à travers les quartiers des Impériaux. La tranchée fut ouverte le 8, la place fut écrasée de bombes, elle capitula le 12, & la garnison sortit avec les honneurs de la guerre. L'armée combinée s'empara ensuite de quelques petites

Siége de Bonn.

villes de l'Electorat de Cologne qui firent peu de réfiftance. Elle fe fépara à la fin de Novembre. Les Hollandois & les Efpagnols repafferent la Meufe, & les Impériaux qui fe trouvoient aux ordres du Duc de Bournonville, depuis que Montécuculi étoit retourné à Vienne, prirent leur quartier fur le Rhin.

1 6 7 3.
NOVEMBRE.

Le Roi voyant le nombre de fes ennemis s'accroître, & craignant de perdre bientôt tous fes Alliés, prit le parti d'abandonner en Hollande fes conquêtes les plus avancées, & de refferrer fes forces pour mieux les employer. Il fentit, mais trop tard, la faute qu'il avoit faite de laiffer fes troupes inutiles & difperfées dans les garnifons, tandis que fes ennemis tenoient la campagne avec des armées fupérieures aux fiennes. Le Duc de Luxembourg reçut ordre d'évacuer la Province d'Utrecht, ce qui fut exécuté dans le mois de Novembre. On abandonna auffi Bommel & Crevecœur fur le Waal, ainfi que Harderwick, Elburg, Campen & Hattem au nord de la Province de Gueldres. Les troupes de Munfter fe retirerent de Stéenwick & Meppel. On fit fauter ou rafer les fortifications principales. On tira ce qu'on put de contributions, & on emmena des ôtages pour le refte. M. de Luxembourg fe replia fur Maëftricht, & renforça en paffant la garnifon de Grave. Son projet étoit de rentrer en France par les Ardennes & par Mezieres. Mais le Prince d'Orange toujours infatigable & comptant la faifon pour rien, fe remit encore en campagne avec vingt-cinq ou trente mille hommes, Hollandois & Efpagnols, & paffa la Meufe le 20 Décembre à Huy, avec le projet de couper le Général François, &, s'il étoit poffible, de le combattre. Celui-ci parti de Maëftricht dès le 10, n'ayant à oppofer aux ennemis qu'une armée de moitié inférieure à la leur, & traînant à fa fuite trois mille chariots, rebrouffa chemin, dès qu'il eut nouvelle du paffage du Prince. Il fit rompre les ponts de l'Ourte, & retourna à Maëftricht fe mettre en fûreté fous le canon de cette place. Il donna avis à la Cour de l'obftacle que les troupes ennemies, dont il étoit entouré, apportoient à fon retour en France. Le Prince d'Orange avoit repaffé la Meufe & laiffé feulement le Prince de Vaudemont à la rive droite. Les ennemis firent mine de fe retirer, pour engager M. de Luxembourg à quitter Maëftricht, dans l'efpérance de le combattre en marche. Il fe mit effectivement en mouvement vers Charleroy. Ils remarcherent fur lui, & il fe retira une feconde fois fous Maëftricht. Enfin les Alliés

Les François évacuent la Province d'Utrecht & autres conquêtes avancées de Hollande.

DÉCEMBRE.

Mouvements du Prince d'Orange pour couper la retraite au Duc de Luxembourg.

Manœuvres du Général François.

A LA CAMPAGNE DE 1674.

Alliés las de ces manœuvres inutiles qui ruinoient leurs troupes, & ayant avis qu'il s'en assembloit de Françoises sur la Sambre, renoncerent à leur projet & rentrerent dans leurs garnisons. Le Comte de Schomberg vint au-devant de M. de Luxembourg jusqu'à Tongres avec quatre mille chevaux. Ils s'y joignirent le 11, revinrent par la grande chaussée à Charleroy, & mirent leurs troupes en quartier d'hiver entre la Sambre & la Meuse.

<small>1673 & 1674. JANVIER.</small>
<small>Il arrive à Charleroy.</small>

Alors furent interrompues pour quelques instants les opérations militaires qui s'étoient succédées presque sans relâche depuis l'invasion de Hollande. La guerre qui n'avoit paru d'abord menacer que cette République, s'étoit communiquée à presque toute l'Europe. L'Empire & l'Espagne devenoient parties principales. Les négociations de Cologne étoient infructueuses & peu actives. Les Puissances intéressées espéroient des avantages de la guerre, & aucune ne vouloit faire de sacrifice pour la paix. Un acte de violence de l'Empereur fit rompre le Congrès, & débarrassa les Plénipotentiaires du rôle difficile de négocier sans vouloir conclure. Le 14 Février des Officiers du Régiment de Grana enleverent à main armée dans Cologne le Prince Guillaume de Furstemberg, Ministre & favori de l'Electeur; il étoit frere de l'Evêque de Strasbourg, reconnu pour être voué à la France. Louis XIV tonna dans toute l'Europe, & se plaignit d'une violation insigne faite au droit des Gens. Léopold prétendit avoir puni un sujet infidéle à sa Patrie, un Ministre vendu à une Puissance étrangere, & tramant sans cesse des intrigues contraires aux intérêts & à la tranquillité de l'Empire. Un nouvel incident aigrit encore les esprits. Un Commissaire François voulut faire passer de Cologne à Nuys, pour la garnison de cette place, un chariot chargé de quelques quintaux de poudre & de cinquante mille écus d'argent comptant; les tonneaux qui contenoient cette poudre & cet argent furent donnés pour être des tonneaux d'eau-de-vie. Le chariot fut arrêté & visité à la porte de Cologne, & le tout confisqué au profit de Sa Majesté Impériale, qui ne voulut pas plus rendre cette prise que le Prince de Furstemberg qu'il faisoit conduire à Vienne. Louis XIV se regarda comme personnellement insulté dans cette derniere affaire. Le Roi de Suéde, blessé dans sa médiation, se joignit inutilement à lui pour demander à l'Empereur la réparation de ces outrages, la liberté du prisonnier, & la restitution de l'argent confisqué. Léopold refusa toute satisfaction, prétendit avoir eu

<small>FÉVRIER.</small>
<small>Enlèvement du Prince de Furstemberg.</small>

<small>Argent appartenant à la France saisi à Cologne.</small>

INTRODUCTION

1674.
FÉVRIER
&
MARS, &c.

Rupture du Congrès de Cologne.

le droit d'arrêter un sujet coupable, & que le chariot qu'on reclamoit étoit une prise de guerre. Louis XIV irrité rappella ses Ambassadeurs. Ceux des autres Puissances alléguerent en vain que ces querelles particulieres étoient étrangeres à l'objet principal de la négociation, & ne devoient point empêcher qu'on la continuât. Le Congrès fut rompu; & tout annonça qu'après ces tentatives inutiles pour la paix, la guerre n'en seroit que plus animée & plus vive.

Paix de l'Angleterre avec la Hollande.

Une Puissance principale avoit cependant posé les armes. Le Roi d'Angleterre, forcé par son Parlement & par le refus des subsides nécessaires à la continuation de la guerre, avoit, le 19 Février, conclu sa paix avec les Hollandois. Cette paix permettoit à ceux-ci de tourner toutes leurs forces de mer contre la France; elle les délivroit de la crainte des descentes, dont les Anglois avoient toute la campagne précédente menacé leurs côtes, & leur permettoit d'employer dans leur armée de terre les troupes qui avoient été occupées à les défendre.

L'Evêque de Munster & l'Electeur de Cologne font la leur.

Louis XIV resta bientôt seul contre tous. L'Evêque de Munster & l'Electeur de Cologne menacés d'être mis au ban de l'Empire, & de voir ce ban exécuté par les armées mêmes de l'Empereur, céderent à la nécessité des circonstances, & firent aussi leur paix. L'Evêque signa la sienne le 22 Avril, & l'Electeur le 11 Mai. Ces deux Princes, sur-tout le premier, ne retirerent pas à beaucoup près de la guerre les avantages qu'ils en avoient espérés. L'Electeur ne l'avoit entreprise & soutenue qu'à l'instigation de Furstemberg. L'Evêque de Strasbourg fit ce qu'il put pour empêcher l'accommodement. Il n'y réussit pas & se retira en France pour éviter de subir le même sort que son frere. Il fut peu après condamné comme rébelle, & mis au ban de l'Empire.

Louis XIV abandonné de ses Alliés.

Entreprend de faire face à tous ses ennemis.

Louis XIV ne fut point effrayé de l'abandon de ses Alliés, ni de la ligue puissante qu'il alloit avoir à combattre. Le nombre de ses ennemis devoit encore s'augmenter pendant la campagne que nous allons décrire. Il entreprit, il espéra de leur faire face à tous; & des succès quelquefois incertains, toujours achetés & difficiles, prouverent du moins son courage d'esprit, l'habileté de ses Généraux & de ses Ministres, les ressources de son Royaume, & la vigueur de son gouvernement.

La Hollande ne jouoit plus le premier rôle dans cette guerre.

A LA CAMPAGNE DE 1674.

Des Alliés plus puiſſants qu'elle attiroient ſur eux les armes de la France. L'Eſpagne ſur-tout offroit à Louis XIV dans les Pays-Bas & dans la Franche-Comté des objets prochains de vengeance & de conquête. Les prétentions de la Reine appuyoient la raiſon de guerre. La rapidité avec laquelle le Roi s'étoit emparé de la Franche-Comté en 1668, lui donnoit lieu d'eſpérer le même ſuccès, s'il tentoit encore la même entrepriſe. Il en avoit eu le projet dans l'hiver de 1672 à 1673, mais il avoit cru devoir conſulter le grand Condé, qui avoit conduit la premiere conquête. Ce Prince, d'après les connoiſſances qu'il prit, tant de l'état des places ennemies, que de celui des troupes du Roi, & des magaſins qui ſe trouvoient en Bourgogne, ne jugea pas l'entrepriſe auſſi facile qu'elle l'avoit été alors, & le compte qu'il en rendit engagea Sa Majeſté à la ſuſpendre. Enfin elle fut décidée au commencement de 1674, & tout ſe prépara pour l'exécution.

1674. FÉVRIER & MARS. Forme contre eux des projets offenſifs.

Conquête de la Franche-Comté.

Il étoit d'autant plus preſſant de s'en occuper, que le Duc de Lorraine avoit propoſé d'entrer en Bourgogne par la Franche-Comté, & par ce moyen de porter la guerre dans l'intérieur de la France. L'Empereur, Prince plus politique que guerrier, s'étoit refuſé à l'exécution de ce projet hardi, mais ſage, & préféroit qu'on attaquât l'Alſace, parce que cette Province devoit lui revenir. Cependant il étoit à craindre qu'on ne reprît l'idée du Duc de Lorraine, ſi la France ne ſe mettoit en état d'oppoſer pour barriere à ſes ennemis la Province dont ils ſe propoſoient de faire un paſſage.

Il falloit ſe concilier les Suiſſes, qui pouvoient être effrayés de voir une ſeconde fois les drapeaux de la France ſe déployer dans une Province que rien ne ſéparoit de leurs Etats. Ils propoſerent aux Puiſſances belligérantes la neutralité de la Franche-Comté. Louis XIV parut y conſentir. Le Roi d'Eſpagne & l'Empereur préſumerent trop de leurs forces, & s'y refuſerent. Ce refus ſervit bien la France auprès des Cantons; & les négociations, jointes à l'argent qu'on répandit, acheverent de les déterminer. Non-ſeulement ils reſterent neutres, mais ils réſiſterent à toutes les ſollicitations de la Maiſon d'Autriche, qui leur demandoit le libre paſſage des troupes Impériales ſur leurs territoires.

La Franche-Comté pouvoit être ſecourue, non-ſeulement par la Suiſſe, mais encore par le Rhin & par l'Alſace. Le Vicomte

Le Vicomte de Turenne chargé de la couvrir.

de Turenne fut chargé de la couvrir de ce côté. Il avoit peu de troupes ; mais son habileté y suppléa. Il contint le Duc de Lorraine au-delà du Rhin, pendant que le Roi avançoit sa conquête ; & elle n'étoit pas encore consommée, qu'il passoit lui-même ce fleuve, & alloit battre les ennemis à Sintzheim.

1674.
FÉVRIER
&
MARS.

Mais il faut nous occuper des principaux arrangements qui favoriserent la conquête de la Franche-Comté. M. le Prince de Condé avoit été envoyé à Dijon sous le prétexte des Etats, & M. de Luxembourg avoit fait un voyage à sa terre de Ligny, pour préparer les moyens & prendre les connoissances nécessaires à cette expédition. D'après le compte qu'ils en rendirent, M. le Duc de Navailles, commandant en Bourgogne, eut ordre de l'entamer au mois de Février. Le Roi se réservoit d'en conduire en personne les parties les plus importantes. On renforça de quelques troupes celles que M. de Navailles avoit déjà à ses ordres. Il partit de Dijon le 11, & passa la Saône le 12 à Pontarlier, d'où il s'avança sur l'Oignon qu'il passa, malgré le débordement des eaux, & s'empara de Pesme, de Marnay & de plusieurs petits châteaux situés sur cette riviere, qui firent peu de résistance. Il se rabattit ensuite sur Gray. Les fortifications de cette place avoient été démolies par les François en 1668. Les Espagnols venoient d'y réparer ce qu'ils avoient pu, & l'avoient entourée d'un mauvais chemin couvert. Le Colonel Massiette, partisant assez célebre, y commandoit. M. de Navailles fit ouvrir la tranchée la nuit du 25 au 26. Le chemin couvert fut attaqué & emporté le sur-lendemain, & la garnison capitula le 28, à la condition d'être renvoyée sans armes ni bagages à Luxembourg. Vesoul se rendit ensuite à la premiere sommation. Lons-le-Saunier ne fit point de résistance. On s'empara avec facilité de plusieurs petites villes & châteaux. Il y eut à Orgelet & à Arbois des petits combats très-vifs, mais peu importants par leurs suites. Les François étoient maîtres d'une partie de la Franche-Comté. Il restoit à s'emparer des places importantes de Besançon & de Dole. C'étoit le plus difficile. Elles étoient bien fortifiées, beaucoup mieux que dans le tems de la premiere conquête. Elles renfermoient de bonnes garnisons, quoique peu nombreuses. Le Prince de Vaudemont s'étoit jetté dans Besançon, ayant trouvé le secret de passer déguisé au travers de nos troupes. Tout annonçoit dans les deux places une vigoureuse résistance. Le Roi se proposa de la surmonter en personne. Ce

Le Duc de Navailles chargé des premieres opérations.

Prince

A LA CAMPAGNE DE 1674.

1674.
AVRIL, &c.
Le Roi va en Franche-Comté.

Prince partit de Verſailles le 19 Avril pour ſe rendre en Bourgogne, & de-là dans une Province qui alloit être une ſeconde fois le théâtre de ſa gloire. Le Duc d'Enguien l'avoit précédé avec un renfort de troupes qui devoient ſe joindre à celles qui étoient déjà dans le pays; il avoit ordre de procéder tout de ſuite à l'inveſtiſſement de Beſançon qui fut fait le 25. Le Roi étant arrivé le 2 Mai devant cette place, en détermina auſſi-tôt les attaques. Vauban le ſecondoit. Louvois avoit préparé les moyens pour le ſiége. La tranchée fut ouverte la nuit du 6 au 7. Les attaques furent pouſſées avec toute la vigueur qu'on peut préſumer de la valeur des troupes animées de la préſence de leur Maître. Les aſſiégés ſe défendirent avec courage, firent pluſieurs ſorties, ne cédèrent le chemin couvert qu'après un combat très-vif, & tentèrent de le reprendre. Enfin le Prince de Vaudemont, croyant ſans doute une plus longue réſiſtance inutile, ſe retira dans la citadelle le 15, & la garniſon de la ville ſe rendit priſonniere de guerre. Trois ou quatre cens hommes, d'environ quinze cens dont elle étoit compoſée, voulurent ſe ſouſtraire à la capitulation, & furent repris ou taillés en piéces par M. de Renel. La citadelle plus forte encore que la ville, & défendue par ſa ſeule ſituation, ne fut pas attaquée avec moins de vigueur. Sa garniſon étoit de 600 hommes. Le fort de Saint-Etienne qui la couvre fut emporté en plein jour l'épée à la main. Les Aſſiégés écraſés par l'artillerie qui y fut établie, & ayant leurs défenſes ruinées, capitulerent le 22 & obtinrent les honneurs de la guerre. Le Roi maître de Beſançon, marcha auſſi-tôt à Dole. Cette place fut inveſtie le 26, la tranchée ouverte le 28. Il y eut pluſieurs ſorties. Le chemin couvert fut attaqué & repris deux fois. Le ſuccès des mines accéléra la priſe de la place. Des fourneaux qui jouerent le 6, ouvrirent un baſtion. D'autres alloient achever de le renverſer. Le Gouverneur qui craignoit de n'être plus à tems pour obtenir des conditions favorables, ſe détermina à capituler. La garniſon compoſée d'environ douze cens hommes, ſortit le 7 avec les honneurs de la guerre.

Siège de Beſançon.

Tandis que le Roi faiſoit ces ſiéges, M. de Luxembourg fut détaché avec trois mille hommes, pour contenir M. d'Alveyda, Gouverneur de la Province, qui avoit raſſemblé inutilement quelques garniſons & quelques milices. Il s'empara de Pontarlier, d'Ornans & de quelques autres poſtes. M. de Genlis s'étoit

1674.
JUIN.
Siége de Salins.

rendu maître du château de Vaux. Presque toute la Franche-Comté étoit soumise. Il ne restoit plus que Salins qui exigeât un siége. M. de la Feuillade fut chargé de le conduire. La tranchée fut ouverte le 14. Deux forts qui couvroient cette place furent pris le 21. Le Gouverneur se défendit mal, capitula le 22. M. de la Feuillade qui avoit peu de troupes, lui accorda des conditions honorables.

Retour du Roi à Fontainebleau.

Le Roi étoit reparti pour Fontainebleau, & le courier qui lui annonça la prise de Salins le joignit en chemin. Ce Prince attaqué sur toutes ses frontieres, & obligé d'y distribuer ses forces selon celles de ses ennemis, avoit fait partir M. de Luxembourg après le siége de Dole, pour joindre le Prince de Condé en Flandre avec quelques troupes. Pour le Duc d'Enguien, il avoit quitté la Franche-Comté dès le 18 de Mai, & s'étoit rendu auprès du héros, qui étoit à la fois son pere, son maître & son Général. Le Marquis de Renel fut envoyé en Lorraine avec la cavalerie de la Maison du Roi. Il prit à Besançon quatre cens hommes d'infanterie & deux piéces de canon de siége, ayant ordre d'attaquer, chemin faisant, les villes & châteaux de Lure, Luxeuil & Faucogney. Lure ne tint que quelques heures; Luxeuil ne fit point de résistance. Faucogney défendu par sa situation, en fit une assez grande. On fut obligé de battre en bréche. La ville se laissa emporter d'assaut & fut pillée. Le château capitula. Pendant ce même tems, M. de Duras nommé Gouverneur de la Province, s'empara du château de Joux. Il ne restoit plus que celui de Sainte-Anne, situé sur des rochers inaccessibles, qui fût occupé par les ennemis. On prit le parti de le bloquer & de le réduire par famine. Dès-lors la

La Franche-Comté soumise.

Franche-Comté fut entierement soumise au Roi, & après avoir été conquise deux fois, elle devint une Province ajoutée au Royaume.

L'opération que nous venons de décrire avoit commencé avant le tems de l'ouverture ordinaire des campagnes. Pendant que le Roi y acquéroit de la gloire & aggrandissoit ses Etats, de grandes armées s'assembloient sur toutes les frontieres. Celles de l'Empire se déployoient sur le Rhin; les Espagnols passoient les Pirenées. Les flottes Hollandoises menaçoient nos côtes. Mais c'étoit sur-tout en Flandre que paroissoient devoir se frapper les grands coups. Les ennemis se proposoient de pénétrer dans le Royaume par la Picardie ou la Champagne, & vou-

A LA CAMPAGNE DE 1674.

loient s'y venger des maux que nous avions faits à la Hollande. Le Prince de Condé alloit arrêter leurs efforts réunis, & déployer avec une armée inférieure tout l'art d'une savante défensive, que son activité & son audacieuse valeur tourneroient même en offensive. Nous allons le suivre dans cette campagne célebre. Uniquement occupés de notre instruction & de celles de nos Lecteurs, nous ne craindrons point la sécheresse ordinaire des détails : nous nous efforcerons au contraire de les étudier avec exactitude & impartialité ; persuadés qu'un grand homme est moins honoré par l'enthousiasme qu'il inspire, que par la critique & la discussion qui le montrent dans tout son jour.

HISTOIRE

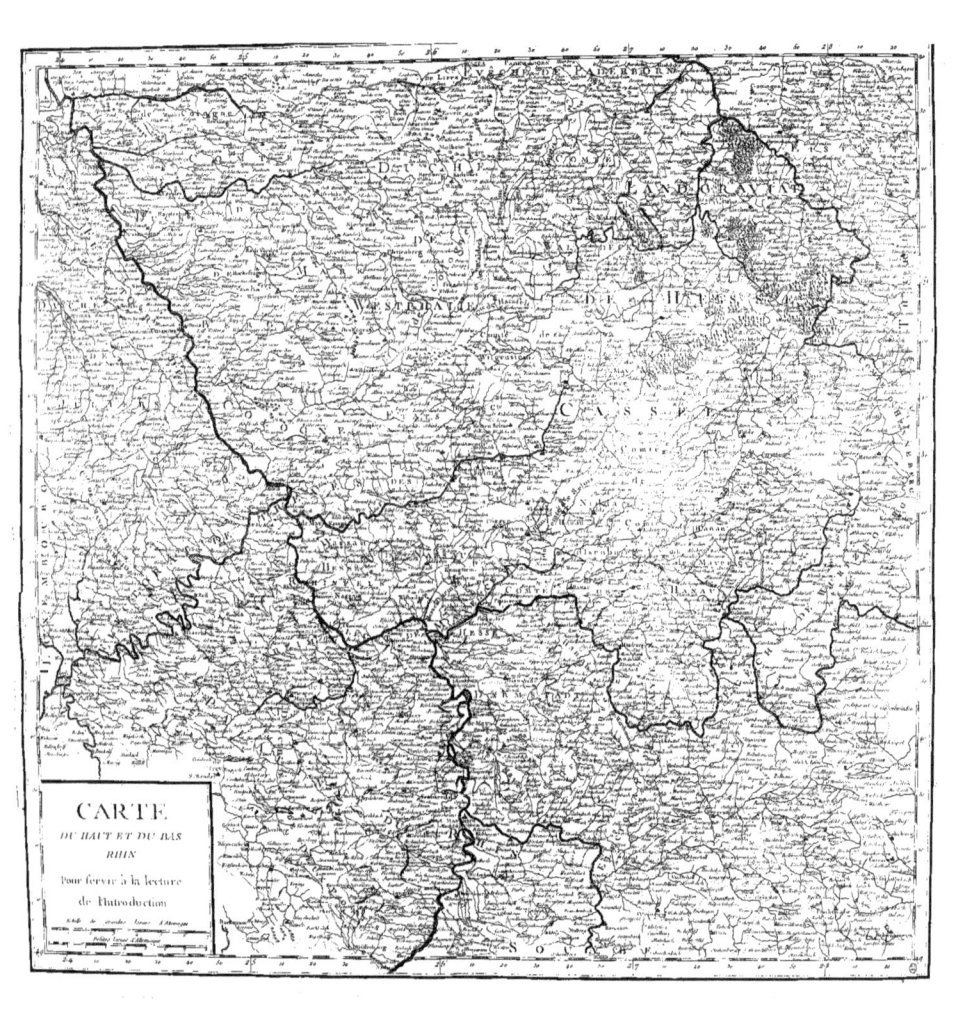

HISTOIRE
DE
LA CAMPAGNE
DE M. DC. LXXIV,
EN FLANDRE.

Onsieur de Luxembourg ayant évacué une grande partie de la Hollande à la fin de l'année précédente, M. le Maréchal d'Humieres avoit été chargé du commandement de celle qui étoit encore occupée par les troupes du Roi; il avoit établi son quartier général à Nimegue, tandis que M. le Maréchal de Bellefont, qui commandoit en Flandre pour lors, avoit fixé le sien à Lille. Cependant M. le Prince, qui s'étoit rendu près du Roi dès le mois de Novembre, étoit retourné sur la frontiere au commencement de Janvier, avec l'ordre de marcher sur la Meuse, & de dégager M. de Luxembourg. Celui-ci s'étoit suffi à lui-même; il avoit fait évanouir toutes les espérances des ennemis. L'un & l'autre revenus ensuite à la Cour, avoient concerté avec le Roi & ses Ministres, le projet de la Campagne que nous allons décrire, où M. le Prince devoit commander en chef, & M. de Luxembourg être chargé des principales opérations. Nous avons vu que, même pendant ce court intervalle de quartier d'hiver, ces deux grands hommes ne purent pas être inactifs, qu'ils furent employés à préparer les moyens de la conquête de la Franche-Comté, & que le second y servit en personne jusqu'à ce qu'il fut obligé de joindre le Général, dont il avoit presque toujours été le compagnon & l'éleve.

Le Roi, abandonné de ses Alliés, voyant la ligue de ses ennemis se grossir, & craignant d'avoir de toutes parts de nombreuses armées à combattre, prit le sage parti de resserrer encore ses points de défensive, & résolut de ne conserver de ses conquêtes de Hollande, que les seules villes de Maëstricht & de Grave. On fit les démonstrations qui pouvoient annoncer des projets contraires. On continua de travailler aux fortifications des places qu'on vouloit abandonner. Cependant M. le Maréchal d'Humieres partit de Nimegue au commencement de Mars, avec la plus grande partie de la cavalerie Françoise qui étoit en Hollande, pour la ramener par Maëstricht à Charleroy, & au-delà de la Sambre. Ce Général alloit remplacer M. le Maréchal de Bellefont dans le commandement de la Flandre, tandis que celui-ci reçut ordre de se rendre en Hollande pour y procéder à l'évacuation des places, & ramener les troupes qui en composoient les garnisons. Il arriva à Maëstricht à la fin de Mars, & le 6 d'Avril à Nimegue.

L'ordre du Roi, qui enjoignoit à M. de Bellefont d'évacuer ses conquêtes, étoit du 24 Mars. Ce Général osa prendre sur lui d'en modifier & d'en retarder l'exécution. Frappé de cette idée, que le Roi alloit perdre tous ses Alliés, il imagina de lui conserver du moins l'Evêque de Strasbourg & les troupes que ce Prince commandoit. Dans cette intention, il se rendit à Wesel; il y signa le 22 Avril, de son propre chef & sans y être aucunement autorisé par la Cour, un traité par lequel il s'engageoit à lui remettre Nimegue, Arnheim & le fort Saint-André avec l'artillerie & les munitions de guerre & de bouche qui s'y trouvoient. Les troupes de l'Evêque devoient garder Nimegue

DE LA CAMPAGNE DE 1674.

& Arnheim. C'étoient en partie celles de l'Electeur de Cologne qui dans ce tems même faisoit sa paix particuliere : l'espérance de conserver ces troupes au Roi, en même tems que les places qu'elles garderoient, attachoit M. de Bellefont à l'exécution de son projet. Le fort Saint-André devoit continuer d'être occupé par les troupes Françoises. On cédoit à l'Evêque les contributions du Betaw. On se réservoit celles de Deventer qu'il abandonnoit. Il est aisé de juger combien tous ces arrangements contradictoires aux ordres du Roi, & qui suspendoient l'exécution de ceux qu'il avoit donnés pour l'évacuation des places, étoient propres à irriter le caractere absolu de ce Prince, & plus encore celui de M. de Louvois. Le Maréchal de Bellefont montroit peu de docilité pour ce Ministre ; il lui écrivoit avec une liberté très-propre à lui déplaire.

AVRIL.

M. de Louvois avoit communiqué à M. Robert, Intendant de l'armée, en même tems qu'à M. de Bellefont, les ordres du Roi, du 24 Mars. L'Intendant, nullement d'accord avec son Général sur les projets que celui-ci méditoit, suivit les ordres qu'il recevoit du Ministre pour préparer tout pour l'évacuation, & ne voulut pas se prêter à ceux que M. de Bellefont lui donnoit de suspendre ses préparatifs. Il informa la Cour des retards que ce Général apportoit à l'exécution de ses volontés. Celui-ci rendit compte lui-même de quelques délais, mais sans détailler encore ses projets & ses motifs. La réponse envoyée à M. Robert, qui étoit l'homme de confiance de M. de Louvois, fut une double dépêche. La premiere contenoit un ordre du Roi pour interdire le Maréchal de Bellefont, & lui ordonner de céder le commandement au Maréchal de Lorges, dans le cas où il auroit persisté dans son opiniâtreté ; l'autre étoit une simple lettre de réprimande sur ses délais, avec ordre de les réparer par une obéissance prompte & ponctuelle. M. Robert devoit remettre l'une ou l'autre à M. de Bellefont, selon la position où se trouveroient les choses à l'arrivée du courier. L'Intendant & le Général ne se trouvoient pas alors dans le même endroit: le premier étoit resté à Nimegue, & M. de Bellefont, qui visitoit les places du Rhin, devoit se rendre à Wesel. L'Intendant se pressa peu de remettre les dépêches qu'il recevoit, parce qu'en attendant, il remplissoit les vues de la Cour, par les préparatifs qu'il faisoit pour l'évacuation, malgré les ordres dilatoires de son Général. Enfin celui-ci étant arrivé à

Wesel, & ayant signé avec l'Evêque de Strasbourg le traité dont nous avons fait mention, envoya à Nimegue des ordres positifs de tout suspendre. Robert, sans les exécuter, partit sur le champ pour se rendre à Wesel. Après avoir tenté inutilement de persuader M. de Bellefont, il prit enfin le parti de communiquer à M. de Lorges les ordres qu'il avoit reçus, ajoutant que le Roi lui sauroit gré de sa conduite, s'il pouvoit éviter qu'on en fît usage, & déterminer M. de Bellefont à laisser là ses projets pour se conformer purement & simplement aux intentions de la Cour. M. de Lorges agit en conséquence, & instruisit son Général des ordres qu'il avoit de l'interdire. Celui-ci se vit avec regret obligé d'obéir, & alla sur le champ chez l'Evêque de Strasbourg retirer le traité qu'il avoit signé la veille. On ne peut s'empêcher de blâmer la conduite inconsidérée de M. de Bellefont. Ses projets contrarioient le plan arrêté pour la campagne, & en retardoient l'ouverture. Les plans généraux pour les opérations des armées doivent partir du cabinet qui seul voit l'ensemble des affaires militaires & politiques ; & si les Ministres sont blâmables lorsqu'ils ont la prétention de conduire les Généraux dans les détails de l'exécution, ceux-ci ne le sont pas moins, s'ils se refusent à l'exécution des mesures concertées par les Ministres. L'interdiction conditionnelle prononcée contre M. de Bellefont n'eut pas lieu. Elle fut prévenue par son obéissance ponctuelle, quoique tardive ; mais peu de tems après il fut puni par l'exil.

Punition du Maréchal de Bellefont.

En conséquence des premiers ordres du Roi, les garnisons des places évacuées devoient être ramenées sous Maëstricht à l'époque du 30 Avril. Ce terme fut reculé de dix jours. Les délais de M. de Bellefont avoient rendu celui-ci nécessaire. Il lui fut enjoint d'être rendu sous cette place le 10 Mai. Son arrivée sur la Meuse devoit être combinée avec l'assemblée de l'armée de M. le Prince, à laquelle il devoit joindre les troupes qu'il amenoit.

Evacuation des places.

Dès que M. le Maréchal de Bellefont se fut soumis aux ordres du Roi, on procéda sans délai à l'évacuation des places. Toutes les mesures nécessaires avoient été prises à l'avance par les soins de l'Intendant. On avoit caché aussi long-tems qu'on avoit pu ces projets de retraite, & presque jusqu'au dernier instant, on avoit travaillé avec plus ou moins d'activité, aux fortifications

fortifications de quelques-unes des places qu'on abandonnoit. Enfin on renversa à la hâte la plus grande partie de ce qu'on avoit fait. On fit racheter à plusieurs villes, par des contributions, les fortifications qu'on n'avoit pas le tems, ou qu'on jugeoit peu utile de raser. *Racheter le pillage* étoit encore un prétexte en usage alors pour tirer de l'argent. On en leva autant qu'il fut possible dans tout le pays qu'on abandonnoit, & sous toutes les dénominations. Pourquoi les hommes qui se font la guerre, s'abaissent-ils à chercher des prétextes, & mettent-ils en avant d'autres motifs que celui de la justice ou celui de la force ?

AVRIL
&
MAI.

La garnison de Nimegue sortit le 30 Avril. Elle avoit été jointe par les troupes qui étoient sur le Waal, au fort Saint-André, à Thiel, &c. ces places ayant été évacuées les jours précédents. Arnheim & le fort de Schenk ne le furent que le premier de Mai. Les garnisons de ces places passerent le Rhin sur un pont près le *Tolhuys*, & furent jointes par celles de Deventer & de Zutphen. Elles recueillirent, en remontant le Rhin, celles d'Emmerick & de Rées, & toutes les troupes des conquêtes abandonnées se trouverent rassemblées le 4 sous Wesel.

On emmena toute l'artillerie & les munitions de guerre des places de Hollande. L'ordre du Roi étoit de jetter dans les rivieres tout ce qu'on ne pourroit pas emmener. On en laissa une grande partie à Grave. La garnison de cette place fut portée à plus de quatre mille hommes, & l'on ne négligea rien de ce qui pouvoit la mettre en état de soutenir un long siége. Mais ce qui devoit sur-tout en assurer la défense, c'étoient les talents & le courage du Marquis de Chamilly. On y enferma tous les ôtages qu'on avoit entre les mains pour les contributions qui n'avoient pas été payées. Le Roi abandonnant ses conquêtes, regarda comme important de conserver cette vedette sur la Hollande. Grave par sa position avancée sur la basse Meuse, & se trouvant munie d'une forte garnison, étoit utile pour faire des courses très-incommodes aux ennemis dans le Brabant Hollandois, & gêner beaucoup leurs communications. Elle offroit aussi le grand avantage de les priver de la navigation de la Meuse.

Les places du Duché de Cléves, le fort de Schenk, Emmerick & Rées, furent remises aux troupes de l'Electeur de Brandebourg, conséquemment au traité fait l'année précédente avec ce Prince, traité qu'il étoit au moment de rompre. Les troupes de l'Electeur de Cologne & de l'Evêque de Munster évacuoient en même tems, d'après les traités particuliers de ces Princes, les places qu'elles occupoient dans l'Over-Yssel. Hassel & Swartsluys ne furent cependant abandonnés que le 16 Mai, & Zwoll le 23. Ce mois vit les Hollandois rentrer en possession de tout leur pays, à la réserve de Grave & Maëstricht. Ils n'inquiéterent nullement la retraite de leurs ennemis. Il y avoit près de deux ans que les François avoient traversé en Conquérants ces mêmes pays qu'ils abandonnoient, & que la Hollande avoit pu être détruite.

M. le Maréchal de Bellefont continua sa retraite. Wesel fut évacué le 6 & remis à l'Electeur de Brandebourg, ainsi que les autres places du Duché de Cléves. La garnison de Rhimberg fut retirée le 7, celle de Nuys le 9, & ces deux places furent rendues à l'Electeur de Cologne leur légitime Souverain.

M. de Bellefont se dirigea sur Linnich pour y passer la Roër. Il fit attaquer en passant la petite ville d'Erkelens, qui étoit occupée par les Espagnols. Le Colonel Brusset, partisan de réputation, y commandoit avec environ trois cens hommes de pied, & soixante chevaux. Les recrues d'un Régiment d'infanterie, que levoit le fils du Duc de Croy, faisoient partie de cette foible garnison, & ce jeune Seigneur s'y trouvoit en personne, ayant choisi Erkelens pour son quartier d'assemblée. Cette ville n'avoit d'autre fortification qu'un mur terrassé & crénelé. Le Comte de la Lippe fut chargé de l'attaquer, avec un détachement de deux mille hommes composé d'infanterie & de cavalerie, partie de troupes Françoises, partie de celles de Cologne, & deux petites piéces de canon. Le Marquis de Bourlemont, Mestre de Camp d'infanterie, commandoit sous lui. En arrivant on braqua l'artillerie contre une porte qu'on jugea n'être point terrassée. Il y avoit à la suite l'une de l'autre des barrieres, deux portes, & dans l'intervalle une herse. On fut plusieurs heures à renverser ces retranchements multipliés & bien défendus. On amena le canon à la portée du pistolet. Les soldats en seconderent l'effet avec des haches. Pendant ce tems ils souffroient beaucoup de la mousqueterie des ennemis & des grenades que ceux-ci leur jettoient continuellement. La protection du feu de quelques pelotons qu'on avoit placés sur le flanc des portes, faisoit peu d'effet. Cependant elles furent

DE LA CAMPAGNE DE 1674.

enfin renversées. Deux Régiments Allemands pénétrerent en même tems par un autre côté moins défendu. La ville fut forcée & pillée. Près de la moitié de la garnison y périt, & le reste fut prisonnier de guerre. Le Commandant fut tué; le Prince de Croy pris. Les assaillants eurent vingt-un Officiers & soixante ou quatre-vingt soldats tués ou blessés. Ce peu de proportion des Officiers aux soldats est la preuve de la valeur avec laquelle les premiers combattirent.

M. A I.

M. le Maréchal de Bellefont ayant passé la Roër, marcha le 11 à Gelikirken, & le 12 à Fauquemont. Il avoit été joint par la cavalerie des garnisons de Maëstricht & de Mazeyck, que le Comte d'Estrades lui avoit envoyée quelques jours auparavant. Il en avoit peu dans son armée. Il eût pu en avoir besoin en traversant le pays de Juliers, si les Impériaux qui en avoient beaucoup, eussent voulu la pousser en avant pour inquiéter ses marches. Il les fit aussi fortes qu'il lui fut possible, & ses troupes souffrirent beaucoup. Le tems qui se trouva extrêmement mauvais ajouta encore à leurs fatigues. M. de Bellefont ne put exécuter à la lettre les derniers ordres du Roi, qui lui prescrivoient d'être le 10 sous Maëstricht; & Fauquemont, où il arriva le 12, étoit encore à trois lieues de cette place.

L'armée que ramenoit ce Général étoit d'environ vingt-deux mille hommes. Dans ce nombre, il y avoit quelques Régiments de l'Electeur de Cologne & de l'Evêque de Strasbourg. Arrivée à Fauquemont, elle étoit en mesure, ou de passer la Meuse pour joindre M. le Prince de Condé, ou d'agir sur cette riviere d'après ses ordres; & la réunion pouvoit être regardée comme faite. M. le Comte d'Estrades avoit fait préparer du pain pour toutes ces troupes. M. de Bellefont en trouva cinquante mille rations à son arrivée à Fauquemont. Maëstricht devoit d'ailleurs lui fournir tout ce qui lui étoit nécessaire, soit pour les besoins de son armée, soit en artillerie & munitions pour des opérations de guerre ultérieures.

L'armée du Maréchal de Bellefont arrivée près de Maëstricht.

Il fit entrer dans cette place les Régiments de Furstemberg & de Saxe qui désertoient beaucoup, & il en retira, pour les remplacer à son armée, quelques troupes Françoises & Suisses. Cet arrangement n'étoit pris qu'en attendant qu'il fût décidé, si ces Régiments de l'Evêque de Strasbourg & de l'Electeur de Cologne resteroient au service du Roi.

On se loua infiniment à Berlin de la maniere dont M. le

Maréchal de Bellefont s'étoit conduit en évacuant les places de l'Electeur de Brandebourg. On n'y commit aucune vexation, & les vexations étoient alors fort communes à la guerre, surtout de la part des troupes qui fe retiroient. On laiffa l'artillerie qui appartenoit à ce Prince, & l'on fe conduifit de même dans les places qu'on remettoit à l'Electeur de Cologne. Il n'y eut que celles de Hollande qu'on dégarnit entierement d'artillerie & de munitions de guerre.

La marche de M. de Bellefont donna l'alarme à tous les quartiers voifins du pays qu'il traverfoit. Les garnifons Efpagnoles de Venlo & Ruremonde craignirent d'être attaquées. Elles étoient très-foibles. La cavalerie qui en avoit fait partie, étoit allée joindre l'armée, qui s'affembloit entre Malines & Bruxelles. M. le Comte d'Eftrades vouloit qu'on les attaquât, parce qu'au moyen de ces deux places qui euffent fait peu de réfiftance, & de Maëftricht, Mazeyck & Grave que les François occupoient déjà, ils euffent été maîtres de tout le cours de la baffe Meufe. Mais ce projet contrarioit l'objet qu'on avoit eu de rendre l'armée plus forte, en diminuant le nombre des places, & raffemblant les garnifons.

En même tems que les Efpagnols s'étoient crus menacés à Venlo & à Ruremonde, les Impériaux avoient été alarmés pour leurs quartiers avancés. Ils avoient même craint que M. de Bellefont ne tentât quelque entreprife fur Cologne. S'ils fe fuffent raffemblés eux-mêmes avec promptitude, ils euffent troublé la marche de ce Général, retardé fon arrivée fur la Meufe, & rendu difficile la réunion de l'armée. Mais dans le cours de cette entreprife, la lenteur & l'incertitude caractériferent toujours les opérations de l'armée Impériale.

M. le Comte d'Eftrades, ayant à fes ordres une garnifon bonne & nombreufe, en profitoit avec activité pour inquiéter les quartiers des ennemis à l'une & à l'autre rive de la Meufe, & leur faire tout le mal qu'il pouvoit. Ayant avis que les Efpagnols levoient une compagnie d'infanterie & une de cavalerie à Balen, château à deux lieues de Limbourg, il les fit attaquer le 3 à une heure après minuit par un détachement de cent cavaliers & cent dragons. Le château fut forcé & pillé. On prit tous les chevaux & trente-cinq hommes, avec tous les équipages & les draps deftinés aux deux compagnies. Les Officiers fe fauverent.

La

DE LA CAMPAGNE DE 1674.

La position de Maseyck, plus avancée sur la Meuse, donnoit encore plus de facilité pour inquiéter les ennemis. Cette ville faisoit partie du gouvernement de Maëstricht. Le Chevalier de Perrin y commandoit. Un parti de sa garnison surprit & attaqua près d'Hamon une compagnie du Régiment de Waldeck, qui alloit de Weert à Bois-le-Duc. Presque tout ce qui la composoit fut tué ou pris ; on fit trente-trois prisonniers. Le Capitaine & deux autres Officiers resterent sur la place.

MAI.

Nous avons rendu compte de l'évacuation des places de Hollande & du Rhin, de la retraite de l'armée que M. le Maréchal de Bellefont composa des garnisons de ces places, de son arrivée sur la Meuse & de quelques actions qui se passerent dans le même tems. Nous devons maintenant nous occuper de l'assemblée de l'armée de M. le Prince, après avoir toutefois jetté un coup d'œil sur la Flandre, & mis sous les yeux des Lecteurs la maniere dont elle se trouvoit divisée entre la France & l'Espagne.

Coup d'œil sur la division des Pays-Bas entre la France & l'Espagne.

A la côte de l'Océan les François étoient maîtres de Gravelines, Dunkerque, Bergues & Furnes. Ils tenoient le cours de la Lys depuis Saint-Venant jusqu'à Courtray. Cependant les Espagnols conservoient la ville d'Aire, située presqu'à la source de cette riviere ; ils occupoient encore entre elle & la mer, les places de Saint-Omer, Cassel & Ypres. En arriere de la Lys le Roi étoit maître de Lille, Douay & Arras. Sur l'Escaut, la paix d'Aix-la-Chapelle avoit laissé Tournay & Oudenarde en son pouvoir. Les Espagnols tenoient Gand à la réunion de la Lys & de l'Escaut. Ils avoient ensuite Bruxelles, Louvain, Malines, Anvers ; &c. Ath étoit pour les François une tête importante. Le Haynaut étoit au pouvoir de l'Espagne, qui avoit des garnisons dans Mons, Saint-Guilain, Condé, Valenciennes & Maubeuge. Il en étoit de même de Cambray. Sur la Sambre les François avoient Charleroy, ainsi que Binch, petite ville en avant de cette riviere. Namur, au confluent de la Sambre & de la Meuse, étoit à l'Espagne, ainsi que Charlemont & Givet. Huy & Dinant, petites villes dépendantes de Liége, étoient neutres, mais pouvoient être aisément occupées, ainsi que leur capitale, par le plus adroit ou le plus fort. Au-dessous de Liége, entre cette ville & Maëstricht, les Espagnols avoient encore les forts d'Argenteau & de Navagne. Plus bas entre Mazeyck & Grave, ils occupoient Ruremonde & Venlo. On sait que les François étoient maîtres de Maëſtricht, Mazeych & Grave. Tel eſt le tableau qu'offrit pour lors le pays qui devoit être le théâtre de cette campagne.

On conçoit que des poſſeſſions ainſi mêlées & engagées les unes dans les autres, étoient propres à en compliquer les opérations. Les places que les François avoient ſur la côte & ſur la Lys, étoient ſéparées par celles des Eſpagnols, & la communication directe en étoit interrompue. Saint-Omer & Aire donnoient à ceux-ci la facilité de faire des courſes dans le Boulonnois & en Artois. Les places de la Scarpe & de l'Eſcaut, Arras, Douay, Saint-Amand, Tournay, Oudenarde, & vers le Brabant, Ath, étoient coupées d'avec Landrecy, le Queſnoy, Aveſnes, Charleroy, Binche ſur la Sambre, ou près de la Sambre, par celles du Haynaut & du Cambreſis, que les Eſpagnols occupoient par des garniſons nombreuſes. Cambray, Bouchain, Valenciennes, Bavay, Maubeuge, Mons, Condé, Saint-Guilain, ſe trouvoient au milieu des places appartenantes aux François que nous avons indiquées. Ces villes ſuſceptibles de contenir beaucoup de troupes, interceptoient les communications, gênoient la marche des convois, & pouvoient pouſſer des détachements conſidérables ſur la Somme, ſur l'Oyſe & au-delà.

Sur la Meuſe, les Alliés maîtres de Givet & Charlemont, & pouvant l'être de Dinant, quand ils le voudroient, menaçoient par-là la communication de la Champagne à la Sambre, & pouvoient inquiéter cette frontière; s'ils venoient à ſe renforcer dans cette partie, comme la poſition & les projets des Impériaux le faiſoient craindre, ils pouvoient pénétrer en Champagne.

Les forces de terre n'étoient pas les ſeules dont l'armée de Flandre eût à garantir le Royaume. La marine du Roi, très-inférieure à celle des Hollandois, ne ſuffiſoit pas à la ſureté des côtes de Picardie & de Flandre, & le Prince de Condé devoit encore avoir à s'en occuper.

De notre côté nos places avancées étoient au milieu du pays ennemi. Courtray, Tournay, Oudenarde, Ath, formoient des points d'appui aux corps d'armée qui agiroient, ſoit vers Gand & le pays de Waës, ſoit vers Bruxelles & dans le Brabant. Maëſtricht & Mazeyck pouſſoient des détachements au loin au milieu des quartiers des ennemis, & ſur leurs communications.

Grave, beaucoup plus avancée, étoit propre à les inquiéter encore davantage.

MAI.

Mais ces mêmes places avancées, tant celles des ennemis que les nôtres, se trouvoient par là même plus exposées à se voir assiégées. Grave & Maëstricht étoient dans ce cas, sur-tout la premiere, qui se trouvoit nécessairement abandonnée à elle-même. Mazeyck étoit de peu de défense, & ne devoit être regardée que comme un poste avancé de Maëstricht.

Courtray, Oudenarde, Ath, Tournay même, & peut-être Charleroy, pouvoient être exposées à un siége. Il nous étoit libre encore de tourner nos vues ou sur Cambray ou sur quelqu'une des villes du Haynaut, occupées par les Espagnols. Cependant de part & d'autre, nulle ne se trouvoit aussi abandonnée à elle-même que l'étoit Grave, & que pouvoit l'être Maëstricht dont nous venons de faire mention. Elles étoient près les unes des autres, & multipliées au-delà de l'utilité. Les places Françoises de l'Escaut & de la Lys, avoient derriere elles Lille, Douay & Arras, avec lesquelles elles avoient une communication facile par les grands chemins & par les rivieres. Il étoit plus aisé de se placer entre celles du Haynaut & Bruxelles; mais, comme elles étoient fortes, que plusieurs même étoient considérables & bien défendues, elles pouvoient long-tems se suffire à elles-mêmes. Les unes & les autres devoient naturellement n'être jamais bien éloignées des armées qui seroient toujours à portée de les protéger ou de les secourir. De toutes les places des Espagnols, celles qui se trouvoient entre la Lys à la mer, telle qu'Aire, Saint-Omer & Ypres, sembloient être les plus isolées & les plus susceptibles d'être facilement assiégées par les François.

Un Général qui asseoit un plan de campagne, sur-tout pour un pays hérissé de places fortes, comme la Flandre, ne peut se dispenser de se faire auparavant une idée très-nette de la division de ce pays entre la Puissance qu'il va combattre & celle pour laquelle il commande. Il est obligé de considérer attentivement la position & la force de ses places, le parti qu'il en pourra tirer, l'influence qu'elles doivent avoir sur ses opérations, les siéges qu'il pourra tenter, ceux qu'il aura à craindre. Il fera même ces spéculations pour le compte du Général ennemi, & conjecturera d'après cela ses opérations. Nous avons suivi la même marche pour le lecteur, & nous

MAI.

avons jugé cette expofition d'autant plus néceffaire, qu'en lui préfentant le détail des faits, nous penfons qu'il eft encore plus important d'en faire connoître l'enchaînement & les caufes.

Sans doute l'objet des places eft de fervir de points d'appui aux opérations des armées, d'offrir une retraite dans le befoin, & dans tous les cas des lieux fpacieux, commodes & fûrs pour les magafins ; mais elles ne jouent pas le premier rôle à la guerre. Leur importance eft relative au nombre, à la pofition, aux mouvements & aux fuccès des troupes, & prefque toujours leur fort en dépend. Ces caufes doivent donc modifier pendant la campagne les idées que nous venons de nous former fur l'utilité refpective des places de Flandre, & fur le plus ou moins de rifque que chacune d'elles court d'être affiégée.

On travaille aux fortifications de prefque toutes les places.

Dès que la faifon put le permettre, on travailla des deux côtés avec activité pour les mettre dans le meilleur état de défenfe. On répara les anciennes fortifications, on en ajouta de nouvelles. Vauban vifita toutes les places du Roi, & décida de tous les travaux qu'on devoit y faire. Ces travaux fe continuerent pendant la campagne. Les places qui étoient en feconde & en troifiéme ligne, & qui paroiffoient les moins expofées aux entreprifes de l'ennemi ne furent pas négligées. On pourvut également à leur fûreté. Sous le regne de Louis XIV la fcience des fortifications étoit la fcience par excellence. Les Efpagnols ne furent pas moins actifs. Dans plufieurs villes les Eccléfiaftiques mirent eux-mêmes la main à l'œuvre. On juge bien qu'ils furent employés, moins pour l'ouvrage qu'ils faifoient, que pour animer le peuple à des travaux qu'il voyoit partager par les objets de fa confiance & de fon refpect.

Les Commandants des places de la Flandre maritime Efpagnole en firent lâcher les éclufes ; pour fe garantir des fiéges dont ils fe croyoient menacés, ils ne craignirent pas d'inonder tous les environs. M. le Prince de Robecq prit les mêmes précautions à Saint-Omer. Il paroît que fes craintes n'étoient pas fans fondement, & que M. le Prince avoit eu, avant le commencement de la campagne, quelque projet d'attaque de vive force & par furprife fur cette place.

On travailla beaucoup aux fortifications de Condé. Mons fut pourvue d'une nouvelle éclufe, moins expofée & mieux
défendue

défendüe que les anciennes. Les habitants de Cambray reçurent ordre de fe pourvoir de farine pour plufieurs mois. Enfin on tâcha de mettre toutes les places en état d'être livrées à leurs propres forces, & de laiffer aux armées la liberté de s'éloigner d'elles.

M A I.

Les Efpagnols joignirent à tous les moyens que leur offroit l'art de fortifier & d'employer les eaux, tous ceux que la population de leur pays pouvoit leur fournir. On fit dans le Cambrefis une revue de tous les habitans en état de porter les armes, depuis l'âge de quinze ans jufqu'à celui de cinquante-cinq, & on les enregiftra pour s'en fervir au befoin. Dans tous les Pays-Bas Efpagnols, on ordonna à tous ceux qui avoient quitté le fervice depuis vingt-cinq ans, de retourner aux régiments où ils avoient fervi, ou du moins de venir fe déclarer dans la ville la plus prochaine de leurs villages. Ceux qui n'étoient pas en état de fervir en campagne furent envoyés dans les places de guerre. On taxa les villages à fournir chacun un certain nombre d'hommes, armés d'un fufil, & munis de poudre & de plomb pour tirer fix coups. Le Haynaut dut mettre fur pied quatre mille hommes fous le nom d'Elus. Cela reffembloit affez à nos milices. On ordonna de prendre les hommes les plus aguerris, & l'on exigea qu'ils fuffent tous pouvus d'armes à feu, & d'outils pour remuer la terre. Ils devoient recevoir le pain du Roi d'Efpagne, avec une folde aux dépens des Communautés. On tira beaucoup d'ouvriers du fond des houilleres, pour les employer dans les places aux travaux des mines. Enfin M. de Monterey prit toutes les précautions, employa tous les moyens pour affurer à l'Efpagne la confervation entiere des Pays-Bas. Il ne craignit point pour cela d'en fouler les peuples. Sa conduite prouva, ainfi que l'activité de fon zéle, qu'il jugeoit le péril éminent, & qu'il craignoit les armes de la France, fur-tout conduites par le Général qui alloit les commander.

Moyens de défenfe en tout genre pris par les Efpagnols.

Nous avons ramené M. le Maréchal de Bellefont fur la Meufe; nous avons mis fous les yeux de nos Lecteurs le théatre de la Campagne que nous devons décrire: les places étant en quelque forte des données pour la guerre, il a fallu commencer par en expofer la diftribution; nous avons fait connoître fommairement les principaux moyens préparés pour leur défenfe: maintenant nous devons rendre compte de l'affemblée de l'armée de M. le Prince, & des premieres marches par lesquelles il entama ses opérations.

M A I.

Tournai choisi pour le rendez-vous d'assemblée de l'armée Françoise.

Tournai fut choisi pour le rendez-vous général. Cette grande & forte place présentoit à la fois plusieurs avantages. Elle renfermoit elle seule des magasins considérables. A peu de distance & derriere elle, étoient les meilleures villes de la Flandre Françoise, Lille, Douay & Arras, avec lesquelles elle avoit une communication facile. La navigation de la Scarpe & de l'Escaut amenoit aisément à Tournai par Arras & Douay les grands convois de Picardie. Choisie pour le lieu d'assemblée de l'armée, elle devoit encore en rester le principal entrepôt. Sa position avancée plaçoit d'abord les troupes dans le pays où elles devoient agir. L'armée y menaçoit à la fois, d'un côté la Flandre maritime & Ypres, de l'autre le Haynaut & le Brabant, en avant d'elle Gand & le pays de Waës. Enfin le rendez-vous d'assemblée, n'annonçoit rien aux ennemis des projets de M. le Prince.

Les places de Flandre contenoient une partie de l'infanterie qu'il devoit avoir. Le reste étoit en Artois, en Picardie, sur la frontiere de Champagne. Une grande partie de la cavalerie avoit eu des quartiers d'hiver sur la Somme & sur l'Oise. Plusieurs régiments étoient derriere la Sambre. Quelques troupes vinrent de plusieurs autres points. Les ordres furent donnés à toutes, pour être en mesure de se rassembler sous Tournai au commencement de Mai. Les Officiers-Généraux en reçurent de se rendre à l'avance sur la frontiere, pour pourvoir au passage des troupes ; M. de Navailles, premier Lieutenant-Général de l'armée, fut envoyé à Tournai pour le rassemblement. Pour M. le Prince, il resta à Chantilly jusqu'au moment où il crut pouvoir agir ; il n'arriva à Tournai que le six.

Assemblée de l'armée Françoise.

L'armée campa le 10 à la rive gauche de l'Escaut, au nombre de 44 bataillons & de 131 escadrons, dont 10 de dragons, faisant environ 45000 hommes. M. le Prince avoit laissé avec économie dans les places, soit en troupes réglées, soit en milices, les garnisons qu'il y croyoit strictement nécessaires. Il se proposoit de les défendre par son armée & par ses mouvements, bien plus que par leurs garnisons. On voit qu'il étoit beaucoup plus fort en cavalerie qu'en infanterie. Il devoit encore recevoir quelques escadrons après la conquête de la

DE LA CAMPAGNE DE 1674.

Franche-Comté, & réunir à son armée une grande partie des troupes que M. le Maréchal de Bellefont ramenoit sur la Meuse. Mais, même avec ces augmentations, il restoit toujours très-inférieur à la totalité des forces que les Alliés avoient à lui opposer.

MAI.

Il entre dans notre plan de présenter le détail des camps & des marches. Le premier camp de M. le Prince sous Tournai fut pris, la gauche au ruisseau de Chin, & la droite à la contrescarpe de la ville, l'Escaut en avant. L'armée n'y séjourna que le 11, & marcha le 12.

Camp de Tournai. 10 Mai.

Le premier objet de M. le Prince fut de joindre M. le Maréchal de Bellefont. Il étoit inquiet de ses retards, & craignoit que les Impériaux ne marchassent à lui assez en force pour l'empêcher d'arriver sur la Meuse, & s'opposer à la réunion. Il résolut de marcher droit de Tournai à Maëstricht, & traversa rapidement le Hainaut & le Brabant.

Premier objet de M. le Prince.

L'armée passa l'Escaut le 12, & se porta à Leuse.

Marche de Tournai à Leuse. 12 Mai.

LA MARCHE SE FIT SUR QUATRE COLONNES.

La premiere de droite, composée de dragons, gardes-du-corps, gendarmerie & cavalerie, prit sa route par le glacis de la citadelle, la laissant à gauche, passa sur un pont fait au-dessus de la ville, de-là à Alain, le laissant à droite, à la cense du Trou-de-l'Aire près de la grande fontaine, à Fontenoy, entre Vezon & les censes de Vezoncelle, à Wame, sur la droite de Brasse, à la cense des Boudignolles, d'où, par le chemin de Tourpe, elle se rendit sur les hauteurs de Leuse & à la droite du camp.

Cent chevaux étoient chargés de couvrir le flanc de cette colonne vers Condé & Saint-Guilain. Elle couvroit elle-même l'artillerie & les vivres, qui marchoient à sa gauche.

La seconde colonne, composée de l'artillerie, des vivres, des gros équipages de toute l'armée, & des gros & menus équipages du quartier-général, avec deux escadrons à la tête & deux à la queue, & les détachements d'infanterie nécessaires, passa l'Escaut sur le pont de Tournai, & prit sa route par la Justice de Leuse, par l'hermitage de Notre-

Dame-au-bois, paſſa au chêne de Bouſignies, à la cenſe de Lewante, à Ville-aux-puits, ou Willaupuche, le laiſſant à gauche, & ſur les hauteurs du camp.

La troiſiéme colonne, compoſée de toute l'infanterie & des menus équipages du camp, fut formée de deux autres qui paſſerent l'Eſcaut ſéparément ſur deux ponts placés au-deſſous de Tournai ; elles ſe réunirent à la Maladerie, la laiſſant à droite, d'où la totalité ſe dirigea par Rumignies, par la juſtice d'Havines, de-là à Beclers, le laiſſant à droite, au moulin de Beclers, le laiſſant à gauche, à la cenſe de Montifaux, paſſa le ruiſſeau de Leuſe, & entra dans le camp.

La quatriéme colonne, compoſée de dragons & de cavalerie, paſſa l'Eſcaut au-deſſous des autres ſur un pont jetté près le château de Conſtantin, d'où elle marcha à Caïn, au cabaret des Marionnettes, à Melle, à Montreuil-au-bois, au moulin de Thieulain, entre le village & le château de Gramez, paſſa le ruiſſeau au gué de Capelle à Watine, & entra dans le camp.

Cent chevaux furent chargés de couvrir le flanc gauche de cette colonne.

Camp de Leuſe.
12 Mai.

Le camp fut pris, la droite vers le bois de Vignol, & la gauche à Capelle-à-Watine. Ce camp trop étendu pour une petite armée, & qui ſeroit très-bon pour une grande, eſt aſſis ſur les hauteurs de Leuſe. La gauche eſt très-bien couverte par le ruiſſeau de ce nom, qui enſuite devient la Dender. Le front l'eſt par un autre très-bon ruiſſeau, qui en parcourt toute l'étendue, & va ſe jetter dans le premier au-deſſus de Ligne. La droite un peu en l'air eſt ſuſceptible aiſément d'être retranchée. Mais M. le Prince ſe propoſoit d'en partir le lendemain.

L'ARMÉE MARCHA A LENS SUR QUATRE COLONNES.

Marche de Leuſe à Lens.
13 Mai.

La premiere de droite, compoſée de l'aîle droite, de cavalerie & d'infanterie, la cavalerie en ayant la tête & la queue, prit ſa route entre la Malmaiſon & le moulin d'Elignies, paſſa à droite du planti d'Elignies, près de la chapelle Sainte

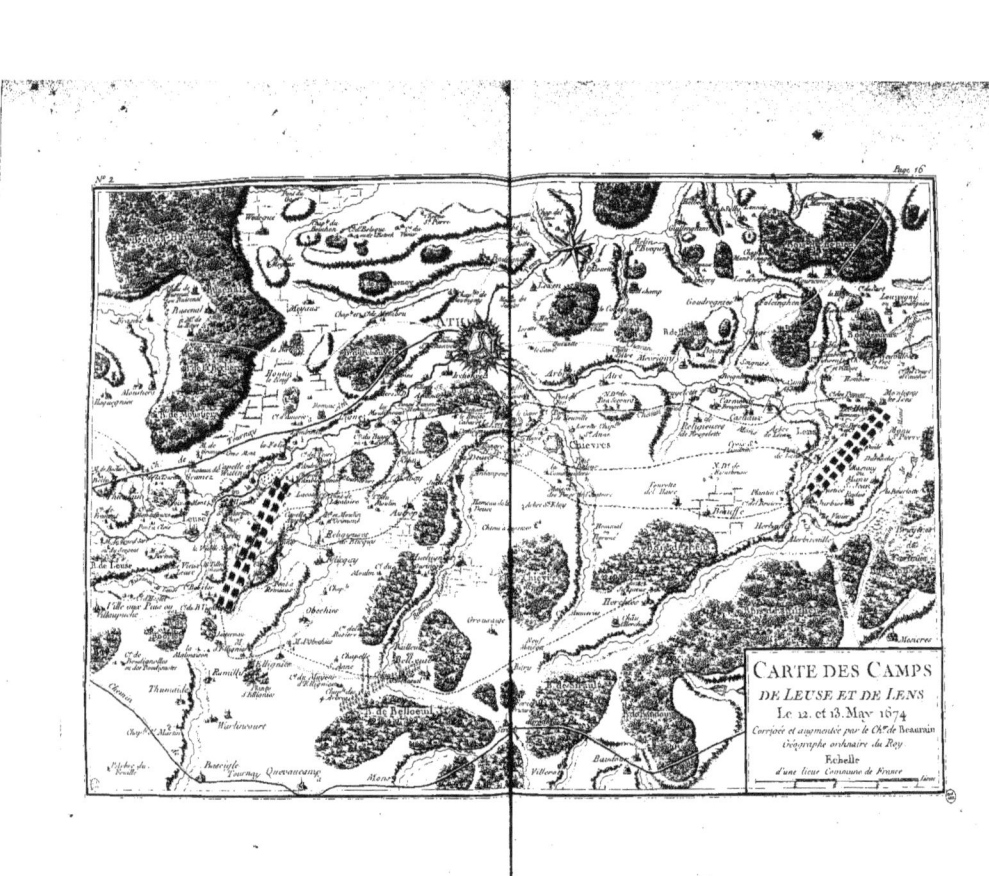

DE LA CAMPAGNE DE 1674.

Sainte Anne, la laissant à gauche, à Bellœil, à gauche de Neufmaison, d'Herchies & d'Herbault, de-là à Jurbise & dans le camp.

MAI.

Le flanc droit de cette marche fut couvert du côté de Saint-Guilain & de Mons, par les détachements nécessaires.

La seconde colonne, composée de quelques brigades du centre & de la réserve, cavalerie & infanterie, se dirigea entre Capelle-Awelz & la cense des Aunes, passa entre le couvent des Religieuses & le village de Blicquy, à Autrep, à la Deuse & Tongres-Notre-Dame, puis laissant Tongres-Saint-Martin & Chiévres fort à gauche, elle continua sa route par la Commanderie, la maison des Peres de l'Oratoire, la Tourette-del-Haise, Bauffe, la cense de Plantin & la Justice de Jurbise.

La troisiéme colonne, composée du trésor, de l'artillerie, des vivres, de l'hôpital ambulant, des gros & menus bagages, avec deux escadrons à la tête & deux à la queue, & les détachements d'infanterie nécessaires dispersés dans sa longueur, prit sa route par le pont de la Catoire, par Molbay, le laissant à gauche, par Ormegny, le Vert-Buisson, Tongres-Saint-Martin, le pont Boleux, laissant Chiévres à gauche, par la croix de Saint-Guilain & Lens.

La quatriéme colonne composée de cavalerie & d'infanterie de l'aîle gauche, passa au pont d'Andricourt, à la cense de Buys, à droite de l'Hermitage de Bonnefemme, à Bétisart, au Jardin, à droite de la cense de Beaumont, au Pont-de-fer à Brugelette, laissant Notre-Dame de Bon-Secours à gauche, au pont qui est à droite de l'Abbaye de Cambron, à Montigny-les-Lens.

La gauche fut appuyée à Montigny-les-Lens, & la droite à Jurbise. Ce camp est très-bon pour une petite armée. Le village de Montigny-les-Lens est d'une très-bonne défense. Un ruisseau profond & difficile couvre une partie du front & la droite, & celui d'Hunel où il se jette, acheve de renfermer le derriere de ce camp. On peut en prendre plusieurs avec succès dans ce même terrain & dans des sens différens. M. le Prince en partit le lendemain 14.

Camp de Lens.
13 Mai.

E

MAI. L'ARMÉE MARCHA SUR TROIS COLONNES A VILLE-SUR-HAISNE.

Marche de Lens à Ville-sur-Haisne. 14 Mai.

Celle de droite, composée de la cavalerie & de l'infanterie de l'aîle droite, suivit le chemin de Jurbise à Mons jusqu'à la sortie des bois, se dirigea alors sur Messieres, marcha ensuite paralellement & à peu de distance des bords de la Haisne, passant à Obourg, à Saint Makaire, à Guislage, entra à Ville-sur-Haisne, & dans le camp.

La colonne du centre composée de l'artillerie, des vivres & des équipages de toute espéce, avec deux escadrons à la tête & deux à la queue, & les détachements d'infanterie nécessaires répartis sur sa longueur, prit sa route par Manu-Saint-Jean, de-là traversa la bruyere du Castiaux, passa à droite de l'Abbaye de Saint-Denis, en traversa les bois, puis marcha paralellement à la colonne de droite, se tenant toujours à distance de ne pas s'embarrasser avec elle, & passant au-dessus de Ville-sur-Haisne, entra dans le camp.

La colonne de gauche, composée de la cavalerie & de l'infanterie de gauche & de la réserve, passa à Manu-Saint-Pierre, traversa les bois de la Haye-le-Comte, passa au Try-Ministre, au Castiaux, au-dessus de Gottigny, d'où elle se rendit dans le camp.

Il ne doit pas échapper au Lecteur que l'armée exécuta cette marche & les précédentes à peu de distance des garnisons ennemies ; que dans celle-ci particulierement, ayant Bruxelles sur sa gauche, où dans ce même tems les ennemis s'assembloient, elle passa presque sous le canon de Mons. Conséquemment ces marches se firent avec beaucoup de précautions & autant d'ordre qu'il fut possible. Il fut recommandé que les colonnes se tinssent toujours serrées & à même hauteur. Celles des flancs étoient couvertes par des détachements & des partis. Il y avoit de fortes arrieres-gardes. Les campements marchoient à la tête des colonnes. On prit des précautions semblables pour la sûreté des camps. Elles furent superflues, & les ennemis ne tenterent pas de donner la moindre inquiétude.

Camp de Ville-sur-Haisne. 14 Mai.

L'armée fut placée, la droite vers le château de Boussoit, la gauche vers Gottigny, ayant Ville-sur-Haisne derriere elle. Ce

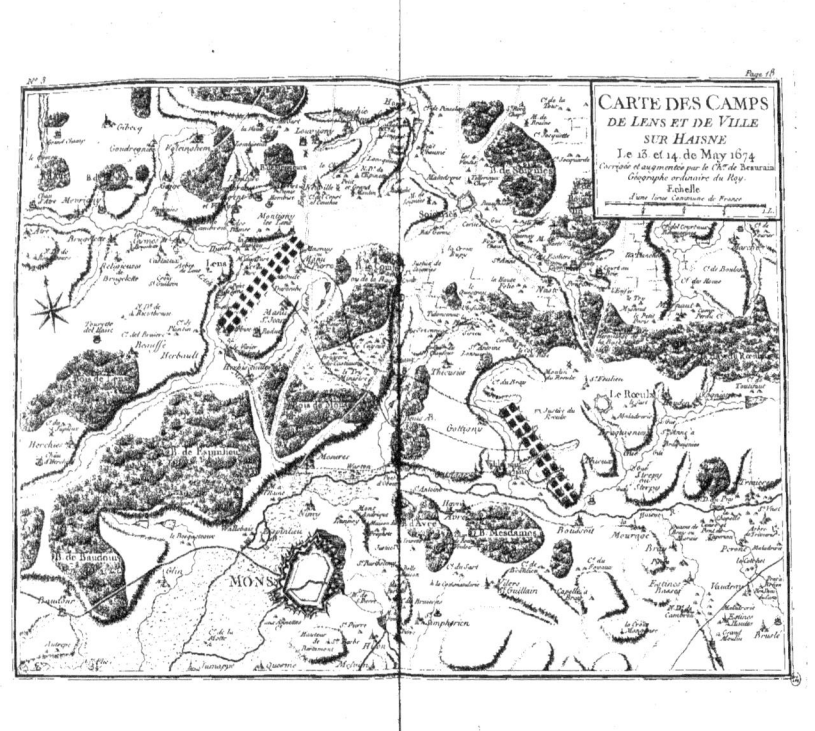

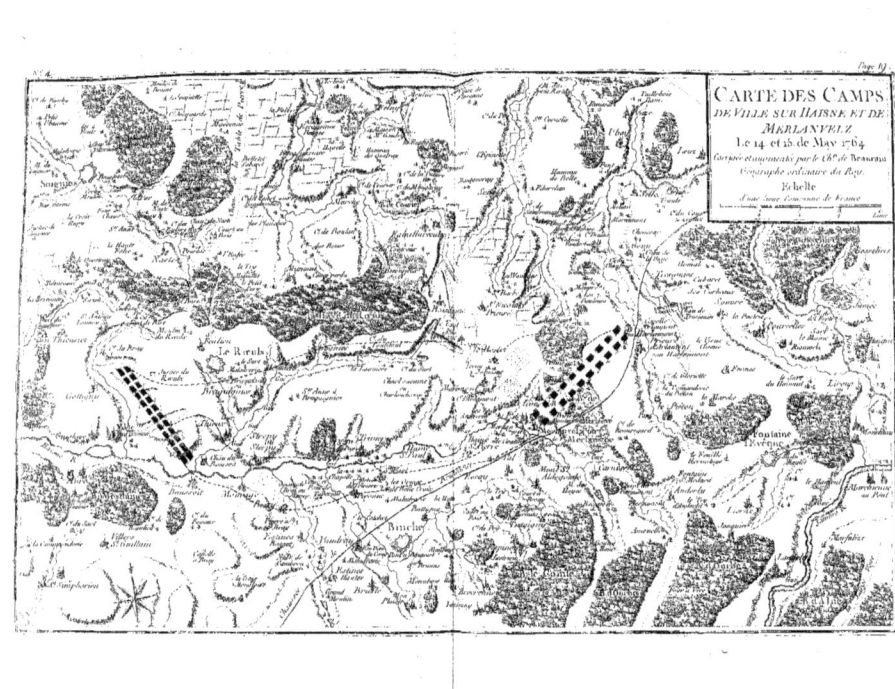

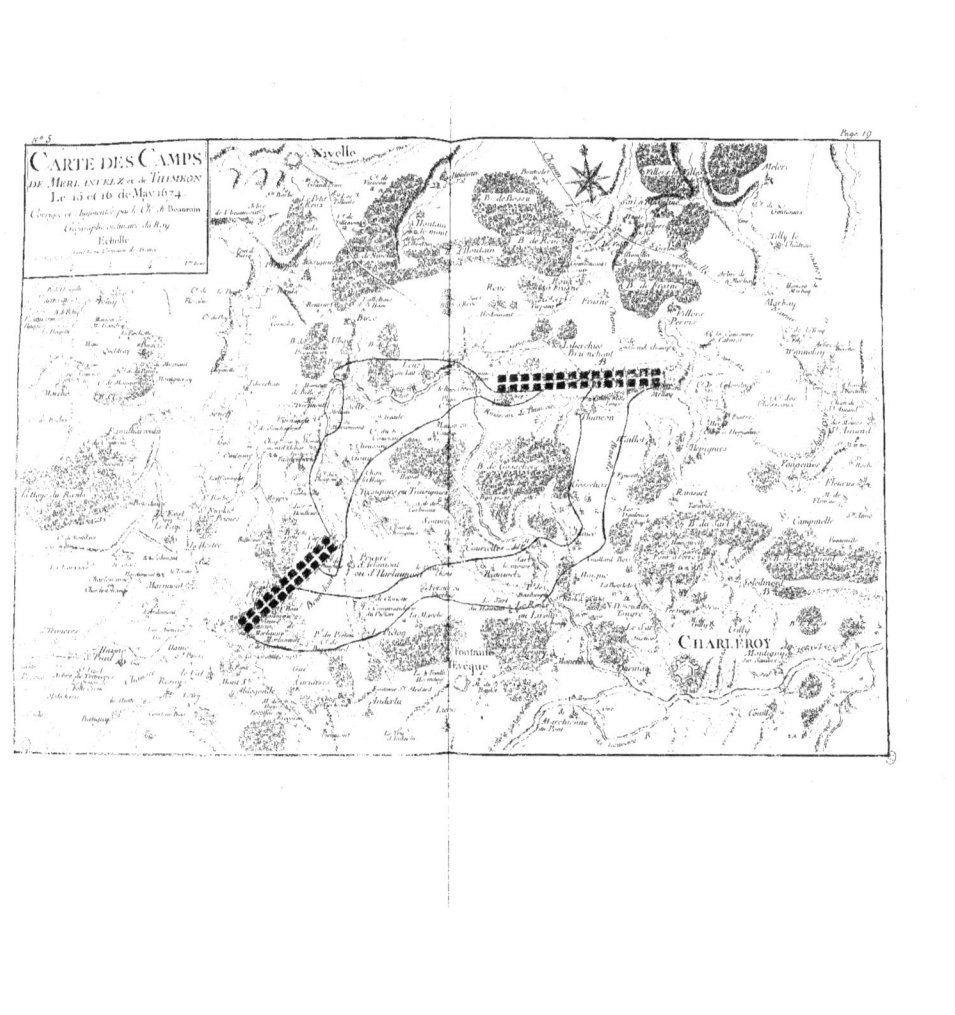

DE LA CAMPAGNE DE 1674.

camp a l'inconvénient d'une communication difficile, & d'être entrecoupé par des ravins & un ruisseau. M. le Prince en partit le lendemain, & marcha à Merlanwelz.

MAI.

LA DISTRIBUTION DES COLONNES FUT LA MÊME QUE DANS LA MARCHE PRÉCÉDENTE.

Celle de droite passa la Haisne au pont de Boussoit, & suivit à peu de distance la rive gauche de cette riviere par Mourage, Bray, Peronne, les Ormes de Belle-Croix, d'où elle gagna la grande chaussée de Brunehaut, près le Val, passa au pont de Gratine, & arriva au camp.

Marche de Ville-sur-Haisne à Merlanwelz. 15 Mai.

La colonne du centre, composée des vivres, artillerie & équipages, se dirigea par Thieux, Strépy, Trivieres, passa la Haisne au pont de Saint-Wast, d'où à Haisne-Saint-Pierre le laissant à gauche, au pont de Merlanwelz, & passant entre le château & le village, entra dans le camp.

La colonne de gauche se dirigea entre Braquigny & la Maladrerie, passant plus près de celle-ci, laissa Houden à gauche, passa à Gognies près de Toutisant, au village de Faye, sur la gauche du hêtre, à la cense de Bellecourt, & de-là à Capelle-Harlaimont à la gauche du camp. La droite étoit à Merlanwelz.

On ne peut regarder ce camp que comme de passage. L'armée en repartit le lendemain pour se porter à Thiméon.

Camp de Merlanwelz.

LA MARCHE SE FIT SUR QUATRE COLONNES.

La premiere de droite, composée de cavalerie & d'infanterie de l'aîle droite, passa à la cense de Beauregard, au pont du Piéton, laissant le village à gauche, près du château de Forchies, au Sart du Haynaut, au Roux, repassa le Piéton au pont de Bashaigne, fut joindre près de Jumée le grand chemin de Charleroy à Bruxelles, le suivit jusqu'au pont à Mille-Loups, & de-là se dirigea sur Melle, où devoit être la droite du camp.

Marche de Merlanwelz à Thiméon. 16 Mai.

La deuxiéme colonne, composée du centre de la seconde ligne & de la réserve, passa à Gloriette, au vieux Chêne, à

Courcelles, au moulin-del-Ferté, à gauche de Jumée, à droite de Gosseliers, à Thiméon, & entra dans le camp.

La troisiéme colonne composée de l'artillerie, des vivres, des gros & menus équipages de toute espéce avec les troupes nécessaires, prit à la cense Del-Cauchies, la grande chaussée, qui la conduisit par Traisignies, Couriaux, le Blanc-Cheval, à Viville & au camp.

La colonne de gauche, formée de l'aîle gauche, suivit le Piéton jusqu'au moulin de Mornimont, où elle le passa, le repassa plus bas, laissant Pont-à-Selle à droite, laissa Ubay à gauche, passa au-dessus de Lut, & par Luteau, d'où se dirigeant à gauche de Viville, elle arriva au camp.

Camp de Thiméon. 16 Mai.

L'armée fut placée, la droite à Melle & la gauche à Viville. Cette gauche est très-bonne, étant couverte par le Piéton, & par plusieurs autres ruisseaux qui s'y jettent. Le village de Liberchies & l'Abbaye de Brunehaut sont en avant du centre. La droite est moins bonne. Elle est cependant couverte par quelques marais, & par le petit ruisseau de Villers-Perwy.

L'armée étoit très-fatiguée, la cavalerie sur-tout, des cinq marches consécutives, par lesquelles elles venoit d'ouvrir la campagne. On avoit presque toujours eu un tems affreux. Il falloit renouveller les distributions. On tira le pain de Charleroy, où l'on avoit donné précédemment ordre d'en cuire pour le passage de l'armée. Ces raisons exigèrent qu'elle séjournât le 17, & elle partit le 18 du camp de Thiméon pour se porter à Gemblours.

LA MARCHE FUT SUR QUATRE COLONNES.

Marche de Thiméon à Gemblours. 18 Mai.

La premiere de droite, composée de la cavalerie de la droite se dirigea par l'Hermitage de Saint Fiacre, entre Saint-Amant & Fleurus, sur la droite de Ligny, passa le ruisseau au pont à gauche de Tongrenelle, de-là à l'Hermitage de Goureux, au grand Maisnil & au camp.

La seconde colonne composée de l'artillerie, des vivres, des gros & menus équipages de toute espéce, avec les troupes nécessaires à la tête, à la queue & dans les intervalles, prit la grande chaussée près de l'Abbaye de Sainte Brunehaut, & la suivit jusqu'à hauteur de Bertinchamp, qu'elle

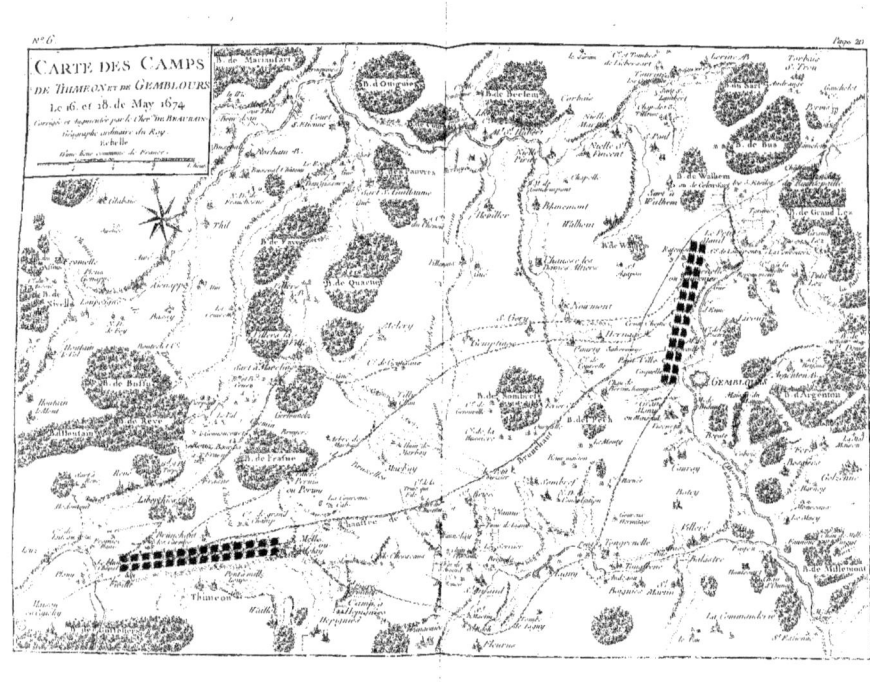

qu'elle laiffa à droite, ainfi que les cenfes de Painville, pour entrer dans le camp.

MAI.

La troifiéme colonne, compofée de l'infanterie avec deux efcadrons à la tête & quatre à la queue, paffa à droite de Villers-Perwy, au château de Tilly, à Gemptines, laiffant l'un & l'autre à gauche, à Courty, à la cenfe de Sohernage, & de-là dans la plaine du camp.

La colonne de gauche, compofée de la cavalerie de la gauche, paffa à droite de Liberchies, à Frafne, à Maveline, à la cenfe de Gentifeaux, à gauche de Gemptines, à Saint-Gery, à Hernage, d'où elle entra dans le camp.

On remarquera que jufqu'ici l'armée a eu à couvrir le flanc gauche de fa marche contre Bruxelles, & le flanc droit contre les garnifons du Haynaut. Ici & dans les marches qui fuivront, elle a également à affurer fon flanc gauche du côté de Bruxelles, & doit garder fon flanc droit contre les courfes de la garnifon de Namur. C'eft dans ce double objet que les deux colonnes de flanc font formées des deux aîles de cavalerie. Cependant le côté de Bruxelles étant le plus menaçant, puifque les ennemis s'y affemblent, on a porté par cette raifon toute l'infanterie à la feconde colonne de gauche; & l'artillerie, les vivres & équipages font couverts par cette colonne.

Obfervations fur les marches qui viennent d'être décrites.

On remarquera encore, (car que font les faits, & fur-tout les faits de détail, fans les obfervations par lefquelles on découvre quelques réfultats, & l'on parvient à quelques véri-tés?) on remarquera, dis-je, fur cette marche, que l'aîle droite de cavalerie formant la colonne de droite, & étant deftinée à former encore l'aîle droite de l'armée campée, entre au nouveau camp par l'extrêmité gauche de la ligne; & que de même l'aîle gauche de cavalerie formant la colonne de gauche, & deftinée à former encore l'aîle gauche de l'armée, entre par la droite de la ligne : au moyen de quoi les deux corps de cavalerie font obligés de parcourir l'un & l'autre toute l'étendue du camp, & de fe croifer pour arriver à leur deftination. Un remede facile étoit de laiffer chaque aîle où elle fe trouvoit, & de faire abftraction du rang; mais on y tenoit plus encore alors qu'à préfent, & la propofition de l'invertir eût révolté tous les efprits.

F

HISTOIRE

MAI.
Camp de Gemblours. 18 Mai.

M. le Prince prit son camp, la gauche à Grand-Mesnil, la droite en avant de Sauvenier, Gemblours & le ruisseau de Lorneau derriere les lignes. Le même camp fut pris en 1694 par M. le Dauphin & M. le Maréchal de Luxembourg. Ce double choix en annonce assez la bonté.

L'armée en partit le lendemain 19, & se porta à Avesnes-sur-la-Méhaigne. Elle marcha à la rive gauche de cette riviere, au moyen de quoi elle s'en trouva couverte du côté de Namur.

L'ARMÉE MARCHA SUR QUATRE COLONNES.

Marche de Gemblours à Avesnes-sur-Méhaigne. 19 Mai.

La cavalerie de la droite formant la premiere colonne de droite, passa le ruisseau près de Sauvenier, d'où elle se porta à Liroup, le laissant à droite, & au Petit-Lez, le laissant à gauche ; traversa ensuite le bois par le chemin qui conduit à Saint-Germain, laissant le Grand-Lez à gauche, quitta ce chemin à la sortie du bois, laissant Saint-Germain à droite, ainsi que Lierneux, pour prendre la basse chauffée qui conduit à Peruis ; la quitta dans la plaine & au-de-là d'Asche, pour se diriger sur Neufville ; passa le long de la Méhaigne à Taviers, à Franquenies, à Bonneff, à Branchon, à Wafeiges, à Ambéfineaux, à Ambéfin, à Mocheron, à Moche, & arriva dans la plaine du camp.

La seconde colonne, composée de l'infanterie avec deux escadrons à la tête & deux à la queue, laissa Sauvenier à droite, & la grande chauffée à gauche, celle-ci étant occupée par les équipages ; elle continua sa route par la cense de Long-Pont, se rapprocha de la grande chauffée pour éviter des marais qu'elle laissoit à sa droite, suivit la lisiere du bois de Grand-Lez, se dirigea ensuite à droite de Neuville, & marcha entre la colonne de cavalerie & celle des équipages jusqu'au camp.

La troisiéme colonne, composée de l'artillerie, des vivres & des gros & menus équipages de toute espéce, avec les troupes d'escortes nécessaires, prit à la chapelle de Haute-Bossée, la grande chauffée qui la conduisit au camp.

La colonne de gauche, composée de la cavalerie de la gauche, traversa la grande chauffée, laissant la chapelle

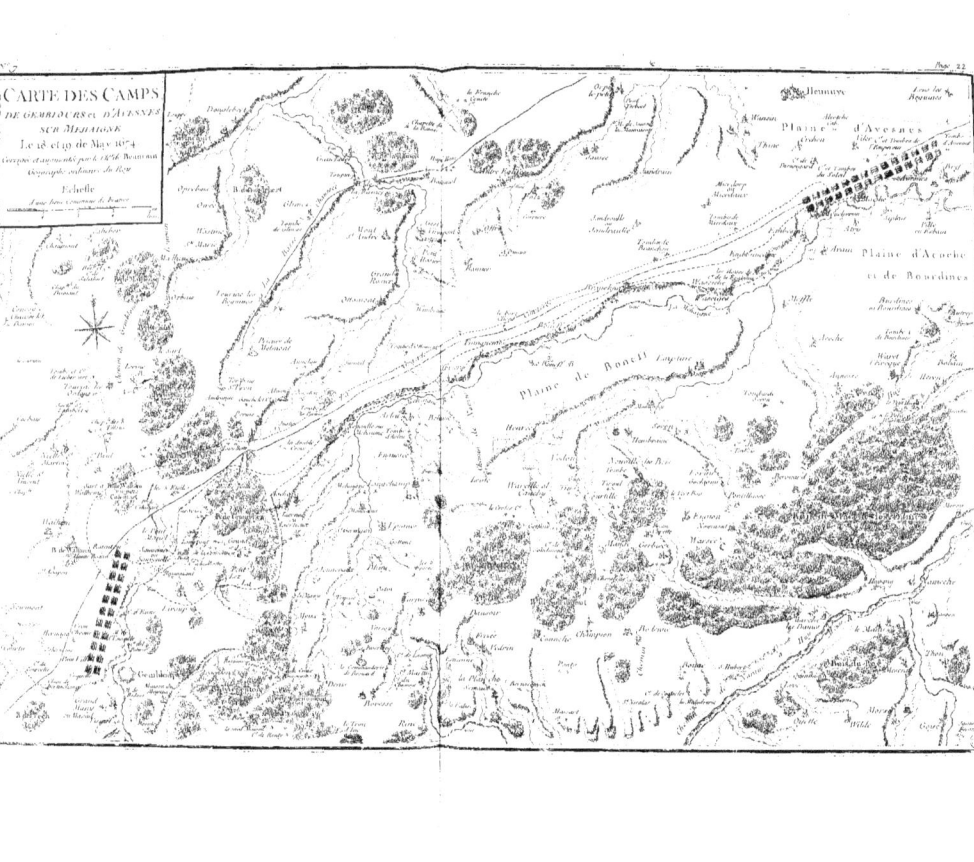

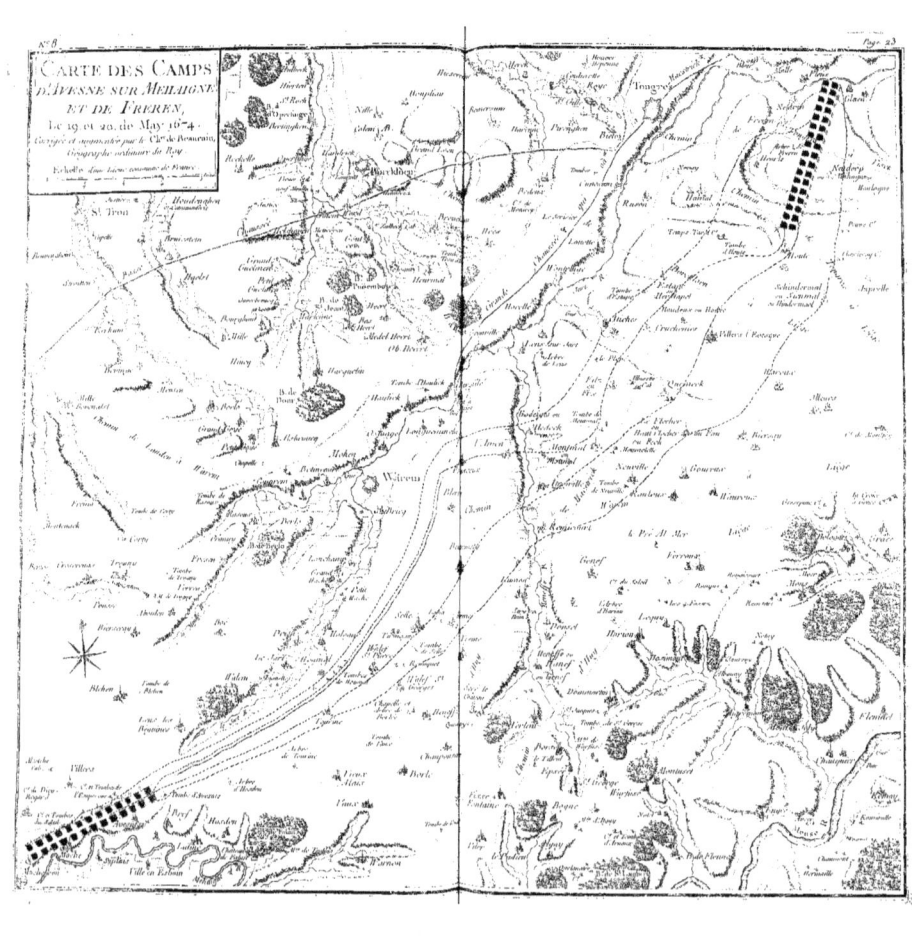

de Haute-Bossée à droite, passa à droite de Walhem, à gauche de Sart-Walhem, traversa le bois de ce nom, ensuite celui de Buz, passa près de Peruis, le laissant à gauche, & continua de marcher pareillement à la grande chaussée jusqu'au camp.

MAI.

On voit que cette marche étoit absolument une marche de flanc, que les deux colonnes furent toujours très-près l'une de l'autre, sur-tout depuis qu'elles eurent gagné Neuville ou qu'elles furent à hauteur de ce village, & que le front de la marche occupoit très-peu d'espace. Les flancs, & sur-tout le côté de Bruxelles & Louvain, furent éclairés avec soin par les détachements & les partis nécessaires. On se dispensera de répéter que cette précaution ne fut jamais omise dans les marches qui suivirent.

M. le Prince prit son camp, la droite à la tombe d'Avesnes, & la gauche en avant de Mocheron, la Méhaigne derriere. Ce camp ne peut être regardé que comme de passage. Il est dans une plaine fort rase, & les aîles n'en sont point appuyées.

Camp d'Avesnes-sur-Méhaigne. 19 Mai.

L'ARMÉE MARCHA LE LENDEMAIN SUR QUATRE COLONNES ET SE PORTA A FREREN.

La premiere de droite, composée de la cavalerie & de l'infanterie de l'aîle droite, la cavalerie en ayant la tête & la queue, se dirigea sur Walef-Saint-Georges, laissant Tourine à gauche, suivit sa marche entre la tombe de Selle & de Vrem, passa le ruisseau de Heneffe à Remicourt, passa ensuite à la tombe de Neuville, au village de ce nom, à Fau ou Fech, à Hindermaël, d'où se dirigeant sur Neudorp, elle arriva au camp.

Marche d'Avesnes-sur-Méhaigne à Freren. 20 Mai.

La seconde colonne composée des gros & menus équipages de toutes espéces, avec deux escadrons à la tête & deux à la queue, & les escortes nécessaires, passa à Tourine, à droite de Walef-Saint-Pierre, à Selle, à Beauvenisty, au gué d'Atroville, à Moumelette, à Quemeek, laissant Fize à gauche, à Villers-l'Evêque, à droite de Houdeux & de Houte, & entra dans le camp.

HISTOIRE

M A I.

La troisiéme colonne, composée de l'artillerie & des vivres, avec deux escadrons à la tête & quatre à la queue, & les détachements d'infanterie nécessaires repartis sur sa longueur, suivit la grande chaussée jusqu'à hauteur de Dousset, où elle la quitta, passa par ce village d'où elle se porta à Lamen, & y passa le ruisseau, à Moumal, à Cruchenies, laissant Fize & le cabaret d'Alburette à droite, & l'arbre de Plopé à gauche, à Houte & au camp.

La colonne de gauche, composée de la cavalerie & de l'infanterie de la gauche, la cavalerie en ayant la tête & la queue, fut dirigée entre la grande chaussée & le Jaar jusqu'au-delà de Dousset, où elle la traversa pour aller passer le ruisseau de Heneff à Hodege, continua sa route par Atiches & Estape, laissant Hamal à gauche, passa à Freren, & arriva au camp.

Camp de Freren. 20 Mai.

On voit que le flanc gauche de cette marche fut toujours couvert par le Jaar. La gauche du camp fut appuyée à ce ruisseau près & en arriere de Glaen, & la droite fut portée vers Houte.

Cavalerie détachée pour joindre M. le Maréchal de Bellefont.

L'armée séjourna le 21. M. le Prince fit partir seulement un gros détachement de cavalerie pour joindre M. le Maréchal de Bellefont, qui en avoit peu, & dont s'approchoit l'armée Impériale, où il y en avoit beaucoup.

Le lendemain 22 l'armée se porta sur les hauteurs entre le Jaar & la Meuse vis-à-vis du fort Navagne.

LA MARCHE FUT SUR QUATRE COLONNES, AINSI QUE LA PRÉCÉDENTE.

Marche de Freren à Lichtenberg. 22 Mai.

La premiere de droite, composée de la cavalerie & de l'infanterie de la droite, laissa les censes de Charleroy & de Beuve à gauche, passa de même à droite du village de Juprelle, à Villers-Saint-Simon, à la cense d'Enick, au château de Granza, à Heure-le-Romain, & se dirigeant entre Hallebaille & Amerey, elle arriva sur les hauteurs du camp.

La seconde colonne composée des équipages passa à la cense de Peuve, laissa Juprelle, Villers-Saint-Simon & Tiche à droite, passa à Houtin, à la cense de Vrevion,

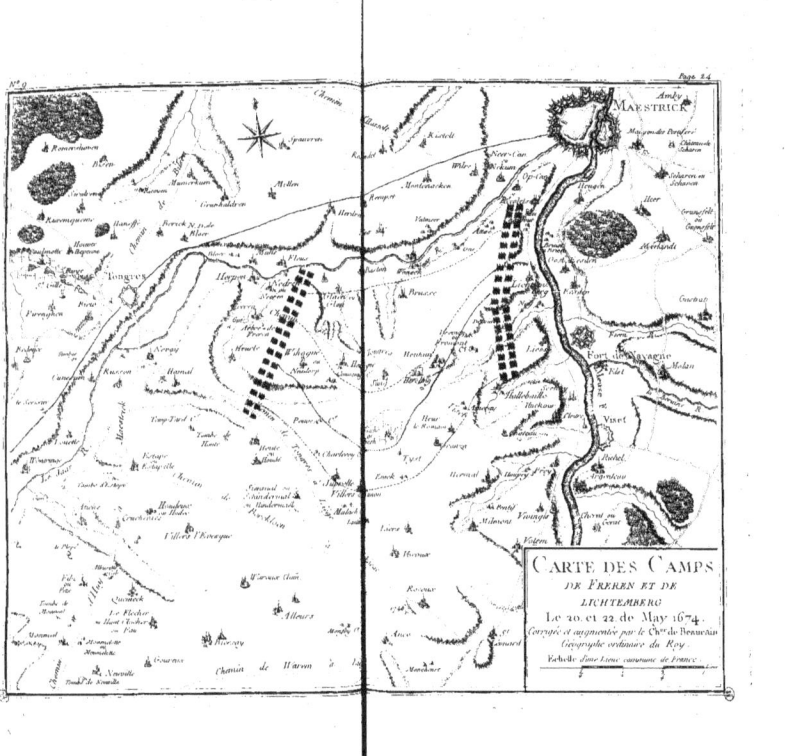

DE LA CAMPAGNE DE 1674.

Vrevion, laissant Amerey à droite, & entra dans le camp.

MAI.

La troisiéme colonne, composée de l'artillerie & des vivres, laissa la cense de Peuve à droite, passa à la tête du ravin de Glaen, laissa Fresh à droite, passa le long des haies & à gauche du village de Houtin, & arriva sur les hauteurs du camp.

La quatriéme colonne, composée de la cavalerie & de l'infanterie de la gauche, passa le long des dernieres maisons & à droite du village de Glaen, marcha toujours le plus près du Jaar qu'il lui fut possible, afin de laisser de l'espace aux colonnes d'équipages qui étoient à sa droite, & arriva à la gauche du camp.

L'armée occupa les hauteurs qui sont le long de la Meuse, la gauche vers Maëstricht, & la droite vers Viset, le quartier de M. le Prince à Lichtenberg.

Camp de Lichtenberg. 22 Mai.

Nous avons laissé M. le Maréchal de Bellefont le 12 à Fauquemont, pour nous occuper de l'assemblée de l'armée de M. le Prince, & de sa marche de Tournai à Maëstricht. Nous devons maintenant retourner au premier, & rendre compte de ses mouvements & de ses opérations sur la Meuse.

Le château d'Argenteau & le fort de Navagne, situés à la rive droite de la Meuse entre Liége & Maëstricht, étoient occupés par les Espagnols, & coupoient la navigation de cette riviere; il étoit donc utile aux François, & particulièrement à la garnison de Maëstricht, d'avoir la navigation libre jusqu'à Liége. En conséquence, M. le Maréchal de Bellefont avoit eu ordre d'attaquer ces deux forts, même avant l'arrivée de M. le Prince, s'il croyoit pouvoir le faire avec succès. Maëstricht lui fournissoit tout ce qui pouvoit être nécessaire à ces petits siéges. Il s'en occupa aussi-tôt après son arrivée à Fauquemont, & crut devoir d'autant moins tarder à les faire, que les Impériaux, qui s'assembloient, pouvoient bientôt être en mesure de s'y opposer. Il fut cependant obligé de séjourner deux jours à Fauquemont, tant pour donner ce repos à ses troupes, harassées des marches qu'elles venoient de faire, que pour les arrangements de détail qu'exigeoient les projets ultérieurs. Il en partit le 15 pour se porter à Sainte

Opérations de M. le Maréchal de Bellefont.

G

MAI.

Siége d'Argenteau.

De Navagne.

Gertrude, & le 16 à Bernau derriere la Beruine. Il envoya de-là un détachement avec deux piéces de canon de 24, un mortier, & les munitions nécessaires qu'il avoit reçues de Maëstricht, pour battre Argenteau. Ce château n'étoit fort que par sa situation sur un roc très-escarpé, & par d'anciens murs très-épais. L'artillerie commença à tirer dès le 16 au soir, & continua toute la nuit & tout le lendemain. Le Commandant fut menacé d'être pendu, s'il attendoit d'être assailli par la bréche. Il capitula la nuit du 17 au 18, & la garnison, d'environ deux cens hommes, fut prisonniere de guerre.

Le fort Navagne exigeoit un siége en régle. C'étoit un quarré bien fortifié. Il étoit situé très-avantageusement sur la Meuse, entre les confluents de la Beruine & du Foron, deux gros ruisseaux qui se jettoient dans ce fleuve au-dessous & au-dessus. Les débordements causés par les pluyes continuelles, avoient encore ajouté l'inondation à ses défenses, & tant qu'elle eût duré, il n'étoit pas possible de l'attaquer. Cette même circonstance empêchoit la navigation de la Meuse. Cependant M. le Comte d'Estrades profita des premiers instants où elle recommença à être praticable, pour faire remonter un pont de bateaux jusqu'à Eefden près du fort. Mais ce pont, parti le 16 de Maëstricht, fut encore retardé par le mauvais tems, & ne put arriver & être établi que le 18. Cependant M. le Maréchal fit faire l'investissement le 17 à la rive droite de la Meuse, & ayant encore reçu de Maëstricht, outre l'artillerie qui avoit déjà été employée à l'attaque d'Argenteau, huit piéces de 24 & deux mortiers, il les fit mettre le lendemain en batterie avec 18 piéces de canon. Le même jour il se rapprocha de Navagne, & fit travailler à des retranchements, de crainte que les Impériaux n'entreprissent de troubler le siége. L'écoulement des eaux permit, quoiqu'avec peine, d'ouvrir la tranchée le 19 au soir. Le fort fut battu vivement. Les Alliés & sur-tout les Impériaux, annoncerent beaucoup le projet de le secourir, mais ne firent pour cela aucune tentative réelle. M. le Maréchal reçut le 21 le renfort de cavalerie que lui envoyoit M. le Prince. Ce Général, arrivé lui-même le 22 avec la totalité de l'armée sur les hauteurs vis-à-vis de Navagne, fit sommer le Commandant de se rendre. Celui-ci voyant qu'il ne pouvoit plus être secouru, demanda les honneurs de la guerre. On les lui refusa, & on voulut que lui & sa garnison fussent prisonniers de guerre.

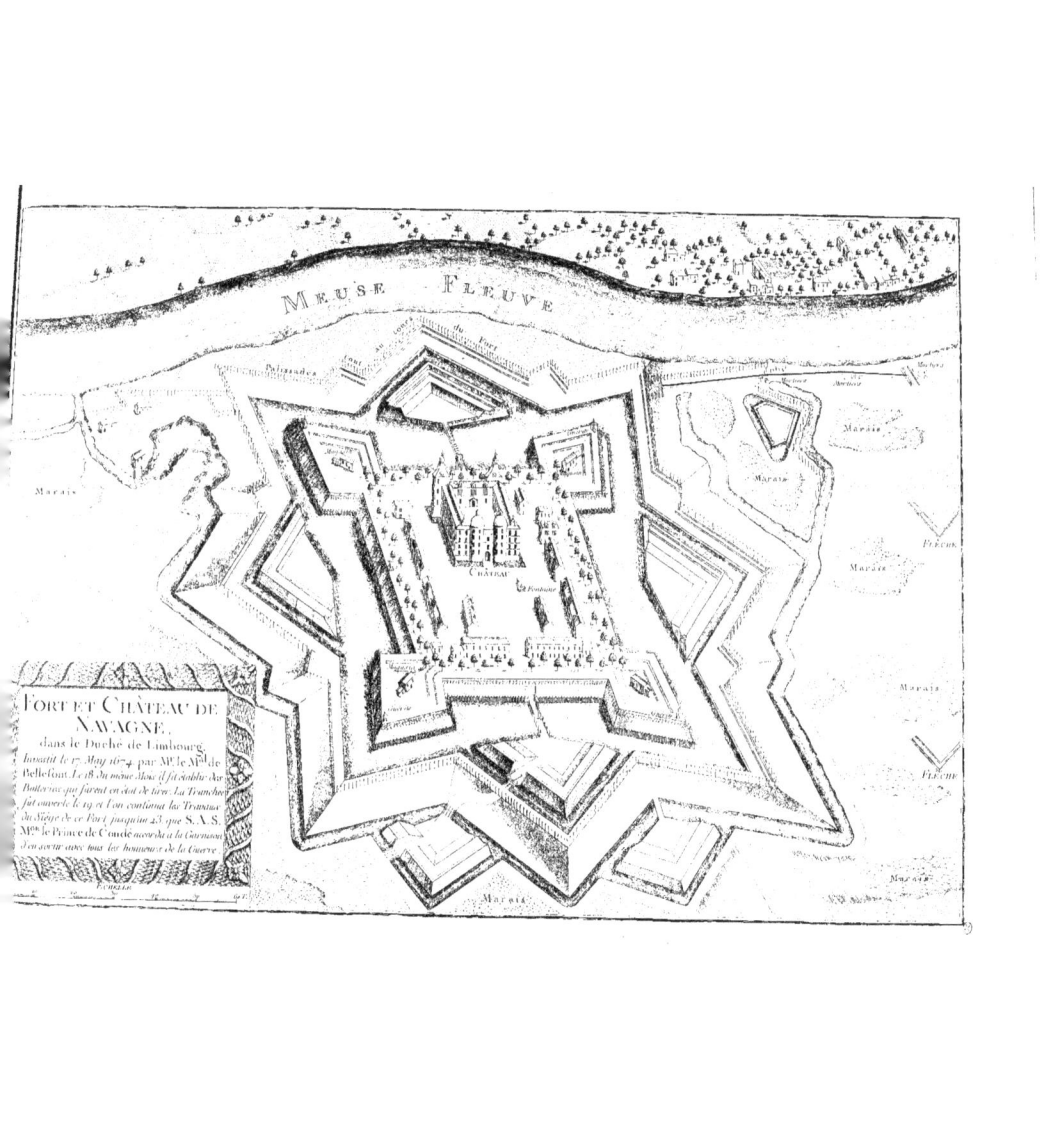

CHATEAU D'ARGENTEAU, dans le Duché de Limbourg, investit par M. le Maréchal de Bellefont le 16 May. La nuit du 17. au 18. la Capitulation fut signée, et la Garnison fut Prisonniere de Guerre.

Il refusa à son tour obstinément ces conditions. Dans le fait il importoit peu à M. le Prince de prendre quatre ou cinq cens hommes qui composoient cette garnison, & il lui étoit infiniment plus intéressant de n'être pas retenu sur la Meuse. Il consentit qu'elle sortiroit le lendemain avec armes & bagages pour se retirer à Louvain, & la capitulation fut signée à ces conditions le même jour 22 au soir.

M A I.

L'objet de M. le Prince se trouva donc rempli dès le jour de son arrivée sur la Meuse, par sa jonction avec M. le Maréchal de Bellefont, & par la prise d'Argenteau & de Navagne. Il donna des ordres à M. le Comte d'Estrades pour faire sauter le premier, & raser l'autre; mais ces ordres ne purent s'exécuter de quelque tems, à cause de la proximité des troupes Impériales. On mit en attendant garnison dans l'un & dans l'autre. On y fit même les réparations urgentes, afin de se mettre en état de les défendre jusqu'au moment où l'on pourroit les détruire.

Le lendemain 23, les troupes Françoises de l'armée de M. de Bellefont passerent la Meuse au pont d'Eesden pour se joindre à celle de M. le Prince, qui se trouva par ce moyen sur le pied de près de soixante mille hommes; mais elle n'étoit pas à cinquante à l'effectif, parce que les troupes, & sur-tout la cavalerie, étoient très-foibles. Celles de M. de Bellefont avoient laissé beaucoup de monde dans leur retraite. M. le Prince en avoit laissé lui-même en arriere dans ses marches. Il y avoit beaucoup de maladies, & la désertion étoit considérable.

Réunion de l'armée de M. le Maréchal de Bellefont avec celle de M. le Prince.

L'Electeur de Cologne venoit de faire sa paix. Les régiments de ce Prince, ceux de l'Evêque de Strasbourg qui étoient revenus avec M. de Bellefont, resterent sur la Meuse, à Maëstricht & dans des postes aux environs, où ils recevoient la solde & le pain de la France, jusqu'à ce que la Cour eût pris un parti à leur sujet. L'Evêque de Strasbourg & plusieurs Officiers Généraux & Colonels, desiroient que ces troupes restassent au service de France; mais le peu de fonds qu'on pouvoit faire sur elles, & sur-tout leur indiscipline naturelle, que la défection de l'Electeur augmentoit encore, les rendoit d'une médiocre utilité. M. le Comte d'Estrades demanda avec instance à M. le Prince de lui rendre les François & les Suisses que M. de Bellefont lui avoit pris en échange des régiments de Furstemberg & de Saxe.

M. de Bellefont, après avoir remis ses troupes à M. le Prince rentra en France, & fut exilé à sa terre de Bourgueil, en punition du retard qu'il avoit apporté à l'exécution des ordres du Roi concernant l'évacuation des places de la Hollande.

M. le Prince s'occupa, pendant deux jours qu'il resta au camp de Lichtenberg, de tous les arrangements qui pouvoient être relatifs aux garnisons & à la défense de Maëstricht & de Mazeyck, ainsi qu'à la sûreté d'Argenteau & de Navagne, en attendant que l'éloignement de l'armée Impériale permît de travailler à les détruire. Celle-ci étoit alors près de Verviers. M. le Duc de Bournonville qui la commandoit, avoit fait faire des demandes de vivres à Liége. Les Impériaux avoient un parti puissant dans cette ville, que le Baron d'Isola, Ministre de la Cour de Vienne, avoit soin d'animer & d'échauffer contre la France. Il étoit à craindre qu'aussi-tôt après le départ de l'armée Françoise, les Allemands n'entreprissent de s'en emparer. M. le Prince fit faire au Chapitre & aux Bourguemestres de nouvelles sommations de maintenir la neutralité que le Roi vouloit bien leur accorder. Des Carrieres, Résident pour la France, dut employer à propos les insinuations & les menaces. Le Baron de Vierset, Gouverneur de la citadelle, étoit assez dans les intérêts du Roi; mais il pouvoit avoir la main forcée. On offrit de lui donner un secours de troupes Françoises, & on envoya des ordres au Comte d'Estrades de fournir ce renfort, en cas que les Liégeois le réclamassent. Au reste M. le Prince leur demanda une réponse cathégorique sur leurs intentions, & cette réponse fut qu'ils persistoient à vouloir maintenir la neutralité. Vraisemblablement il ne compta sur ces nouvelles assurances, qu'autant que les circonstances en favoriseroient l'exécution.

Ce Général ayant satisfait aux objets qui l'avoient amené sur la Meuse, pensa aussi-tôt à se remettre en mesure de s'opposer aux projets du Prince d'Orange, ou d'agir offensivement contre lui, si les circonstances le lui permettoient. L'armée arrivée le 22 au camp de Lichtenberg devant Navagne, en partit le 25, renforcée des troupes du Maréchal de Bellefont, pour retourner à Freren.

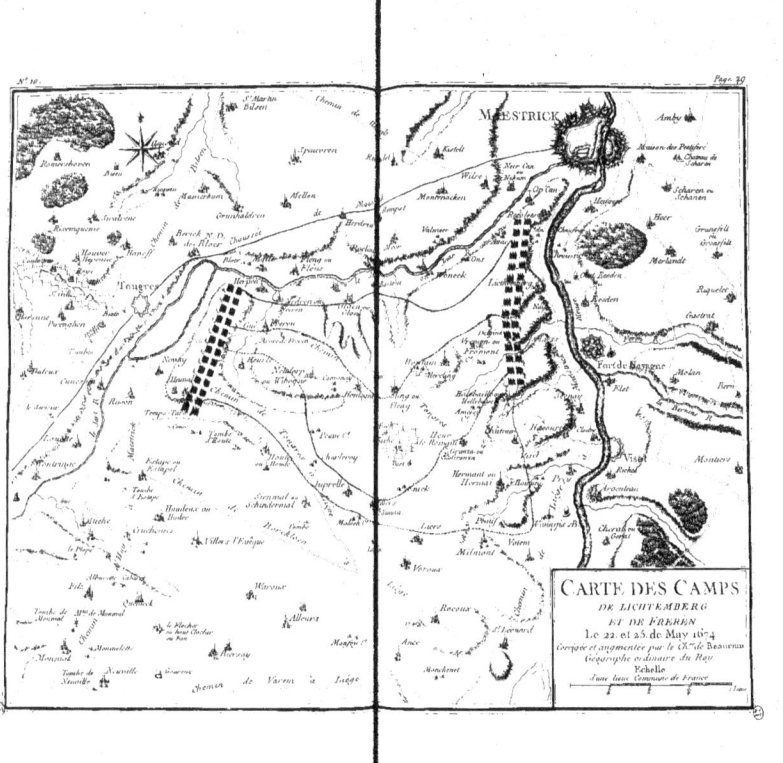

DE LA CAMPAGNE DE 1674.

ELLE MARCHA SUR QUATRE COLONNES.

MAI.

La premiere de droite, compofée de la cavalerie & de l'infanterie de l'aîle droite, paffa entre Woneck & Houtain, laiffant le premier à droite & l'autre à gauche, le long du village de Bafton, le laiffant à droite & Fleng à gauche, près des dernieres maifons & à gauche de Glaen, de-là à Nedren, paffa le ruiffeau & entra dans le camp.

Marche de Lichtenberg à Freren. 25 Mai.

La feconde colonne, compofée de l'artillerie & des vivres, avec quatre efcadrons à la tête & deux à la queue, & les détachements d'infanterie néceffaires, fut dirigée par Houtain, d'où elle continua fa route près des hayes de Hereling, laiffant ce village à gauche, paffa enfuite à la tête du ravin de Glaen, laiffant Fling à droite, à Houlogne le laiffant à gauche, à l'arbre de Freren, paffa le ruiffeau au gué & arriva au camp.

La troifiéme colonne, compofée des équipages avec les troupes néceffaires, paffa à la cenfe d'Amerey, à Heure-le-Romain, le laiffant à gauche, ainfi que le château de Granza, à Villers-Saint-Simon, à Juprelle, entre les cenfes de Peuve & de Charleroy, à Neudorp, paffa le ruiffeau de Freren & entra dans le camp.

La colonne de gauche, compofée de la cavalerie & de l'infanterie de la gauche, paffa à Hallebaille, laiffant la cenfe d'Amerey à droite, à Houpey, à l'Abbaye de Wivengis, laiffant Pentif à droite & Milmont à gauche, à Liers, laiffa Villers-Saint-Simon à droite, ainfi que la cenfe de Charleroy & Lontin, Malach, Schindermal & le village de Neudorp à gauche, arriva à Houte, de-là à Hamal & dans la plaine du camp.

La droite fut appuyée au Jaar près Herpen. Le front du camp étoit couvert de ce ruiffeau. Il eût fallu retrancher la gauche placée aux cenfes de Temps-&-Tard, fi l'armée eût occupé ce camp autrement que pour un paffage. Elle en partit le lendemain 26 marchant par fa gauche, pour fe porter entre Warem & Houmal.

Camp de Freren. 25 Mai.

HISTOIRE

MAI.

LA MARCHE FUT SUR TROIS COLONNES, CELLES DES AILES FORMÉES DE CHACUNE DES DEUX LIGNES; L'ARTILLERIE, LES VIVRES ET LES ÉQUIPAGES COMPOSANT CELLE DU CENTRE.

Marche de Freren à Hologne. 26 Mai.

La colonne de droite formée de la premiere ligne, laissa le château d'Hamal à droite, passa le long des hayes & à gauche du village de Russon, laissa Estape, Atiche & Cruchenies à gauche, passa le ruisseau de Heneff près de Lens, laissa Pousseux & Bleret à gauche, & Warem à droite passant près de ce dernier, de-là suivant le Jaar & se dirigeant à gauche & près de grand & petit Asche & de Hologne, elle arriva au camp.

La colonne du centre, composée de l'artillerie, des vivres & des équipages, avec une brigade de cavalerie & une d'infanterie à la tête, une de cavalerie à la queue, & les détachements d'infanterie ordinaires repartis sur sa longueur, prit sa route entre les censes de Temps-&-Tard & le village de Houte, passa près de Houdeux, le laissant à droite & Villers-l'Evêque à gauche, à Quemeck, au moulin de Moumal, au pont de Lamain, de-là passant près de Pousseux, & laissant ce village à droite, elle alla gagner la grande chaussée qui la conduisit dans la plaine du camp.

La colonne de gauche, formée de la seconde ligne, laissa Houdeux & Villers-l'Evêque à droite, Neuville à gauche, Moumal à droite, passa le ruisseau au pont de Remicourt, de-là à Beauvenisty le laissant à droite, & se dirigeant sur Hologne, arriva au camp.

Camp d'Hologne. 26 Mai.

L'armée fut placée, la droite à Warem & la gauche à Houmal, le front du camp couvert du Jaar, le quartier général à Hologne. Elle en partit le lendemain 27 & continua de marcher par son flanc pour se porter à Neuville-sur-Mehaigne.

LA DISTRIBUTION DES COLONNES FUT LA MÊME QUE LA PRÉCÉDENTE, PAR PREMIERE ET SECONDE LIGNE, ET LES ÉQUIPAGES A CELLE DU CENTRE.

Marche de Hologne à Neuville-sur-Méhaigne. 27 Mai.

La colonne de droite, formée de la premiere ligne, laissa à droite le village de Lens-les-Béguines, Crehen, Mierdorp &

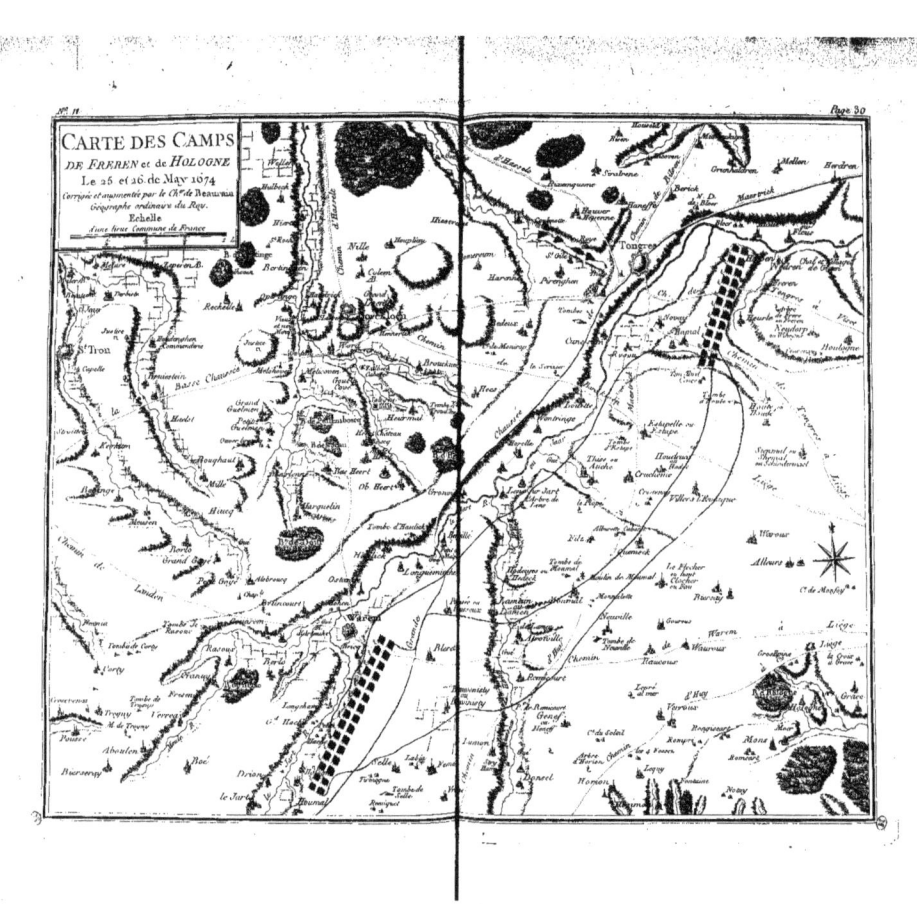

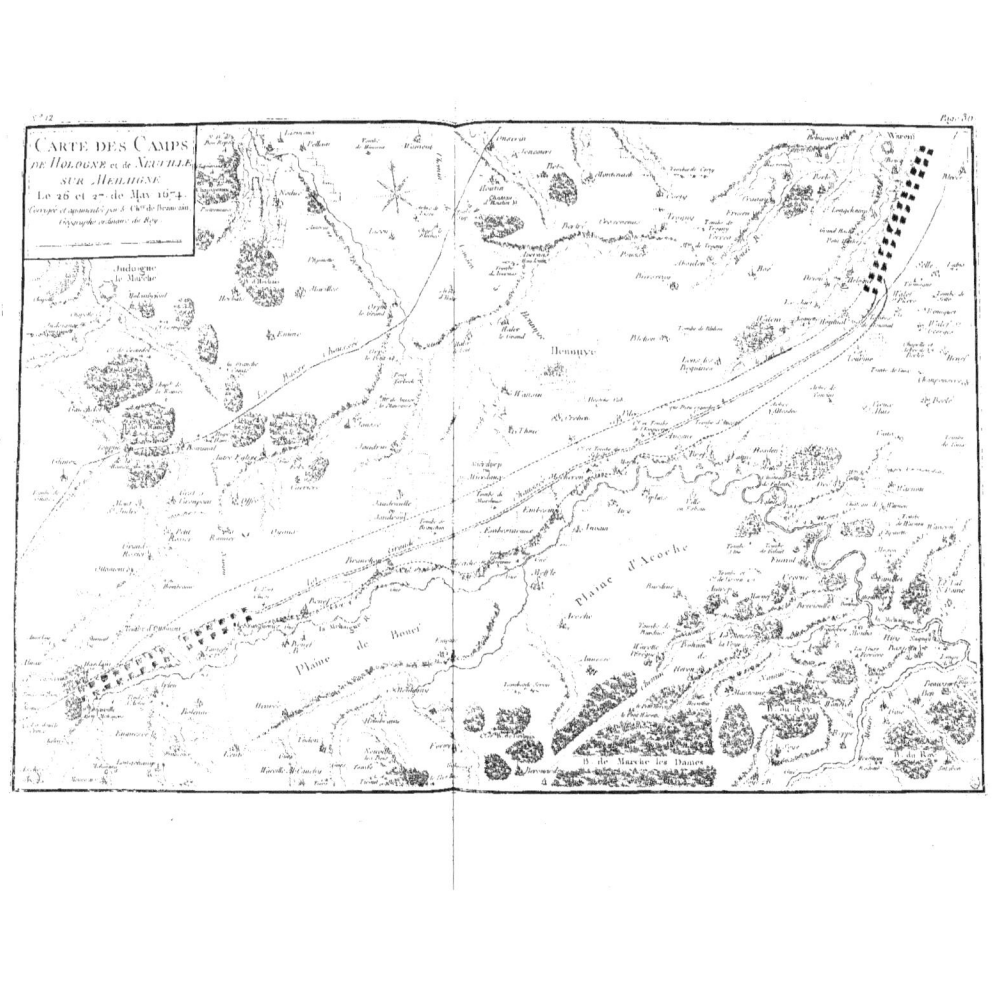

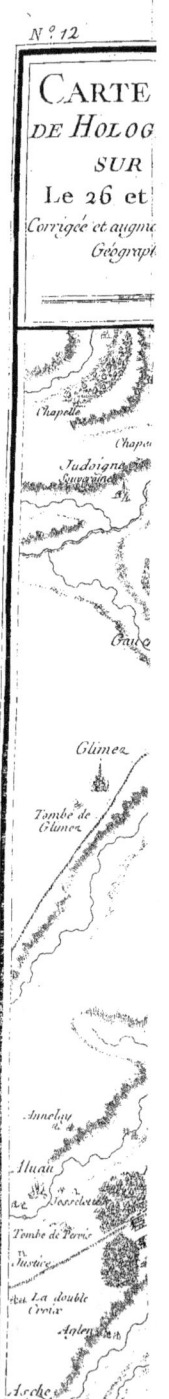

DE LA CAMPAGNE DE 1674.

Jandroul, marchant toujours paralellement à la grande chauffée jufqu'aux tombes d'Ottomont, où elle la traverfa pour entrer dans le camp.

M A I.

La colonne du centre compofée de l'artillerie, des vivres & des équipages de toute efpéce, avec une brigade de cavalerie à la tête & deux à la queue, & les détachements d'infanterie ordinaires repartis fur fa longueur, fuivit la grande chauffée depuis l'ancien camp jufqu'au nouveau.

La colonne de gauche, formée de la feconde ligne, paffa le long des hayes & à droite de Tourine, d'où laiffant la grande chauffée à droite, elle gagna la Méhaigne, & marcha toujours entre la grande chauffée & cette riviere, paffant près & à gauche des villages de Breff, Latine, Avefnes, Moche, Mocheron, Ambéfin, Ambéfineaux, Boneff & Franquenies, où étoit la droite du camp.

La gauche fut placée à Neuville. Ce camp dont les flancs ne font point couverts, & qui a l'inconvénient d'être coupé par un marais, ne peut être regardé que comme de paffage. L'armée en partit le lendemain 28 pour fe rendre à Gemblours.

Camp de Neuville-fur-Méhaigne. 27 Mai.

ELLE MARCHA SUR QUATRE COLONNES.

La premiere de droite, compofée de plufieurs brigades de cavalerie & d'infanterie, la cavalerie en ayant la tête & la queue, traverfa la grande chauffée à droite de la Tombe d'Ottomont, paffa à la cenfe de Joffelette, à Pervis, à celle de Limelette, aux cinq Étoiles, laiffa Sart-à-Walhem à droite, & marchant près de la grande chauffée, mais fans y gêner la marche des équipages, arriva au camp.

Marche de Neuville-fur-Méhaigne à Gemblours. 28 Mai.

La feconde colonne, compofée des vivres, des équipages de toute efpéce & de l'artillerie, avec une brigade de cavalerie à la tête & une à la queue, & les détachements d'infanterie ordinaires, fuivit la grande chauffée depuis la Tombe d'Ottomont jufqu'à la cenfe de haute Boffée, où elle la quitta pour entrer dans le nouveau camp.

La troifiéme colonne, compofée de plufieurs brigades de cavalerie & d'infanterie, la gendarmerie en ayant la tête, prit fa route entre la grande chauffée & Neuville, laiffa la cense de la double croix à droite, & celle de Vapay à gauche, traversa le bois de Grand-Lez, se dirigea entre le Petit Manil & la cense de Long-Pont, passa près & à droite de Sauvenier & entra dans le camp.

La colonne de gauche, composée de plusieurs brigades de cavalerie & d'infanterie, laissa Neuville à droite & la cense d'Aglen à gauche, continua sa route par Asche, où elle prit la basse chaussée qui la conduisit au Petit-Lez, laissant Lierneux & la cense du Haut-Tilleul à gauche ; de-là à Liroup, au moulin de Sauvenier & dans la plaine du camp.

Camp de Gemblours. 28 Mai. Il fut le même que M. le Prince avoit déjà occupé le 18 Mai, la gauche à Grand-Manil, & la droite vers Sauvenier. L'armée en partit le lendemain 29 pour se porter à Thimeon.

ELLE MARCHA SUR CINQ COLONNES.

Marche de Gemblours à Thiméon. 29 Mai. La premiere de droite, composée de dragons & de cavalerie, passa à gauche d'Hernage, à Saint Gery & à Melery, laissant Gemptines & la cense de Gentisaux à gauche à celle de Chassenay, à Sart-à-Maveline, à Liberchies, & entra dans le camp.

La seconde colonne, composée de la gendarmerie & de quelques brigades de cavalerie & d'infanterie, passa à droite d'Hernage, à Courty & à Gemptines, laissant Saint-Gery à droite, au château de Tilly, près de Marbay, le laissant à gauche, à Villers-Pervis, près de Liberchies, le laissant à droite, & entra dans le camp.

La troisiéme colonne, composée de l'artillerie, des vivres & des équipages de toute espéce, avec deux escadrons à la tête, une brigade de cavalerie à la queue, & les détachements d'infanterie ordinaires, suivit la grande chaussée qui la conduisit de l'ancien camp au nouveau.

La quatriéme colonne, composée d'infanterie avec deux escadrons à la tête & quatre à la queue, laissa les censes de Monty, de Vieux-Maisons, & le village de Sombreff à droite, & celle d'Hervée à gauche, passa la riviere de Ligny au pont de la cense des Moines, & ensuite celle de Chesseau, laissa celle du Colombier, ainsi que Melay à gauche, & entra dans le camp.

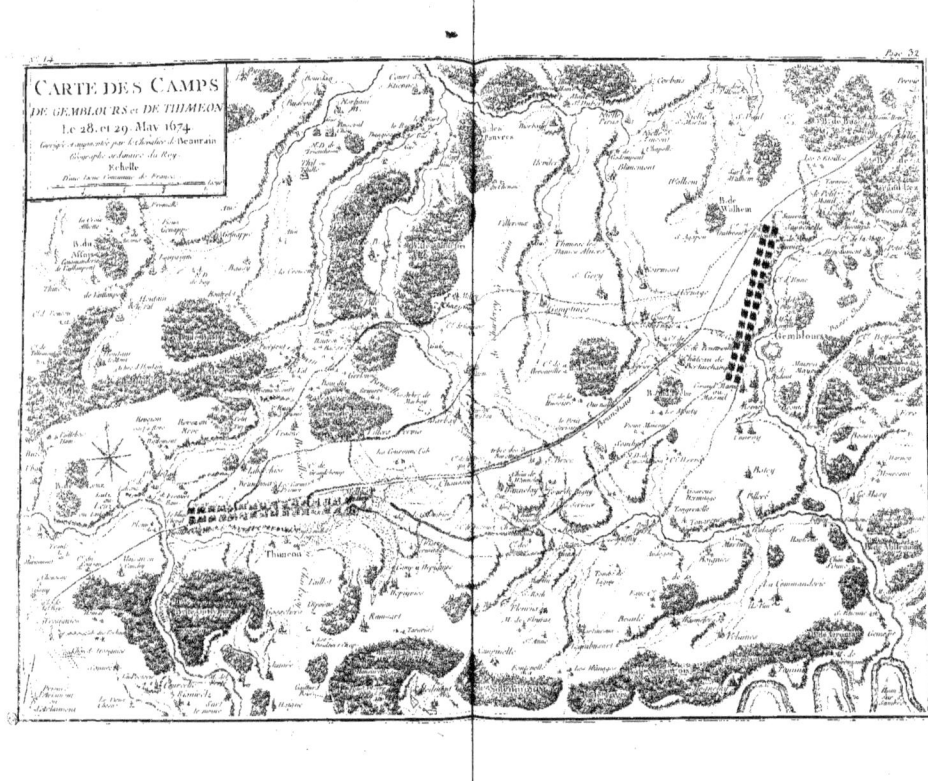

DE LA CAMPAGNE DE 1674. 33

La colonne de gauche, composée de cavalerie, passa à l'Hermitage de Goureux, laissant Conroy à gauche, de-là au pont de Ligny, passa entre le village & le château, à Saint-Amand, entre la cense du Chesseau & l'Hermitage Saint Fiacre, à celle du Colombier, à Melay, & entra dans le camp.

Il fut le même que M. le Prince avoit occupé le 16, la droite à Melay & la gauche à Viville.

Camp de Thiméon.
29 Mai.

L'armée avoit marché presque sans interruption depuis le 12, s'étoit portée dans cet intervalle de Tournay à Maëstricht, & étoit revenue près de Charleroy. Toutes les troupes, & surtout la cavalerie, avoient besoin de repos. M. le Prince résolut de faire quelque séjour dans le camp de Thiméon. Il s'y trouvoit commodément pour ses vivres qu'il tiroit de Charleroy, & il étoit en mesure de s'opposer aux projets des ennemis, quelque parti qu'ils prissent. Nous profiterons de cette interruption, pour entrer dans quelques détails par lesquels nous n'avons pas voulu en couper le récit. Nous mettrons aussi sous les yeux de nos Lecteurs, les premiers mouvements des Alliés, que nous avons négligés jusqu'à présent, parce qu'ils n'ont pas eu une influence immédiate sur ceux de M. le Prince.

Si on a suivi avec quelque attention les marches dont nous avons rendu compte, on a pu remarquer que la science de les conduire étoit fort imparfaite alors. On ne trouve point de régularité, point de méthode dans la distribution des colonnes. On voit peu de liaison entre la position de l'ancien camp & des places que les troupes y occupent, avec leur répartition dans ces colonnes & leur séparation pour se distribuer dans le nouveau camp; au moyen de quoi il arrive que des troupes se traversent d'une aîle à l'autre pour se mettre en marche, & se traversent encore en arrivant à la nouvelle position de l'armée pour gagner leurs places respectives. On remarque aussi que l'armée est toujours sur un petit nombre de colonnes. Nul pays n'est cependant plus favorable à la facilité des marches que les grandes plaines de Flandre. Il résultoit de ces défauts, que les troupes étoient sur pied depuis la pointe du jour jusqu'à la nuit pour exécuter des marches médiocres, & arrivoient excédées, chevaux & hommes.

Observations sur les marches précédentes.

Le manque d'inſtruction particuliere dans les troupes ajoutoit encore à cette pesanteur des marches, & à la fatigue qui en étoit la ſuite. On peut juger de l'ordre qu'elles y obſervoient, par la maniere dont elles marchoient encore dans les dernieres guerres de Flandre, où le *nec plus ultrà* de la diſcipline étoit d'empêcher qu'un Régiment ne ſe mêlât avec l'autre dans une colonne. On ſe rappelle qu'alors il n'exiſtoit plus aucune diſtinction de compagnies juſqu'à ce qu'on fût arrivé au nouveau camp, ou que quelque circonſtance particuliere exigeât de ſe remettre en bataille ; que cette manœuvre même étoit une opération pénible ; que l'allongement des colonnes étoit prodigieux ; que la moindre difficulté de terrain, un peu d'eau ou de boue devenoient un défilé, parce que les Officiers marchant par pelotons & ſelon leur convenance, oublioient complettement leurs troupes ; que tous ces vices enfin s'étoient conſervés dans toute leur force, hors dans quelques marches hardies & près de l'ennemi, qui exigeoient plus de précaution & de régularité. Cet échantillon ſuffit donc pour qu'une grande partie de notre militaire puiſſe encore ſe faire une idée de ce qu'étoient les marches d'armées dans une époque plus reculée, où les troupes commençoient à peine à prendre quelque forme.

Une circonſtance cependant contribuoit juſqu'à un certain point à rendre plus lentes celles dont nous venons de rendre compte. C'eſt que preſque tous ces mouvements étant des marches de flanc, & les ennemis étant à droite & à gauche, quoiqu'à une diſtance peu inquiétante, les colonnes de flanc devoient toujours couvrir celle des équipages, de l'artillerie & des vivres qui étoit au centre, & conſéquemment participer à ſes retards & à ſa peſanteur.

On trouve dans les ordres de marche de M. le Prince une précaution pour diminuer la longueur de cette colonne d'équipages, dont il eſt inconcevable que nous ne faſſions pas plus d'uſage dans nos armées. Il y étoit enjoint aux Vaguemeſtres de les faire doubler & tripler à droite & à gauche de la grande chauſſée, & de les faire marcher ſur pluſieurs chariots ou ſur pluſieurs chevaux de front. Nous avons la mauvaiſe routine, quelle que ſoit la largeur des grands chemins ou des colonnes ouvertes, de laiſſer toujours marcher nos équipages à la file, même dans des chemins faciles & couverts, & nous voyons quelquefois une colonne qui ne finit pas & qui n'arrive pas,

DE LA CAMPAGNE DE 1674.

ne pas remplir la moitié de la largeur du chemin où elle paſſe. Le front des colonnes, ſoit des troupes, ſoit d'équipages, devroit être déterminé par les Officiers d'Etat-Major, ſelon la largeur des chemins qu'ils ont reconnus ou ouverts, & il faudroit qu'il fût toujours le plus grand poſſible.

MAI.

Si la colonne d'équipages de l'armée de M. le Prince étoit quelquefois racourcie par le moyen dont nous venons de faire mention, d'autre fois nous la voyons ſurchargée de troupes qui l'allongeoient & en retardoient la marche, & qui ne pouvoient manquer de l'embarraſſer encore plus. Indépendamment des troupes attachées à l'artillerie, & des gardes ordinaires des équipages, on voit quelquefois pluſieurs brigades de cavalerie & d'infanterie marcher avec ces équipages ſur la même colonne; & cependant ce n'eſt point par des troupes placées dans la même colonne, que des équipages doivent ſe garder, mais par celles qui les couvrent.

Ce n'eſt que dans quelques marches que des brigades entières font parties de cette colonne. Nous trouvons dans toutes, deux eſcadrons à la tête & deux à la queue, & indépendamment des gardes ordinaires attachées à tous les équipages, ſept cents hommes d'infanterie & cent Maîtres aux ordres d'un Colonel, diſtribués par pelotons de place en place.

Il n'eſt pas étonnant que la ſcience des marches fût peu avancée au tems dont nous parlons, & que la diſcipline qui y fait régner l'ordre, & par-là les allége & les facilite, fût auſſi négligée. L'une & l'autre néceſſaires dans les grandes armées, utiles dans toutes, ſont cependant d'une moindre importance dans les petites; & juſqu'à la guerre entrepriſe en 1667 par Louis XIV, les Généraux n'avoient eu que de petites armées à conduire. On ſait que M. de Turenne lui-même n'en eut jamais que de cette eſpéce. Les grands hommes de guerre de ce tems ſembloient négliger les détails, & s'occuper peu du méchaniſme intérieur & de l'ordre, qui euſſent ſecondé leur habileté & aſſuré leur ſuccès.

L'indiſcipline étoit exceſſive dans l'armée de M. le Prince. Nous liſons dans une Lettre à M. de Louvois, que ſes troupes pillerent le 16 Mai, dans la marche de Merlanwelz à Thiméon, un village de la Prévôté de Binche, & la maiſon d'un Gentilhomme, qu'elles forcerent, malgré une ſauve-garde qui s'y trouvoit. Les ſoldats les dévaſterent entierement, &

Indiſcipline de l'armée Françoiſe.

cependant il n'y en eut qu'un seul de pendu ; à la vérité M. le Prince fit retenir un jour de solde à toute l'armée, pour dédommager le Gentilhomme & le village.

MAI.

Désertion.

La désertion n'étoit pas moindre que l'indiscipline. Il paroît par une autre lettre à M. de Louvois, que l'armée auroit séjourné le 14 Mai au camp de Lens, sans la crainte qu'eut M. le Prince que le voisinage de Mons ne fît perdre beaucoup de soldats. Il se plaint encore de la désertion dans d'autres occasions.

Etat de l'armée.

L'infanterie de l'armée étoit très-belle. La cavalerie étoit en très-mauvais état. Au commencement de Juin, M. le Prince ne compte pas plus de cent chevaux par escadrons en état de servir. Les marches du mois de Mai l'avoient déjà ruinée. Par une lettre du 10 Juin, le Roi menaça de son indignation les Mestres de camp qui ne répareroient pas incessamment leurs Régiments. Cela étoit difficile au milieu d'une campagne, & dans un tems où les Officiers faisant eux-mêmes, & chacun en particulier, leurs recrues & leurs remontes, l'administration ne se mêloit jamais de leur en fournir. Cependant il en arriva peu de tems après quelques-unes de France, mais en petit nombre ; la cavalerie resta toujours en assez mauvais état toute la campagne, & même tous les corps en général furent sur un pied très-foible.

Les équipages d'artillerie & des vivres étoient dans le même cas ; par une lettre du 3 Juin, M. le Prince se plaint de n'en avoir pas de suffisants. On voit que les moyens de la France, & toutes les ressources de M. de Louvois suffisoient à peine à l'entretien des armées que le Roi étoit obligé de mettre en campagne.

Ce Prince avoit annoncé qu'il viendroit lui-même, après la conquête de la Franche-Comté, se mettre à la tête de son armée de Flandre ; mais ce projet ne fut pas exécuté. Ce n'étoit plus une conquête à faire. C'étoient des frontieres à défendre ; & le Roi laissa à M. le Prince de Condé le soin de cette guerre, moins brillante que difficile.

Plan de la campagne.

Nous avons dit que dans cette défensive, il entroit cependant quelques projets offensifs. Le Roi aimoit les siéges. Ils lui avoient toujours réussi. Il vouloit que ses Généraux en fissent. La Flandre étoit vraiment le théâtre le plus propre à ce genre de guerre. On avoit à choisir entre les places à assiéger. M. le Prince dut en attaquer quelqu'une. Il s'excuse dans ses dépêches du camp

de

de Thiméon, de ne l'avoir point encore entrepris. Et cependant qu'eût-il pu faire de plus depuis le commencement de la campagne, que les marches vives qu'il avoit exécutées pour se porter de l'Escaut à la Meuse, & ensuite pour revenir sur Charleroy, après sa jonction avec M. de Bellefont & la prise d'Argenteau & de Navagne ?

MAI.

Il n'étoit point décidé quel siége M. le Prince devoit entreprendre. Il eût desiré de pouvoir attaquer quelqu'une des places du Haynaut, Mons, Valenciennes ou Condé. Mais elles étoient toutes les trois fort bien fortifiées. Les deux premieres renfermoient de fortes garnisons, & Condé, quoique plus petit, étoit également difficile à investir, à cause de la séparation des quartiers à laquelle obligeoient l'Escaut & la Haisne. Ypres eût peut-être présenté moins d'obstacles ; mais l'éloignement faisoit craindre à M. le Prince, que pendant qu'il seroit occupé à ce siége, les ennemis ne fissent quelque puissante diversion, & ne marchassent sur la frontiere. Le Roi le laissoit maître de prendre un parti sur ces difficultés ; mais il paroissoit toujours desirer qu'il entreprît sur quelque place des ennemis, petite ou grande.

On est étonné de voir un plan aussi peu arrêté. C'est jusqu'à un certain point l'inconvénient d'une campagne, dont l'objet est principalement défensif. Mais il semble que de tous les projets, le moins vague & le moins incertain, doit être celui d'un siége : une pareille opération ne peut manquer d'être, ainsi que toutes les autres, liée au plan général ; & en admettant que la dépendance où l'on est de l'ennemi, oblige de laisser à ce plan une très-grande latitude, au moins doit-il être décidé & prévu ce qu'on fera, ce qu'on entreprendra, dans les suppositions les plus vraisemblables.

Mais si un Général pouvoit jamais se passer d'un projet arrêté, c'étoit M. le Prince. Son génie vif & décidé prenoit à l'instant le parti le plus convenable, & son habileté & ses grands talents excusent à cet égard le Conseil de Louis XIV. On verra cependant qu'il ne put pas remplir les vues de ce Monarque, & qu'il n'entreprit point de siége. Il n'eût pu le faire vis-à-vis d'une armée aussi supérieure que celle que les ennemis opposerent à la sienne, sans compromettre son objet principal, la sûreté de nos frontieres & la conservation des places de Flandre qui étoient au pouvoir du Roi.

Les fortes garnisons que les Espagnols avoient dans leurs

places du Haynaut & dans Cambray, faisoient des courses fréquentes en Picardie. Cette Province étoit ouverte. Il y avoit peu de troupes dans Saint-Quentin, Guise, la Fere, &c; & loin qu'elles pussent rien entreprendre sur les partis ennemis qui s'avançoient jusques-là, ni les attaquer ou couper leur retraite, elles laissoient même à craindre pour les places qu'elles avoient à défendre.

MAI.
Courses des garnisons Espagnoles du Haynaut.

Quatre cens chevaux sortis de Cambray le 10 Mai, passerent l'Oyse & s'avancerent jusqu'à Aubenton & Moncornet. Les paysans s'armerent pour les repousser. Ils prirent quelques chevaux, tuerent quelques hommes, & les ennemis se retirerent avec peu de profit.

Ceux-ci firent marcher le 20 un détachement plus important & plus considérable. L'éloignement de M. le Prince à cette époque le leur permettoit sans qu'ils eussent rien à craindre pour le retour de ce détachement, ni pour les places qu'ils dégarnissoient. Deux mille hommes, tant cavalerie que dragons, tirés des garnisons de Mons, Valenciennes & Cambray, s'avancerent entre la Somme & l'Oyse. On craignit pour Saint-Quentin & pour Guise. Le canon de ces deux places mit tout le pays sous les armes. Les ennemis s'avancerent jusqu'aux portes de la Fere. Ils éprouverent une résistance assez vigoureuse au village de Vendeuil près de cette ville, & les paysans leur firent essuyer quelque perte. Après l'avoir emporté, ils le pillerent & brûlerent en punition de sa résistance. Ils firent subir le même sort à quelques autres qui se refusoient au payement des contributions imposées quelques mois auparavant, s'en firent payer autant qu'ils purent, & rentrerent dans leurs garnisons sans être troublés dans leur retraite. Il n'y avoit point de cavalerie sur la frontiere, ni même dans le Haynaut François, qui pût s'opposer à ces incursions.

Projets des Alliés.

Ce n'étoit encore que le prélude des projets plus grands que les Alliés avoient conçus contre la France, & dont M. le Prince empêcha l'exécution. Entrons maintenant dans quelque détail sur l'assemblée des armées qu'il eut à combattre, & sur leurs premiers mouvements.

Trois armées devoient agir ensemble, ou sur un plan combiné, & attaquer le Royaume par ses frontieres septentrionales, la Flandre, la Picardie ou la Champagne. Les Hollandois étoient aux ordres du Prince d'Orange; les Espagnols étoient à ceux du Comte de Monterey, Gouverneur des Pays-Bas; & les Impériaux, j'entends ceux qui avoient hiverné à Bonn & aux environs, tant en Weftphalie que fur le bas Rhin, étoient commandés par le Duc de Bournonville, auquel devoit bientôt fuccéder le Comte de Souches. Les Hollandois & les Efpagnols devoient vraifemblablement agir enfemble. Les Impériaux étoient deftinés à fe réunir à eux, ou à agir féparément, felon les circonftances. En cas de réunion, le commandement général étoit déféré au Prince d'Orange. Ses opérations offenfives étoient encore fecondées par la flotte des Etats, qui devoit, en menaçant les côtes de Flandre, y retenir des troupes, ou les attaquer effectivement fi on les dégarniffoit. Tels étoient les projets des Alliés au commencement de la campagne. Ils furent enfuite difcutés & détaillés dans les différents Confeils qui furent tenus, foit par les Chefs des trois armées, foit par les Officiers principaux députés par eux. Le peu d'accord qui y régna, les intérêts oppofés, l'irréfolution & les retards qui en furent la fuite, concoururent avec la défenfive vive & favante de M. le Prince, pour préferver la France des dangers qui la menaçoient.

Il eût fallu pour préparer l'exécution de ces projets hardis, entrer en campagne de bonne heure, y primer M. le Prince, empêcher fa jonction avec M. de Bellefont. Rien de tout cela ne fut fait. Cette opération importante s'exécuta fans nulle oppofition. Tout eut dès le commencement de la campagne, de la part des Alliés, le caractere de la lenteur & de l'incertitude.

Il n'en faut pas imputer la faute au Prince d'Orange. Général de l'armée d'une République, il avoit befoin de fes talents & de fa fermeté pour y foutenir l'autorité que fon rang lui donnoit; & fi cette autorité étoit abfolue fur l'armée une fois en campagne, elle n'étoit pas au même point fur tous les moyens qui pouvoient la mettre en état d'agir, tels que recrues, remontes, approvifionnements, &c. Elle étoit bien moindre encore fur les deux armées qui devoient agir conjointement ou d'une maniere combinée avec la fienne. Le Comte de Monterey étoit actif & ardent, & vouloit fincérement tout ce qui pouvoit faire le plus de mal à la France. Mais le Confeil d'Efpagne, toujours froid & lent, reftoit fort en retard fur les moyens qu'il devoit lui fournir. Monterey, qui avoit toute la hauteur Efpagnole, fut auffi en méfintelligence avec le Prince d'Orange pour des prérogatives de titres, de préféance, & même pour le commandement. Les Impériaux fe porterent avec lenteur, & toujours trop tard, à tout ce qui pouvoit opérer des fuccès communs à eux & à leurs Alliés; ils embarrafferent toute la campagne les mefures du Stadhouder. On fent combien toutes ces contradictions, cette complication, ce choc d'intérêts, durent être favorables à l'armée Françoife, conduite par un Chef habile, abfolu & unique, qui pouvoit faifir l'occafion fans confeil préalable, & adapter fes mouvements au befoin de l'inftant.

Les troupes Hollandoifes & Efpagnoles, particuliérement les premieres, avoient fait la guerre jufqu'au mois de Janvier. Il falloit qu'elles euffent le tems de fe réparer & de fe recruter. La cavalerie fur-tout avoit beaucoup fouffert de fes courfes pendant la mauvaife faifon. Il n'étoit pas poffible qu'elle entrât en campagne de bonne heure. On crut qu'il valoit mieux lui laiffer le tems de fe rétablir parfaitement dans de bons quartiers, pour en tirer enfuite un meilleur parti. On vouloit auffi gagner le tems des fourages. Les Officiers Hollandois n'avoient ordre d'avoir leurs troupes complettes que pour le premier de Mai. Toutes ces raifons ne permirent pas au Prince d'Orange d'affembler fon armée & d'agir auffi-tôt qu'il l'eût voulu. Elle eut fon rendez-vous à Bergopzoom dans les premiers jours de Mai. Le Prince s'y rendit lui-même le 11. Elle étoit d'environ 30000 hommes.

Affemblée de l'arméeHollandoife.

Le Stadhouder voulut auffi-tôt s'approcher des Efpagnols pour les preffer par fa préfence, fe concerter avec eux, & être en mefure de fe réunir à eux, & d'agir auffi-tôt qu'ils le pourroient & qu'il le faudroit. Son armée partit de Bergopzoom, après qu'il en eut fait la revue & qu'il eut fatisfait à tous les objets de détail qui tiennent à un raffemblement. Elle fe porta à Duffel, entre Malines & Anvers derriere la Nethe, & y arriva le 17. Il faut obferver que les Alliés tinrent leurs troupes cantonnées auffi long-tems qu'ils le purent, & tant que leur éloignement des François le leur permit. Celles des Hollandois & des Efpagnols le furent prefque tout le mois de Mai, tandis que l'armée de M. le Prince fatiguoit beaucoup par les marches vives qu'il exécuta pour fe joindre à M. de Bellefont.

DE LA CAMPAGNE DE 1674.

Bellefont. C'étoit un avantage que leur donnoit sur lui ce début de campagne, d'avoir ensuite à lui opposer une armée plus fraîche.

M A I.

Le Prince d'Orange, arrivé le 17 à Duffel, n'avoit pas encore toute son artillerie. Il la reçut peu après, ainsi que quelques recrues & remontes, & différentes choses qui manquoient encore à son armée. Sa cavalerie étoit belle ; son infanterie ne l'étoit pas autant. Il y avoit dans celle-ci beaucoup de nouvelles levées. Toutes ses troupes étoient bien habillées, mais assez mal payées & en mauvais argent. Elles avoient une grande quantité d'équipages & de femmes avec elles. Dans toute la Hollande & dans une partie de la Flandre les canaux leur facilitoient les transports ; mais au moment où ces moyens leur manqueroient, elles devoient se trouver dans la nécessité de laisser une partie de ces embarras, ou d'y ajouter celui de beaucoup de charriots.

Les Espagnols s'assemblerent vers le même tems aux environs de Bruxelles. On fit construire quantité de baraques dans les fortifications de cette place pour les loger. Il y eut aussi un petit corps assemblé sous Louvain. Le tout n'alloit pas à 15000 hommes. Le Prince d'Orange fut mécontent de voir des moyens aussi au-dessous de ce que M. de Monterey avoit promis. Celui-ci tira des places autant de troupes qu'il crut pouvoir le faire sans les exposer. Il y suppléa par *les Elus* & par tous les moyens dont nous avons déjà fait mention. Il mit en garnison tout ce qui étoit le moins en état de servir, & en tira tout ce qui pouvoit le mieux soutenir les fatigues d'une campagne, sauf à changer cet ordre lorsque quelque place se trouveroit menacée. Nul moyen ne fut négligé pour renforcer ses troupes. Il alla même jusqu'à provoquer la désertion dans celles de France, & il n'y réussit que trop bien. On publia une Ordonnance pour enjoindre à tous ceux qui, étant nés dans les Pays-Bas Espagnols conquis par la France, se trouvoient au service de cette Puissance, de le quitter sans délai, sous peine d'être punis de mort comme rébelles à leur Souverain légitime. Cependant toutes ces ressources ne porterent pas son armée fort au-delà de quinze mille hommes. On observera à cet égard qu'on ne peut rien statuer de très-précis sur la force que les Alliés avoient en campagne, parce qu'elle varioit fréquemment, suivant qu'ils renvoyoient des

Assemblée de l'armée Espagnole.

troupes dans les places, ou qu'ils jugeoient à propos de les en retirer.

Le lendemain de l'arrivée du Prince d'Orange à Duffel, il se rendit à Malines avec le Comte de Waldeck; le Comte de Monterey vint l'y joindre avec le Marquis d'Assentar. Ils y tinrent conseil, & discuterent si le Prince d'Orange marcheroit tout de suite sur la Meuse pour secourir Navagne, & pour empêcher la jonction du Prince de Condé avec M. de Bellefont. Ils jugerent qu'il ne seroit plus à tems, qu'il ne seroit que fatiguer son armée par une marche inutile, & la compromettre en l'exposant à un combat d'autant plus inégal, que, comme nous l'avons dit, elle n'avoit point encore reçu toute son artillerie. Il fut donc résolu qu'on laisseroit prendre Navagne, & qu'on se prépareroit d'autant mieux à s'en dédommager par des coups plus importants.

Le Prince d'Orange fit le 22 un voyage à Bruxelles. Le Comte de Monterey l'y reçut splendidement, & lui rendit tous les honneurs qui lui étoient dûs. Ce Seigneur, Grand d'Espagne & Gouverneur des Pays-Bas, avoit d'abord refusé de lui donner le titre d'Altesse, & de lui céder le pas. Il ne vouloit lui accorder d'autre titre que celui d'Excellence, que le Prince lui donnoit. Le Roi d'Espagne décida, sur ces difficultés, à la satisfaction du Prince d'Orange, en le nommant Généralissime de ses armées; il ordonna que le Comte de Monterey lui rendroit tous ces honneurs contestés. Monterey fut mécontent, & ce fut une des causes de la mésintelligence qu'on remarqua souvent entr'eux pendant la campagne, mésintelligence qui nuisit souvent à leurs succès.

Les armées Hollandoise & Espagnole passerent tout le reste du mois de Mai & une partie de Juin dans leurs mêmes quartiers aux environs de Malines, Louvain & Bruxelles, n'y faisant que des changements de peu d'importance. Elles s'étendirent un peu de droite & de gauche à cause des fourrages. Nous les laissons pour nous occuper de l'armée Impériale, qui s'assemble sur le bas Rhin.

Assemblée de l'armée Impériale.

Les troupes de cette armée, aux ordres du Duc de Bournonville, avoient hiverné aux deux rives du Rhin, & s'étoient étendues dans la Westphalie jusqu'au delà du Weser. La marche du Maréchal de Bellefont donna l'éveil au Duc, & le pressa de se rassembler. Il craignit pour ses quartiers avancés dans

DE LA CAMPAGNE DE 1674.   43

le pays de Juliers. On crut même que M. de Bellefont voudroit
s'emparer de Cologne. Si le Duc de Bournonville se fût raffemblé   MAI.
plutôt, au lieu d'avoir à craindre, il eût au contraire marché
au Maréchal, peut-être l'auroit-il combattu avec des forces
très-supérieures ; au moins eût-il empêché ou retardé la jonction,
secouru Navagne, & donné le tems au Prince d'Orange
d'arriver, ce qui eût changé totalement le début de cette
campagne. Mais rien de tout cela ne fut fait. Les Impériaux
furent retenus dans leurs quartiers d'hiver par les besoins de
rétablissement de leurs troupes, par ceux de subsistance, plus
encore par l'inactivité & la lenteur qui caractériserent presque
toutes leurs opérations, & sur-tout par les vues secretes de
l'Empereur, qui n'étoient pas en tout les mêmes que celles
des autres Alliés.

Cependant, sur l'avis de la marche de M. de Bellefont, le
Duc de Bournonville pressa celle de ses troupes de Westphalie ;
& elles passerent toutes le Rhin, du 14 au 18 Mai, entre Bonn
& Cologne. Le rendez-vous général de son armée fut pour
ce dernier jour 18 entre Leichnich & Friessem, à peu de
distance de Cologne & de Bonn. Les troupes qui étoient à
la rive gauche du Rhin arriverent de leur côté à ce rendez-
vous.

L'armée Impériale se trouvoit forte d'environ vingt-sept
mille hommes, dont quinze mille de cavalerie. Cette cavalerie
étoit très-belle. L'armée étoit surchargée d'équipages, de valets
& de gens inutiles. On y comptoit jusqu'à six mille femmes.
Il y régnoit une très-grande indiscipline, & les lieux où
elle séjournoit avoient beaucoup à souffrir de ses dévas-
tations.

Le Duc de Bournonville, arrivé à Leichnich, poussa aussi-   Premiers mou-
tôt de gros détachements sur la Roër, envoya des partis au   vemens des Im-
delà & sur plusieurs points, passa lui-même cette riviere deux périaux.
jours après, & campa le 22 à Stemberg entre Limbourg &   Camp de
Verviers derriere la Weze. Ce fut le même jour que le Prince Stemberg.
de Condé arriva sur la Meuse, & que Navagne se rendit.
M. de Bournonville s'étoit annoncé pour le secourir. Il est
certain qu'il eût embarrassé M. de Bellefont, s'il eût marché
droit à lui, au lieu de s'arrêter à Leichnich, & d'employer
ensuite deux marches pour aller prendre à Limbourg une
position très-bonne, mais nullement offensive.

Les Impériaux ne troublerent donc point les projets des François, & virent faire tranquillement la retraite de M. de Bellefont, sa jonction avec le Prince de Condé, & les petits siéges qu'il fit d'Argenteau & de Navagne. Le Duc de Bournonville avoit des ordres de ne point compromettre son armée, & il les exécuta avec d'autant moins de répugnance qu'il devoit bientôt en céder le commandement au Comte de Souches, pour aller se mettre à la tête de celle du haut Rhin.

Il ne se passa rien d'important à l'armée Impériale pendant son séjour au camp de Stemberg. Ses partis couroient la compagne jusqu'aux portes d'Argenteau, de Navagne & de Maëstricht ; mais il n'en résultoit que le pillage des lieux où ils alloient. On crut que M. de Bournonville assiégeroit les deux forts qu'ils avoit laissé prendre. Le Prince d'Orange & le Comte de Monterey le pressoient de le faire ; mais il resta tranquille dans son camp. Il manquoit d'artillerie de siége. La proximité où il étoit suspendit seulement l'exécution des ordres que le Comte d'Estrades avoit de détruire ces deux forts. On craignit aussi que les Impériaux ne s'emparassent de Liége, malgré les traités de neutralité. Cette ville, fort à leur bienséance, eût facilité la communication des Alliés, en leur donnant un pont sur la basse Meuse. En s'en emparant, ils eussent privé la garnison de Maëstricht de toutes les ressources qu'elle y trouvoit. Mais M. de Bournonville se contenta d'y demander des vivres, &, résolu de ne rien entreprendre, il attendit le Général qui devoit le remplacer.

<small>Le Comte de Souches.

Spork.</small>

Le Comte de Souches, né en France de parents pauvres, & ayant passé au service de l'Empereur, s'y étoit élevé par son seul mérite au grade de Feld-Maréchal. Spork, premier Lieutenant-Général de l'armée dont Souches venoit prendre le commandement, étoit encore plus que lui un Soldat de fortune. L'obscurité de leurs naissances n'altéroit en rien la considération qu'on leur portoit. Ils l'avoient effacée l'un & l'autre par les grades auxquels ils étoient parvenus, par des dignités, par des richesses, & plus encore par leurs services & par la réputation militaire qu'ils avoient acquise. Ils avoient la confiance des troupes. Le Comte de Souches étoit dur, absolu & sévère. Cependant l'armée le desiroit. On espéroit de voir finir par lui l'indécision, l'incertitude & la diversité d'avis, qu'on savoit régner dans le Conseil entre le Duc de Bournonville & les

Officiers

DE LA CAMPAGNE DE 1674.

Officiers Généraux à ses ordres. On comptoit agir d'une maniere efficace & avoir des succès. Le soldat sur-tout se flattoit d'entrer en France & de s'y enrichir. L'événement ne répondit point à ces idées. L'armée Impériale continua d'errer pendant près de deux mois entre le Rhin & la Meuse sans prendre aucun parti décidé, & sans rien entreprendre. Le Comte de Souches, soit qu'il y fût peu porté de lui-même, soit qu'il fût arrêté par les instructions de sa Cour, seconda peu pendant toute la campagne les vues du Prince d'Orange, & il y eut presque toujours une grande mésintelligence entre ces deux Généraux.

MAI.

Tandis que le Prince d'Orange & le Comte de Monterey dépêchoient courier sur courier au Duc de Bournonville pour le presser d'agir, le Comte de Souches qui s'étoit arrêté à Bonn, où il étoit arrivé le 28, lui envoyoit des ordres positifs de ramener l'armée sur la Roër. Cette armée subsistoit avec peine dans le mauvais pays de Limbourg, & la cavalerie étoit obligée d'aller chercher fort loin ses fourrages. Le Duc de Bournonville partit le 31 du camp de Flemberg, & marcha à Walhorn. Le premier de Juin l'armée passa sous les murs d'Aix-la-Chapelle, & se porta à Eschwiler, & le 2 elle campa à Dirichsweiler près de Duren. Le Comte de Souches l'y joignit. Il en fit la revue le 5. Ensuite il en fit passer une grande partie au-delà de la Roër, & l'étendit entre cette riviere & celle d'Erfft jusqu'à Leichnich & Munster-Eiffel. Le reste continua de camper à Dirichsweiler. Le rassemblement étoit facile, & l'éloignement de l'armée de M. le Prince permettoit cette séparation sans le moindre danger. L'armée Impériale resta dans cette position jusqu'au 15 de Juin, à cela près de quelques changements de détail & peu importants. Sa séparation aux deux rives de la Roër laissoit les François dans l'incertitude sur sa destination ultérieure. Les troupes que M. de Souches avoit à Leichnich & à Munster-Eiffel, firent imaginer qu'il vouloit marcher vers la Moselle. Des détachements considérables qu'il poussa en avant de Juliers & jusques près de Ruremonde, annoncerent qu'il vouloit donner la main au Prince d'Orange & se joindre à lui. Les partis Impériaux couroient au loin & sur tous les points. Mais rien ne fixoit les idées sur les projets du Général, & il est vraisemblable qu'à cette époque ils n'étoient point arrêtés.

JUIN.
L'armée Impériale sur la Roër.
Arrivée du Comte de Souches.

HISTOIRE

JUIN.

Le Duc de Bournonville partit peu de jours après avoir remis le commandement de l'armée au Comte de Souches, pour se rendre dans le Palatinat. Il mena avec lui son Régiment & un petit nombre d'autres troupes : celles-ci furent remplacées peu après par des renforts plus considérables qui joignirent l'armée Impériale. Il y arriva environ deux mille Croates à pied, qui furent suivis par quatre mille hommes, tant de cavalerie, que d'infanterie, de troupes de l'Evêque de Munster.

Révolte des troupes de Cologne.

Les Régiments de l'Electeur de Cologne, que l'Evêque de Strasbourg avoit retenus au service de France, & que le Comte d'Estrades avoit placés à Bilsen & aux environs, après avoir vécu dans une indiscipline affreuse, pillé le pays, & déserté déjà en grand nombre, finirent par se révolter contre leurs chefs & voulurent les emmener de force. Le Comte d'Estrades fit monter sa cavalerie à cheval ; mais elle n'atteignit pas les révoltés ; ils avoient passé la Meuse à Stockem, & s'étoient contentés de laisser aller ceux de leurs Officiers qui avoient refusé de les suivre. Il en resta quinze ou vingt, presque tous des principaux, & environ soixante cavaliers. Les révoltés gagnèrent Cologne, & voulurent demander à l'Electeur les payes qui leur étoient dûes. Ils ne furent ni payés ni punis, & passèrent presque tous dans l'armée de l'Empereur, où leur peu de fidélité, & sur-tout leur habitude d'indiscipline, les rendirent d'un aussi mauvais service qu'ils l'avoient été à celui de France. Les troupes de Munster, habituées sous les ordres de leur Prince à une guerre de pillage & de brigandage, ne valoient pas mieux. Le Comte de la Lippe, abandonné par les Régiments qu'il commandoit à Bilsen, se retira chez lui, en attendant qu'il vît quel parti il auroit à prendre. Le Comte de Monterey & le Prince de Vaudemont lui avoient fait inutilement les offres les plus avantageuses pour l'attirer au service d'Espagne.

La proximité des Impériaux ne permit pas encore au Comte d'Estrades de raser le fort Navagne. Tous les moyens étoient préparés & les arrangements pris pour le faire aussi-tôt qu'ils s'éloigneroient. Mais en attendant on s'y étoit mis en état de se défendre, dans la crainte que le Comte de Souches ne vînt à l'attaquer & ne voulût le garder.

Destruction du château d'Argenteau & de quelques autres en Flandre.

On fit sauter le 12 le château d'Argenteau. La dureté, non-seulement du roc, mais des vieux murs faits avec de l'ancien

& excellent ciment, coûta une quantité prodigieufe d'outils.
On y employa quinze milliers de poudre.

JUIN.

On fe débarraffoit en même tems en Flandre de la garde de quelques forts, qui employoient des garnifons inutiles. Les châteaux de Rache & de Lalain près de Douay, fauterent le 31 de Mai, & le fort Mardick près Dunkerque, fut rafé dans les premiers jours de Juin. Les fortifications de la Capelle en Thiérache anciennement détruites, ne l'étoient pas encore affez pour ne pas fournir un pofte aux ennemis, & fur-tout un point d'appui dans leurs courfes en Picardie. M. le Prince de Condé donna des ordres pour les renverfer entierement.

Nous avons laiffé ce Prince arrivé le 29 Mai au camp de Thiméon. Nous avons rendu compte de l'affemblée des armées des Alliés & de leurs premiers mouvements. Nous retournons maintenant à l'armée Françoife.

M. le Duc d'Enguien y arriva de Franche-Comté le 5 Juin, pour la commander fous fon illuftre pere, dont il s'empreffoit de partager les travaux & la gloire. De fon côté M. le Prince avoit befoin d'être aidé. Il étoit fort tourmenté de la goutte & ne pouvoit pas toujours fuffire à tout. Sa fanté ne répondoit plus à l'activité de fon ame. Souvent même il fe trouvoit dans l'impoffibilité de monter à cheval.

Arrivée du Duc d'Enguien à l'Armée Françoife.

Cependant le Roi defiroit toujours que fon armée de Flandre affiégeât quelque place des ennemis. M. le Prince le defiroit lui-même. Leur inactivité, leur retard à agir offenfivement, leurs irréfolutions, les fentiments & les intérêts oppofés qui les divifoient, toutes ces circonftances fembloient le favorifer & l'encourager. Mais les Alliés pouvoient enfin s'accorder dans leurs projets, & fe décider à agir d'un inftant à l'autre. Il étoit apparent que le danger de quelqu'une de leurs places menacée ou attaquée feroit ceffer leurs débats. Ils pouvoient alors, ou fe porter en peu de jours fur M. le Prince lorfqu'il feroit occupé à un fiége, ou, ce qui étoit plus à craindre, le forcer à le lever par quelque diverfion puiffante. Un fiége levé dans une telle pofition n'eût été qu'un fuccès de moins, & point un mal réel; mais il eût compromis la réputation des armes du Roi, à laquelle il étoit important de conferver tout fon éclat. M. le Prince avoit en tête les armées Hollandoife & Efpagnole. L'armée Impériale pouvoit fe porter fur la haute Meufe, & le rappeller bientôt à la défenfe de cette frontiere. La flotte Hollandoife

Projets de Siéges.

menaçoit en même tems les côtes de Flandre. Ayant à défendre le Royaume contre tant d'ennemis, & à le garantir de leurs entreprises, il craignoit de compromettte cet objet principal en entreprenant lui-même. Il attendoit de voir à quel parti ils se détermineroient pour se décider en conséquence. Nous avons dit que ses équipages d'artillerie & de vivres n'étoient point encore complettés. Il devoit aussi recevoir quelques renforts après la conquête de la Franche-Comté. Cependant il voulut, se tenant toujours en mesure d'agir selon les mouvements des ennemis, s'approcher de celles de leurs places pour lesquelles naturellement ils devoient craindre, & ce fut dans cette vue que l'armée quitta le 8 le camp de Thiméon pour marcher vers Mons, & se porter sur la Haisne.

LA MARCHE FUT SUR CINQ COLONNES.

Marche de Thiméon à Haisne-Saint-Paul. 8 Juin.

Celle de droite, composée de la cavalerie de la droite, passa à la cense de Grand-Champ, à Frasne, à Revez, à la cense d'Odemont, entre Busée & Ubay, à Seneff près les Wanages, à Saint-Nicolas, entre le Hestre & Fay, à la Ferme d'Ardamont, passa la Haisne au pont de Saint-Vaast, & arriva à la droite du camp.

On voit que cette colonne couvroit la marche de l'armée par rapport à Bruxelles. Elle avoit encore en dehors d'elle des détachements & des partis vers Nivelle, & sur les débouchés qui conduisoient dans la plaine où elle marchoit.

La seconde colonne, composée des gros & menus équipages de l'armée, avec les deux brigades de dragons à la tête, & des détachements d'infanterie dans les intervalles & à la queue, fut dirigée par Liberchies & Luteau, laissa Lutz à gauche & Ubay à droite, passa le ruisseau du Piéton sur la droite de Selle & le repassa au moulin de Mornimont, continua sa route par le château de Vanderbeck, le laissant à droite, la Chapelle des Sept-Douleurs, Merlanwelz passant à gauche de la cense & de l'Abbaye de l'Olive, & ayant passé la Haisne, elle entra dans le camp par la gauche.

La troisiéme colonne, composée de l'artillerie & des vivres, avec

avec deux efcadrons à la tête & deux à la queue, & l'infanterie ordinaire dans les intervalles, fuivit la grande chauffée, qui la conduifit de l'ancien camp au nouveau.

JUIN.

La quatriéme colonne, compofée de toute l'infanterie avec deux efcadrons à la tête & deux à la queue, traverfa le bois de Goffeliers, paffa le Piéton au pont appellé Bon-Pont, fe porta à Souvray, laiffa le château de Forchies & la Commanderie du Piéton à gauche, repaffa le ruiffeau de ce nom, laiffa la cenfe de Beauregard à gauche, páffa au pont de Carrieres, près du Mont Sainte-Aldegonde, le laiffant à gauche, & entra dans le camp.

La colonne de gauche, compofée de la cavalerie de la gauche, paffa au Pont-à-mille-Loups, fuivit le chemin de Charleroy, jufqu'à hauteur de Goffeliers, fe dirigea à gauche de ce village fur le moulin del-Ferté où elle paffa le Piéton, de-là à Courcelles & au château de Forchies, repaffa le Piéton au village qui lui donne fon nom, paffa la Haifne près de fa fource à la Chapelle de Viermont, de-là au mont Sainte Aldegonde & au camp.

Le Lecteur qui ne redoutera pas la fechereffe de ces détails, & qui y cherchera quelque inftruction, verra avec peine combien peu la diftribution des colonnes dont nous traçons les itinéraires, fe trouve liée avec celle des troupes dans le camp, & avec la pofition que l'armée quitte & celle qu'elle va prendre. Souvent les points de départ des colonnes fe trouvent ailleurs que dans le camp des troupes qui les compofent ; & on eft obligé de leur donner des rendez-vous où elles s'affemblent, pour de-là prendre leurs places dans ces colonnes. Elles font d'abord une marche pour fe préparer à celle que l'armée doit exécuter. D'où il réfulte que partant plus matin, faifant plus de chemin, obligées d'attendre à ce rendez-vous, reftant plus long-tems fur pied, elles arrivent au nouveau camp plus tard & plus fatiguées. La difficulté du pays peut rendre ces inconvéniens inévitables dans quelques marches, mais moins en Flandre qu'ailleurs, & certainement pas auffi fréquemment que nous les rencontrons dans celles de l'armée de M. le Prince. Nous avons déjà remarqué combien la fcience des marches étoit imparfaite à l'époque peu éloignée dont nous traitons. Nous cherchons à ramener nos Lecteurs fur les

Obfervations.

résultats, par lesquels seuls les faits, & sur-tout les petits faits, peuvent devenir appliquables & utiles.

Nous avertissons ici, & nous eussions peut-être dû le faire plutôt, que lorsque nous disons que telle ou telle colonne étoit composée de l'aîle droite ou gauche de cavalerie, de telle partie de l'infanterie, &c; notre expression ne doit pas être prise dans le sens le plus absolu; mais qu'il faut seulement entendre que cette colonne étoit composée en plus grande partie du corps que nous indiquons. En effet, il y a presque toujours des exceptions. Il se trouve des Régiments déplacés pour différents objets, pour couvrir un quartier général, pour renfoncer une aîle mal appuyée, &c; & ces Régiments se joignent aux colonnes dont leur position les met à portée. Presque généralement il y a quelque cavalerie à la tête & à la queue des colonnes d'infanterie & d'équipages. La réserve, dont la composition varie très-fréquemment, prend sa place dans l'ordre de marche d'une maniere aussi variée & irréguliere. Ces irrégularités, quelquefois nécessaires, étoient infiniment plus fréquentes dans des armées mal organisées, telles que l'étoient encore celles de ce tems. L'habileté des Généraux & le courage des troupes tenoient lieu de tout; tandis que le méchanisme intérieur qui doit leur préparer les voies étoit ignoré: les grands hommes qui commandoient alors n'avoient pas eu le tems d'y penser. Il semble que l'esprit militaire ait long-tems repoussé & dédaigné toute idée d'ordre & de méthode.

Camp de Haisne Saint-Paul. 8 Juin.

Nous revenons à notre objet. L'armée fut campée, la droite à Peronne & la gauche à la Gratine. Ce camp a derriere soi, la riviere d'Haisne, & le ruisseau de Binche sur son flanc gauche; sur sa droite & sur presque tout son front la plaine est grande, & l'on peut facilement y manœuvrer. La grande chaussée en suit toute la longueur. La position eût été aussi bonne dans le sens opposé, la droite à Gratine, la gauche à Peronne, & la riviere devant son front, au lieu de l'avoir derriere soi. M. le Prince ayant des ennemis sur tous les sens, à Bruxelles l'armée des Alliés, & plus près de lui les places du Haynaut, prit son camp offensivement pour ces derniers. Il continuoit de tirer ses vivres de Charleroy.

L'armée ne resta que deux jours dans ce camp. M. le Prince voulut encore s'approcher de Mons, pour se mettre d'autant

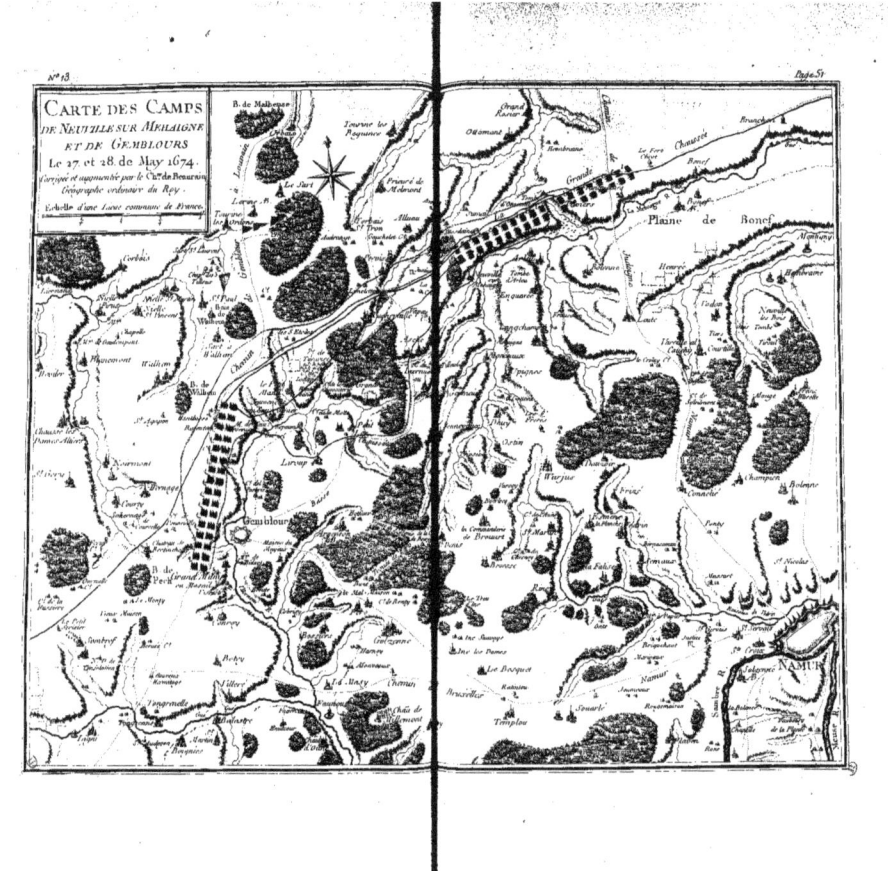

DE LA CAMPAGNE DE 1674.

plus à portée de remplir les vues du Roi pour un siége, s'il trouvoit la possibilité de le faire avec apparence de succès & sans danger ; soit celui de Mons, soit plutôt celui de quelqu'autre place sur laquelle il se porteroit brusquement, si les ennemis faisoient l'imprudence de la dégarnir. Dans la supposition que les circonstances ne lui permissent pas de faire un siége, au moins, en menaçant les places dont les Espagnols avoient la conservation très-à-cœur, espéroit-il les contenir, les tenir dans l'incertitude, suspendre l'exécution de leurs projets, & les empêcher d'agir offensivement ailleurs. D'après ces vues, M. le Prince quitta le 11 le camp de Haisne-Saint-Paul, & se porta à Ville-sur-Haisne en avant de la Haisne. Par cette position, il tenoit tout le Haynaut derriere lui, & le séparoit de l'armée des Alliés. Il pouvoit communiquer également avec Ath & avec Charleroy. Il étoit en mesure d'observer le parti que prendroient les ennemis, & de déterminer le sien en conséquence. De ce point central entre la Sambre & l'Escaut, il menaçoit, comme nous avons dit, les places du Haynaut, mais il pouvoit aussi se porter en peu de marches au de-là de l'Escaut, & y agir offensivement ou défensivement selon les circonstances.

JUIN.

LA MARCHE DE L'ARMÉE DU CAMP DE HAISNE-SAINT-PAUL A CELUI DE VILLE-SUR-HAISNE FUT SUR TROIS COLONNES.

Celle de droite, composée de la cavalerie & infanterie de la droite, la cavalerie en ayant la tête & la queue, passa la Haisne au pont de Saint-Vaast, se porta à Triviere, à la Chapelle Saint-Anne, sur la gauche de Braquignies, à Thieux, & sur les hauteurs du camp.

Marche de Haisne-Saint-Paul à Ville-sur-Haisne. 11 Juin.

La colonne du centre, composée de l'artillerie, des vivres & des équipages de toute espéce, avec deux escadrons à la tête & trois à la queue, & les détachements d'infanterie ordinaire dans les intervalles, passa la Haisne au pont de Triviere, passa à Storpy, marcha le long de la Haisne, traversa le ruisseau de Thieux près du château de Boussoit, & de-là monta sur les hauteurs où devoit être le camp.

La colonne de gauche, composée de la cavalerie & infanterie de la gauche, la cavalerie en ayant la tête & la queue, marcha de Peronne à Bray, à Maurage, passa la Haisne au pont de Boussoit, ensuite le ruisseau de Thieux, & de-là se porta sur les hauteurs du camp.

Camp de Ville-sur-Haisne. 11 Juin.

Il fut à peu près le même que M. le Prince avoit occupé le 14 Mai, la droite vers le château de Boussoit, la gauche près de Gottignies. Nous avons déjà remarqué que ce camp a l'inconvénient d'une communication difficile, à cause des ravines & d'un ruisseau qui le coupent. A ce défaut près, auquel on peut remédier en partie, il est d'une très-bonne défense. M. le Prince l'occupa presque tout le reste de Juin, tirant ses convois de subsistances & de munitions de guerre d'Ath & de Charleroy; mais plus particulierement d'Ath, où ils arrivoient de Tournay, & à Tournay d'Arras & Douay par la Scarpe & l'Escaut. On conçoit cependant, vû le voisinage des places des ennemis &

Difficulté des convois.

des fortes garnisons qu'elles contenoient, que ces convois, tant ceux de la Sambre que de l'Escaut, avoient besoin de fortes escortes. Ce n'étoit pas de Tournay & d'Ath ou de Charleroy à l'armée, qu'ils couroient le plus de risques; mais c'étoit dans la communication d'Artois, de Picardie & de Champagne à nos premieres places, & de ces premieres places entr'elles. Les ennemis infestoient ces communications avec d'autant plus de facilité & de sûreté que nous y avions peu de cavalerie à leur opposer. Ils continuoient leurs courses en Thierache, vers l'Oyse & la Somme, & alloient jusques dans les Fauxbourgs d'Arras. M. de Montpezat à Arras, & M. le Comte de Broglio à Avesnes, demandoient en vain à M. le Prince de la cavalerie qu'il ne pouvoit pas leur donner.

Les Espagnols forcent de moyens en tout genre.

Les Espagnols continuoient de s'occuper de la défense de leurs places avec d'autant plus d'activité, qu'ils se voyoient menacés de plus près par l'armée Françoise. A Valenciennes, on fit la revue de la jeunesse de cette ville & des environs, & on trouva quatre mille hommes qu'on mit sous les armes, & auxquels on distribua des postes. Dans l'Artois, M. le Prince de Robecq ordonna que de tous les villages un homme sur cinq se rendroit armé dans Saint-Omer ou dans Aire au premier coup de canon. En mettant à profit, en forçant même tous les moyens que le pays pouvoit fournir, les Espagnols retiroient de leurs places & rappelloient à l'armée autant de troupes réglées que la sûreté de ces places pouvoit le permettre. Ils augmentoient

DE LA CAMPAGNE DE 1674.   53

augmentoient leurs troupes par tous les moyens poffibles. On
enrôloit de force les mendiants & les vagabonds qui fe trouvoient
en état de porter les armes, & quant à nos déferteurs, qui
malheureufement étoient en grand nombre, on cherchoit à
les attirer par tous les moyens poffibles. M. de Monterey publia
une ordonnance, par laquelle il enjoignoit à toutes les Communautés de leur donner toutes fortes de fecours & de protection. Ces mefures réuffirent complettement. M. le Prince
d'Orange leva un nouveau Régiment d'infanterie & un de
cavalerie, qu'il compofa en plus grande partie de déferteurs
François. Les Alliés fouffroient auffi par la défertion; mais
l'armée Françoife n'en profitoit pas beaucoup, parce qu'il s'y
trouvoit peu de régiments qui engageaffent des déferteurs:
fouvent auffi ceux des ennemis ne faifoient que paffer d'une
de leurs armées à l'autre; des Hollandois aux Efpagnols ou
aux Impériaux, ou de ceux-ci aux premiers.

JUIN.

Cependant le Prince d'Orange & le Comte de Monterey
n'avoient encore rien entrepris, depuis plus de trois femaines
qu'ils avoient raffemblé leurs armées à Malines, Louvain,
Bruxelles & aux environs de ces places. Tout le tems s'étoit
paffé en difcuffion & en Confeils, dans lefquels ils s'étoient peu
accordés entr'eux, & moins encore avec les Généraux de
l'armée Impériale. Les Etats-Généraux commençoient à fe
plaindre de payer des troupes inutiles. La partie du Brabant
que les armées occupoient étoit ruinée par leur féjour, & les
fubfiftances commençoient à s'épuifer. Le Prince d'Orange fouffroit plus que tous d'une telle inactivité; mais il étoit loin
d'avoir fur les armées qu'il devoit faire agir, l'autorité abfolue
que le titre de Généraliffime fembloit comporter. Nous verrons
que cette inaction, fuite de l'incertitude des Confeils & des intérêts différents qui les agitoient, n'étoit pas encore prête à finir.

Incertitude des Alliés fur leurs projets.

En attendant qu'il pût amener le Comte de Monterey, &
fur-tout le Comte de Souches à convenir de quelque chofe, &
à prendre un parti, le Prince d'Orange jugea néanmoins à
propos de fe porter lui-même plus en avant, & de fe mettre
plus en mefure d'agir avec les Efpagnols. La confommation
des fourrages des quartiers qu'il occupoit, l'obligeoit auffi de
les abandonner. En conféquence fon armée partit le 11
de Duffel & environs, & fe porta fur la Senne. Une partie
de fes troupes camperent à la rive gauche entre Semps & Vil-

L'armée Hollandoife à Vilvorden.

O

vorden. Sa cavalerie s'étendit fur cette riviere, ainfi que vers Dendermonde. Quelques troupes refterent à Malines. Quelques autres camperent avec les Efpagnols dans les fortifications de Bruxelles. Le Prince d'Orange fut obligé de laiffer long-tems l'armée Hollandoife dans ces mêmes quartiers, où il ne fit que des changements peu importants, déterminés prefque toujours par des raifons de fubfiftance.

JUIN.

Les Confeils qui avoient été tenus entre les Chefs des armées des Alliés, avoient eu pour principal objet les opérations de celle de l'Empereur. Le point le plus important fe trouvoit en même tems le plus difficile à réfoudre, à caufe des intérêts particuliers de ce Prince, des inftructions qu'il avoit données en conféquence, & peut-être plus encore de l'efprit peu conciliant du Général de fon armée. Cependant du parti qu'elle prendroit, dépendoit néceffairement la maniere dont agiroient les deux autres.

Les négociations entamées à ce fujet entre le Prince d'Orange, le Comte de Monterey & le Duc de Bournonville, devenoient inutiles à l'arrivée du Comte de Souches, & le nouveau Général fe montroit plus difficile à perfuader que le premier. Le parti qu'il prit à l'inftant de fon arrivée de faire revenir l'armée fur la Roër, & l'inaction dans laquelle il l'y tint, malgré les inftances des Généraux Hollandois & Efpagnols, annonçoient affez qu'il leur étoit peu favorable.

Confeil tenu à Ruremonde.

Il y eut un Confeil tenu à Ruremonde le 8 Juin entre le Comte de Waldeck de la part du Prince d'Orange, le Marquis d'Affentar, de celle du Comte de Monterey, & le Comte de Souches en perfonne. Les deux premiers prefferent en vain le Général Impérial de paffer la Meufe. Tout ce qu'ils purent obtenir de plus favorable à leurs vues, fut qu'il la pafferoit dans le cas où M. le Prince de Condé entreprendroit quelque grand fiége, qu'alors les trois armées fe réuniroient pour le combattre, & que fi elles ne pouvoient y réuffir, elles affiégeroient Maëftricht; qu'en attendant, & dans le cas où l'armée Françoife n'entreprendroit rien, l'armée Impériale s'approcheroit feulement de la Meufe, reprendroit Argenteau & Navagne & en rétabliroit les fortifications, fortifieroit peut-être Vifet, feroit en forte, à l'aide des intelligences qu'elle avoit dans Liége, de fe mettre en poffeffion de la citadelle, & confommeroit toutes les fubfiftances à la rive droite de la Meufe,

DE LA CAMPAGNE DE 1674.

s'étendant en remontant cette riviere jusques dans les Ardennes. Le Comte de Souches prétendoit qu'en s'approchant ainsi de la haute Meuse, on menaceroit d'entrer en Champagne; ce qui contiendroit d'autant M. le Prince de Condé, l'empêcheroit de s'éloigner de cette frontiere, & peut-être le forceroit de s'en rapprocher; qu'au surplus il saisiroit toutes les occasions que les circonstances pourroient offrir d'agir avec succès contre la France, & de favoriser la cause commune.

JUIN.

Cette résolution que nous tirons de la correspondance de M. le Prince, ne présente rien de bien précis, & annonce assez que le Conseil assemblé se sépara, sans que ceux qui le composoient se fussent amenés réciproquement à leurs vues. Les intérêts des trois Alliés, réunis dans l'objet commun de nuire à la France, se divisoient dans ce qui leur étoit particulier, & dans les avantages que chacun d'eux avoit à prendre. Les Hollandois (& les Etats Généraux plus que le Prince d'Orange, car il ne bornoit pas ses vues à l'objet du moment) vouloient que pour prix des frais immenses qu'ils faisoient pour la guerre, on les remît en possession de Maëstricht & de Grave. Les Espagnols desiroient de rentrer dans les pays conquis par la France. Le seul intérêt de l'Empereur étoit de contenir dans cette partie le plus de troupes Françoises qu'il se pourroit, pour favoriser par-là les opérations de ses armées sur le haut Rhin. Indépendamment des instructions qu'il avoit de son maître, le Comte de Souches étoit pressé par l'Electeur Palatin & par l'Electeur de Trêves de venir au secours de leurs Etats. Il craignoit que les succès de M. de Turenne ne le rappellassent au secours de l'Empire, lorsqu'il auroit passé la Meuse pour s'avancer en Flandre.

Les Etats Généraux payoient quarante-cinq mille écus par mois à l'armée Impériale. M. le Prince d'Orange pour s'assurer davantage de cette armée, s'il étoit possible, & la mettre plus dans sa dépendance, prit des mesures pour que ce payement fût fait avec régularité & d'avance, & envoya à cet effet un Commissaire Hollandois. Malgré ces précautions, les instances réitérées à M. de Souches pour agir, & les conventions faites à Ruremonde, l'armée Impériale resta encore huit jours dans ses quartiers sur la Roër.

L'armée Impériale.

Il ne s'y passa rien d'important pendant le séjour qu'elle y fit. Ses partis coururent au loin, mais ils dévasterent plus le pays, qu'ils ne rapporterent de profit. Elle remplaça à Venlo, Ruremonde, Steuenfwert & Gueldre, les garnifons Efpagnoles qui rejoignirent leur armée. Le corps qui fe porta fur la Meufe pour affurer la courfe de M. de Souches à Ruremonde & fon retour, donna quelque inquiétude. On crut que ce mouvement d'un corps de troupes plus confidérables qu'il ne falloit pour un tel objet, fe faifoit dans quelque vue offenfive, & que peut-être l'armée alloit paffer la Meufe en tout ou en partie. Ces troupes revinrent fur la Roër peu de tems après leur Général. Il continua de pouffer des partis fur tous les points, & rien n'annonçoit encore quels étoient fes projets. Les bruits de fon armée à cet égard, ainfi que les avis donnés aux François, étoient fort contradictoires. On croyoit cependant plus généralement qu'il marcheroit fur Maëftricht ou fur Liége.

Enfin l'armée quitta le 16 fes quartiers de la Roër & marcha à Efchwilers. Elle reprenoit la même route par laquelle elle s'étoit retirée quinze jours auparavant. Le lendemain 17 elle fe porta entre Aix-la-Chapelle & Rolduc.

M. le Comte de Souches avoit envoyé à Liége avant fon départ de Duzen, un Commiffaire avec des lettres de lui aux Etats & aux Bourguemeftres, pour leur demander, mais d'une maniere plus pofitive & plus menaçante que ne l'avoit fait M. de Bournonville, de fe déclarer pour l'Empereur, & préalablement de fournir des vivres à fon armée. Le Comte de Souches n'avoit pas fpécifié dans fes lettres fi ces vivres feroient payés ou non ; mais le Commiffaire chargé d'expliquer plus particulierement fes intentions & d'en fuivre l'exécution, fe mit peu en peine de diffimuler qu'ils pourroient bien ne pas l'être. Les Liégeois foutinrent de leur mieux la caufe de leur neutralité, mais cependant ils firent cuire le pain, & fe préparerent à fournir les vivres de toute efpéce demandés par l'armée Impériale.

Cette neutralité étoit peu ménagée par les Impériaux. La barque de Liége à Maëftricht avoit été attaquée & pillée peu de jours auparavant par un détachement de la garnifon de Limbourg, fous prétexte qu'il y avoit quelques François dedans. Il y eut plufieurs Liégeois de tués. M. le Comte d'Eftrades avoit offert en vain de la faire efcorter entre Maëftricht & Vifet, tandis que les Liégeois eux-mêmes l'efcorteroient

DE LA CAMPAGNE DE 1674. 57

l'escorteroient entre Viset & Liége ; mais ils n'avoient pas voulu de cette protection, qui eût paru une espéce d'enfreinte à la neutralité.   JUIN.

Ils licencierent dans ce même tems leur milice, malgré les sollicitations du sieur des Carrieres, Résident de France, qui les pressoit de conserver au moins ce foible moyen d'opposer quelque résistance à l'armée de l'Empire. Le Comte d'Estrades, menacé lui-même d'un siége, ne pouvoit plus fournir pour la défense de la citadelle, le secours qu'il avoit promis, & il l'écrivit à ce Résident. Au moyen de quoi les Liégeois, hors d'état de résister & hors de portée d'être secourus par l'armée Françoise, n'avoient gueres d'autre parti à prendre que de protester contre la force, & d'ouvrir les portes de leur ville à l'armée de l'Empereur, si elle se présentoit pour y entrer. Au surplus la violence eût été superflue, le parti de l'Empereur dans cette ville étant beaucoup plus fort que le parti François.

Le Comte de Souches s'occupoit peu d'adoucir par des discours & des procédés obligeants, les charges qu'il imposoit aux Liégeois. Ils lui députerent à Aix-la-Chapelle un Gentilhomme pour le complimenter & lui offrir des vins de présents. Il les refusa, & répondit qu'il aimoit mieux des vivres pour l'armée de leur maître & protecteur, qui alloit s'approcher de Liége, & qu'alors il seroit tems de parler de leur vin.

L'armée Impériale se remit en marche le 18, & se porta sur la riviere de Geul. Le quartier-général du Comte de Souches fut à Galop, & celui de M. de Spork à Willer. Ils pousserent de gros détachements en avant, firent sonder la Meuse à Viset, & reconnoître Navagne. M. le Comte d'Estrades n'avoit rien négligé pour mettre ce fort dans le meilleur état de défense ; il y avoit huit cens hommes de garnison.

Mouvements de l'armée Impériale.

Le 19, les Impériaux s'approcherent de la Meuse, & camperent vis-à-vis & à peu de distance de Viset & de Navagne, leur quartier-général à Biernaw. On crut qu'ils alloient assiéger le fort ; mais ils quitterent cette position le lendemain à deux heures après midi, & firent un petit mouvement par leur gauche. Ils se porterent au-delà de la Beruine, & camperent en avant de Dalem, où fut placé le quartier-général.

P

On conçoit assez que les Impériaux occuperent Viset, pendant tout le tems qu'ils furent à portée de cette ville. Parmi les détails, dont le plan qu'on s'est formé assujettit à rendre compte, il est des choses si simples, que ce seroit se défier de la sagacité des Lecteurs, que de se croire obligé d'en faire mention.

L'armée Impériale séjourna le 21 au camp de Dalem. Elle marcha le 22 par sa gauche vers Liége, & campa la gauche à cette ville.

Il étoit clair que le Comte de Souches avoit alors renoncé à tout projet sur Maëstricht & sur Navagne, quelques espérances que les Alliés eussent conçues à cet égard. Il paroît que ce Général, en s'avançant de la Roër sur la Meuse, quoique très-décidé à ne rien entreprendre sur Maëstricht, ne l'étoit pas également par rapport à Navagne. Il fit reconnoître ce fort avec soin ; & ce ne fut que d'après le bon état dans lequel il le trouva, & la connoissance qu'il eut de la force de la garnison qui le défendoit, qu'il renonça à en faire le siége. Il savoit que les François attaquoient & défendoient bien les places, & il craignoit que ce petit fort n'arrêtât long-tems son armée, & ne la fatiguât plus qu'il ne valoit. Sa marche du 20, qui ne fut déterminée que fort tard, concourt à nous montrer qu'il fut jusqu'à ce moment incertain du parti qu'il prendroit, qu'il étoit combattu par les engagements pris au Conseil tenu à Ruremonde, & qu'il ne se décida à s'éloigner de Navagne, que lorsqu'il crut voir dans cette entreprise plus de difficultés qu'il n'en vouloit surmonter.

Il ne fut pas question d'Argenteau ; ce château avoit été détruit peu de jours auparavant, de façon à ne pouvoir pas être rétabli ; & M. le Comte d'Estrades attendoit avec impatience que l'éloignement des ennemis lui permît d'en faire autant de Navagne.

Il avoit été agité à l'armée Impériale de fortifier Viset, tant pour y avoir un pont sur la Meuse, que pour intercepter la communication de Liége à Maëstricht, & priver la garnison de cette ville des secours qu'elle recevoit par la navigation. M. de Souches n'adopta pas cette idée, & il obligea Viset à se racheter par quelques contributions, du séjour de ses troupes, qui l'évacuerent deux jours après.

Ce Général recevoit de fréquents couriers du Comte de

DE LA CAMPAGNE DE 1674.

Monterey & du Prince d'Orange qui le preſſoient d'agir. Une partie des Officiers-Généraux de ſon armée appuyoit les projets offenſifs des Alliés, & combattoit ſes idées. Pluſieurs vouloient qu'il paſſât la Meuſe à Viſet. Le Duc de Holſtein entr'autres, eut avec lui une ſcene très-vive, en déſapprouvant ſon inaction, & prétendant qu'elle entraîneroit les mauvais ſuccès de la cauſe commune. Le Comte de Souches ſe refuſa très-poſitivement au parti qu'on lui propoſoit ; répondit qu'il ne vouloit pas ſacrifier ſon armée, & malgré les ſollicitations preſſantes des Alliés, & l'opinion d'une partie des Officiers-Généraux à ſes ordres, il ſuivit conſtamment ſon projet d'obſerver toujours ce qui ſe paſſeroit ſur le haut Rhin, & d'attendre le parti que prendroit en Flandre M. le Prince de Condé. Il croyoit en faire aſſez s'il ſe tenoit en meſure d'agir, & s'il faiſoit ſubſiſter ſes troupes aux dépens des Etats de Liége & de tout le pays à la rive droite de la Meuſe.

Dès que M. le Comte d'Eſtrades ſe vit délivré, par l'éloignement de l'armée Impériale, de la crainte d'un ſiége, il annonça au ſieur des Carrieres à Liége, & manda à M. le Prince, qu'il étoit prêt à donner deux ou trois cens hommes de renfort pour la défenſe de la citadelle, auſſi-tôt que le Gouverneur l'en requéreroit. Mais la ſuite fit voir, par la conduite des Impériaux & des Liégeois, que cette prévoyance étoit inutile.

M. le Comte d'Eſtrades s'étoit cru d'autant plus menacé d'un ſiége, qu'en même tems que l'armée Impériale s'avançoit ſur la Meuſe, un corps de trois ou quatre mille hommes de celle du Prince d'Orange, la plus grande partie de cavalerie, s'étoit porté juſqu'à Peer & Haſſelt & au-delà, & avoit pouſſé les détachements de la garniſon de Maëſtricht juſqu'à la contreſ-carpe de cette ville. Ce corps retira avec lui les garniſons Eſpagnoles de Gueldres, Ruremonde, Steuenſwert & Venlo. C'étoit au Marquis de Chamilly qu'étoit réſervé la gloire de ſoutenir un ſiége. Le Prince d'Orange avoit dès-lors conçu le projet de celui de Grave.

L'armée Impériale ſéjourna le 23 dans ſon camp près de Liége. Le Comte de Souches entra dans cette ville, & dîna chez les Bourguemeſtres, avec les principaux Officiers-Généraux de ſon armée. Quatre ou cinq mille Impériaux furent admis

JUIN

L'armée Impériale campée ſous Liége.

dans la ville en même tems que leur Général, & la porte du côté du camp fut occupée par ses Gardes. Le dîner se passa fort bien, & on but force santés de l'Empereur. On termina, & on imagine bien que ce fut à la satisfaction du Comte de Souches, tous les arrangements concernant les subsistances à fournir. Le Résident de France fut très-négligé, & n'eut pas même d'avis formel de l'entrée du Général de l'Empereur, quoique les Bourguemestres en fussent prévenus dès la veille. Sa sûreté fut compromise. Il prétendit qu'on en vouloit à sa vie, & eut recours au Comte d'Estrades, qui crut peu à ce péril, mais cependant lui envoya cinq ou six Officiers ou Bas-Officiers pour le garder. Le Comtes de Souches, après avoir passé la journée dans Liége, se retira le soir avec ses troupes, sûr d'y rentrer & d'en être le maître quand il le voudroit. Les Liégeois renouvellerent au sieur des Carrieres les assurances de leur neutralité, protesterent qu'ils auroient reçu M. le Prince de Condé dans leur ville, ainsi qu'ils y avoient admis M. de Souches, & qu'ils lui auroient rendu tous les honneurs que son rang exigeoit, qu'au surplus ils n'étoient pas en état de resister à une armée qui étoit à leurs portes. C'étoit ainsi qu'ils dissimuloient la partialité que leur conduite annonçoit en faveur de l'Empereur. Dans le fait cette ville étoit divisée, mais le parti Impérial y dominoit.

Le Comte de Monterey envoya dans ce même têms à Liége un Proveidor Espagnol qui vint à l'appui des demandes que faisoit l'armée Impériale, & en ajouta de nouvelles. Cette ville avoit à répondre à quatre armées qui la fouloient à l'envi les unes des autres sous les apparences de la protection. C'est le sort des petits Etats neutres au milieu du théatre de la guerre. On fit cuire une très-grande quantité de pain à Liége. Les Alliés en demanderent aussi à Huy. Les Espagnols en firent préparer beaucoup pour leur compte à Namur. Tous ces préparatifs, qu'enfloient encore les avis donnés à M. le Prince, sembloient indiquer le projet de passer la Meuse à quelqu'un de ces points, & annoncer que peut-être les armées Hollandoise & Espagnole s'y porteroient elles-mêmes pour donner la main à celle de l'Empereur. Au reste, le pain cuit à Liége, Huy & Namur, pouvoit aisément suivre la marche des Impériaux sur la Meuse, & leur être porté par-tout où ils seroient, tant qu'ils ne s'éloigneroient pas de cette riviere.

Le

DE LA CAMPAGNE DE 1674. 61

Le Comte de Souches avoit donné en partant de la Roër, des ordres féveres à son armée pour en assurer la discipline ; mais l'habitude l'emporta bientôt, & les environs de Liége eurent infiniment à souffrir du brigandage du soldat.

JUIN.

Le 24 l'armée Impériale marcha par sa gauche, & passa l'Ourte. Elle campa, la droite appuyée à Chesnaye, village situé sur cette riviere ; la gauche vers le Val-Saint-Lambert, le quartier général à Quinquanpoix.

Mouvements des Impériaux vers la haute Meuse.

Le 25 tout ce qui étoit resté encore à la droite de l'Ourte passa cette riviere, & les ponts qu'on y avoit jettés furent rompus. L'armée fit un petit mouvement, toujours par sa gauche, & le quartier général fut transporté à Ramay.

Le 26 l'armée s'avança dans la Condrooz, & campa à peu de distance de Huy. Le 27 elle passa au-delà, & se porta à Andenne. M. de Souches fit descendre des bateaux de Namur, & jetter devant son camp un pont sur la Meuse.

On est étonné des petites marches que l'armée Impériale a exécutées jusqu'ici. Rien n'annonce mieux que son Général n'avoit point de projet arrêté. Il vouloit gagner du tems, voir venir, ne se décider que d'après l'événement, & en attendant manger le pays. En le traversant à petites marches, il remplissoit ces différents objets. La consommation de cette armée étoit prodigieuse à cause de l'indiscipline & du pillage, & il eût été difficile qu'elle subsistât long-tems dans les mêmes lieux.

Dès qu'elle se fut éloignée de Liége, M. le Comte d'Estrades fit assembler tous les paysans qui avoient été commandés pour raser les fortifications de Navagne. On y travailla tout de suite avec autant de diligence qu'il fut possible. Cette opération prolongée par les pluyes qui survinrent, fut finie vers le milieu de Juillet. Le Comte d'Estrades retira à Maëstricht toute l'artillerie & les munitions de guerre qui étoient à Navagne ; & sa garnison fut renforcée du détachement qu'il en avoit tiré pour la garde de ce fort.

Le fort de Navagne est rasé.

Il profita aussi des premiers instants où il se vit délivré de l'armée Impériale, pour envoyer des détachements dans les villages des environs qui s'étoient prévalus du voisinage de cette armée, & avoient refusé le paiement des contributions, ou manqué aux livraisons qui leur étoient imposées. Il se fit justice de quelques-uns. Tous se soumirent, & satisfirent à ce qui étoit exigé.

Q

HISTOIRE

JUIN.

Nous quittons maintenant les bords de la Meuse pour retourner à l'armée Françoise que nous avons laissée à Ville-sur-Haisne. Ayant à rendre compte des opérations de plusieurs armées, nous les présentons de suite & sans en couper la narration, selon qu'elles se succedent sans interruption, & qu'elles ont entr'elles une liaison immédiate : paroissent-elles suspendues de quelque côté, nous saisissons aussi-tôt cet instant pour porter notre attention sur une autre ; car l'histoire ayant à présenter des scenes paralleles & simultanées, est cependant réduite à les parcourir successivement ; tout son art consiste à les rapprocher plus ou moins dans sa narration, selon qu'elles l'ont été dans le fait ; c'est l'adresse du Tisserand, dont les fils croisés doivent enchaîner la trame sans jamais la briser.

M. le Prince de Condé, infirme avant le tems, tourmenté de la goutte, & souvent hors d'état de monter à cheval, avoit besoin d'un principal Officier-Général en qui il pût avoir confiance, qui le soulageât des fatigues du commandement, à l'œil duquel il pût s'en rapporter, & dont l'activité suppléât à la sienne. Qui pouvoit mieux remplir ces vues que le Duc de Luxembourg, en qui il trouvoit un ami sûr & un grand homme de guerre ? M. le Prince le demanda au Roi, sous qui il servoit en Franche-Comté. M. de Luxembourg avoit eu promesse de ce Monarque de ne plus être employé qu'en chef ; mais il savoit apprécier l'avantage de servir sous Condé & de jouir de sa confiance. Il obéit donc avec autant de joie que de zéle, & dès que le siége de Dole fut terminé, il partit pour se rendre à l'armée de Flandre, où il arriva le 16.

Le Duc de Luxembourg.

Le Duc de Navailles.

M. le Duc de Navailles commandoit l'armée sous M. le Prince & M. le Duc. M. de Luxembourg vouloit bien servir sous ceux-ci ; mais il ne vouloit point être aux ordres du premier, qui étoit son ancien de beaucoup, quoique son égal en grade. L'ancienneté n'établissoit point alors de rang dans les armées, & dans le cas où le commandement en chef venoit à vaquer, les Officiers-Généraux, de grade égal, prenoient chacun leur jour. On en vit un exemple célebre, lorsqu'à la mort de M. de Turenne, M. de Vaubrun & M. de Lorges alternerent entr'eux pour remplir sa place. Cependant M. le Duc de Navailles, ancien Lieutenant-Général, qui joignoit à ce grade le titre de Capitaine-Général, qui avoit eu déja plusieurs commandements en chef, & qui d'ailleurs ne laiſſoit pas que d'avoir du crédit à la Cour, ne vouloit point du tout rouler avec M. de Luxembourg, & prétendoit au contraire avoir le droit de le commander. Il voyoit avec peine un homme dont l'ancienneté n'égaloit pas la réputation, venir partager avec lui le premier rang après les Princes, & le primer ſur tout par la confiance qu'il leur inſpiroit, & par la prépondérance qu'il avoit dans le Conſeil. De ſon côté, M. de Luxembourg oppoſoit aux prétentions de M. le Duc de Navailles, ſes ſervices, les commandements importants qu'il avoit exercés, le grade de Feld-Maréchal auquel l'avoient élevé les Princes alliés de la France, plus que tout cela, la promeſſe qu'il avoit du Roi de ne plus être employé qu'en chef, promeſſe dont il ſe départoit avec joie vis-à-vis des Princes de ſon ſang, mais qu'il prétendoit faire valoir contre tout autre qu'eux. Au ſurplus il ne demandoit que l'égalité qui étoit d'uſage alors entre les Officiers-Généraux de même grade, & conſentoit à rouler avec MM. de Rochefort & de Fourilles, qui étoient ſes cadets & qui avoient preſque toujours été à ſes ordres, comme il propoſoit à le faire avec M. le Duc de Navailles, qui étoit ſon ancien. Le Roi voulant ſe ménager les ſervices de ces deux Officiers principaux dans la même armée, ſans toutefois déſobliger ni l'un ni l'autre, imagina de la diviſer en deux corps, celui de droite aux ordres du Duc de Navailles, & celui de gauche à ceux du Duc de Luxembourg, l'un & l'autre ſous le commandement des Princes; de façon que les deux contendants ne devoient avoir rien de commun enſemble. Cet arrangement, très-bon ſi les deux corps d'armées euſſent été effectivement ſéparés, n'étoit qu'illuſoire tant qu'ils ſeroient réunis, & ne faiſoit qu'éluder la difficulté au-lieu de la réſoudre. Le Duc de Navailles ne s'en contenta pas; il déclara qu'il ne conſentiroit jamais à devenir l'égal de ſon cadet, & ſe détermina à faire de nouvelles repréſentations. Le Roi qui l'aimoit & le confidéroit y céda, & lui donna le rang ſur M. de Luxembourg. Celui-ci regarda ce jugement comme un outrage; il en témoigna hautement ſon mécontentement, ſe plaignit particuliérement de M. de Louvois, & voulut quitter l'armée. Les conſeils de ſes amis, ceux de Condé, l'amitié de ce Prince, l'empêcherent de ſe livrer à ſon reſſentiment. M. de Louvois même plia ſon caractere juſqu'à ſe juſtifier vis-à-vis de lui, & à prendre le ton de l'amitié & de l'intérêt, pour lui inspirer plus de modération. De son côté M. le Prince chercha à diminuer ce désagrément, en le détachant & lui donnant un corps séparé toutes les fois qu'il eut occasion de le faire. Mais la réunion des forces supérieures des Alliés l'obligea bientôt de rassembler les siennes, & M. de Luxembourg, oubliant désormais les griefs dont il se plaignoit, ne s'en vengea plus qu'en contribuant aux succès de son Général & à la gloire de son Roi.

Raisons de l'inaction de M. le Prince.

M. le Prince souffroit d'être inactif dans son camp de Ville-sur-Haisne; il regrettoit sur-tout de ne pouvoir satisfaire au desir qu'avoit le Roi qu'il assiégeât quelque place des ennemis. Toutes ces places bien fortifiées, défendues par de nombreuses garnisons, & peu éloignées de l'armée qui pouvoit les secourir, exigeoient par elles-mêmes des siéges longs, hasardeux & difficiles. Mais ces difficultés n'étoient pas les plus insurmontables; des diversions puissantes pouvoient bientôt appeller l'armée loin du siége qui l'occuperoit. En effet la flotte de Hollande croisa dans la Manche jusqu'au 18 de Juin. L'armée Impériale étoit alors aux environs de Maëstricht & de Navagne, & ne s'éloigna de ces places qu'en remontant la Meuse, & s'approchant de la frontiere de Champagne. M. le Prince ayant à défendre plusieurs Provinces contre plusieurs armées, osoit cependant encore concevoir des projets offensifs; il se flattoit toujours de remplir les vues du Roi, en entreprenant un siége. Son caractere audacieux & actif, & le desir de plaire au Roi, le ramenoient à ces projets: mais sa prudence & son expérience militaire en suspendoient l'exécution.

On continuoit de travailler avec activité dans toutes les places au pouvoir du Roi, pour les mettre dans le meilleur état de défense. Vauban les visitoit, il en décidoit & pressoit les travaux. On s'occupoit de celles de seconde & troisiéme ligne ainsi que de celles de premiere; la possibilité que les ennemis pénétrassent sur nos frontieres par divers points, leur donnoit la même importance.

Cependant la désertion continuoit d'être considérable dans l'armée de M. le Prince. Ses équipages d'artillerie & de vivres n'étoient point encore complets au camp de Ville-sur-Haisne; ce retard étoit au nombre des causes qui suspendoient ses opérations.

M.

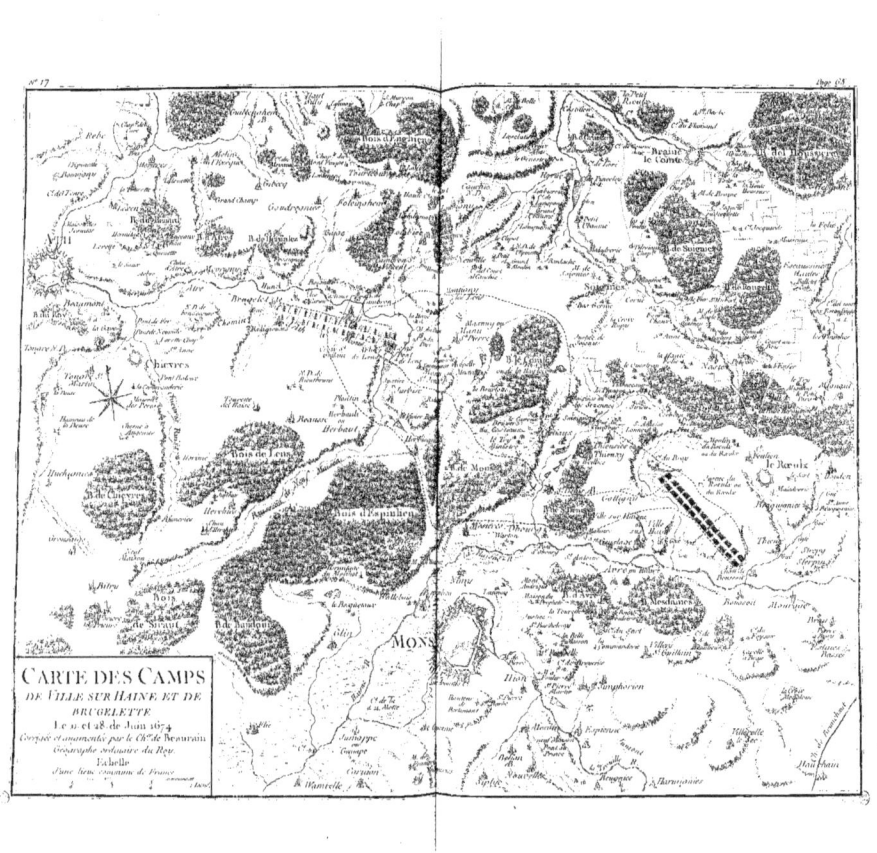

DE LA CAMPAGNE DE 1674.

M. le Prince resta jusqu'au 28 dans ce camp, & marcha alors vers Ath.

JUIN.

L'ARMÉE MARCHA SUR TROIS COLONNES.

Celle de droite, composée de la cavalerie & de l'infanterie de la droite, les dragons & la cavalerie de premiere ligne en ayant la tête, & la cavalerie de seconde ligne en ayant la queue, prit sa route par la Justice du Rœulx, la cense du Bray, Thieusy, passa au pont de Saisinnes, à la Justice de Soignies, suivit la lisiere des bois de la Haye-le-Comte, les laissant à gauche, se dirigea à travers champs sur Montigny-les-Lens, & delà à Cambron, y passa le ruisseau, & entra dans le camp.

<small>Marche de Ville-sur-Haisne à Brugelette. 28 Juin.</small>

La colonne du centre, composée des vivres, de l'artillerie, des gros & menus équipages de toute espéce avec les détachements ordinaires, laissa Gottignies à droite, passa entre le village & l'Abbaye de Saint Denis, traversa la bruyere du Castiau, laissa Masnuy-Saint-Jean à droite, & joignit, près de la Justice, le grand chemin de Mons à Ath, qui la conduisit dans le camp.

La colonne de gauche, composée de la cavalerie, de l'infanterie de la gauche & de la réserve, marcha par Obourg & Maisieres, d'où elle gagna le grand chemin de Mons à Ath, le suivit jusqu'au-delà d'Herbiseuil, le laissa alors à droite, & se dirigea sur la Croix de Saint Guilain, où elle entra dans le camp.

L'armée fut placée, la droite à Brugelette & la gauche à Lens, le ruisseau derriere, le quartier général à Brugelette.

<small>Camp de Brugelette. 28 Juin.</small>

La véritable position de ce camp, relativement à celle de l'armée ennemie, eût été dans le sens contraire, la droite à Lens & la gauche à Brugelette, le Hunel devant. M. le Prince le tourna vers les places du Haynaut; mais il n'en conservoit pas moins les avantages du ruisseau & des hauteurs qui le bordent, pouvant d'un instant à l'autre y porter le front de son camp, si les Alliés eussent marché à lui. Un de ses flancs étoit couvert par ce même ruisseau. Il eût été difficile d'arriver sur l'autre, qui étoit peu éloigné d'Ath. Il eût fallu

R

passer le Hunel entre la ville & l'armée. Celui-ci se trouvoit encore couvert à peu de distance par le ruisseau de Chièvres, ainsi que le front du camp l'étoit par les bois de Lens & le ruisseau de Neuf-maison.

M. le Prince, pendant son séjour à Ville-sur-Haisne, avoit toujours fait fourrager en avant de la Haisne. Son objet étoit de même pendant celui qu'il feroit à Brugelette, de consommer les fourrages en avant d'Ath vers Bruxelles. Il profitoit du tems que les ennemis passoient dans l'inaction & l'incertitude, pour vivre du pays qui étoit entr'eux & lui, & leur faire trouver par-là plus de difficultés à se porter en avant, tandis qu'il ménageroit à son armée des subsistances abondantes sur ses derrieres.

Par sa position près d'Ath, M. le Prince observoit de plus près encore qu'à Ville-sur-Haisne les armées Hollandoise & Espagnole, & se trouvoit en mesure de prendre dans l'instant le parti qu'exigeroit celui auquel elles se détermineroient elles-mêmes. Comme il continuoit de masquer les places du Haynaut, il pouvoit toujours à son gré en assiéger quelqu'une s'il voyoit jour à le faire avec succès; & s'il ne le faisoit pas il le laissoit toujours à craindre. Sa position remplissant les objets défensifs, étoit en même tems offensive. Il pouvoit se porter sur Bruxelles, si les Alliés s'en éloignoient, de même sur Gand, &c. Il tiroit avec facilité ses subsistances & ses convois de toute espéce de Tournai & Ath. Ces convois arrivoient à Tournai par l'Escaut, & il ménageoit au moyen de cela ses équipages des vivres. On voit par ces détails, combien le mouvement de M. le Prince, de Ville-sur-Haisne sur Ath, remplissoit d'objets & étoit bien entendu.

Divisions, incertitudes & inaction des Alliés.

Les Alliés continuoient de perdre, dans l'incertitude & les contradictions des Conseils, le tems le plus précieux de la campagne. Nous avons rendu compte de celui que tinrent à Ruremonde le 8 Juin, le Comte de Souches, le Marquis d'Assentar & le Comte de Waldeck, & nous avons vu qu'il n'en résulta rien de bien décisif. Les Généraux Hollandois & Espagnols persisterent à demander que le premier passât la Meuse, & lui envoyerent inutilement de fréquents couriers pour l'y déterminer. Nous avons détaillé ces marches sur cette riviere jusqu'au-dessus de Huy, & nous avons assez fait remarquer au Lecteur, combien l'indécision & la lenteur de tous ses mouvements décéloient dans le Chef de l'armée des vues différentes de celles des autres Alliés. Alors il étoit clair qu'il ne vouloit que gagner du tems, qu'il s'occupoit sur-tout de conserver son armée, & qu'il lui importoit peu quels succès auroit celle de Flandre, pourvu que la sienne lui restât & ne fût pas obligée de se porter ailleurs. Cependant en remontant la Meuse, M. de Souches annonçoit à M. de Monterey & au Prince d'Orange le projet de se porter sur la frontiere de Champagne, d'y faire quelque siége, & d'entrer dans cette Province. Il prétendoit même que le Prince d'Orange l'aidât de quelque renfort envoyé de son armée, & il alloit jusqu'à l'exhorter à y marcher en personne. Le Prince ainsi que M. de Monterey faisoient peu de fonds sur cette entreprise. Ils doutoient que M. de Souches voulût sincerement l'exécuter, & croyoient voir bien plus clairement que son intention étoit de ne pas s'éloigner du Rhin, mais plutôt de s'approcher des Provinces limitrophes de l'Empire qui se trouvoient occupées par la France, telles que la Lorraine & l'Alsace; enfin de se mettre à portée de secourir les Electeurs de Treves & Palatin, s'il étoit besoin qu'il le fît, & de se tenir en mesure de seconder les opérations de l'armée Impériale du haut Rhin; toutes choses qui s'accordoient mieux avec les vues personnelles de l'Empereur, qu'avec l'intérêt commun des Puissances alliées. En supposant que le Comte de Souches eût de bonne foi le projet de pénétrer en Champagne, & qu'il poussât cette entreprise avec plus d'activité & de vigueur qu'il n'en avoit apporté jusqu'alors à ses opérations, le Comte de Monterey & le Prince d'Orange y voyoient encore de grands inconvéniens. Ils craignoient que l'armée qui s'avanceroit ainsi, ne se trouvât exposée, & compromise entre M. le Prince de Condé & M. de Turenne, qui pourroient se porter sur elle par des marches rapides; & ce danger étoit plus grand, les Pays-Bas Espagnols, & même la Hollande, se trouveroient dégarnis & livrés aux entreprises de l'armée de M. le Prince, sur-tout si l'on joignoit à celle de M. de Souches le renfort qu'il demandoit. Les Puissances qui faisoient les principaux frais de la guerre, l'Espagne & la Hollande, verroient encore leurs propres Etats ouverts à l'ennemi, & presque sans défense, tandis que les armées qu'elles soudoyoient, & une partie de leurs propres armées seroient employées ailleurs. D'un autre côté, les Généraux Hollandois & Espagnols qui s'accordoient à folliciter l'entrée de l'armée Impériale en Flandre, étoient encore divifés entr'eux fur les objets qui leur étoient particuliers; les premiers voulant toujours qu'on affiégeât Maëftricht ou Grave, & l'avis des autres étant qu'on attaquât de préférence des places des Pays-Bas Efpagnols conquifes par la France. Le Prince d'Orange, plus grand dans fes vues militaires & politiques, mettoit moins d'importance à cette diverfité d'opinions. Il penfoit que le bien commun des Alliés & les mauvais fuccès de la France de quelque part qu'ils vinffent, opéreroient affez le bien particulier de chacun des membres de l'alliance. Mais ce qu'il regardoit comme le plus grand mal, étoit de ne prendre aucun parti & de ne point agir. Il eût voulu qu'on fe décidât, ou à fe porter fur la haute Meufe avec une partie des forces, ou à les réunir en Flandre contre M. le Prince de Condé, pour l'accabler du moins par la fupériorité du nombre; mais quelque parti qu'on prît, il defiroit qu'on l'exécutât avec vivacité & vigueur. Dans fon opinion, il regardoit cependant le dernier comme préférable. Mais le tems fe perdoit. On ne fe déterminoit à aucun. Les armées Hollandoife & Efpagnole reftoient conftamment dans leur pofition à Malines, Louvain & Bruxelles, & aux environs; elles confommoient les fubfiftances de leur propre pays, laiffoient confommer à M. le Prince celles qui étoient en avant de lui, & qui leur euffent été utiles à elles-mêmes pour marcher en avant, tandis que la France profitoit de l'incertitude & de la contradiction qui régnoient dans les confeils de fes ennemis.

Leur inaction leur laiffa le tems de recevoir toutes les recrues, remontes, équipages d'artillerie & de vivres qui manquoient encore à leur armée, fur-tout à l'armée Efpagnole, au moment où elles s'étoient affemblées. Le Miniftere Efpagnol fourniffoit lentement & difficilement à M. de Monterey tout ce qui étoit néceffaire. L'argent manquoit pour les fubfides à payer aux Allemands, pour les recrues à faire, pour les équipages à acheter, pour la folde même des troupes: chofe inconcevable que l'argent manquât à la Puiffance qui poffédoit les tréfors du Pérou! M. de Monterey fouloit les Flamands, pour fuppléer aux reffources que fa Cour ne lui fourniffoit pas, ou lui faifoit trop attendre. Il faifoit faire à grands frais des recrues au fond de l'Allemagne. Il y fit lever quatre Régiments qui arriverent

fur

DE LA CAMPAGNE DE 1674.

fur le Rhin, vers la fin de Juin. Deux d'entr'eux remplacerent à Luxembourg deux vieux régimens qui pafferent à l'armée, & les autres entrerent de même dans des places de Flandre.

JUIN
&
JUILLET.

Nous avons parlé du parti que tiroit M. de Monterey, & encore plus M. le Prince d'Orange, des déferteurs François qui paffoient en grand nombre à leurs armées. Celui-ci en compofa prefque deux Régimens. Il faifoit faire auffi des levées en Allemagne. Les recrues qui arrivoient en Hollande y reftoient prefque toutes, & on en tiroit tout ce qu'on pouvoit de vieilles troupes pour renforcer l'armée.

Mais ce qui manquoit à M. le Prince d'Orange, encore plus que des foldats, c'étoit de bons Officiers. On fait quelle étoit la mauvaife compofition de ceux de Hollande. Auffi le Stadhouder engageoit au fervice de la République autant d'Officiers étrangers qu'il pouvoit en trouver, & il y en attira fur-tout un grand nombre d'Allemands.

Les Alliés plus actifs, plus habiles ou plus heureux dans leurs négociations que dans leur conduite militaire, rendoient de jour en jour leur ligue plus formidable, & fufcitoient de nouveaux ennemis à la France. Il y eut trois traités fignés à dix jours de diftance. Le premier le 20 Juin à Zell, entre l'Empereur, le Roi d'Efpagne, les Provinces-Unies & les Ducs de Brunfwick & de Lunebourg. Les Ducs ftipuloient un fecours de treize mille hommes. Le fecond, le premier de Juillet à Cologne, fur la Sprée, entre les mêmes trois premiers Chefs de l'alliance & l'Electeur de Brandebourg. Ce Prince s'engageoit à conduire une armée de feize mille hommes au fecours des Alliés. Il rompoit la paix qu'il avoit faite l'année précédente avec la France, & fe fondoit fur ce qu'il s'étoit réfervé la liberté de défendre l'Empire que cette Puiffance avoit attaqué. Le troifiéme traité enfin fut figné à la Haye le 10 Juillet, entre les mêmes & le Roi de Danemarck, qui s'engageoit auffi à fournir feize mille hommes. La plus grande partie de ces troupes étoient aux frais de l'Efpagne & de la Hollande. Par la teneur de ces traités, le fecours de l'Electeur de Brandebourg étoit celui qui devoit agir le plus efficacement. Il fut incertain toute la campagne, s'il fe joindroit aux armées de Flandre & du bas Rhin contre celle de M. le Prince, ou s'il renforceroit l'armée Impériale qui tenoit tête à M. de Turenne; ce ne fut

Négociations des Alliés.

même que fort tard que fa marche, ainfi que celle des troupes de Brunfwick, fut décidée fur le haut Rhin. On a dû faire mention ici de ces nouvelles armées auxiliaires, parce que l'incertitude de leur deftination & l'irréfolution des Alliés empêchoit M. le Prince de démêler les projets de fes ennemis, & lui laiffoit toujours la crainte de les voir tous fe réunir inopinément contre lui.

M. le Prince d'Orange étoit l'ame de toutes ces négociations; à vingt-quatre ans il fe voyoit le chef d'une ligue puiffante contre Louis XIV; mais il lui fut plus aifé de fufciter des ennemis à ce Monarque, que de les lui rendre redoutables en leur donnant les mêmes vues & les mêmes intérêts. L'incohérence de cette grande machine en diminua la force, tandis que les moyens de la France plus réunis, mieux combinés, & dirigés d'ailleurs par des hommes remplis, de zéle & de talents, triompherent de cette ligue formidable qu'on pouvoit regarder comme celle de l'Europe entiere.

Les combinaifons incertaines des Alliés embraffoient tous les poffibles; & le projet de paffer dans le pays de Waes, & de-là de s'avancer dans la Flandre maritime, fut au nombre de ceux dont ils s'occuperent. Le mouvement de l'armée Françoife fur Ath leur faifoit craindre auffi qu'elle ne s'y portât elle-même en tout ou en partie, qu'elle n'y fît quelque fiége, qu'elle ne s'avançât fur Gand, que peut-être M. le Prince ne pouffât quelque corps confidérable au-delà du canal de Bruges, dans le riche pays de Waes, & jufques dans la Flandre Hollandoife. Toutes ces énumérations, & fur-tout la néceffité d'une communication indifpenfable entre les deux rives du bas Efcaut, déterminerent M. de Monterey & M. le Prince d'Orange à faire jetter un pont fur cette riviere, à Anvers même.

Cependant les deux armées, Hollandoife & Efpagnole, avoient de fréquens ordres de fe tenir prêtes à marcher; ce qui provenoit toujours de l'incertitude de leurs Généraux, de leur peu d'accord, de la variation perpétuelle de leurs projets, & particulierement de la crainte qu'ils avoient de M. le Prince, & de l'efpérance qu'ils confervoient toujours que M. de Souches prenant enfin quelque réfolution, les mettroit dans le cas d'agir eux-mêmes fans plus de délai.

Cette incertitude étoit d'autant plus grande dans les armées

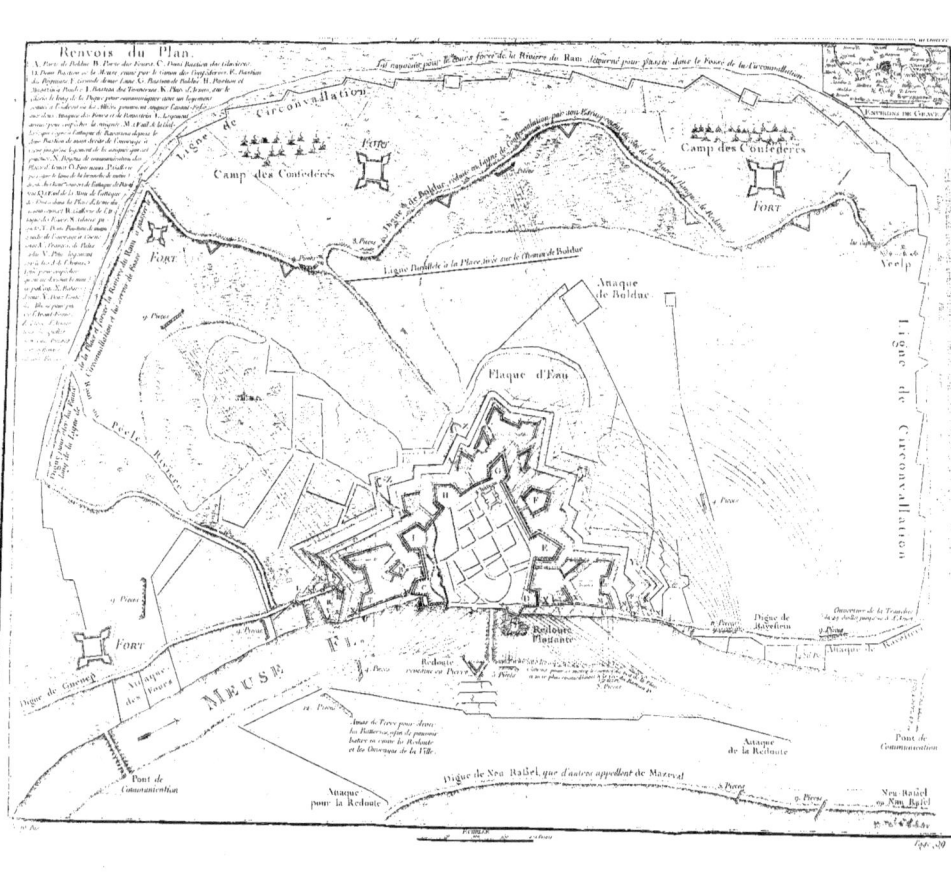

DE LA CAMPAGNE DE 1674.

des Alliés, que les Généraux en chef n'y étoient pas très-absolus, & qu'à la difficulté de se concerter entr'eux, se joignoit encore celle d'amener à leur avis les principaux Officiers Généraux qui étoient à leurs ordres. Nous voyons qu'on tenoit de fréquents Conseils de guerre & qu'aucune résolution importante n'étoit prise, sans être auparavant discutée dans ces nombreuses assemblées. Le Comte de Monterey, & encore plus le Comte de Souches, qui avoient à répondre à leurs Souverains respectifs, eussent craint de se charger d'un événement de quelqu'importance, & ils vouloient du moins se mettre en état de justifier par la pluralité des suffrages le parti auquel ils se feroient déterminés. Le Prince d'Orange étoit plus absolu & plus décidé, mais il étoit jeune, & il commandoit les troupes d'une République ; il se trouvoit donc obligé à de plus grands ménagements ; & l'on sait que dès-lors la prudence & l'art de se prêter aux circonstances, formoient les traits principaux de son caractere. D'ailleurs ces Conseils de guerre, ennemis si déclarés de tout secret, de toute résolution vive & forte, étoient alors en usage dans ces armées, où la subordination militaire n'étoit pas établie d'une maniere bien parfaite ; & il est à présumer que dans des entreprises qui n'eussent pas été soumises à leur examen, le Général n'auroit pas toujours été assuré de la docilité des troupes. M. le Prince de Condé avoit à cet égard de grands avantages sur les armées qui lui étoient opposées. Chef unique & absolu dans la sienne, soutenant l'autorité du commandement par le rang de premier Prince du Sang du Royaume, par la plus haute considération personnelle, par une réputation éclatante, par la confiance la plus entiere des troupes, ses opérations n'étoient gênées que par les instructions de M. de Louvois, qui poussoit à l'excès la prétention de régler la conduite des Généraux.

Nous avons dit combien les Hollandois desiroient qu'on assiégeât Maëstricht ou Grave, & qu'en récompense des frais immenses qu'ils faisoient pour la guerre, on les remît en possession de l'une ou l'autre de ces deux places. En conséquence, tandis que leurs Alliés ne décidoient rien pour les opérations communes, les Etats Généraux résolurent avec M. le Prince d'Orange, que les troupes de Hollande feroient le siége de Grave. Cette ville, avancée sur la basse Meuse, ne pouvoit être secourue par M. le Prince de Condé, qu'au moyen

JUIN & JUILLET.

Conseils de guerre.

Projets & préparatifs du siége de Grave.

de quelque grand fuccès : il n'étoit pas befoin d'armée particuliere d'obfervation pour couvrir ce fiége, en avant duquel fe trouvoient toutes les armées des Alliés. C'étoit une opération en quelque forte indépendante de ce qu'elles pourroient entreprendre ailleurs : quand même on auroit été obligé de tourner le fiége en blocus, on avoit également lieu d'efpérer de fe rendre maître de cette place abandonnée à elle-même & fans communication avec la France. Les Etats Généraux étoient loin de compter fur la longue & vigoureufe réfiftance que leur oppoferoit M. de Chamilly. M. de Rabenhaup, célebre par fa belle défenfe de Groningue en 1672, & par plufieurs autres faits militaires, fut choifi pour conduire cette entreprife : on efpéra qu'il feroit auffi heureux à attaquer les places qu'à les défendre. Il étoit Gouverneur de Groningue & de la Frife, & il y réfidoit. C'étoit lui qui avoit confervé cette Province à la République, & il étoit naturel qu'on lui en donnât le commandement pour récompenfe. Il eut ordre de fe rendre à la Haye & de faire marcher fur Nimégue la plus grande partie & l'élite des troupes qui étoient en Frife. La France occupée fur fes propres frontieres par trop d'ennemis, ne laiffoit plus rien à craindre pour cette Province éloignée. M. le Prince d'Orange vouloit que ce fiége qu'on alloit entreprendre ne diminuât fon armée que le moins qu'il feroit poffible, & que la plus grande partie des troupes qui y feroient employées fuffent tirées d'ailleurs. Il réduifit prefqu'à rien toutes les garnifons des places de la République, qui fe trouvant couvertes par les armées, n'avoient rien à craindre. Pour commencer à ferrer Grave de près, les Hollandois occuperent le 22 Juin, & fortifierent enfuite la petite ville de Ravenftein, fituée à deux lieues au-deffous de la baffe Meufe, appartenante au Duc de Neubourg, & qui jufques-là avoit été regardée comme neutre. M. de Rabenhaup s'étoit déjà rendu à la Haye pour y prendre les inftructions des Etats Généraux. Il vint enfuite à l'armée recevoir celles du Prince d'Orange. Pendant ce tems tous les préparatifs fe faifoient pour le fiége, & les troupes qui y étoient deftinées fe mettoient en mouvement pour fe rendre à Nimégue & à Ravenftein.

Nous avons fait connoître à nos Lecteurs le peu de fuccès qu'avoit eu le Confeil tenu à Ruremonde pour concilier les Généraux des trois armées. Les négociations qui fuivirent, &
pour

pour lesquelles il y eut de fréquents couriers, & plusieurs
Officiers envoyés à M. le Comte de Souches, ne furent pas plus
fructueuses. Ce Général, toujours pressé par le Comte de Monterey & par le Prince d'Orange, demanda une seconde entrevue
avec le Marquis d'Affentar & le Comte de Waldeck. Le Comte de
Monterey imagina d'y aller en personne, & sur l'avis qu'il en
donna au Prince, celui-ci forma le même projet. Tous les
deux espérerent qu'en voyant eux-mêmes le Général Allemand, ils résoudroient mieux ses objections, termineroient
plus aisément toutes les difficultés, l'arracheroient peut-être à
ses lenteurs & à ses irrésolutions, & obtiendroient de lui
quelque résolution conforme à leurs vues. Ils crurent que s'il
y avoit enfin quelque moyen de décider promptement & en
dernier ressort les opérations des trois armées, c'étoit que leurs
Généraux réunis les concertassent ensemble.

JUIN
&
JUILLET

L'entrevue d'abord proposée à Léaw, fut décidée pour le
2 Juillet à Landen, qui se trouvoit un peu plus près de l'armée
Impériale. Le Prince d'Orange & le Comte de Monterey étant
convenus entr'eux des objets qu'ils devoient demander au
Comte de Souches, allerent coucher le premier de Juillet à
Tirlemont, pour se rendre le lendemain de bonne heure à
Landen. Ils furent joints à Tirlemont par le Marquis de Grana
qui y étoit envoyé par le Comte de Souches, pour discuter à
l'avance avec eux les objets qui devoient être traités le lendemain, & préparer en quelque sorte la négociation. Ils eurent lieu
de juger que les vues du Général Impérial étoient toujours différentes des leurs, & qu'il ne leur seroit pas très-aisé de s'accorder.
Le Marquis de Grana, très-porté pour son compte à se rendre
à leurs avis, leur annonçoit qu'il ne croyoit pas possible d'y
amener le Comte de Souches.

Entrevue des trois Généraux.

Ce Général partit le 2 de son camp d'Andenne, escorté de
deux mille chevaux, passa la Meuse sur le pont qu'il avoit fait
jetter près de ce village, & arriva à midi à Landen. Le Comte
de Monterey traita splendidement tout le Conseil de guerre,
fêta sur-tout le Comte de Souches & tous les Allemands de
sa suite, & même ceux de son escorte. On but toutes les
santés possibles de l'Empereur, du Roi & de la Reine d'Espagne,
du Prince d'Orange, du Comte de Monterey, du Comte
de Souches, &c.; mais le magnifique accueil qu'avoit
reçu le Général Impérial, ne le rendit pas plus favorable

T

aux vues des autres Alliés, dans le Conseil qui fut tenu le soir.

Les points sur lesquels insisterent le Prince d'Orange & le Comte de Monterey d'une part, & de l'autre le Comte de Souches, furent à peu près les mêmes que dans les négociations précédentes. Les premiers demanderent constamment que l'armée Impériale passât la Meuse, & ils ne manquerent pas de mettre en avant les raisons en grand nombre qui pouvoient appuyer cette opinion, telle que l'avantage d'agir d'une maniere plus décisive, d'accabler M. le Prince de Condé par la supériorité du nombre, de donner de la réputation aux armes des Alliés par quelque coup d'éclat, de soutenir par-là la confiance des peuples, sur-tout de ceux de Hollande & de Flandre, & de leur faire supporter sans murmure les charges énormes de la guerre ; enfin de faire quelque siége, tel que celui de Charleroy, qui, en donnant ce poste important sur la Sambre, favoriseroit les opérations ultérieures, & rempliroit avec plus de sûreté l'objet que se proposoit M. de Souches, d'ouvrir la France à ses ennemis. On ajoutoit que la Maison d'Autriche étoit toute l'espérance des Alliés & le soutien de leur cause commune ; qu'elle seule pouvoit empêcher l'augmentation de la puissance de la France, & arrêter les vues toujours ambitieuses de Louis XIV ; qu'à cet égard les intérêts des deux branches Allemande & Espagnole étoient les mêmes ; que leurs succès dépendroient de leur union & du concert de leurs projets ; que telles étoient les vues des Chefs de cette illustre Maison, & que leurs Généraux les serviroient mal, s'ils n'agissoient pas en conséquence ; que la conservation des Pays-Bas, & même le retour à l'Espagne de la partie qu'avoit usurpée la France, étoient l'intérêt commun des Alliés, non-seulement de l'Empire & de l'Espagne, mais même de la Hollande qui devoit desirer d'éloigner d'elle une Puissance qui avoit conjuré sa ruine ; qu'enfin la guerre poussée avec vivacité dans les Pays-Bas, favoriseroit les opérations de l'armée Impériale du haut Rhin ; que vraisemblablement M. de Turenne seroit obligé de venir au secours de M. le Prince de Condé, & d'une frontiere attaquée par tant de forces ; que par-là la guerre s'éloigneroit des bords du Rhin, & que c'étoit l'espéce de diversion la plus fructueuse qu'on pût opérer en faveur de l'Empire. A ces raisons, le Comte de Souches opposoit les instructions qu'il avoit de sa Cour, les succès de M. de Turenne sur le haut Rhin, la crainte qu'il ne fût bientôt rappellé au secours de M. de Bournonville, la dévastation des Etats de l'Electeur de Trêves & encore plus de ceux de l'Electeur Palatin, le besoin que ces deux Princes avoient de ses secours & les sollicitations pressantes qu'il en recevoit. Il objectoit à M? de Monterey & à M. le Prince d'Orange le défaut d'argent, en demandoit d'avance, exigeoit les plus grandes sûretés pour les payements ultérieurs qu'il avoit à recevoir d'eux; paroissoit craindre que son armée une fois au-delà de la Meuse ne se mutinât, si elle n'étoit pas payée exactement, si elle n'y trouvoit pas des approvisionnements suffisants, enfin si elle y manquoit de subsistances de quelque espéce. Il chicanoit sur le rang, sur le commandement, faisoit toutes sortes de difficultés, alléguoit toutes sortes de craintes; enfin il refusoit positivement de passer la Meuse, & opposoit constamment à ce projet des Alliés, celui de remonter cette riviere & d'attaquer les frontieres de Champagne. Il présentoit tous les avantages de cette diversion; modifiant ce projet de différentes manieres, dont le détail fatigueroit inutilement le lecteur, & dont aucune ne satisfaisoit les Généraux Hollandois & Espagnols. Il demandoit au Prince d'Orange un renfort de ses troupes au moyen duquel il agiroit avec plus de vigueur, tandis que le reste des forces des Alliés se tiendroit sur la défensive en Flandre contre l'armée Françoise, ou agiroit selon que celle-ci s'éloigneroit pour secourir la frontiere attaquée. Mais le Stadhouder ne pouvoit consentir à cette séparation de son armée. Les Etats Généraux eussent désapprouvé ce parti, & il s'y refusa, comme le Comte de Souches à celui de passer la Meuse.

Le Stadhouder demanda à ce Général, si dans le cas où il ne voudroit pas passer la Meuse avec la totalité de son armée, il ne consentiroit pas du moins à en donner un détachement pour renforcer celle des Alliés, & la mettre en état d'agir avec supériorité contre le Prince. Mais le Comte de Souches ne goûta pas mieux cette proposition que les autres.

Plusieurs des principaux Officiers Généraux de l'armée Impériale n'étoient pas aussi contraires que le Feld-Maréchal aux vues de leurs Alliés. Le Marquis de Grana avoit paru approuver les projets proposés par ceux-ci. Le Baron de Capeliers, homme de confiance de l'Empereur, & Commissaire

Général de l'artillerie, qui avoit accompagné le Comte de Souches à Landen, fut de même avis; mais il n'en fut pas moins impossible d'y amener ce Général. Il demanda huit jours pour se décider; peut-être attendoit-il quelque événement ou des ordres de sa Cour, & ne cherchoit-il qu'à gagner du tems; ou peut-être encore suivoit-il son irrésolution naturelle. On convint qu'en attendant qu'il prît un parti plus décidé & plus offensif, il s'avanceroit vers Namur & au-delà; que peut-être & selon les facilités qu'il y trouveroit, il s'empareroit de Dinant, petite ville appartenante aux Liégeois entre Givet & Namur; qu'il mettroit garnison dans le château; qu'au moyen de ce passage de la Meuse, il inquiéteroit les François qui se trouveroient entre la Sambre & la Meuse, & pousseroit des partis sur la communication de Charleroy; que de l'autre côté il enverroit sur Bouillon & au-delà, &c. Ce mouvement vers la haute Meuse devoit être inquiétant pour la France. Le Comte de Souches s'acheminoit d'autant à l'exécution du projet qu'il préféroit; & si enfin l'armée Impériale devoit passer la Meuse à Namur pour entrer en Flandre, elle ne s'éloigneroit pas de son objet. L'assemblée de Landen ne détermina rien de plus positif, & les Généraux se séparerent le 3, avec des assurances vagues de contribuer chacun de leur mieux au bien de la cause commune.

Mouvements de l'armée Impériale.

L'armée Impériale quitta le 5 son camp d'Andenne, & se porta à Spontin, à peu de distance de Dinant. Elle replia le pont qu'elle avoit sur la Meuse, & le Comte de Souches le fit remonter à hauteur de sa nouvelle position, mais sans en faire usage, se réservant de le faire jetter s'il en avoit besoin.

Les Impériaux, vivant toujours du pays, & n'ayant aucune espéce de magasins & d'approvisionnements, tirerent beaucoup de vivres de Dinant. Ils firent demander le passage par cette ville, qui fut refusé au premier mot. Le grand Baillif d'entre *Sambre & Meuse*, pour le pays de Liége, vint faire des représentations à ce sujet au Comte de Souches, & demander de maintenir la neutralité. Le Comte de Souches n'insista pas pour cette fois, & différa encore à se rendre maître de cette petite ville.

Le pays de Liége souffroit beaucoup, non-seulement des livraisons en régle qu'il étoit obligé de faire pour la subsistance de l'armée Impériale, mais encore des dégâts que faisoit cette armée,

DE LA CAMPAGNE DE 1674. 77

armée, & de son excessive indiscipline. M. des Carrieres, Résident de France à Liége, parlé, dans le compte qu'il en rend à M. le Prince, de *pillages d'Eglise, sacriléges, violemens de maisons religieuses, profanations de vases & hosties sacrées, vols, massacres des Ecclésiastiques, & abominations que S. Paul reprochoit aux Ephésiens.* Ce sont ses termes, & en supposant qu'ils soient exagérés, qu'ils se ressentent de l'esprit de parti & de la haine que ce Résident avoit pour le parti Impérial, il en résulte néanmoins que les désordres dont il parle étoient très-grands. Malgré cela les Liégeois conservoient toujours plus de penchant pour l'Empereur que pour la France.

JUILLET.

Indiscipline de cette armée.

La désertion n'étoit pas moindre dans cette armée que l'indiscipline. Le Comte de Souches tint au camp d'Andenne son pont ouvert par le milieu pour empêcher ses soldats de le passer. A celui de Spontin, il fit garder avec soin tous les gués de la Meuse, & c'étoit moins contre les François que contre ses propres troupes. Celles de Munster sur-tout désertoient par bandes.

Le 11 l'armée se remit en mouvement, & se porta sur la petite riviere de Lesse, entre Dinant & Rochefort. Le quartier général fut placé à Custine. Nous laisserons l'armée Impériale dans cette position, & nous retournerons à celle de M. le Prince que nous avons quittée au camp de Brugelette.

La tranquillité des Hollandois & des Espagnols, qui se tenoient toujours entre Malines, Louvain & Bruxelles, permit à l'armée Françoise, pendant le séjour qu'elle fit près d'Ath, de fourrager en avant de cette ville, d'en rendre par-là l'accès plus difficile aux ennemis, & d'augmenter la difficulté de leurs premieres marches, s'ils les dirigeoient vers cette partie. Mais en même tems la possibilité qu'ils n'entrassent en action d'un instant à l'autre, & plus encore les mouvemens indécis, mais toujours inquiétants, de l'armée Impériale, empêcherent M. le Prince de rien entreprendre, & de faire un siége, que les divisions dont il étoit menacé sur plusieurs points, l'eussent bientôt forcé de lever. Borné à la défensive, il vouloit du moins qu'elle fût imposante, & qu'on la pût tourner en offensive, selon les circonstances ; mais en même tems il n'oublioit pas que son principal objet étoit de défendre les frontieres du Royaume, & de conserver les places déjà au pouvoir du Roi, de sorte

V

qu'il eût été abſurde d'acheter de nouvelles conquêtes par la perte des anciennes. Quelque deſir qu'eût le Roi de voir entreprendre un ſiége, il ne put refuſer ſon approbation à des vues ſi ſages & ſi prudentes.

Projets ſur la citadelle d'Ypres.

Il fut queſtion pendant le ſéjour de M. le Prince à Brugelette, d'un projet ſur la citadelle d'Ypres. Un Officier qui y étoit en garniſon, offrit de la livrer au Roi, & entra pour cela en négociation avec M. de Boiſtel, Intendant de Dunkerque. Ses propoſitions furent envoyées à M. de Louvois, qui les renvoya à M. le Prince & à M. le Maréchal d'Humieres. Mais ceux-ci jugerent l'entrepriſe haſardeuſe. Il leur parut qu'il n'étoit pas bien ſûr que l'Officier Eſpagnol pût tenir tout ce qu'il promettoit. Il connoiſſoit mal la place. Il répondoit mal aux objections qu'on lui faiſoit ſur les difficultés de ſon projet. On riſquoit de compromettre les troupes du Roi. En ſuppoſant qu'on réuſſît & qu'on ſe rendît maître de la citadelle, la ville n'en exigeoit pas moins un ſiége en régle. Toutes ces raiſons déterminerent à renoncer à l'entrepriſe.

Courſes des garniſons Eſpagnoles. Communications inquiétées.

Les garniſons Eſpagnoles du Haynaut & du Cambreſis continuoient de faire des courſes ſur notre frontiere, & d'inquiéter nos communications. Elles prenoient de tems en tems des couriers. On ne pouvoit paſſer de France à l'armée qu'avec d'aſſez fortes eſcortes; & comme les garniſons de la frontiere, foibles ſur-tout en cavalerie, y ſuffiſoient difficilement, on étoit obligé d'attendre ou des convois, ou d'autres occaſions qui valuſſent la peine d'en faire marcher.

Convoi enlevé.

Ces garniſons ne ſe bornoient pas toujours à de ſimples courſes. M. d'Agourto, Gouverneur de Cambray, ayant eu avis du départ de quatorze bateaux chargés de farine envoyés par la Scarpe d'Arras à Douay, fit ſortir toute ſa cavalerie & ſes dragons, & fit attaquer, le 9 au matin entre Biache & Vitry, ce convoi, parti d'Arras le 7 au ſoir. Il étoit gardé par cent hommes d'infanterie. Il n'y avoit eu d'abord que ſeize cavaliers pour couvrir ſa marche en dehors de la riviere; mais, ſur l'avis que reçut le 8 M. de Montpeſat, Gouverneur d'Arras, qu'il paroiſſoit quelques ennemis, il fit joindre cette foible eſcorte par un détachement de cent maîtres. Le tout fut aiſément pouſſé par les ennemis, très-ſupérieurs en nombre. Il y eut de part & d'autre quelques cavaliers tués ou bleſſés, & les François laiſſerent une vingtaine de priſonniers. Les

DE LA CAMPAGNE DE 1674.

dragons mirent enſuite pied à terre & forcerent le convoi de s'arrêter. Les cent hommes d'infanterie, ſéparés ſur les bateaux, JUILLET. ne pouvoient faire qu'une foible réſiſtance : quelques-uns furent tués, & le reſte pris. Les ennemis emmenerent du convoi tout ce qu'ils purent, mirent le feu aux bateaux, & ſe retirerent à Cambray avec cent & quelques priſonniers, après avoir fait ſupporter une perte aſſez conſidérable aux François. Une quarantaine de ces priſonniers, qui ſe trouvoient être des régiments Corſe & Ecoſſois au ſervice de France, s'engagerent auſſi-tôt dans les troupes Eſpagnoles.

Les tranſports par la Scarpe étoient plus commodes & moins diſpendieux que par terre, mais ils étoient beaucoup plus longs & moins ſûrs. Si nous en croyons une lettre de M. de Montpeſat, les arrangements particuliers des Commiſſaires des vivres firent préférer ce moyen, qui cauſa la perte du convoi. Il ajoute qu'on fut pluſieurs jours à le charger; au moyen de quoi les ennemis eurent le tems d'être prévenus de ſa marche. A cette imprudence, qui ſans doute fut en partie la ſienne, puiſqu'il commandoit dans Arras, ſuccéda celle de l'expoſer avec peu de précautions & de moyens de défenſe.

On croira ſans peine que la communication de Charleroy à Maëſtricht étoit moins ſûre encore que celle dont nous venons de parler. Un fils de M. le Comte d'Eſtrades, Gouverneur de Maëſtricht, alloit trouver ſon pere, & joindre ſon régiment qui ſervoit dans cette place; ſon eſcorte n'étoit que de trente dragons : il fut attaqué le 9, entre Warem & Tongres, par un détachement de deux cens cinquante chevaux de la garniſon de Namur. Heureuſement pour lui, il eut le tems de gagner l'Egliſe de Tongres, où il ſe propoſoit de ſe défendre avec le peu de dragons qui avoit échappé aux ennemis; mais ils n'oſerent entrer dans la ville, & un détachement ſorti de celle de Maëſtricht arriva aſſez-tôt pour le dégager.

Les garniſons de Maëſtricht & de Grave rendoient la pareille aux ennemis, & faiſoient ſans ceſſe des courſes ſur leurs communications. Grave n'étoit point encore inveſti. *Grave.* Les Alliés, lents dans toutes leurs meſures, s'aſſembloient peu *Préparatifs de* à peu à Nimegue & à Raveſtein, & fortifioient ce dernier *défenſe.* poſte. M. de Rabenhaupt n'avoit point encore joint les troupes qu'il devoit commander. Les Eſpagnols, pour reſſerrer de leur côté cette garniſon, & gêner les courſes qu'elle continuoit de faire, occuperent le 7 Juillet le poste de Boxmer.

Tout annonçant à M. de Chamilly qu'il alloit être assiégé, il se préparoit à la plus belle défense que nous offre l'histoire moderne. Nous avons dit qu'on avoit ramené dans sa place toute l'artillerie, & reversé toutes les munitions de guerre qu'on avoit retirées de celles de Hollande. Il y avoit près de cinq cens piéces de canon & mille milliers de poudre, & le reste à proportion. La petitesse de la ville & le peu de magasins qu'on y avoit, rendoient cette grande quantité de munitions embarrassante & dangereuse. Plusieurs Officiers étoient d'avis qu'on jettât une partie des poudres à l'eau. Mais M. de Chamilly, qui prévoyoit que la longueur de sa défense les lui rendroit utiles, s'y refusa absolument, & usa seulement de tous les moyens possibles pour les mettre à l'abri de tout danger.

Nous n'entrerons pas, sur ce siége fameux, dans tous les détails qui peuvent être l'objet d'un journal ; nous nous contenterons d'en présenter les faits principaux, c'est-à-dire, ceux qui peuvent servir d'exemple & d'instruction au Lecteur ; notre objet étant sur-tout de lui faire comprendre tout ce que peuvent le courage & l'activité pour multiplier les ressources, & prolonger la défense des places au-delà des bornes ordinaires.

M. de Chamilly profita du tems que lui laissoient encore les ennemis, pour faire descendre dans sa place une grande quantité de fourrages qu'il avoit en magasin à Cuick, village situé sur la Meuse à deux lieues au-dessous de Grave. Il fit enlever aussi dans les environs de cette ville un millier de bœufs ou de vaches. Son approvisionnement se trouvoit presqu'aussi complet en munitions de bouche qu'en munitions de guerre ; & il se proposoit d'économiser les unes avec autant de soin qu'il emploieroit les autres.

La garnison eut ordre de camper sur les glacis, & même de fortifier son camp, car il se proposoit d'y rester aussi long-tems qu'il le pourroit. En effet cet arrangement étoit plus commode pour le service, & laissoit le champ libre pour tous les préparatifs & les arrangements nécessaires dans l'alerte d'un siége. Le transport des poudres qu'il falloit disposer & mettre à couvert, rendoit cette précaution encore plus importante.

importante. On suppléoit au défaut de magasins en en creusant
sous le terreplein des bastions. On disposoit tous les lieux JUILLET.
voûtés, non-seulement pour y placer des poudres ou d'autres
objets qui demandoient à être mis en sûreté, mais aussi pour
fournir des abris & des lieux de tranquillité pour la garnison.
On travailloit en même tems à perfectionner tous les ouvrages,
& sur-tout à donner aux parapets, qui en général manquoient
d'épaisseur, celle qui étoit nécessaire. Laissons M. de Chamilly
préparer sa belle défense, & transportons-nous dans les autres
parties du théatre de cette campagne.

La neutralité venoit d'être accordée au château d'Antoir g Neutralité du
de la part de l'Espagne par le Comte de Monterey, & de château d'An-
celle de la France, par le Maréchal d'Humieres. Sans cela toing.
les François l'eussent fait sauter, ainsi qu'ils en avoient usé à
l'égard de plusieurs petits forts, dont la garde étoit plus
embarrassante qu'utile. La garnison de celui-ci rentra à
Tournay.

Dans le même tems, M. le Marquis de Rochefort avoit été Dispositions
destiné, après la conquête de la Franche-Comté, à se porter sur pour la défense
la frontiere de la Lorraine & de la Champagne. Ses instructions des frontieres de
étoient d'observer les mouvements de l'armée du bas Rhin; Champagne &
de protéger, de secourir celle de nos frontieres qu'elle paroîtroit de Lorraine.
attaquer; de la suivre au contraire, & de joindre M. le Prince,
si elle venoit à se réunir aux Alliés; enfin de se rapprocher
de M. de Turenne, si elle paroissoit tourner ses pas de ce
côté-là. M. de Luxembourg devoit être en même tems
détaché par M. le Prince, & envoyé entre la Sambre & la
Meuse, pour garder cette partie de pays contre les entreprises de l'armée Impériale, tant que celle-ci seroit à portée
de Namur ou de Givet; suivre ensuite ses mouvemens vers
la haute Meuse & vers la Lorraine, si elle s'y dirigeoit,
& pourvoir à la défense de ces frontieres. M. de Rochefort
avoit ordre de se combiner avec lui, de s'en rapprocher &
même de faire la jonction suivant que les circonstances l'exi-
geroient; l'un & l'autre devoient toujours se réunir à M.
le Prince, si M. de Souches, au lieu de ces mouvemens,
contre lesquels on se précautionnoit, prenoit le parti de
passer en Flandre, & de s'y joindre aux Espagnols &
Hollandois.

Telles furent les dispositions de M. de Louvois. Mais les

X

JUILLET. troupes destinées à M. de Rochefort ne pouvoient le joindre que dans le courant de Juillet. La cavalerie de la Maison du Roi, qui venoit de Franche-Comté, ne pouvoit arriver à Verdun que le 15 au plutôt. Plusieurs bataillons d'infanterie, qu'on devoit tirer de la même Province, y étoient encore occupés aux siéges de quelques petits châteaux qui restoient à soumettre. Les régiments que devoit envoyer M. de Turenne n'étoient point encore partis de son armée. Il y avoit d'ailleurs peu de troupes sur la frontiere. Les garnisons étoient foibles & délabrées. Plusieurs places étoient en mauvais état. La ville de Metz elle-même, n'étoit pas en état de défense. On voit que les alarmes qu'on avoit de la marche des Impériaux étoient fondées, & qu'avec moins d'irrésolution & plus de concert & d'activité, les Alliés eussent pu donner de grands embarras à la France.

M. de Rochefort, en conséquence des nouvelles qu'il reçut à Metz de M. le Prince, & de l'avis qu'il eut que les Impériaux avoient passé l'Ourt, se détermina à s'avancer à Verdun avec sept escadrons, qui étoient les seules troupes qu'il pût amener. Il partit le 2 pour s'y rendre, & y arriva le 3. Il y étoit moins éloigné de l'armée, sur les mouvements de laquelle il devoit régler les siens.

M. de Rochefort à Sédan. Les nouvelles ultérieures qu'il en eut, & celles de M. le Prince, le déterminerent à s'avancer de sa personne à Sédan. Il s'y rendit le 6, laissant sa cavalerie à Verdun. Il craignoit de tirer de cette partie le peu de troupes qui y étoient, parce qu'il étoit possible que les ennemis se portassent directement entre Metz & Verdun. Cette derniere place n'étoit pas en meilleur état que la premiere.

M. de Rochefort s'occupa, pendant son séjour à Sédan, de la défense des places de la Meuse. Il fit entrer dans Stenay, Sédan, Charleville & Mezieres, les milices de leurs Gouvernements respectifs. On avoit fait de même à Rocroy, Philippeville, Avesnes, Guise, Péronne, &c. On se contentoit de donner le pain à ces milices, qui ne laissoient pas que de se bien défendre dans l'occasion, & par le moyen desquelles on suppléoit au défaut de troupes réglées, qui étoient en petit nombre sur la frontiere.

La marche des Impériaux avoit répandu l'alarme. Presque tous les habitants de Mouzon & de Donchery se réfugierent

DE LA CAMPAGNE DE 1674. 83

à Sédan avec leurs effets. Les désordres que ces troupes commettoient faisoient fuir de par-tout les habitants des pays dont elles s'approchoient.

JUILLET.

M. de Rochefort fit aussi retirer à Sédan tous les grains de ces deux petites villes. Il n'y resta que des paysans armés, capables à la vérité de les défendre contre un gros parti, mais qui devoient se retirer eux-mêmes si toute l'armée s'approchoit.

Ces précautions étoient très-sagement prises contre les Impériaux, qui n'ayant point par devers eux d'approvisionnements & de moyens de subsistances, étoient réduits à vivre de ceux du pays, & conséquemment obligés d'abandonner bientôt celui que ses habitants abandonnoient eux-mêmes. Ils pouvoient d'autant moins y séjourner, que leur extrême indiscipline leur ôtoit toute espéce de ressource.

Les places de la Meuse, Stenay, Sédan, Mezieres, Charleville & le Mont-Olympe étoient en assez bon état. Sédan & le Mont-Olympe pouvoient soutenir un siége. Les autres étoient au moins hors d'insulte, & pouvoient faire quelque résistance. On travailloit avec activité dans toutes à en perfectionner les défenses.

Cependant M. le Prince étoit depuis le 29 Juin dans son camp de Brugelette, laissant tranquillement les Impériaux loin de lui s'avancer vers la haute Meuse. Il avoit cette sécurité hardie des grands hommes de guerre, qui ne fatiguent point leurs troupes en marches inutiles, & qui, combinant leurs mouvemens avec précision, sont sûrs d'opposer à tems la défense à l'attaque. Il consommoit depuis quinze jours les fourrages en avant d'Ath. Enfin sur les derniers avis qu'il eut de l'armée Impériale, sur ceux qu'il recevoit des armées Hollandoise & Espagnole, qui tous annonçoient qu'elles devoient marcher par Louvain, & plus encore sur les ordres de la Cour, qui souvent gênoient ses projets, il quitta le 13 sa position pour se rapprocher de la Sambre, & vint ce même jour camper aux Estinnes basses près Binche.

L'ARMÉE MARCHA SUR TROIS COLONNES.

Marche de Brugelette aux Estinnes basses, 13 Juillet.

Celle de droite, composée de la cavalerie & infanterie de la droite, laissa Erbault à droite, & se dirigea sur Erbiseuil, entra près de ce village dans le chemin d'Ath à Mons, suivit ce chemin jusqu'à la sortie des bois, le quitta alors prenant à gauche, &, se dirigeant sur Mesieres, continua sa route par Obourg, la chapelle Saint Makaire, passa la Haisne au pont d'Havré, marcha entre les bois d'Havré & les bois de Mesdames, côtoyant ceux-ci laissa Villers-Saint-Guilain à droite, passa près de la Capelle-à-Bray la laissant à gauche, près de la Croix-Mongloise la laissant à droite, de là aux hautes Estinnes & au camp.

La colonne du centre, composée de l'artillerie, des vivres, des gros & menus équipages de toute espéce, avec deux escadrons à la tête & deux à la queue, & les détachements ordinaires, passa le ruisseau près de Lens, laissa la Chapelle-Cantespenne à droite, Masnuy-Saint-Jean à gauche, traversa la bruyere du Castiau, passa à l'Abbaye de Saint Denis & à Ghislage où elle se sépara en deux. Celle de la droite passa la Haisne au pont de Ville-sur-Haisne, & celle de la gauche à celui du Boussoir. La premiere suivit sa route entre la riviere & les bois de Mesdames, laissa Boussoir à gauche, & lorsqu'elle l'eut dépassé, l'une & l'autre marcherent parallelement vers les Estinnes basses, passerent le ruisseau à droite & à gauche de ce village, & entrerent dans le camp.

La colonne de gauche, composée de la cavalerie & infanterie de la gauche & de la réserve, passa le Hunel au-dessous de l'Abbaye de Cambron, laissa le village à droite, passa à la cense des Dîmes, à Montigny-les-Lens, gagna à travers champs les bois de la Haye-le-Comte, qu'elle côtoya & laissa à droite, passa à la Justice de Soignies, au pont de Saisines, à Thieusy, entre Gottignies & la cense du Bray, près & à gauche de la Justice du Rœulx, à Thieux, passa la Haisne entre Strepy & Mourage, de là au village de Bray, y passa le ruisseau, & entra dans le camp.

Ce fut pour la troisiéme fois de la Campagne que la ville de Mons vit de ses murs défiler l'armée Françoise. Elle ne troubla pas plus cette marche que les précédentes.

Camp de Brugeletto.
13 Juillet.

L'armée fut placée, la gauche à la Haisne, & la droite au bois du Faux-Rœulx, Binche en avant, le quartier général aux Estinnes basses. Ce camp, dont les flancs sont bien appuyés, est

DE LA CAMPAGNE DE 1674.

est couvert sur son front par le ruisseau de Binche & par celui qui vient de Bonne-Espérance. Il a derriere lui celui qui vient du Faux-Rœulx, au moyen duquel il est presque aussi bon de ce côté que de l'autre. Ce même camp fut occupé par le Maréchal de Luxembourg en 1691.

JUILLET.

Par cette marche & cette position, M. le Prince avoit rempli le double objet de se mettre plus à portée d'agir d'après les mouvemens que les Alliés pourroient faire sur la Meuse, & de se tenir toujours en mesure, dans le cas, moins vraisemblable à la vérité, où ils voudroient se porter vers le Haynaut & sur l'Escaut. Il étoit toujours le maître de tirer ses vivres de Charleroy, & d'empêcher le siége de cette place importante. Toujours près de la Sambre, il pouvoit détacher un corps au-delà de cette riviere pour observer les mouvemens des Impériaux, & défendre le pays d'*entre Sambre & Meuse*, & ce corps restoit en mesure de le rejoindre au besoin. D'ailleurs son camp étoit si bien pris & si fort, qu'il lui permettoit d'affoiblir son armée.

En conséquence M. de Luxembourg fut détaché dès le 14, c'est-à-dire le lendemain de l'arrivée aux Estinnes, avec huit à neuf mille hommes; passa la Sambre, & vint camper à Strées. Le 15 il se porta à Philippeville, & prit son camp sous les murs de cette place.

M. de Luxembourg détaché entre Sambre & Meuse.

L'armée Impériale, arrivée le 11 au camp de Custine, passa le 13 la riviere de Lesche, & campa entre Beaurain & Givet. Rien ne l'empêchoit de passer la Meuse à Givet, & de se porter sur Rocroy. Elle pouvoit continuer de remonter cette riviere, s'approcher de Sédan, aller à Mouson, Dun, &c. & entrer en Champagne. Ces derniers projets étoient ceux qu'elle annonçoit le plus, & dont on flattoit l'avidité des soldats. Comme ils désertoient beaucoup, on cherchoit à les retenir par l'espoir du pillage. Il régnoit à cet égard la plus grande jactance dans cette armée. M. de Souches s'étoit vanté d'aller dîner à jour nommé à Sédan. Quelque parti qu'il prît, soit de passer la Meuse, soit de la remonter, celui auquel il se détermineroit exigeoit toute l'attention de M. de Luxembourg, dont la situation ne laissoit pas que d'être critique, lorsqu'il se trouva avec moins de vingt mille hommes, vis-à-vis d'une armée qui en avoit plus de vingt-cinq mille. Il n'étoit pas possible de prévoir, que le Général Impérial finiroit par se laisser entraîner

L'armée Impériale.

Y

JUILLET.

Incertitude continuelle dans les places des Alliés.

au plan auquel il se refusoit absolument depuis deux mois, & dont ses mouvemens actuels l'éloignoient encore.

On a vu combien avoient été infructueux les Conseils de guerre tenus à Ruremonde & à Landen. Au milieu de Juillet le plan de la campagne n'étoit point encore arrêté, & les trois armées alliées qui devoient agir ensemble, ou au moins de concert & d'une maniere combinée entr'elles, n'avoient encore aucune destination fixe.

Le Prince d'Orange & le Comte de Monterey, ayant rejoint leurs armées après l'entrevue de Landen, presserent encore le Comte de Souches de passer la Meuse, & celui-ci continua de s'y refuser. Tandis que ce Général étoit à Namur, plusieurs personnes furent encore chargées de négocier avec lui. Le Comte de Monterey lui envoya M. de Louvignies : il proposa plusieurs projets dont il avoit déjà été question ; mais le Comte de Souches demanda encore qu'on lui donnât un détachement des armées des Alliés pour renforcer la sienne; qu'on lui fournît aussi l'artillerie & les munitions nécessaires pour des sièges, &, à ces conditions, il proposa de faire ceux du Mont-Olympe, de Charleville & de Mézieres. Ce projet fut un instant adopté par le Comte de Monterey, &, à la sollicitation de celui-ci, par le Prince d'Orange, qui approuvoit peu ce parti, mais qui trouvoit que le pire de tous étoit de n'en prendre aucun. Il fut donc résolu qu'on fourniroit sept ou huit mille hommes au Comte de Souches, au moyen de quoi il agiroit avec environ trente-cinq mille à la rive gauche de la Meuse; ce qui rappelleroit vraisemblablement M. le Prince de Condé à la défense de la frontiere de Champagne, & laisseroit aux Alliés la possibilité de faire quelque grand siège en Flandre ; mais ce projet fut bientôt abandonné ainsi que ceux qu'on avoit admis précédemment, sur les nouvelles irrésolutions que témoigna le Comte de Souches relativement à l'emploi des secours qu'on lui donneroit : enfin le Comte de Monterey chargea M. de Louvignies de dire à ce Général, que la position actuelle & la force de l'armée Françoise ne permettoient plus au Prince d'Orange, ni à lui, de faire aucun détachement.

Le Comte de Souches fit une autre proposition dont il avoit déjà été question ; car toutes les combinaisons possibles avoient été faites sans rien décider. Il demanda au Prince d'Orange de venir le joindre lui-même avec quinze mille hommes, lui

DE LA CAMPAGNE DE 1674.

offrant d'être à ſes ordres ainſi que ſon armée. Cette propoſition, malgré tous les inconvénients qui pouvoient la ſuivre, parut au Stadhouder la meilleure de toutes celles que le Comte de Souches avoit faites. Ce n'eſt pas qu'il ne crût très-périlleux d'abandonner ainſi la Flandre, en n'y laiſſant que la moitié de ſes troupes aux ordres du Comte de Monterey. Il ne voyoit pas moins de danger à aller ſe mettre à la tête d'une armée ſur laquelle il n'auroit en quelque ſorte qu'une autorité précaire, & où cette autorité ſeroit d'autant moins ſûre, que le corps qu'il y conduiroit en ſeroit la plus foible partie. S'il y avoit de mauvais ſuccès, on les rejetteroit ſur lui, & il n'en faudroit pas davantage pour le décréditer & pour dégoûter les Etats-Généraux de ſupporter à l'avenir les charges de la guerre. Ne pouvoit-il pas même trouver de la difficulté à rentrer en Flandre, & n'avoit-il pas à craindre que les incertitudes du Comte de Souches, le peu d'accord qui régnoit entre les Officiers-Généraux de l'Empereur, & la difficulté d'en établir davantage entre ceux de l'armée combinée, n'apportaſſent de fréquents obſtacles à l'exécution de ſes projets? Cependant s'il y avoit quelque moyen de ſurmonter ces obſtacles, c'étoit que le Prince d'Orange ſe trouvât lui-même avec le Général de l'Empereur, & l'entraînât par l'activité & la vigueur de ſes conſeils. Enfin ce moyen étoit le ſeul de tirer parti de l'armée Impériale. Il paroiſſoit que c'étoit la derniere réſolution du Comte de Souches. Le Prince ſe décida à la ſuivre. Il voulut ſeulement qu'au lieu des ſiéges de Mézieres & de Charleville que projettoit ce Général, on en fît de moins éloignés de la Flandre, tels que ceux de Rocroy ou de Philippeville, ou mieux encore de Charleroy. Le Comte de Monterey accéda au parti auquel ſe déterminoit le Prince d'Orange, quoiqu'il ne vît pas ſans inquiétude qu'il reſteroit ſeul en Flandre avec des forces inférieures à celles du Prince de Condé. Il ſollicita le Stadhouder de lui laiſſer plus de troupes qu'il ne projettoit; mais celui-ci ne voulut pas mettre le Comte de Souches dans le cas de ſe plaindre qu'il eût manqué à ſes engagements. Il regardoit comme important d'aſſurer à la fois ſa conſidération dans l'armée Impériale par la force du corps qu'il y conduiroit, & ſes ſuccès par le nombre des troupes avec leſquelles il agiroit. Le Rhingrave fut chargé par ce Prince, de traiter avec le Comte de Souches des meſures qu'on

JUILLET.

Projet adopté.

devoit prendre pour aſſurer la jonction & la faire le plutôt poſſible.

Subſiſtances de l'armée Impériale.

Pendant ces négociations l'armée Impériale étoit aux environs de Dinant & de Givet. Elle y ſubſiſtoit avec peine. On ſait que ce mauvais pays offre peu de reſſources à une armée, & nous avons dit combien l'indiſcipline & le déſordre des Impériaux leur laiſſoient peu ménager celles des lieux où ils ſe trouvoient. Ils tiroient ce qu'ils pouvoient de Dinant & des dépendances de cette ville. On faiſoit du pain pour eux à Namur & à Givet. Mais les opérations de cette armée n'avoient pas été aſſez décidées, pour que les Eſpagnols euſſent pu faire à l'avance de grands magaſins pour la nourrir. Cependant on y ſuppléoit autant qu'on le pouvoit. On faiſoit remonter beaucoup de grains & de farines de Liége juſqu'à Givet, & on préparoit des ſubſiſtances à cette armée pour les opérations que M. de Souches projettoit toujours ſur la haute Meuſe.

Nous obſerverons ici que le déſordre qui régnoit dans l'armée Impériale relativement aux ſubſiſtances, ne laiſſoit pas d'être compenſé par quelques avantages, comme, par exemple, celui de n'être pas auſſi aſſujettis que nous le ſommes aux livraiſons régulieres ; eſpéce de contrainte qui gêne ſouvent, & annonce preſque toujours les mouvemens d'une armée. Les Impériaux vivoient des moyens du pays, & ſavoient même ſe ſervir des moulins à bras. Les lettres que nous avons entre les mains, font mention qu'un Officier de leur armée fit le 14 Juillet un marché à Liége pour deux cens de ces moulins. Quand les grains étoient mûrs, ils les coupoient, les faiſoient ſécher au feu, les réduiſoient en farine, en faiſoient des pains & des eſpéces de biſcuits ou galettes, & conſommoient ſur le champ la récolte ſur le lieu même. Le cavalier, comme le cheval, trouvoit ſa ſubſiſtance ſur le terrein même de ſon camp. Nous ſommes loin de prétendre qu'il fallût mettre des armées en campagne ſans autres moyens pour les nourrir, & nous penſons encore moins qu'en imitant les anciennes armées Allemandes dans l'uſage de ces reſſources, il fallût auſſi les imiter dans leur indiſcipline & dans leur conſommation extrême & déſordonnée. Nous croyons encore que nos arrangements pour les ſubſiſtances ſont très-préférables. Nous regrettons ſeulement qu'elles ſoient trop excluſives ; & nous deſirerions que celles que nous avons indiquées, & bien

d'autres

DE LA CAMPAGNE DE 1674.

JUILLET.

d'autres encore, leur serviſſent de ſupplément, de façon que nos armées fuſſent préparées à les employer, & qu'on oſât le faire dans des cas extraordinaires & difficiles.

L'armée Impériale, dont les ſubſiſtances nous ont amené à cette courte digreſſion, étant campée depuis le 13 entre Beaurain & Givet, M. le Comte de Souches en détacha le 17 un corps qui repaſſa la Leſche, & vint camper en avant de Selle, près de Dinant. On plaça le même jour des gardes Impériales dans la ville. On allégua pour cela différents prétextes, au moyen deſquels on n'étoit pas cenſé violer la neutralité. C'étoit une choſe convenue à l'avance avec les Bourguemeſtres. La capitulation pour le château le fut de même, & il reçut le lendemain dix-huit cens hommes de garniſon Impériale. L'ancienne garniſon de l'Electeur de Cologne, compoſée ſeulement de ſoixante-dix hommes, y reſta avec le Gouverneur, qui prêta ſerment de fidélité à Sa Majeſté Impériale. M. de Luxembourg avoit offert du ſecours aux habitants de Dinant. Il eſt apparent qu'ils ſe ſoucioient peu d'en recevoir. Mais qu'eût fait ce foible ſecours contre l'armée qui étoit à leurs portes ? Cette priſe de poſſeſſion fut célébrée le 18 dans Dinant, par un grand repas que le Comte de Souches y donna aux Bourguemeſtres & au Gouverneur.

Les Impériaux s'emparent de Dinant.

Dans ces entrefaites on étoit convenu du projet, d'après lequel le Prince d'Orange devoit joindre l'armée Impériale avec quinze mille hommes de la ſienne, & le Rhingrave envoyé par le Prince au Comte de Souches, traitoit avec lui des moyens de faire cette jonction. Il fut arrêté que tandis que de leur côté les deux armées de Flandre s'approcheroient de la Meuſe, la ſienne ſe porteroit à Namur ; & que le jour qui ſeroit convenu pour cela avec le Prince d'Orange, M. de Souches feroit paſſer cette rivière à trois mille chevaux de ſa meilleure cavalerie, & les envoieroit à ce Prince, pour faciliter ſa marche juſqu'à lui. Cependant le Comte de Souches envoya ſon fils au Stadhouder pour confirmer les meſures avec le Prince même, & entrer dans des détails ultérieurs ; il arriva à l'armée Hollandoiſe le 19.

Nous voici enfin parvenus au moment où les armées des Alliés ſe mettent en mouvement. Elles avoient dû marcher le 10 ; mais les incertitudes du Comte de Souches, & la

HISTOIRE

JUILLET.

Les armées Hollandoife & Efpagnole fe mettent en mouvement.

difficulté de tirer de lui une réfolution fur laquelle on pût compter, avoient encore entraîné des délais. Enfin l'infanterie Hollandoife, avec les équipages, partit le 16 des environs de Vilvorden, & vint camper près de l'Abbaye de Beerthem, à une demi-lieue de Louvain. Le Prince s'y rendit le lendemain 17 avec fa cavalerie. Les corps qui fe trouvoient éloignés de l'armée eurent ordre de la venir rejoindre, foit à Vilvorden ou à Louvain, fuivant la pofition où ils fe trouveroient. Le 18 elle paffa la Dyle, & campa entre Louvain & l'Abbaye du Parc, où fut placé le quartier général. Les troupes Efpagnoles n'arriverent que le 19 à Beerthem, près de Louvain à la gauche de la Dyle. Elles y étoient aux ordres du Marquis d'Affentar, le Comte de Monterey étant encore refté à Bruxelles.

Lenteur des Efpagnols.

Tout avoit de la part des Efpagnols un caractere de lenteur prefque égal à celui des Impériaux, & le Comte de Monterey avoit plus d'une fois fufpendu les projets du Prince d'Orange, qui vouloit entrer en campagne malgré l'indécifion de ceux-ci. Après tant de délais l'armée Efpagnole ne fe trouvoit pas encore en état de tout point : les troupes n'étoient pas complettes ; les recrues qu'on faifoit à grands frais au fond de l'Allemagne & jufqu'à Hambourg, réuffiffoient mal ; plufieurs régiments nouvellement créés n'exiftoient gueres que de nom. Mais lorfque le Prince d'Orange fe plaignoit au Comte de Monterey de ce que l'armée qu'il devoit fournir pour le foutien de la caufe commune, étoit fort au-deffous de ce qu'il avoit promis, il en rejettoit la faute fur la Cour de Madrid, dont il accufoit avec raifon la lenteur & l'inactivité ; d'ailleurs il falloit attendre quelques troupes, & fur-tout de la cavalerie, qu'il comptoit retirer des garnifons du Haynaut, ce que la pofition de M. le Prince de Condé ne lui avoit pas permis de faire ; à cet inconvénient fe joignoit encore la diverfité d'opinion entre lui & le Stadhouder.

Nouveau Confeil de guerre.

Les Confeils recommencerent à l'Abbaye du Parc, à l'occafion de l'arrivée du fils du Comte de Souches ; on a vu jufqu'à ce moment que le tems fe paffoit en négociations & en Confeils bien plus qu'en action : il fallut réfoudre encore une fois ce qu'on avoit déjà réfolu. Le Comte de Monterey fit de nouveau preffer le Prince d'Orange par les Officiers-Généraux Efpagnols, de ne point aller joindre le Comte de Souches au-delà de la Meufe, & demanda encore que le Général

paſſât lui-même en deçà. Tout au moins ſi le Stadhouder
ſuivoit le projet arrêté, le Comte de Monterey inſiſtoit pour JUILLET.
qu'il lui laiſſât plus de troupes qu'il ne projettoit. Le Prince,
d'accord en cela avec le Conſeil de guerre, jugea qu'il étoit
important de ne point manquer à l'engagement pris avec le
Comte de Souches ; qu'il ne falloit lui donner aucun ſujet de
plainte ; qu'on devoit craindre, en montrant de l'incertitude,
de le jetter lui-même dans celle dont on avoit eu tant de peine
à le tirer, & ſur-tout de lui fournir quelque prétexte de ré-
tracter la parole qu'il avoit donnée. Enfin le projet de jonction
fut confirmé. Il fut ſeulement convenu avec le jeune de
Souches, qu'au lieu de trois mille chevaux que ſon pere avoit
promis de faire paſſer pour en faciliter l'exécution, il en
envoyeroit cinq mille. On ajouta qu'il preſſeroit le Feld-
Maréchal de paſſer lui-même avec ce corps, & même avec
un plus conſidérable, ou avec toute ſon armée, s'il étoit
néceſſaire pour aſſurer la jonction. On convint en même tems
que le Prince d'Orange marcheroit le 22. Cette époque étoit
combinée avec celle à laquelle M. de Souches devoit arriver
à Namur. Le fils de ce Général retourna ſur le champ lui porter
la déciſion du Conſeil de guerre.

On ſe rappelle que l'armée Impériale étoit campée en plus L'armée Im-
grande partie entre Beaurain & Givet, avec un corps détaché périale.
près de Dinant. Tout ce qui étoit près de Givet marcha le 20
pour ſe rapprocher de la Leſche, & campa à Hoyet, & le lendemain 21 la totalité de l'armée ſe réunit à Chinay. On avoit lieu
d'être ſurpris de ce mouvement rétrograde, ſi peu conſéquent
à ceux que le Comte de Souches avoit fait juſqu'alors, & aux
projets qu'il avoit annoncés. Cependant le bruit s'étoit répandu
parmi ſes troupes, & il y avoit beaucoup d'avis à l'armée
Françoiſe, qu'elles alloient être jointes par un détachement
des Alliés aux ordres de M. de Louvignies. C'étoit le projet
qui avoit précédé celui de la jonction du Prince d'Orange en
perſonne. En même tems que l'armée Impériale deſcendoit vers
Namur, des bateaux de grains remontoient encore vers Givet,
& on y faiſoit des approviſionnements ; ce qui annonçoit que
s'éloignant de ce point, ce n'étoit pas pour l'abandonner ſans
retour.

Le 22 les gros équipages de l'armée Impériale reſterent à
Chinay avec les troupes de Munſter & un petit nombre d'autres ;

& l'armée se porta à Vivier-Lanau, à peu de distance de Namur. Le Comte de Souches fit aussi-tôt travailler à jetter un pont sur la Meuse, à l'hermitage de Saint Hubert, au-dessous de cette ville.

M. le Prince ayant des avis de la marche décidée des Impériaux vers Namur, & tout annonçant qu'ils alloient passer la Meuse en tout ou en partie, & que les Alliés alloient se joindre à eux ; ce Général jugea à propos de s'approcher de Charleroy, de rappeller à lui M. de Luxembourg, qui devenoit inutile au-delà de la Sambre, & d'en rapprocher M. de Rochefort avec les troupes qu'il avoit à ses ordres.

L'ARMÉE PARTIT LE 23 DU CAMP DES ESTINNES BASSES, ET MARCHA SUR QUATRE COLONNES.

L'armée Françoise marche des Estinnes basses à Piéton. 23 Juillet.

Celle de droite, composée de la cavalerie & infanterie de la droite, prit sa route par la cense de Maitfaux, passa à celle de Pry à Espinoy, traversa les bois le Comte, laissa Gogny à gauche, Amsuette & l'hermitage de Feuillée à droite, traversa les bois de la Marche, & arriva près du château de ce nom, à la droite du camp.

La seconde colonne de droite, composée de l'artillerie, des vivres, des gros & menus équipages avec les détachements ordinaires, suivit la grande chaussée jusqu'à hauteur de Binche, la laissa à gauche & cette ville à droite, passa à la Hutte, à Resay, à la cense du Try, à celle de Court-à-Resay, à celle d'Escauffene, laissa celle de Viermont à droite, passa à Anderlues, près celle de Salus, la laissant à gauche, de-là à Piéton & dans la plaine du camp.

La troisiéme colonne, composée d'une brigade de cavalerie qui en avoit la tête, de trois d'infanterie & de la réserve, passa au gravier de Pérone, gagna la grande chaussée à la Maladrerie, la suivit jusqu'au-delà de Resay, passa au Val, au mont Sainte-Aldegonde, à Carnieres, au moulin de Piéton, à la cense Gloriette, & entra dans le camp.

La colonne de gauche, composée de la cavalerie & de l'infanterie de la gauche passa le ruisseau de Binche au pont de Taperiaux, se dirigea par l'arbre de Triviere, & laissant les villages de Saint-Vast, Haisne-Saint-Paul & Haisne-Saint-

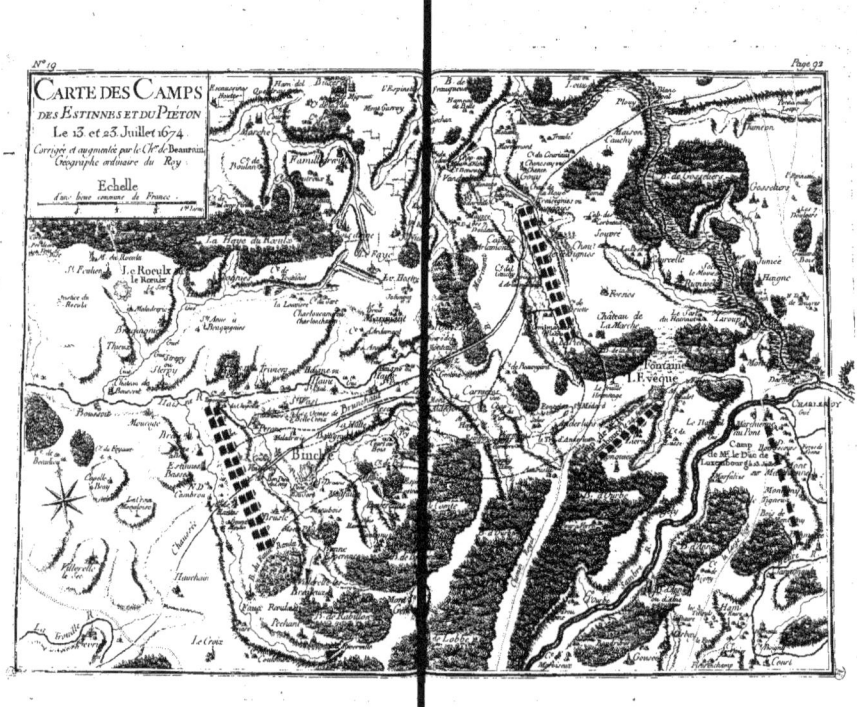

Saint-Pierre à gauche, gagna la grande chauffée, qui la conduifit à la gauche du camp.

JUILLET.

Ce camp fut établi, la droite au bois de Marche, & la gauche vers la cenfe de Chaufour. On le regarde comme inattaquable. La gauche l'eft fur-tout par fa pofition entre le ruiffeau de Piéton & celui de Traifignies, qui s'étend auffi fur une partie du front. La droite eft couverte par les bois de Marche & par des marais; la Sambre & Charleroy étant à peu de diftance, ne laiffoient rien à craindre pour ce côté-là. Nous verrons que la pofition de M. de Luxembourg l'affura encore. Il étoit difficile d'arriver fur le front du camp. L'ennemi auroit été obligé de paffer le Piéton; il eût trouvé enfuite des bois vis-à-vis de la gauche, & vis-à-vis de la droite encore un ruiffeau qui part de Souvré, & fe jette dans le Piéton. Ces différents obftacles & d'autres dont le terrein eft entrecoupé, rendoient les débouchés de l'ennemi difficiles, ainfi que fes manœuvres & le déploiement de fa nombreufe cavalerie. Il falloit qu'il s'enfermât entre l'armée Françoife & le Piéton, qui eft difficile à paffer, parce qu'il eft marécageux. Ce ruiffeau, qui prend fa fource au-deffus du bois de Marche, couvroit le derriere du camp, qui fe trouvoit d'une défenfe pour le moins auffi bonne de ce côté que de l'autre. Plufieurs villages pouvoient encore fervir à l'affurer; ceux de Piéton, d'Harlaimont, Gouy, Traifignies, le château de ce nom, ceux de Forchies, de Marche, &c. M. le Prince tiroit avec facilité fes vivres de Charleroy, & il étoit à portée de détacher des troupes pour protéger fes convois au-delà de la Sambre; il empêchoit le fiége de cette place; enfin, relativement à la pofition actuelle des ennemis, & à leurs projets apparents, ce pofte qu'il occupa étoit celui où il fe trouvoit le plus à portée de fe défendre, ou de fecourir tout ce qu'ils pourroient attaquer. Nous avons cru devoir faire connoître avec foin ce camp fameux, où M. le Prince fe propofoit d'attendre les forces réunies des Alliés, s'ils euffent voulu l'y combattre.

Camp de Piéton. 23 Juillet.

Les Impériaux n'ayant formé aucune entreprife pendant leur féjour aux environs de Dinant & de Givet, M. de Luxembourg pendant le fien à Philippeville, n'avoit eu d'autres objets que de les obferver, d'affurer la marche des convois & de faire quelques arrangements pour la défenfe de Philippeville,

94   HISTOIRE

JUILLET.
M. de Luxembourg rejoint l'armée.

Rocroy, Charleville & Mézieres. D'après les ordres qu'il reçut de M. le Prince le 23 au matin, il partit le même jour, & , toujours couvert par la Heure, il vint camper à Marchienne-au-Pont. Le lendemain 24, il paſſa la Sambre, & ſe porta à Lierne. Son camp placé en avant de ce village, derriere le petit ruiſſeau de Fontaine-l'Evêque, entre cette ville & le bois, aſſuroit encore le flanc droit de l'armée. Il empêchoit qu'un corps ennemi ne pût s'avancer entre cette droite & la Sambre, & que des troupes venant des places du Haynaut par les bois, ne ſe portaſſent ſur la communication de Charleroy à l'armée.

M. de Rochefort étoit depuis le 6 à Sédan, & il y avoit été joint par la Maiſon du Roi, qui étoit deſtinée à ſervir en Flandre après la conquête de la Franche-Comté. Il en partit le 25 avec ce corps, ſuivant les ordres qu'il reçut de M. le Prince, & vint camper ce même jour au gué du Sud à une lieue de Rocroy. Le 26 il s'avança à Philippeville. La Maiſon

La Maiſon du Roi joint l'armée.

du Roi partit de-là pour joindre l'armée, & M. de Rochefort retourna à Charleville, deſtiné par la Cour à continuer de commander ſur la Meuſe. On craignoit toujours le retour des Impériaux ſur cette frontiere, en tout ou en partie. Beaucoup d'avis l'annonçoient; les approviſionnements qu'on continuoit de faire à Givet ſembloient le confirmer. M. de Rochefort pourvut à la défenſe de toutes les places autant qu'il étoit poſſible ; il les approviſionna, en renforça les garniſons, & ordonna différents travaux pour ajouter à leurs fortifications. En même tems pluſieurs régiments de cavalerie & de dragons qui avoient ſervi à la conquête de la Franche-Comté, s'étoient avancés ſucceſſivement par la Lorraine, ſur Verdun, Sédan & Mézieres.

Le Lecteur ſe rappelle qu'il avoit été convenu que les Alliés ſe mettroient en mouvement le 22 pour s'approcher de Namur, & faire la jonction projettée avec les Impériaux. En conſéquence, la cavalerie, Hollandoiſe & Eſpagnole, partit le même jour du camp de Louvain, & s'avança ſur la Geete, entre Tirlemont & Iudoigne. Le 23 le reſte des troupes la joignit, avec le Prince d'Orange en perſonne. Le 24 l'armée paſſa la Geete, & s'étendit dans la plaine qui eſt entre les

Les Alliés ſur la Méhaigne.

deux rivieres, grande & petite de ce nom, & la Méhaigne. Le Prince d'Orange prit ſon quartier à Mierdorp. Le Comte

DE LA CAMPAGNE DE 1674.

de Monterey joignit l'armée le même jour, & eut le sien au château de Jauche.

JUILLET.

Le Comte de Souches, étant arrivé le 22 près de Namur, & ayant fait, ainsi que nous l'avons dit, jetter un pont sur la Meuse au-dessous de cette ville, y fit passer le 23 un corps de six mille chevaux, qui se porta sur la Méhaigne. Le 24 il joignit lui-même ce corps avec deux mille chevaux de plus, passa cette riviere, & vint à la rencontre de l'armée du Prince d'Orange, avec huit mille hommes de la plus belle cavalerie. Il campa au-delà de la Méhaigne en avant de Waseiges, où il prit son quartier.

Ces Généraux recevoient alors les avis de la marche en avant que M. le Prince de Condé avoit faite la veille, ainsi que de la réunion du Duc de Luxembourg à son armée. Il étoit possible que ce Prince, dont le caractere audacieux & actif étoit connu, eût le projet de marcher à eux, sans être étonné de la supériorité de leurs forces; & il étoit plus que vraisemblable qu'il le feroit, s'ils venoient à les séparer. Cette idée s'offrit au Comte de Monterey & au Prince d'Orange. Mais ils ne manquerent pas de la présenter avec force au Comte de Souches, afin de l'engager à passer la Meuse avec toutes ses troupes; projet pour lequel on l'avoit sollicité tant de fois, & qu'on préféroit de beaucoup à celui de le laisser agir sur la haute Meuse. Ils lui développerent, lui exagérerent même tous les inconvénients que le dernier plan qu'on avoit adopté, uniquement par condescendance pour lui, pouvoit avoir dans les circonstances actuelles. Ils lui représenterent le risque presque certain que la foible armée qui resteroit en Flandre couroit d'être écrasée par M. le Prince de Condé, dès qu'elle se feroit séparée d'avec l'autre, & avant que celle-ci ait eu le tems d'agir assez efficacement, pour rappeller les François à la défense de la frontiere qu'elle devoit attaquer. Ils lui firent sentir qu'ils perdroient tous leurs avantages en divisant leurs forces; qu'il étoit bien plus sûr de les réunir contre le Général François; que leur supériorité leur donnoit lieu d'espérer des succès, soit qu'ils attaquassent, soit qu'ils entreprissent en sa présence quelque grand siége. Enfin ils employerent de nouveau toutes les raisons par lesquelles ils avoient jusqu'alors inutilement cherché à le persuader. Après bien des débats, des discussions & de la résistance, le Comte

Le Comte de Souches passe la Meuse avec un corps de cavalerie.

Nouveaux débats. Nouvelles incertitudes.

de Souches se rendit, & consentit à ce qu'il refusoit depuis le commencement de la campagne; mais cette résolution ne fut pas de longue durée; il ne fut pas plutôt retourné à son quartier & rendu à lui-même, qu'il se repentit de ce qu'il avoit décidé, opposa de nouvelles difficultés, de nouvelles craintes, & voulut repasser la Meuse. Il remit en avant les anciens projets, toutes les combinaisons qui avoient déjà été faites; proposa de revenir sur la Sambre par le pays d'entre *Sambre & Meuse*, de rentrer en Flandre par la Sambre même, en passant cette riviere après s'être assuré d'un point d'appui par la prise de quelque place, & prétendit qu'il y auroit un grand avantage à se porter ainsi sur la communication de M. le Prince, & à l'enfermer entre deux armées. Le Prince d'Orange & sur-tout le Comte de Monterey, beaucoup moins frappés de cet avantage que des risques qu'entraînoit la séparation de ces armées, retournerent à la charge, & réussirent enfin à le ramener au seul parti raisonnable, qu'il avoit pris & abandonné en moins de vingt-quatre heures. Le Comte de Souches cédant, quoiqu'à regret, à leurs représentations & à leurs instances, donna des ordres, qui ne furent plus changés, pour que la totalité de son armée passât la Meuse. Il laissa seulement à Chinay les troupes de Munster avec quelques autres, formant en tout un corps de cinq ou six mille hommes, qu'il se proposoit de faire passer dans le Palatinat, aux ordres du Prince de Bade.

L'armée Impériale passe la Meuse.

La lenteur que l'armée Impériale mit à passer la Meuse répondit à celle qu'on avoit apportée à s'y résoudre. Elle défila successivement les 25, 26 & 27 par les ponts de Namur & de Saint-Hubert, & campa sur les hauteurs en avant de la ville. Le 28 les trois armées se mirent en mouvement, & se réunirent derriere les défilés de Perwys. Nous ne les considérerons désormais que comme en formant une seule aux ordres du Prince d'Orange, à qui l'Empereur & le Roi d'Espagne avoient donné le commandement de leurs armées en cas de réunion; mais nous y trouverons toujours beaucoup d'irrésolution dans les Conseils, & beaucoup de division & de mésintelligence parmi les Chefs. Nous verrons le Prince d'Orange & le Comte de Monterey mécontents du Comte de Souches, & ce vieux Général toujours mécontent des premiers. Enfin nous observerons que cette division

n'existoit

DE LA CAMPAGNE DE 1674.

JUILLET.

n'exiſtoit pas ſeulement entre les Chefs, mais encore entre les Officiers-Généraux de la même nation. Elle étoit ſur-tout portée au plus haut point dans l'armée Impériale. On ſent combien une déſunion ſi pernicieuſe a dû être contraire aux ſuccès des Alliés, en même tems que favorable à ceux des François.

Les Alliés paſſerent les derniers jours de Juillet dans leur camp de Perwys. Ils avoient à y faire tous les arrangements qui tenoient à leur réunion inopinée; il falloit décider leurs projets ultérieurs, & en préparer l'exécution; & l'on a vu combien des projets à décider, étoient une grande affaire pour cette armée incertaine & diviſée dans ſes Conſeils. En effet il eſt aſſez extraordinaire que les Impériaux étant revenus de Givet ſur Namur, les Hollandois & les Eſpagnols ayant marché de Bruxelles vers cette ville, pour joindre quinze mille hommes aux premiers qui devoient enſuite attaquer la frontiere de Champagne; le réſultat de cette opération ait été, que la totalité de l'armée Impériale paſſât la Meuſe pour ſe joindre aux Hollandois & aux Eſpagnols, & que le tout enſemble dût agir ſur la Sambre & ſur l'Eſcaut.

Tout ce qui étoit reſté avec les troupes de Munſter dans le camp de Chinay avoit rejoint l'armée. Mais le Comte de Souches y avoit renvoyé depuis, deux régiments d'infanterie Impériale, auxquels il avoit fait repaſſer la Meuſe. Le Prince de Bade avoit pris le commandement de ce corps qui étoit d'environ ſix mille hommes. Le retour de ces deux régiments, & le ſéjour de ces troupes au camp de Chinay, où même elles ſe retranchoient, laiſſoient toujours quelque inquiétude pour la haute Meuſe, & pour le pays d'*entre Sambre & Meuſe*. La garniſon Impériale de Dinant ſe fortifioit dans le château, & en perfectionnoit les défenſes. Il étoit poſſible que le Comte de Souches n'eût pas abandonné ſon projet favori, & qu'il ſe propoſât de renvoyer encore quelques troupes au Prince de Bade, au moment où celles qu'il avoit déja devroient agir. Ainſi le Marquis de Rochefort ſe tenoit, en conſéquence, ſur ſes gardes, & preſſoit dans toutes les places, les travaux qui pouvoient en aſſurer la défenſe.

Le corps que commandoit le Prince de Bade, pouvoit encore avoir pour objet de ſe porter ſur Huy & ſur Liége, & de s'emparer de ces deux villes, ainſi que les Impériaux

Corps de troupes à Chinay, aux ordres du Prince de Bade.

avoient déjà fait à Dinant. Le fieur des Carrieres, Réfident de France à Liége, y échauffoit autant qu'il pouvoit le parti du Roi; mais celui de l'Empereur y étoit toujours dominant. Les Liégeois defiroient de garder leur neutralité; mais fi les Impériaux fe fuffent préfentés en force à leurs portes, ils euffent fait peu de réfiftance. L'Electeur de Cologne, leur Prince, avoit défavoué l'affaire de Dinant, & avoit fait des proteftations, foit finceres, foit fimulées, contre la violence faite à la neutralité de cette ville. Le Baron d'Ifola, Miniftre de l'Empereur, répondoit à ces proteftations & aux plaintes du Roi, en oppofant à la prife de Dinant celle de Mazeich, ville également dépendante de Liége, que les troupes Françoifes occupoient depuis long-tems, & qu'elles fortifioient encore tous les jours, bien loin de lui permettre cette neutralité qu'on reclamoit pour Dinant. Les Miniftres du Roi mettoient en avant le projet de l'abandonner, fi on garantiffoit & fi on obfervoit une neutralité exacte pour la ville de Liége & toutes fes dépendances. Mais il eft apparent qu'en cela même ils étoient peu finceres, & que les François fe fuffent difficilement décidés à quitter un pofte auffi utile.

Le Baron de Vierzet, Gouverneur de la citadelle de Liége, étoit du nombre des partifans de la France; il y commandoit une garnifon de cinq cens hommes, & il s'étoit engagé à y recevoir, en cas d'attaque, un fecours de trois cens hommes de la garnifon de Maëftricht. Au moyen de ces huit cens hommes, il prétendoit fe défendre avec vigueur. Mais la citadelle étoit mauvaife, & la garnifon ne valoit pas mieux. Le fecours ne devoit & ne pouvoit être admis qu'en cas d'attaque, & lors même que la citadelle feroit inveftie. Telles étoient les conventions, & telle en étoit l'abfurdité. On demande en effet comment, dans cette fuppofition, les affiégeants euffent laiffé introduire le fecours? Il réfulte que Liége & Huy euffent fubi, ainfi que Dinant, la loi des Impériaux, fi le Prince de Bade s'y fût porté, comme on le craignoit. On imaginoit que s'il s'emparoit de ces deux villes, fa deftination pouvoit être, après y avoir mis garnifon, d'aller joindre, avec le refte de fes troupes, la petite armée qui étoit devant Grave. Mais on fut bientôt délivré de toute inquiétude fur ces différents objets. En effet il partit le 31 du camp de Chinay, avec le corps à fes ordres, & fe porta en deux marches fur la riviere d'Ourte, à Noyfeux & aux environs, où il féjourna; il paffa cette riviere le 3 Août, & marcha fort lentement par Flaveto, Saint Wiet, Pruym & fur Coblentz, où il arriva le 14 ; il y paffa la Mofelle & le Rhin ; & après être refté quelques jours près de cette ville, il marcha vers le Mein, où il joignit à la fin du mois l'armée du Duc de Bournonville.

JUILLET.

Les préparatifs du fiége de Grave alloient très-lentement de la part des Alliés. M. de Rabenhaupt n'arriva à Nimegue que le 14 Juillet. L'objet de ce Général fut d'abord de refferrer la ville de plus près, & pour cela il fit occuper les principaux poftes des environs. Ses troupes entrerent dans Gennep. Plufieurs petits châteaux fur la haute Meufe furent déclarés neutres, par convention entre lui & M. de Chamilly. La petite ifle de Mook ou Middelwert, fituée vis-à-vis du village de Cuck, étoit le pofte qui pouvoit le mieux intercepter aux François la navigation de la Meufe. M. de Rabenhaupt y envoya le 15 un détachement de trois cens hommes pour l'occuper.

Siége de Grave.

M. de Chamilly avoit encore à retirer de Cuck une grande quantité de fourrages qu'on y avoit amaffés depuis peu de tems. Il apprit que cinq bateaux chargés de vin, qu'il attendoit de jour en jour, & qui étoient très-néceffaires à l'approvifionnement de fa garnifon, étoient auffi arrêtés à ce village, la pofition des ennemis dans la petite ifle, ne leur permettant pas de paffer outre. Il ne voulut pas laiffer le tems aux Hollandois de fe fortifier dans ce pofte. Il marcha donc fur le champ au village de Cuck, avec fa cavalerie, qu'il fit fuivre par un détachement de trois cens hommes d'infanterie, aux ordres du Comte de Guifcard. Voyant que les ennemis n'avoient encore rien entrepris fur le village, il réfolut de les attaquer à l'inftant même dans l'ifle où ils commençoient à fe retrancher. La cavalerie fufilla fur le bord de la riviere, en attendant l'arrivée de l'infanterie, pour empêcher leur travail. Dès que celle-ci eut joint, M. de Chamilly fit fa difpofition, & ordonna d'attaquer. Le paffage du rivage à l'ifle étoit ordinairement guéable, & l'on comptoit qu'il le feroit encore, mais les pluyes des jours précédents avoient entraîné des fables, & creufé dans quelques points le lit de la riviere. La premiere troupe d'infanterie qui paffa, fe trouva à la nage ; une vingtaine d'hommes furent noyés ; fept Officiers qui pafferent & vinrent

La petite ifle de Mook ou Middelwert emportée fur les Hollandois.

à bout d'entrer dans l'ifle, y furent auffi-tôt faits prifonniers par les ennemis, qui les renvoyerent de l'autre côté de la Meufe.

Cependant M. de Chamilly ne fe rebuta pas ; il fit avancer la cavalerie, & ordonna à l'infanterie de fe prendre aux crins des chevaux. Il fe mit lui-même à la tête du tout, paffa & repaffa plufieurs fois la riviere. Perfonne n'a mieux fçu joindre l'exemple au précepte. La cavalerie amena ainfi l'infanterie jufques près de l'ifle, malgré le feu des ennemis. La rive étoit affez efcarpée, & d'un abord difficile ; cependant l'infanterie y grimpa auffi-tôt, & les ennemis, furpris de la vigueur de cette attaque, l'abandonnerent, laiffant fur la place un affez grand nombre de morts & de bleffés. Ce pofte coûta aux François environ cent hommes tués ou bleffés. M. de Chamilly y laiffa cent cinquante hommes de garde, fit paffer fes bateaux de vin, ordonna qu'on travaillât avec diligence les jours fuivans à l'enlévement de fes fourrages, & auffi-tôt que cette opération fut faite, il abandonna la petite ifle.

On eft étonné que ce Général qui avoit befoin de la navigation de la Meufe pour des approvifionnements auffi effentiels, & qui avoit encore la valeur de feize cens charriots de foin au village de Cuck, n'ait pas fait occuper lui-même cette ifle avant les ennemis, par un détachement qui s'y fût retranché. D'un autre côté, on n'eft pas moins fupris que ceux-ci au lieu de s'arrêter à y prendre pofte, n'aient pas paffé tout de fuite de l'autre côté pour attaquer ou furprendre le village & mettre le feu aux fourrages qui s'y trouvoient. Mais cette affaire fe paffa le 15, & M. de Rabenhaupt n'étoit que du 14 à Nimegue. Il marcha au fecours de fon détachement auffi-tôt qu'il apprit l'attaque. La vigueur avec laquelle M. de Chamilly la pouffa, ne lui permit pas d'arriver à tems. Elle lui annonçoit la réfiftance que lui préparoient les François pendant le fiége qu'il alloit entreprendre.

M. de Chamilly fit travailler le 23 & le 24 à rafer une digue qui fe trouvoit à la rive droite de la Meufe, & qui étoit très-propre à couvrir les affiégeants ; par cette même raifon M. de Rabenhaupt voulut fe la conferver, & fit marcher la nuit du 24 au 25, des troupes qui parurent à la pointe du jour derriere la digue, & forcerent les travailleurs François de fe retirer. Le travail n'étoit point encore fort avancé, M. de Chamilly le

continua

DE LA CAMPAGNE DE 1674.

continua à coups de canon. La grande quantité de munitions de guerre qu'il avoit, lui permettoit de les prodiguer. Mais cette digue étoit très-haute & très-épaisse; elle ne fut que dégradée, & ne le fut pas assez pour que les ennemis n'y pussent pas encore trouver un abri pendant le siége.

JUILLET.

Cependant les troupes qu'ils attendoient arrivoient successivement, ainsi que l'artillerie & les munitions de guerre. M. de Rabenhaupt faisoit toutes ses dispositions, & resserroit peu à peu la place. Il quitta Nimégue le 27, & prit son quartier à Balgoyen. Ayant fait jetter un pont sur la basse Meuse, vis-à-vis de Naurasel, pour la communication de ses quartiers, il y fit passer ce même jour quelques régiments, auxquels se joignirent les troupes qui étoient déjà à Ravestein, & le tout campa à peu de distance du village de Welp, derriere la digue de Ravestein, la gauche à la Meuse. Les gardes avancées furent placées dans Welp; il y en eut une de soixante hommes dans une Eglise qui se trouvoit à la tête du village, du côté de la ville.

M. de Chamilly forma le dessein d'enlever ce poste qui étoit moins éloigné de son camp que de celui des ennemis. La garnison de Grave campoit encore sur les glacis de la ville, & de ce camp à l'Eglise de Welp, il n'y avoit qu'une forte portée de mousquet. La distance du camp des ennemis étoit à peu près du double. L'heure que M. de Chamilly choisit pour cette attaque, fut celle où l'on relevoit ses gardes, c'est-à-dire, en plein jour. Il ne fit d'autres dispositions, que de faire marcher diligemment les nouvelles gardes, au nombre de cinq cens hommes, à l'Eglise qu'il vouloit attaquer, au lieu de les envoyer à leurs postes; il les fit soutenir par trois escadrons. L'Eglise étoit de brique, avec un cimetiere entouré d'un mûr aussi de brique, & faisant parapet. Les ennemis furent aisément chassés du cimetiere, & obligés de se retirer dans l'Eglise. On en enfonça aussitôt les portes avec des haches dont on s'étoit muni. Le Commandant du poste fut tué, ainsi que quelques soldats; & tout le reste fut prisonnier de guerre. Les ennemis marcherent en diligence de leur camp, aussi-tôt qu'ils eurent avis de l'attaque; mais ils n'arriverent pas à tems; les François se retiroient déjà, après avoir mis le feu à l'Eglise, & sans autre perte que trois ou quatre hommes tués ou blessés. Malheureusement huit Officiers qui étoient

Enlévement d'un poste forcé dans l'Eglise de Welp.

Cc

montés dans le clocher fans qu'on le fçût, y furent laiffés, & JUILLET. furent les victimes de leur curiofité & de leur imprudence. Ils penferent être brûlés avec l'Eglife, & ils tomberent au pouvoir des ennemis.

Grave invefti. Ceux-ci occuperent la nuit fuivante le village de Cuck. Peu-à-peu la place fe trouvoit inveftie. M. de Rabenhaupt préparoit fes batteries. Quelques-unes avoient déjà commencé à tirer ; mais elles avoient été auffitôt démontées par celles de la place. La tranchée alloit s'ouvrir devant Grave, lorfque les armées des Alliés étant enfin réunies, & entrant en action, commencerent à occuper affez M. le Prince, pour que M. de Chamilly perdît toute efpérance d'en être fecouru.

Les Alliés s'étant affemblés le 28 à Perwys, réfolurent de fe porter à Nivelle ; c'étoit de ce point qu'ils devoient fe décider, ou pour attaquer M. le Prince, ou pour marcher par le Haynaut fur la frontiere même de France, ou bien entreprendre quelque grand fiége en Flandre.

Ils fe mirent en marche le premier Août, & vinrent camper à Conroy. Le 2 ils s'avancerent fur la Dyle, à Ottignies. Le 3 ils pafferent cette riviere, & fe porterent à Genappe, & le 4 ils camperent à Nivelle fur les hauteurs en arriere de cette ville, le front de leur camp couvert par le ruiffeau qui y paffe. On eft étonné de voir les Alliés faire des marches auffi courtes, & employer quatre jours à faire environ huit lieues. En agir ainfi dans l'offenfive, c'eft ne compter que fur la fupériorité de fes forces ; c'eft, pour ainfi dire, jouer à jeu découvert. Les Hollandois & les Efpagnols reçurent dans le camp tout ce qui manquoit encore à leurs armées, c'eft-à-dire, leur artillerie & leurs équipages, & toutes les troupes qu'on put affembler de divers côtés. Les garnifons des places qui étoient en arriere, furent réduites prefque à rien ; & il n'y refta que ce qui ne pouvoit pas fervir en campagne. Don Francifco d'Agourto, Gouverneur de Cambray, commandoit un corps d'environ quatre mille hommes tirés de celles du Haynaut, & compofé en plus grande partie de cavalerie. Ce corps étoit refté long-tems fous Valenciennes, d'où il faifoit des courfes fur notre frontiere, inquiétoit la communication des places de la Scarpe à celles de l'Efcaut, & gênoit fort la marche des convois néceffaires à l'approvifionnement de celle-ci. D'Agourto vint camper

DE LA CAMPAGNE DE 1674.

fous Mons, lorsque les Alliés marcherent à Nivelle ; il y étoit à portée de les joindre, d'inquiéter encore notre communication, & de se rejetter dans les places du Haynaut, si M. le Prince donnoit à craindre pour elles.

<small>AOUST. Corps aux ordres du Général d'Agourto sous Mons.</small>

Cependant la position actuelle des armées, & la force de celle des Alliés, leur laissoient peu d'appréhension pour un siége ; mais le Prince de Condé ne pouvoit pas avoir la même sécurité. La supériorité des ennemis leur donnoit encore le moyen d'en faire un en sa présence, indépendamment de celui de Grave. Il lui étoit donc impossible de suivre leur exemple, en renforçant son armée aux dépens des garnisons. En effet, malgré les soins du Maréchal d'Humieres, & du célèbre Vauban, toutes les places n'étoient pas encore en bon état, & la position des Alliés étoit telle, que plusieurs d'entr'elles se trouvoient plus près des ennemis que de M. le Prince.

La marche du Prince de Bade vers Coblentz, & celle des armées des Alliés vers la Flandre ou le Haynaut, ne laissant plus d'inquiétude pour la haute Meuse, M. de Louvois manda à M. de Rochefort de se porter à Philippeville, pour de-là joindre la grande armée, ou marcher sur l'Oyse ou sur la Somme, selon les mouvements des ennemis, & les ordres qu'il recevroit de M. le Prince. En conséquence M. de Rochefort partit le 6 de Sedan avec les trois escadrons des cuirassiers, arriva le même jour à Rocroy, & le lendemain 7 à Philippeville, où il reçut des ordres de M. le Prince, d'après lesquels il joignit l'armée le 8. Il avoit envoyé en partant de Sedan des ordres à M. le Marquis de Renel à Verdun, de le suivre avec neuf escadrons. Cet Officier Général vint le 7 à Stenay, le 8 à Sedan, le 9 à Rocroy, & arriva le 10 à Philippeville avec ce corps de cavalerie. N'étant point arrivé à tems pour la bataille de Seneff, M. le Prince le laissa à Philippeville pour la sûreté des communications & des convois, pour lesquels les succès de cette journée n'empêcherent pas qu'on n'eût toujours à craindre.

<small>M. de Rochefort joint l'armée.</small>

<small>M. de Renel à Philippeville.</small>

M. le Maréchal d'Humieres fit sauter le 9 le fort de Comines sur la Lys, entre Lille & Ypres. Quoiqu'on espérât peu de pouvoir exécuter le projet, dont nous avons fait mention, sur la citadelle d'Ypres, on avoit toujours continué la négociation, avec l'Officier qui avoit offert de la livrer. Le Roi auroit désiré

<small>On fait sauter le fort de Comines.</small>

que cette entreprise eût réussi. Nous avons exposé les difficultés & les inconvéniens que M. le Prince & M. le Maréchal d'Humieres y trouvoient, le peu d'avantage qu'ils voyoient à se rendre maîtres de cette citadelle, lorsqu'il resteroit encore un siége à faire pour l'être de la ville, enfin la défiance qu'ils conservoient sur les moyens offerts par l'Officier Espagnol. Le fort de Comines détruit étoit encore une difficulté de plus. Sa situation sur la Lys, entre Lille & Ypres, l'eût rendu propre à servir d'entrepôt à tout ce qui étoit nécessaire à cette expédition, ainsi que de rendez-vous & de point d'appui aux troupes qu'on y eût employées ; mais il parut plus important d'empêcher que ce poste étant attaqué & pris par les ennemis, ne leur fournît de nouveaux moyens d'inquiéter nos communications, & de pousser des partis au milieu de nos places de Flandre : on mit dès-lors moins d'attache à ce projet d'Ypres, & la bataille de Seneff le fit abandonner tout-à-fait.

Conseils à l'armée des Alliés sur les partis ultérieurs à prendre.

Cependant les Conseils recommencerent à l'armée des Alliés ; il y fut proposé deux avis principaux ; l'un d'attaquer l'armée Françoise, l'autre de marcher entre cette armée & les places de Flandre.

La supériorité en nombre des Alliés sur les François, militoit en faveur du premier. Cette supériorité étoit d'environ vingt mille hommes. L'armée de M. le Prince étoit de quarante-cinq à cinquante mille : celle du Prince d'Orange de soixante-cinq à soixante-dix mille ; savoir, trente mille Hollandois, douze mille Espagnols, & à peu près vingt-cinq mille Impériaux. Tels sont les résultats que nous tirons de la comparaison des comptes des contemporains, presque tous exagerés ou diminués par la partialité.

Mais c'étoit sur-tout en cavalerie, que l'armée des Alliés étoit supérieure à l'armée Françoise ; & cette cavalerie étoit de peu d'usage, vu la position, que M. le Prince occupoit derriere le Piéton, qui étoit forte par elle-même, & fortifiée encore par des retranchements.

Si les François étoient battus, le succès étoit décisif pour le reste de la guerre, & devoit en entraîner une infinité d'autres ; mais le danger étoit égal pour les Alliés, & c'étoit tout risquer en un jour.

Le Comte de Souches, sur-tout, qui avoit tant répugné à passer

DE LA CAMPAGNE DE 1674.

paſſer la Meuſe, n'étoit pas plus diſpoſé à expoſer ſon armée au haſard d'une bataille.

AOUST.

Le parti de s'avancer entre notre armée & les places de Flandre, étoit moins déciſif; mais auſſi étoit-il moins dangereux. On devoit par ce moyen la dépoſter ſans combat. On menaçoit de près & avec de grandes forces ſa communication avec la France & la frontiere même. On ſe mettoit en poſition de choiſir parmi les places qu'on avoit derriere ſoi celle qu'on voudroit aſſiéger. Cet avis fut donc préféré. Le réſultat des Conſeils, & ſur-tout de ceux qui ſe tiennent entre des Alliés de différentes nations, eſt preſque toujours pour les partis qu'on appelle les plus prudents, mais qui, à coup ſûr, ſont les plus lents & les plus timides.

On n'abandonna cependant pas entierement le projet de combattre M. le Prince; on imagina que les premieres marches qu'on projettoit ſur ſon flanc, & par leſquelles l'armée des Alliés s'approcheroit de lui, mettroient à portée de reconnoître de près ſa poſition, de juger ſi elle étoit auſſi bonne qu'on le croyoit, & de mieux préparer ſes diſpoſitions, pour l'attaquer avec ſuccès, ſi on ſe déterminoit à le faire. A la vérité il n'étoit gueres probable que le Conſeil de guerre ſe décidât pour ce parti, quelqu'agréable qu'il fût au Prince d'Orange; mais ceux qui s'y oppoſoient, contents de faire pencher la balance en leur faveur, ne demandoient pas mieux que de laiſſer ce leurre à leurs adverſaires.

D'après les délibérations dont nous venons de rendre compte, les Alliés marcherent le 9 par leur droite, paſſerent la petite riviere de Senne, & camperent derriere elle, la gauche à Arquenne, la droite vers Famille-à-Rœulx, couverte par les bois & par les petits ruiſſeaux, qui ſe réuniſſant près de Seneff forment cette riviere, le village en avant de la droite. Les deux armées n'étoient plus qu'à une lieue l'une de l'autre. M. le Prince incertain des projets des ennemis, étoit décidé à les attendre dans ſon camp de Piéton, s'ils venoient l'y attaquer. Il avoit fortifié cette poſition, déjà excellente par elle-même, de toutes les reſſources de l'art; les points les plus foibles, & par leſquels les ennemis pouvoient entreprendre de déboucher ſur lui, étoient couverts d'artillerie.

Les Alliés s'avancent ſur le flanc de M. le Prince.

En même tems que les Alliés s'avançoient ainſi ſur le flanc de l'armée Françoiſe, & paroiſſoient vouloir ou l'attaquer, ou

Dd

AOUST.
Le Général d'Agourto à Leufe.

la féparer du Haynaut & des places de Flandre ; le Général d'Agourto quitta fon camp fous Mons, & fe porta à Leufe, au milieu de la communication de Tournay à Ath. Dans le projet qu'ils avoient de faire le fiége de quelques-unes de nos places avancées, ils cherchoient de plus en plus à gêner la marche des convois, par lefquels on leur portoit de nouveaux approvifionnements. M. de Louvois avoit mandé à M. le Maréchal d'Humieres de fe porter en avant de l'Efcaut, avec toute la cavalerie de Flandre, pour les couvrir.

Nouveaux Confeils & nouveaux projets.

Les Alliés féjournerent le 10 dans leur camp près de Seneff. On y tint de nouveaux Confeils. On abandonna le projet d'attaquer M. le Prince, dont la pofition parut inexpugnable ; & on s'en tint à celui de faire un fiége. Il reftoit à décider fur quelle place on entreprendroit ; fi ce feroit en Flandre ou en Haynaut, ou fur la frontiere même de France. Quelques-uns vouloient qu'on commençât par Ath ; ils appuyoient cet avis de la facilité qu'on trouveroit à tirer de Bruxelles tout ce qui feroit néceffaire pour le fiége, & de l'utilité dont la prife de cette place feroit enfuite à Bruxelles même. D'autres objectoient, que la ville d'Ath étoit bien approvifionnée, & défendue par une bonne garnifon. Ils alléguoient que les environs, déjà dévaftés par le long féjour que l'armée Françoife y avoit fait, fourniroient très-difficilement à la fubfiftance de celle des Alliés pendant le tems du fiége ; qu'il faudroit aller chercher fes fourrages très-loin, & que les Pays-Bas Efpagnols, déjà épuifés par les livraifons faites aux Hollandois & à leurs propres troupes, ne pourroient nourrir les trois armées réunies. On ajoutoit, que l'indifcipline des troupes Allemandes rendroit cette charge encore plus pénible à foutenir ; on obfervoit que de quelque avantage que pût être la prife d'Ath pour les Alliés, la France n'y perdoit dans le fait que la plus éloignée de fes conquêtes, & que cela n'entamoit ni ne menaçoit le Royaume ; enfin on concluoit qu'il valoit mieux s'avancer fur la frontiere même, dans un pays abondant & neuf, éloigner la guerre du Brabant, la porter chez l'ennemi, & y faire le fiége de quelque place importante. Cet avis prévalut ; en effet les grandes places que les Efpagnols poffédoient dans le Haynaut, & encore plus Cambray, par fon voifinage avec la France, leur fourniffoient des points d'appui, & des lieux d'entrepôts & de magafins, également commodes pour faciliter les opérations de leurs

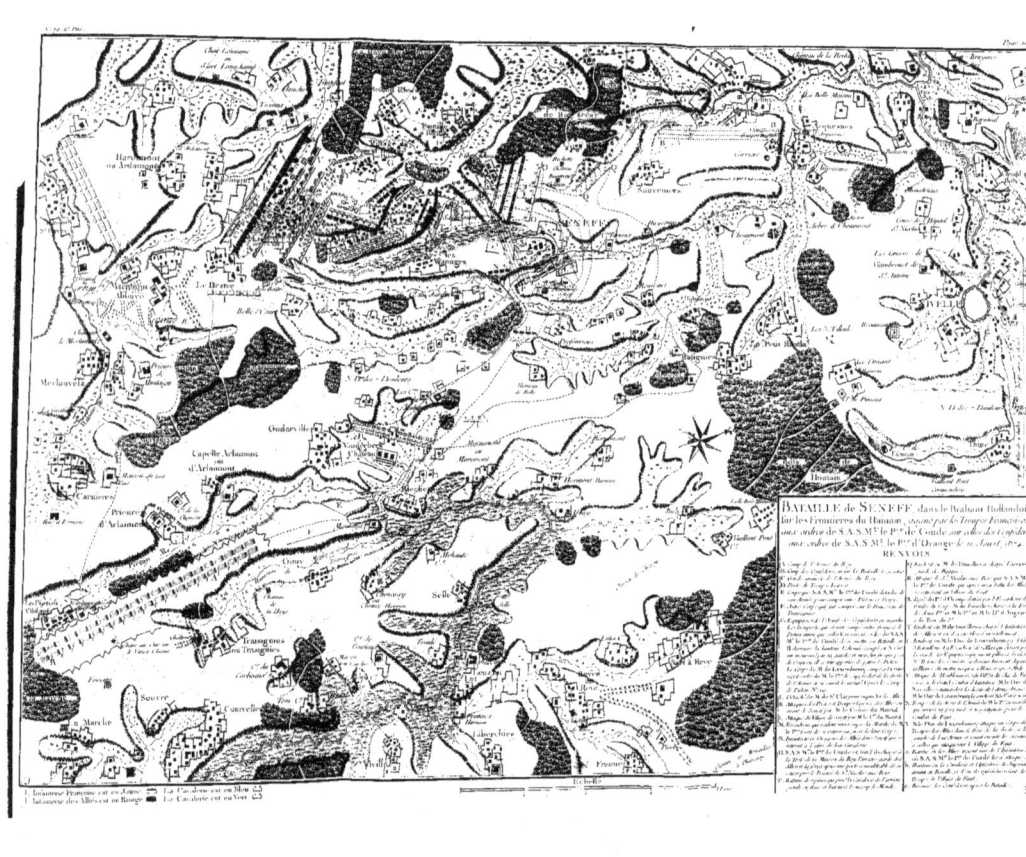

DE LA CAMPAGNE DE 1674. 107

armées, dans la Flandre ou dans le Haynaut François, ou même sur la Somme & sur l'Oyse.

AOUST.

Pleins de ces grands projets qu'ils venoient d'adopter, les Alliés déciderent de marcher le lendemain 11 par leur droite, & de se porter vers Binche; ils y trouvoient la grande chaussée, qui les conduisoit, au travers du Haynaut, entre la Haisne & la Sambre. Quelques Généraux, & entr'autres le Marquis d'Assentar, désapprouverent dans le Conseil la hardiesse d'une marche qu'on devoit exécuter en présence de l'armée Françoise, & pendant laquelle celle des Alliés ne cesseroit de lui prêter le flanc à peu de distance. Mais le vieux Comte de Souches, malgré son âge & son expérience, insista fortement pour qu'elle eût lieu, & parut mépriser les périls qu'elle entraînoit avec elle. Le flanc de cette marche étoit assez couvert par la nature du pays, qui n'offroit gueres de débouchés faciles; d'ailleurs il étoit aisé de prendre des précautions qui missent à l'abri de toute crainte. La route qu'on eût suivie en se rapprochant de Mons, étoit plus longue & plus difficile, elle eût fait perdre une journée entiere, & l'on se seroit éloigné d'autant de l'objet qu'on se proposoit. On imaginoit aussi que M. le Prince, satisfait de voir une armée supérieure s'éloigner de lui sans l'attaquer, ne penseroit pas à l'attaquer lui-même. Il étoit même plus vraisemblable qu'il se porteroit sur la Haisne, & qu'il chercheroit encore à y disputer le terrrein.

Toutes ces raisons ayant fait pencher la balance, l'armée marcha par sa droite, sur trois colonnes, à peu de distance l'une de l'autre. La cavalerie forma celle de gauche, l'infanterie celle du centre, & celle de droite fut composée de l'artillerie & des équipages. Les Impériaux avoient la tête de la marche, les Hollandois le centre, ils étoient suivis des Espagnols, & le Prince de Vaudemont faisoit l'arriere-garde du tout avec un corps de quatre mille chevaux, fournis par les trois nations.

Les Alliés continuent de marcher par leur droite. 11 Août.

La proximité où M. le Prince se trouvoit des Alliés lorsqu'ils eurent campé à Seneff, exigeoit de lui la plus grande vigilance sur leurs mouvements. Il monta à cheval le 11 dès le point du jour, eut bientôt des avis de leur marche, & vit lui-même défiler leurs colonnes. Il imagina sur le champ d'attaquer leur arriere-garde. Il conjectura que l'allongement de leurs colonnes, & le pays coupé qu'elles avoient à traverser, permettroient

BATAILLE DE SENEFF.

difficilement à la tête, & même au centre, de secourir l'arriere-garde attaquée, qu'au moins ce secours arriveroit trop tard & que la nature du pays ne permettroit pas aux troupes & sur-tout à la cavalerie de se développer. Enfin M. le Prince compta beaucoup, & avec raison, sur le défaut de prudence & de concert parmi les Alliés, sur leur incertitude lorsqu'il s'agissoit de résoudre, & leur lenteur lorsqu'il falloit exécuter, & plus que tout cela encore sur la supériorité de ses troupes, plus braves & plus aguerries que les leurs. Il n'en fallut pas davantage pour le décider, & son génie supérieur à toutes les difficultés, vit, résolut & ordonna tout dans un instant.

La proximité de l'armée ennemie l'avoit déterminé à faire camper la veille les régiments d'infanterie de la Reine & de la Ferre, & la brigade de cavalerie de Tilladet sur le bord du Piéton près du village de Gouy. Le ruisseau étoit guéable dans cette partie. Ces troupes étoient destinées à soutenir le poste avancé, qui étoit placé sur une hauteur à quelque distance. Elles eurent ordre de passer le ruisseau, & de se mettre en bataille derriere cette hauteur. Le régiment de Navarre, le premier bataillon des fusilliers, les Gardes-du-corps, Gendarmes & Chevaux-legers de la garde, le régiment Colonel-Général des dragons, celui des Cuirassiers & la réserve, en reçurent peu après un semblable. Ces troupes étoient campées sur le ruisseau de Traisignies; elles passerent le Piéton près de Montago, & vinrent se mettre en bataille à la droite des premieres, toujours couvertes par des hauteurs qui en déroboient la vue aux ennemis. L'infanterie mena avec elle six piéces de canon. Tout le reste de l'armée suivit le mouvement de ces premieres troupes, & descendit le ruisseau jusques vis-à-vis de Gouy, où elle se tint à portée de le passer successivement pour les soutenir. Le corps de M. de Luxembourg s'approcha de la droite de l'armée, & en suivit le mouvement. Ce Général avoit joint de sa personne M. le Prince, & l'accompagna à la reconnoissance, où il fut décidé d'attaquer l'arriere-garde des ennemis. M. de Saint Clar, Mestre de camp de cavalerie, déjà détaché avec quatre cens chevaux en avant de l'armée, eut ordre de se porter à la tête de leur marche, de les inquiéter autant qu'il lui seroit possible, & de faire les démonstrations propres à annoncer plus de troupes qu'il n'en avoit, afin de retarder par-là la marche des secours

qu'ils

DE LA CAMPAGNE DE 1674.

qu'ils voudroient porter à l'arriere-garde. Telles furent les premieres difpofitions de M. le Prince. On tira parti des moyens que le terrein donna pour les cacher; le tems qu'elles exigerent n'étoit pas perdu; il falloit laiffer à l'armée ennemie celui de défiler, & de fe féparer de la partie contre laquelle on vouloit agir.

11 AOUST.

Nous avons dit que le Prince de Vaudemont faifoit l'arriere-garde des Alliés, avec quatre mille hommes de cavalerie, & fept ou huit cens dragons. Ce corps fut mis en bataille dans une plaine peu étendue qui fe trouve derriere le village de Seneff; fa droite fut appuyée à des marais dans lefquels paffe une branche du ruiffeau, & fa gauche à un bois. Six efcadrons furent placés en avant & à la pointe de ce même bois, de façon qu'ils couvroient la colonne des équipages. Les dragons occuperent le village & les hauteurs en avant vis-à-vis les poftes avancés de l'armée Françoife. Dès que M. le Prince de Vaudemont fe crut menacé par les mouvements de celle-ci, il fit demander quelque infanterie à M. le Prince d'Orange, qui lui envoya trois bataillons, aux ordres du Prince Maurice de Naffau; cette infanterie fut poftée dans une efpéce de fourré ou de bois, qui fe trouvoit en avant du ruiffeau & du village.

Toutes ces difpofitions de part & d'autre, & la marche des ennemis auxquels M. le Prince avoit voulu laiffer le tems de s'avancer, avoient duré jufqu'à dix heures du matin : jugeant alors leurs colonnes affez étendues, & leur armée affez féparée pour pouvoir attaquer avec fuccès, il ordonna au Marquis de Rannes de prendre le régiment Colonel-Général des dragons, foutenu de la brigade de cavalerie de Tilladet, & de marcher aux dragons ennemis qui étoient fur les hauteurs en avant de Seneff. Cette cavalerie étoit elle-même fuivie par les régiments d'infanterie de Navarre, de la Reine & de la Fere, aux ordres du Comte de Montal & du Marquis de Mouffy, avec fix piéces de canon. Les dragons Efpagnols furent aifément pouffés par les François. L'infanterie qui les foutenoit, n'attendit pas d'être attaquée en deçà du ruiffeau, elle le repaffa. Les dragons fe replierent fur elle, repafferent auffi le ruiffeau, & vinrent fe joindre à ceux qui occupoient les premieres maifons & les débouchés du village. L'infanterie Hollandoife, qui leur fervit toujours de point d'appui, en occupa les principaux poftes,

Attaque des poftes & troupes legeres des ennemis, en avant du village de Seneff.

E e

tels que l'église & le château ; ces troupes se préparerent à défendre le village de Seneff contre les attaques des François.

11 AOUST.

Elles ne tarderent pas à commencer ; dès que le Comte de Montal se vit en mesure, il fit ses dispositions avec l'infanterie qu'il amenoit. Les dragons en prirent la tête ; pour la cavalerie, elle fut séparée en deux colonnes : une partie aux ordres du Chevalier de Fourilles, prit sa direction fort à droite près de Renissart, à dessein de passer le ruisseau de Seneff à hauteur de ce hameau, d'aller gagner la queue de la colonne d'équipages des ennemis, & d'attaquer les six escadrons qui les couvroient à la pointe du bois. L'autre partie de la cavalerie qui avoit passé le Piéton, ayant à sa tête les Gardes-du corps, les Gendarmes & Chevaux-legers, le tout aux ordres de M. le Prince lui-même & de M. le Duc, & sous eux de MM. de Navailles & de Luxembourg, se dirigea près & au-dessous de Seneff. Elle étoit destinée à couvrir ce village, dès que l'attaque de M. de Montal seroit entamée avec quelque succès ; elle devoit aussi empêcher la retraite de l'infanterie qui le gardoit, & charger le corps de cavalerie qui étoit en bataille dans la plaine derriere ce village. Les six piéces de canon qu'on avoit amenées, furent mises en batterie sur le flanc de l'attaque, de façon à la seconder, & à prendre en flanc la cavalerie ennemie. Ces dispositions furent faites avec promptitude, & eurent aussi-tôt leur exécution.

Attaque du village de Seneff.

M. de Montal attaqua le village avec la plus grande vigueur, & fut parfaitement secondé par les troupes qu'il commandoit. L'infanterie Hollandoise ne tint pas contre la vieille infanterie Françoise, & le village fut bientôt emporté, avec peu de perte de la part de celle-ci. M. de Montal y eut une jambe de cassée. Cet Officier-Général, Gouverneur de Charleroy, & chargé de la défense de cette place, n'en fut pas moins empressé de servir à cette grande journée, où il acheta par une blessure considérable, la gloire des premiers succès. Le Marquis de Rochefort avoit été blessé aussi dès le commencement de l'action.

Combat de cavalerie.

Pendant ce tems-là M. le Prince passoit le ruisseau au-dessous du village. Quelques escadrons ennemis marcherent aux escadrons François, mais ceux-ci les repousserent avec vigueur, & les forcerent de se rallier au gros de leur corps. La cavalerie

DE LA CAMPAGNE DE 1674.

Françoise passa très-vîte, & se déploya dans la petite plaine vis-à-vis des ennemis, la droite aux bois où ils avoient leur gauche, & la gauche au village que les troupes de M. de Montal avoient déjà emporté. M. le Prince se décida bientôt à charger la cavalerie ennemie. On sait quelle étoit sa valeur brillante, & comme il savoit la faire partager aux troupes qu'il commandoit. Celles-ci étoient animées par les succès que l'infanterie avoit eus dans le village. Les ennemis au contraire étoient intimidés par l'échec qu'ils venoient de recevoir, & encore plus par la réputation du Général qui combattoit contre eux. Leur position étoit d'ailleurs très-critique ; en effet l'artillerie qu'on avoit placée de l'autre côté du ruisseau, les prenoit en flanc, leur tuoit du monde, & jettoit beaucoup de désordre parmi eux. La plaine, trop étroite, ne leur permettoit pas de se développer. Ils y étoient sur trois lignes ; & M. le Prince, avec beaucoup moins de monde, leur opposoit un front égal. Il profita avec autant de vivacité que d'habileté de ces circonstances favorables, & chargea avec son fils à la tête de la Maison du Roi. Celle-ci suivit l'exemple de valeur qu'elle recevoit des deux premiers Princes du sang, & le donna au reste de la cavalerie.

Cependant les ennemis résisterent assez pour donner tout l'effort au courage des troupes qui les combattoient ; mais ils furent enfoncés, la premiere ligne renversée sur la seconde, les deux premieres sur la derniere, & le tout ensemble poussé jusques près de Saint Nicolas-aux-bois, laissant un grand nombre de morts & de blessés sur le champ de bataille, & beaucoup de prisonniers & de trophées entre les mains des François.

Une partie des dragons & de l'infanterie qui avoit défendu le village de Seneff, s'étoit retirée, ou plutôt enfuie, à l'abri de la cavalerie, avant qu'elle ne fût battue, mais le plus grand nombre avoit péri dans le village, ou bien étoit resté au pouvoir du Vainqueur.

En même tems que tout ceci se passoit, M. le Chevalier de Fourilles attaquoit avec un succès égal les six escadrons qui étoient à la pointe du bois. Ces troupes prirent la fuite d'autant plus promptement qu'elles avoient à craindre d'être coupées par celles qui débouchoient de Seneff ; elles se jetterent fort en désordre, par l'autre côté du bois, sur la queue de la

11 AOUST.

Attaque de six escadrons, par le Chevalier de Fourilles.

colonne d'équipages, qui étoit fort proche, & dans laquelle elles mirent beaucoup de confusion. On juge bien que ceux-ci hâterent leur marche. M. le Chevalier de Fourilles eût pu dès le moment les joindre, & en enlever une partie, mais il jugea plus prudent de ne pas s'expofer en s'éloignant de M. le Prince, & plus utile de lui ramener fes troupes; il le rejoignit donc avec fa cavalerie, lorfqu'il fe difpofoit à attaquer de nouveau les ennemis, qui tenoient ferme en avant de Saint-Nicolas-aux-bois.

Jufques-là les fuccès des François étoient brillants & complets, leur perte étoit médiocre, celle des Alliés étoit plus confidérable. On avoit fait un grand nombre de prifonniers, & pris beaucoup de drapeaux & d'étendards. Mais M. le Prince peu fatisfait encore de ce début, voulut pourfuivre fes avantages; tout lui en promettoit de nouveaux. Ses troupes s'étoient montrées très-fupérieures à celles des Alliés. Encouragées par leurs premiers fuccès, elles devoient éprouver une nouvelle ardeur, & trouver moins de réfiftance de la part d'un ennemi humilié & abbatu. L'infanterie qui s'étoit emparée du village de Seneff, eut donc ordre de marcher en avant, & M. le Prince fit avancer par échelons tout le refte de l'armée.

La tête des colonnes des Alliés, à laquelle fe trouvoient les Impériaux, étoit déjà arrivée fur les hauteurs près de la Haifne, où devoit être le camp. Ce fut là que le Comte de Souches reçut les premiers avis de l'attaque de l'arriere-garde; le Prince d'Orange le fit preffer à diverfes reprifes de lui ramener fes troupes, mais il fut long-tems à s'y décider. Tandis que M. le Prince, qui vouloit profiter de l'éloignement des Impériaux & de ces délais qu'il avoit prévus, preffoit d'autant plus fes attaques.

Le petit hameau de Saint-Nicolas-aux-bois n'eft formé que par un Prieuré & quelques maifons qui en dépendent. Il eft environné de vergers & de haies, que M. le Prince d'Orange avoit garnis d'infanterie dès qu'il avoit vu fon arriere-garde attaquée & battue. En avant de ce Prieuré, du côté de Seneff, eft une petite plaine, dans laquelle il mit de la cavalerie en bataille. Beaucoup de vergers & de haies qui la terminent, étoient auffi garnis d'infanterie. D'un côté étoit le ruiffeau marécageux de Seneff, de l'autre, encore des vergers & des haies, dont le pays eft très-coupé. Parmi tous ces obftacles il y avoit quelques

points

DE LA CAMPAGNE DE 1674.

points par lesquels il étoit possible à la cavalerie Françoise de pénétrer, mais il falloit auparavant battre l'infanterie qui les défendoit. Ce fut dans cet objet que M. le Prince fit rapidement ses dispositions.

11 AOUST.

La cavalerie, après avoir battu celle de l'arriere-garde des ennemis, & l'avoir poussée jusqu'au pied des haies & des vergers, s'étoit remise en bataille, s'en tenant éloignée seulement de la portée des mousquets. Elle fut bientôt jointe par les dragons & l'infanterie qui venoient de Seneff; celle-ci amena avec elle les six piéces de canon qui avoient protégé l'attaque du village. La cavalerie se partagea sur les flancs de l'infanterie. L'artillerie fut placée sur la droite, le plus avantageusement qu'il fut possible; mais elle ne servit qu'à préparer l'attaque, & la vivacité avec laquelle celle-ci fut poussée, la rendit bientôt inutile. M. le Prince avoit ordonné aux dragons & à l'infanterie, de marcher aux vergers & aux haies; ils y attaquerent les Hollandois avec la même valeur avec laquelle ils avoient emporté le village, & ils y eurent le même succès. Mais les ennemis animés par la présence du Prince d'Orange, leur opposerent plus de résistance. L'infanterie ne les avoit pas encore dépostés, que M. le Prince décida de les faire charger par les Gardes-du-corps. M. de Fourilles marcha à la tête des deux premiers escadrons, & perça, malgré le feu des ennemis, par des passages assez difficiles. M. le Prince & M. le Duc d'Enguien chargerent eux-mêmes à la tête du troisiéme escadron. L'infanterie Hollandoise, déjà ébranlée, ne tint pas contre cette attaque audacieuse, & subit le même sort que celle qui avoit été postée à Seneff. Quelques escadrons marcherent aux Gardes-du-corps pour les charger, mais ceux-ci les prévinrent & les renverserent; la cavalerie Françoise suivit la Maison du Roi, tandis que l'infanterie, maîtresse des vergers & des haies, lui facilitoit les passages, & lui servoit d'appui. Cette cavalerie se déploya dans la plaine vis-à-vis de celle des ennemis, & la chargea aussi-tôt. Les escadrons déjà battus par les Gardes-du-corps, s'étoient rejettés sur elle. D'un autre côté les fuyards de l'infanterie chassée des vergers & des haies y avoient aussi jetté quelque confusion. Bientôt le désordre fut complet, & la cavalerie ennemie fut repliée jusques sous le feu de l'infanterie qui occupoit les vergers du village de S. Nicolas-aux-bois, au-delà duquel tout ce qui put échapper se retira.

Attaque des vergers & des haies, & combats de cavalerie, en avant de Saint-Nicolas-aux-bois.

F f

Les Alliés, pouffés de poste en poste, se reploient sur la tête de leurs colonnes, & alloient au-devant des secours qui leur arrivoient. M. le Prince au contraire s'éloignoit de son armée. Les ordres n'y avoient pas été donnés assez-tôt, ou exécutés assez promptement, ou plutôt ses attaques avoient été trop vives & ses succès trop rapides, pour que les renforts dont il avoit besoin eussent eu le tems de le joindre. Ses pertes n'étoient point réparées. Les Alliés au contraire avoient retrouvé des troupes fraîches. Il voulut cependant pousser ses avantages, profiter de la terreur qu'il devoit leur avoir imprimée, & ne pas leur laisser, s'il étoit possible, le tems de se reconnoître ou de recevoir de nouveaux renforts.

Jusques-là leurs troupes n'avoient pas montré beaucoup de fermeté, quoiqu'elles se fussent mieux conduites dans les dernieres attaques que dans les premieres; mais elles avoient parmi leurs Chefs des gens de cœur & de tête, qui ne se découragerent point de ces premiers désastres, & qui leur donnerent l'exemple de la valeur la plus distinguée. Le Marquis d'Assentar fit plusieurs fois les plus grands efforts pour ramener les siennes à la charge. Il reçut des blessures mortelles, & ne cessa pas de combattre. Le Prince d'Orange se montroit par-tout avec un courage intrépide, & faisoit en même tems, avec autant d'activité que de sang-froid, les dispositions propres à arrêter les progrès ultérieurs des François. Nous avons dit que les haies & les vergers de Saint-Nicolas-aux-bois furent garnis d'infanterie. Celle qui y fut placée reçut le débris des troupes qui venoient d'être chassées des haies & des vergers en avant. Une ligne de cavalerie occupa les hauteurs en arriere. C'étoit un nouveau combat à livrer, à peu près semblable aux premiers, & il ne s'agissoit pas moins que de déposter de l'infanterie avantageusement placée & soutenue par une nombreuse cavalerie. M. le Prince fit rapidement de nouvelles dispositions, & ordonna d'attaquer.

Ici le Chevalier de Fourilles osa lui représenter que la position des ennemis étoit redoutable, qu'il étoit douteux qu'on pût les en déposter, & que si on y réussissoit, ce ne seroit qu'au prix de beaucoup de sang. M. le Prince qui étoit occupé de son objet, qui sentoit ses avantages plutôt qu'il ne les calculoit, & qui dans les possibles voyoit bien au-delà des autres hommes, prouva dans cette occasion qu'un

DE LA CAMPAGNE DE 1674.

grand caractere peut quelquefois être injuste, & que l'héroïsme même a ses inconvéniens. Sa vivacité naturelle, excitée encore par la chaleur de l'action & par l'importance du moment, l'emporta jusqu'à dire des paroles dures à un brave homme. Il répondit à Fourilles qu'il ne lui demandoit pas des conseils, mais de l'obéïssance, & que ce n'étoit pas de ce jour là qu'il le connoissoit pour être plus propre à raisonner qu'à combattre. Eh! qu'avoit-il donc fait depuis le commencement de l'action ? Outré de ce reproche, il obéit & marcha aux ennemis. On peut juger que cette charge fut vigoureuse, & coûta beaucoup aux Alliés ; cependant il fut repoussé avec perte, après avoir reçu un coup de feu, dont il mourut une heure après. On prétend qu'il dit en expirant, que tout son regret étoit de ne pas voir comment M. le Prince se tireroit d'affaire. Quelques Auteurs ont même pris soin de rapporter l'expression dont il se servit, expression mieux placée dans un combat que dans un Livre d'histoire. Condé eût sans doute réparé sa faute si ce brave homme eût survécu. Plusieurs traits de la vie de ce Prince font voir que la bonté de son ame savoit effacer les traits échappés à l'impétuosité de son caractere. Heureux s'il eût sçu du moins se modérer dans cette journée ! Cependant de nouveaux succès l'attendoient. Peu rebuté du mauvais succès de Fourilles, il prit des troupes fraîches, rallia les premieres, & attaqua sur le champ les haies & les vergers contre lesquels cet Officier avoit échoué. Les ennemis déjà ébranlés par la premiere attaque, où ils avoient beaucoup perdu, ne purent résister à ces troupes, que l'exemple de M. le Prince animoit. Le Prieuré de Saint-Nicolas-aux-bois fut emporté; l'infanterie qui le défendoit, en partie détruite, & le reste culbuté sur la cavalerie qui étoit en bataille derriere. L'infanterie Françoise s'étant emparée du Prieuré, y prit poste. La cavalerie qui avoit concouru aux attaques, & chargé les ennemis dans les lieux où elle avoit pu trouver accès, passa de droite & de gauche par les débouchés que lui ouvrit ou que lui facilita l'infanterie ; elle se déploya au-delà du village, vis-à-vis de la cavalerie ennemie, & la chargea aussi-tôt avec beaucoup de valeur. Le Prince d'Orange, le Duc de Villa-Hermosa, le Marquis d'Assentar lui-même, quoique déjà blessé, firent les plus grands efforts pour encourager les leurs & ramenerent plusieurs fois à la charge les escadrons qui plioient ; mais ce fut en vain, & bientôt tout céda, tout fut

11 AOUST.

Attaque de Saint-Nicolas-aux-bois.

Mort du Chevalier de Fourilles.

Combat de cavalerie, au-delà de Saint-Nicolas-aux-bois.

renversé & poussé jusqu'au village de Fay, & ce fut la troisième fois du jour que la cavalerie Françoise battit la cavalerie ennemie. Les Gardes-du-corps se signalerent encore dans cette occasion. Nous les trouvons à la tête de toutes les charges vigoureuses qui se firent dans cette mémorable journée.

La défaite des Alliés venoit de découvrir leurs équipages, au moins ceux des Espagnols & des Hollandois ; car ceux des Impériaux avoient, ainsi que leurs troupes, la tête des colonnes. Ils étoient déjà fort loin, & M. le Comte de Souches avoit pourvu particuliérement à leur sûreté. M. de Luxembourg attaqua trois bataillons & neuf escadrons qui défendoient les premiers, & les défit entiérement. Tous les équipages furent pillés ou brûlés ; le trésor fut pris ; on s'empara aussi de plusieurs charriots chargés de munitions & de tous les pontons de l'armée.

11 AOUST.

Attaque des équipages.

Tous les combats dont nous venons de rendre compte n'avoient employé que depuis dix heures du matin jusqu'à deux heures après midi, & dans cet intervalle, M. le Prince avoit chassé les ennemis de poste en poste depuis le village de Seneff & au-delà jusqu'à celui de Fay ; leur perte étoit considérable, celle des François étoit moindre. Le grand nombre de prisonniers & de trophées entre les mains de ceux-ci, & les équipages pris étoient la suite & la preuve des succès les plus complets. M. le Prince, qui n'étoit sorti de son camp que pour attaquer l'arriere-garde des Alliés, & profiter de leur marche imprudente & mal combinée, avoit rempli & passé son objet ; mais dans le fait il n'en avoit jamais d'autre que de faire tout ce qui étoit possible. Peu touché de ses premiers succès, Condé ne vit que ceux qu'il pouvoit encore obtenir ; il voulut completter la déroute de l'armée, & décider en ce seul jour le sort de la campagne, & peut-être de la guerre.

Le Prince d'Orange n'est point rebuté de ses pertes.

Le Prince d'Orange se montra digne de ses ennemis, & c'est le plus grand éloge qu'on en puisse faire : il ne fut découragé ni par la déroute de ses troupes, ni par l'ascendant des François, ni même par les talents, l'expérience & la réputation éclatante de leur Chef. Son arriere-garde & une partie de son corps de bataille, venoient d'être battus & presque détruits dans des combats très-vifs. Il espéra néanmoins arrêter les progrès du Vainqueur. Tout annonçoit qu'il alloit être attaqué par l'armée entiere, dont un détachement avoit

suffi

DE LA CAMPAGNE DE 1674.

fuffi pour battre une partie de la fienne ; mais il lui arrivoit en proportion des troupes à y oppofer. Son armée fe refferroit de toutes parts fur fon centre. Les débris de l'arriere-garde s'y rallioient. Le Comte de Souches avoit tardé, mais s'étoit enfin décidé à retourner fur fes pas ; & les troupes Impériales arrivoient pour fe joindre aux Efpagnols & aux Hollandois. D'ailleurs le pofte de Fay étoit excellent. Ce village eft grand, & les maifons affez écartées les unes des autres, mais les intervalles étoient remplis de houblonnieres, toutes entourées de haies vives & fortes, dont chacune offroit un nouveau combat à livrer. Le village eft également environné de ces houblonnieres. L'églife & le château font d'une très-bonne défenfe. Ce pofte fut hériffé d'infanterie. On plaça de l'artillerie fur les débouchés. Tel fut le nouvel obftacle que les Alliés oppoferent à la valeur des François.

11 AOUST.

Pofte de Fay.

A la droite & à la gauche du village, & fur-tout à la droite, les Alliés avoient encore des vergers fermés de haies qu'ils garnirent d'infanterie. En avant & au-delà de ces vergers, vers la droite, fe trouvoit un marais. Ces obftacles ne barroient pas entiérement la plaine, il y avoit quelques points par lefquels il étoit poffible à la cavalerie de pénétrer ; mais ils étoient difficiles, & il falloit paffer fous le feu de l'infanterie, fi on ne la dépoftoit auparavant. A l'extrémité de cette droite, il y avoit des bois, & les fources marécageufes des ruiffeaux qui forment celui de Seneff.

Sur la gauche s'étendoit une ravine qui alloit depuis le village jufqu'à un bois fourré & épais, qui forme la tête de celui du Rœulx. Cette ravine qui prenoit fur le derriere du village, s'étendoit auffi à quelque diftance de la droite. On doit fentir que détaillant la pofition des Alliés, c'eft relativement à eux que nous entendons les mots de *droite* & de *gauche*, en *avant*, en *arriere*.

On plaça de l'infanterie dans les parties de cette ravine les plus propres à la couvrir. Elle fut auffi défendue par l'artillerie. Le bois de la gauche fut garni d'infanterie.

Les haies & les vergers de la droite, & la ravine de la gauche, étoient un peu en arriere du village, au moyen de quoi celui-ci faifoit baftion au milieu de la pofition des ennemis, & fourniffoit des feux de droite & de gauche.

Plus en arriere étoit une plaine très-étendue & très-ouverte, qui dominoit un peu le village & le terrein en avant, & qui fut couverte de la nombreufe cavalerie des Alliés. Telle étoit la pofition dans laquelle leur armée fe raffembla. On doit être peu étonné, d'après cet expofé, de la réfiftance que M. le Prince y rencontra.

11 AOUST.

Jufqu'à ce moment il devoit fes fuccès à la vivacité avec laquelle il les avoit pouffés ; il n'avoit pas laiffé aux ennemis le tems de refpirer. Il voulut agir fur le même principe, qui fe trouvoit juftifié par les circonftances, & qui d'ailleurs étoit fi conforme à fon caractere.

Ses troupes, qui s'étoient avancées par échelons, fuivoient le même chemin qu'il avoit tenu lui-même dans toutes fes attaques, au moyen de quoi elles arriverent tard & déjà fatiguées, fur-tout celles qui venoient de la droite de fon armée. On a objecté qu'il eût pu épargner à celles-ci le grand détour qu'elles firent, en les faifant marcher directement par le derriere de fon camp, de Piéton fur Fay ; mais il eût fallu pour cela qu'il eût pu former à l'avance le plan de ce qu'il exécuta ; & qu'au lieu de projetter une affaire d'arriere-garde, il eût eu le deffein d'attaquer par le flanc l'armée entiere en marche, ce qui ne fut jamais fon projet. Nous devons infifter fur ce point, parce que bien des gens fe forment une idée fauffe de la bataille de Seneff, la regardant comme une action, où une armée en marche fut attaquée par fon flanc, qu'elle prêtoit imprudemment. Les débouchés fur le flanc de l'armée des Alliés étoient très-difficiles ; il étoit couvert dans un long efpace & dans la partie la plus proche de l'armée Françoife, par le ruiffeau très-marécageux de Seneff, & enfuite par des bois. Si M. le Prince eût dirigé une colonne de Piéton fur Fay, elle eût été très-féparée de celle qui marchoit par Seneff, & la communication entre les deux parties de l'armée, auroit été très-difficile. Enfin il ne pouvoit compter fur des fuccès auffi prompts, & fe flatter en attaquant les ennemis à Seneff à 10 heures & demie du matin, qu'à 2 heures après midi il les auroit conduits, de défaite en défaite, jufqu'au village de Fay. Il étoit donc naturel qu'il dirigeât fes troupes vers les points fur lefquels il vouloit agir.

L'armée ennemie n'a point été attaquée par le flanc de la marche.

Arrivé à celui-ci, il n'avoit encore avec lui que ces mêmes troupes qui avoient toujours combattu, & qui les premieres avoient paffé le Piéton. La tête des autres arrivoit effoufflée.

DE LA CAMPAGNE DE 1674.

Celles qui fuivoient étoient dans le même cas. M. le Prince eſtima avec raiſon, que leur courage & l'envie de bien faire leur donneroient des forces. Il vouloit, s'il étoit poſſible, ne laiſſer aux ennemis ni le tems de s'affermir dans la poſition qu'ils prenoient, ni celui d'y raſſembler toutes leurs troupes. Il décida rapidement ſa diſpoſition, forma les ſiennes à meſure qu'elles arrivoient, & fit attaquer ſans les attendre toutes.

11 AOUST.

Diſpoſition pour l'attaque de Fay.

M. le Duc de Luxembourg fut chargé d'agir à la droite; M. le Duc de Navailles à la gauche. M. le Prince ſe réſerva le centre, d'où il étoit à portée de veiller & de pourvoir à tout, & de conduire en perſonne l'attaque du village, qui devoit être la plus vive & la plus chaude. On oppoſa le plus d'infanterie qu'il fut poſſible aux lieux où les ennemis en avoient davantage. La cavalerie fut miſe en bataille ſur pluſieurs lignes, * à droite, à gauche & derriere le village, le pays coupé ne comportant pas une diſpoſition plus réguliere. On la tint à portée de déboucher par les points où il étoit poſſible de le faire, d'appuyer & de ſeconder les attaques de l'infanterie, de profiter des ſuccès de celle-ci, & de les complettter.

Le village fut attaqué avec la plus grande vigueur, à gauche par les régiments d'Enguien, de Condé, Conti & Auvergne, à droite par les Gardes-Françoiſes & Suiſſes, ſoutenus des régiments Suiſſes de Stoup, Erlach, Pfiffer & Salis, de front par les régiments du Roi, Royal des Vaiſſeaux, de Navarre & de la Reine. Toutes ces troupes ne donnerent pas à la fois, la plus grande partie n'étant pas même arrivée au commencement de l'attaque. Elles ſe ſuccéderent, ſe ſoutinrent, & entretinrent tout le reſte du jour, ce combat qui fut des plus ſanglants & des plus opiniâtres. Les Alliés ſoutenoient & rafraîchiſſoient, ainſi que les François, par de nouvelle infanterie, celle qui combattoit. D'un côté, M. le Prince de Condé & M. le Duc d'Enguien, & de l'autre M. le Prince d'Orange, ſe montroient au plus fort de l'action. On ſe battoit non-ſeulement avec courage, mais avec animoſité, avec acharnement. Les ſuccès furent alternatifs & très-balancés; pluſieurs fois des régiments François gagnerent quelque terrein, que les ennemis leur reprirent enſuite; les premiers vinrent cependant à bout

Attaque du village de Fay.

---

* On conçoit qu'il faut entendre ici les termes de *droite*, *gauche* & *derriere* par rapport aux François.

11 AOUST. de prendre poste dans quelques vergers & houblonnieres à l'entrée du village, à l'attaque de la gauche. On eut quelque succès semblable à celle de la droite ; on y prit même trois piéces de canon aux ennemis. Le combat en devint plus sanglant & plus vif. Ceux-ci, serrés de plus près, opposerent constamment la résistance la plus opiniâtre, & malgré les efforts redoublés des François, ils se maintinrent toujours dans la partie principale du village.

Attaque à la droite, par M. de Luxembourg. Tandis qu'on combattoit ainsi au centre, M. de Luxembourg attaqua l'infanterie des Alliés, postée dans les bois de la droite, à la gauche de leur armée. Il ne put déposter cette infanterie, qui étoit beaucoup plus nombreuse que la sienne. Cela n'empêcha pas qu'il ne s'avançât dans la petite plaine entre le village & le bois. Il y déploya ses troupes, dont la gauche joignit celles qui formoient l'attaque à la droite du village. La sienne resta appuyée à ce même bois, où les Alliés avoient leur gauche. Il y plaça des dragons & quelque infanterie vis-à-vis de la leur.

Le pillage des équipages que M. de Luxembourg avoit attaqués & pris, avoit jetté beaucoup de désordre parmi ses propres troupes. On fut long-tems sans pouvoir rassembler le grand nombre de soldats & de cavaliers qui s'étoient dispersés, & qui étoient occupés à piller. Alors la discipline des troupes Françoises n'étoit pas égale à leur bravoure.

On se rappelle qu'il y avoit une ravine, qui s'étendoit du village au bois ; elle étoit assez profonde dans quelques parties, & faisoit une espéce de retranchement. Les ennemis y avoient placé de l'infanterie, que soutenoit la cavalerie qui étoit derriere. Dans quelques points cependant elle étoit accessible à la cavalerie. Si M. le Prince eût pu en chasser l'infanterie ennemie, y établir la sienne, il eût été difficile que le village, attaqué alors par ses derrieres en même tems que de front & sur ses flancs, tînt contre tant d'efforts combinés. Les troupes qui y étoient, couroient même le risque d'être séparées de leur armée. La ravine occupée par l'infanterie Françoise, eût aussi donné à la cavalerie le moyen de déboucher sur les ennemis, & lui eût fourni protection. M. le Prince, voyant le peu de fruit qu'on faisoit contre le village, & la résistance que les ennemis y opposoient, fit attaquer en même tems *Attaque de la ravine.* cette ravine dans la partie qui étoit proche du village. Les troupes

troupes s'y porterent avec le même courage avec lequel elles combattirent toute cette journée, & ce ne fut pas d'abord infructueufement. Elles forcerent les ennemis de l'abandonner, & leur prirent quelques piéces de canon. Quelques efcadrons de cavalerie débouchèrent au-delà; mais le Prince d'Orange, jugeant de l'importance de ce pofte, ordonna auffi-tôt au Comte de Chavagnac de le reprendre à quelque prix que ce fût. Celui-ci chargea les efcadrons François qui avoient paffé, & les força de repaffer la ravine. L'infanterie qui en avoit chaffé les ennemis, en fut chaffée à fon tour. Ils reprirent l'artillerie qu'on leur avoit enlevée. La cavalerie Impériale paffa elle-même en deçà, mais elle fut auffi-tôt chargée & repouffée par la cavalerie Françoife. L'infanterie des Alliés fut de nouveau attaquée dans la ravine. Il y eut ainfi plufieurs combats d'infanterie & de cavalerie, tous très-vifs, où il y eut beaucoup de fang répandu, & où les fuccès fe balancerent, mais dont le réfultat fut que les Alliés refterent en poffeffion de cette ravine tant difputée.

M. le Prince vouloit la rattaquer encore, mais il n'avoit pas affez d'infanterie pour fuffire à tant de combats. Toutes fes troupes n'étoient point encore arrivées. Cependant l'attaque du village de Fay duroit depuis trois heures. Les ennemis le défendoient avec des troupes fraîches. L'infanterie que M. le Prince avoit avec lui y avoit combattu fans relâche; elle y étoit toujours néceffaire, non-feulement pour fe rendre enfin maître du village, comme il l'efpéroit encore, mais auffi pour conferver les premiers vergers dont on s'étoit emparé, & empêcher par là les ennemis, qui étoient beaucoup plus en force qu'au commencement du combat, de déboucher eux-mêmes fur les François: il n'avoit que deux bataillons des Gardes-Suiffes dont il pût difpofer dans l'inftant pour faire rattaquer la ravine; mais il vit que ces troupes excédées de fatigue & épuifées par les combats qu'elles avoient déjà livrés & foutenus, étoient hors d'état d'y marcher avec la vigueur néceffaire pour s'affurer un fuccès décidé, & quelque defir qu'il eût d'en chaffer les ennemis, il jugea qu'il falloit en attendre de nouvelles. C'eft ainfi que nous devons expliquer cette anecdote qui nous a été tranfmife par le Marquis de la Fare, & que tous les Hiftoriens ont copiée d'après lui, fans critique & fans examen. M. de la Fare nous dit dans fes

Mémoires, que M. le Prince voulant faire marcher à la ravine les deux bataillons des Gardes-Suisses, *ils ne firent que plier les épaules sans s'avancer, se laissant tuer comme des gens qui ont peur.* Qu'est-ce que deux bataillons qui *plient les épaules*, & quel sens peut-on attacher à ce texte ? Il est clair que M. le Prince ne donna pas aux Gardes-Suisses l'ordre précis de marcher ; il n'en eut que le projet, & considérant leur extrême fatigue, la perte qu'ils avoient déjà faite, & leur petit nombre relativement aux ennemis qu'il falloit attaquer, il le suspendit. M. de la Fare ne parle pas même positivement de cet ordre. Si M. le Prince l'eût donné, les Gardes-Suisses eussent marché, & ils eussent certainement fait à leur ordinaire, mais quand ils auroient dû mal faire, ils auroient encore marché. C'est une absurdité pour qui connoît le militaire, que de supposer qu'un régiment de cette armée ait pu refuser d'obéir à l'ordre de son Général, & sut-tout d'un Général tel que M. le Prince ; & c'est en même tems une chose ridicule, que de dire que le régiment ait pour toute réponse *plié les épaules.* Quant à l'autre partie du narré de M. de la Fare, *se laissant tuer comme des gens qui ont peur* ; les Gardes, exposés au feu de l'artillerie & de mousqueterie des ennemis, se laissoient effectivement tuer, mais comme des gens très-braves, & qui l'étoient assez pour essuyer un feu si meurtrier, plutôt que d'abandonner le poste où ils étoient placés. Aucune troupe de l'armée Françoise ne montra de timidité dans cette sanglante journée, & la bravoure avec laquelle elles combattirent toutes n'eut d'autres bornes que celles des forces physiques. Nous aurions négligé cette anecdote, si elle ne s'étoit accréditée par le grand nombre de Livres où elle a été copiée d'après le Marquis de la Fare. Les Mémoires particuliers nous fournissent souvent des matériaux ; mais presque toujours écrits avec peu d'exactitude, ils exigent du moins une critique très-sévere dans la discussion des faits qu'ils transmettent.

Les Gardes-Suisses que M. le Prince ne voulut pas ramener à la charge avant de les avoir fait joindre par de nouvelle infanterie qu'il attendoit encore, resterent donc exposés au feu des ennemis. Toute la cavalerie qui étoit en bataille dans la petite plaine entre le village & le bois, étoit dans le même cas. M. de Chavagnac, resté maître de la ravine, fit établir derriere une batterie de six piéces de canon, qui tira continuellement

tantôt à boulets, tantôt à cartouches, & notre cavalerie soutint
ce feu pendant quatre heures avec le plus grand courage.
Nous citerons le témoignage que nous en rend M. de Chavagnac lui-même : *Je n'ai jamais vu*, nous dit-il, *une fermeté
pareille à celle des François ; car quelque fracas & quelques
écarts que fît le canon dans leurs escadrons, je n'entendis
jamais autre chose, sinon (ce n'est rien, enfans, serrez),
& dans le moment ils remplissoient le rang que le boulet avoit
emporté. Je leur criai que c'étoit quelque chose : on me répondit
qu'on auroit le soir sa revanche, & je leur répondis, qu'ils
prissent toujours cela en attendant.* On peut juger si nous
étions près. On ne doit pas perdre de vue que pendant ce
tems, l'attaque du village se soutenoit toujours, que M. le
Prince attendoit de nouvelles troupes, au moyen desquelles il
espéroit en décider le succès ; qu'enfin il ne pouvoit pas retirer
celles qui étoient en panne, parce qu'alors il auroit laissé à la
cavalerie Impériale la possibilité de déboucher entre le bois
& le village, pour prendre en flanc & en queue l'infanterie
qui attaquoit celui-ci.

11 AOUST.
Fermeté de la cavalerie Françoise.

Les Alliés se voyant rassemblés dans une position où leur
résistance arrêtoit les progrès des François, tentèrent eux-
mêmes quelque mouvement offensif. Ils firent marcher à leur
gauche, par le derrière du bois, un corps de cavalerie, soutenu de quelque infanterie, qui devoit tourner & attaquer le
flanc droit des François. On se rappellera que l'infanterie des
Alliés occupoit la partie de ce bois qui les avoisinoit ; que
M. de Luxembourg l'y avoit attaquée inutilement ; & que ne
pouvant l'y forcer, il s'étoit contenté de laisser la brigade de
Picardie avec quelques escadrons de dragons à la pointe de
ce même bois, pour contenir les ennemis, & pour couvrir le
flanc de l'armée. Dès que M. le Prince apperçut le mouvement
qu'ils faisoient sur leur gauche, il renvoya M. de Luxembourg
à ce même poste, en le faisant suivre par la brigade de
la Gendarmerie. Le bois étoit très-étroit dans cette partie,
& il y avoit une trouée. M. de Luxembourg étendit ses troupes à la lisiere du bois, occupa la trouée, &, manœuvrant
avec habileté, sut contenir les ennemis, lesquels, quoiqu'en
beaucoup plus grand nombre, n'oserent ni l'attaquer, ni
rien entreprendre sur le flanc droit de l'armée. Ceci se passoit
tandis qu'on combattoit encore à la ravine. M. de Luxembourg

Mouvement offensif des Alliés.

jugea même à propos d'y renvoyer le Marquis de la Fare avec un efcadron de Gendarmerie qu'il commandoit. En effet M. le Prince, inférieur en nombre aux ennemis dans tous les points où il les combattoit, étoit obligé de mettre la plus grande économie dans la diftribution de fes troupes.

Nous avons dit qu'on avoit gagné quelque terrein fur le village tant à la droite qu'à la gauche, mais fans pouvoir obtenir un fuccès plus décidé. Le combat s'y foutint tout le jour avec autant de vivacité que dans la partie où étoit M. le Prince. Il y eut plufieurs attaques d'infanterie & plufieurs charges de cavalerie, où les François avoient l'avantage, mais le perdoient enfuite, à caufe du grand nombre de troupes que les Alliés étoient à portée de ramener fur eux. Cependant vers les fept heures du foir le Duc de Navailles, qui commandoit à cette gauche, jugea qu'il pouvoit attaquer avec fuccès deux bataillons que les ennemis avoient placés dans un pré, entouré d'une groffe haie. Deux autres étoient affez près pour les foutenir, ainfi que douze efcadrons qui étoient en bataille derriere, fur la hauteur; les ennemis détacherent cinq efcadrons qui chargerent les premiers, avec lefquels le Duc de Navailles s'avança, mais celui-ci les repouffa. Il étoit fecondé de fon infanterie, qui étoit placée de façon à incommoder de fon feu la cavalerie ennemie. Les cinq efcadrons battus revinrent à la charge avec les fept autres qui d'abord étoient reftés fur la hauteur, ils forcerent à leur tour le Duc de Navailles de plier. Celui-ci fut bientôt joint par de nouvelle cavalerie, & rattaqua celle des ennemis. Le combat fut très-vif, la réfiftance de ceux-ci opiniâtre, mais l'avantage refta aux François, qui les renverferent & les pousferent jufques fur la haie, derriere laquelle étoient les deux bataillons dont nous avons parlé. L'infanterie fuivit la cavalerie victorieufe, & attaqua auffi-tôt les deux bataillons avec autant de vigueur que de fuccès. Ils furent entiérement défaits, & tout ce qui les compofoit fut tué ou prifonnier.

La Maifon du Roi fe diftingua dans les charges dont nous venons de rendre compte : & quant à l'infanterie, ce fut le régiment Royal-des-Vaiffeaux, avec des détachements de quelques autres, qui, fous les ordres du Marquis de Mouffy, attaqua les deux bataillons ennemis. Dans ce combat particulier, ainfi que dans tous ceux qui furent livrés ce jour-là, les

troupes

troupes montrerent toujours la valeur la plus brillante ; peut-être même ce succès en auroit entraîné d'autres, & seroit devenu plus décisif, si le Prince & le Comte Maurice de Nassau ne se fussent aussi-tôt déterminés en avant, avec la cavalerie qu'ils avoient à leurs ordres. Ils rallierent les douze escadrons qui venoient d'être battus, & les ramenerent avec eux à la charge. Les François qui poussoient avec vivacité leur avantage, furent eux-mêmes renforcés par quelques régiments. Le combat de cavalerie recommença avec furie, & il y eut jusqu'à la nuit plusieurs charges, malgré lesquelles, aucun des deux partis ne put gagner de terrein sur l'autre.

11 AOUST.

Les deux partis d'infanterie se battoient constamment depuis deux heures après midi, tant dans le village que dans les autres points où ils se trouvoient engagés. Nous avons dit que dès le commencement du combat, les François avoient déposté les ennemis de quelques-uns des vergers les plus avancés. Depuis ce tems chacun avoit conservé son terrein, & les plus grands efforts n'avoient pu changer l'état des choses. Les renforts qui étoient arrivés de part & d'autre, n'ayant servi qu'à faire verser plus de sang, sans faire pancher la balance d'aucun côté, dans ce long espace de tems on fit plusieurs charges à la bayonnette, mais une fusillade continuelle en remplit toujours les intervalles, & fut en quelque sorte le fond sur lequel ressortirent tous les événements de cette terrible journée.

État de la bataille à l'entrée de la nuit.

M. le Prince avoit été joint par la plus grande partie de ses troupes ; mais les ennemis, qui s'étoient toujours repliés sur eux-mêmes, se trouvoient renforcés en plus grande proportion dans toute l'étendue de l'excellente position qu'ils avoient prise. M. le Comte de Souches s'étoit déterminé lentement à rejoindre M. le Prince d'Orange ; mais la maniere dont il s'étoit conduit après s'être réuni à lui, & la bravoure des troupes Impériales avoient bien réparé ses retards. D'un autre côté, le succès avec lequel les Alliés avoient résisté aux François dans le village de Fay, avoit ranimé leur courage, & tout ce que M. le Prince pouvoit faire, c'étoit de soutenir ses premieres attaques. Son projet étoit, lorsqu'il lui seroit arrivé des troupes fraîches, de remarcher vers cette ravine, pour laquelle on avoit tant combattu ; mais jusqu'à ce moment il n'avoit pu le faire ; il attendoit encore quelques régiments qui venoient du camp de M. de Luxembourg, c'eſt-à-dire, de la droite de l'armée; mais elles avoient fait un grand détour, puiſqu'elles avoient ſuivi le même chemin qu'avoient pris les premieres lorſqu'elles s'étoient portées d'abord ſur Seneff. Cependant la nuit arrivoit, & on eſpéroit qu'elle mettroit fin à tant de fatigues & de combats. Elle ſuſpendit en effet ceux de la cavalerie, qui reſta en panne de part & d'autre dans la poſition où elle ſe trouvoit; mais pour le malheur d'un grand nombre d'hommes, il faiſoit un tems très-ſerein & un beau clair de lune. Les combats d'infanterie ſe ſoutinrent à la faveur de ſa lumiere juſqu'entre dix & onze heures du ſoir, ſans qu'il en réſultât autre choſe que des pertes de part & d'autre.

Les François, conduits par leurs ſuccès fort au-delà des premiers projets de M. le Prince, avoient combattu avec peu d'artillerie. Les ennemis avoient eu ſur eux, ſur-tout vers la fin de la journée, l'avantage de pouvoir raſſembler toute la leur. Cependant celle de M. le Prince avoit reçu des ordres pour le joindre le plus promptement qu'il ſeroit poſſible : ce qui reſtoit de troupes en arriere étoit pareillement en marche ; tout annonçoit le projet de recommencer l'attaque à la pointe du jour, ſoit que M. le Prince eût effectivement ce deſſein, ſoit qu'il voulût ſe préparer à tout événement, & ſe réſerver le choix d'agir ſuivant les circonſtances.

Les comptes qu'on lui rendit lorſque l'obſcurité eut ſuſpendu le combat, lui firent connoître combien ſes troupes étoient excédées de fatigues, diminuées par leurs pertes, & peu en état d'attaquer avec la vigueur néceſſaire pour décider les ſuccès qu'il eſpéroit encore. Leur courage étoit tombé avec leurs forces ; mais le Grand Condé, qui ne connoiſſoit point de terme au ſien, concevoit avec peine que la nature en eût marqué à celui des autres hommes. Il ſe coucha derriere une haie, enveloppé dans un manteau, & tandis que ſon corps, accablé de fatigues, ſembloit reclamer quelques moments de relâche, ſon ame, active & indomptable, trouvoit encore des reſſources, & enfantoit de nouveaux projets.

Si jamais le repos eut quelque choſe de terrible, ce fut ſans doute dans ce moment : l'infanterie étoit couchée, les armes dans les bras, dans le lieu même où elle avoit combattu ; la cavalerie ſeule prit un peu plus d'eſpace, afin que les chevaux puſſent repaître. Il en étoit de même du côté des

ennemis : au milieu de cette scene sanglante, les deux armées
restoient immobiles, attendant ce que les Généraux décideroient
de leur sort, & ceux qui devoient ne s'éveiller que pour
combattre encore, dormoient étendus par terre parmi ceux qui
ne devoient jamais s'éveiller.

11 AOUST.

 Ce repos fut tout à coup interrompu vers minuit par une
décharge générale de la mousqueterie des deux armées, qui
fut suivie & continuée comme une salve, & qui tua ou blessa
un assez grand nombre d'hommes de part & d'autre. On ignore
quelle en fut la cause ; mais il dut suffire d'un coup de fusil
lâché par hasard pour occasionner cette décharge dans deux
armées aussi près l'une de l'autre, & dont tous les soldats, à
moitié endormis dans les mêmes postes où ils avoient combattu,
avoient à craindre d'y voir à chaque instant recommencer les
attaques. Il est assez naturel aussi, que les sentinelles ayant vu
ou cru voir quelque mouvement vis-à-vis d'elles, se soient trop
pressées de tirer, qu'elles aient par-là donné l'alarme, non-
seulement à leurs postes, mais encore aux postes opposés, &
que dans le premier moment on se soit cru attaqué de part
& d'autre.

Alarmes.

 Quoiqu'il en soit, cet événement jetta le désordre & l'épouvante dans les deux armées. La cavalerie Françoise ne fut pas
maîtresse de ses chevaux, & on fut quelque tems à la rallier.
M. le Prince lui-même, étonné de cette mousqueterie dont
il ne connoissoit pas la cause, & frappé du désordre qui en
fut la suite, ne laissa pas que d'en prendre quelque alarme.
Il craignit dès-lors que ses troupes rebutées de tant de combats
& de fatigues, n'eussent plus le lendemain la supériorité nécessaire pour consommer ses succès, & pour en obtenir de
nouveaux. Il vit que des hommes pouvoient être braves, &
cependant n'être pas au même point que lui, intrépides &
opiniâtres. Il sentit qu'il y avoit assez de sang versé, & que
ses victores mêmes pourroient être trop cheres, si elles affoi-
blissoient trop son armée, nécessaire à la défense du Royaume.
Il jugea que les avantages qu'il avoit remportés suffisoient à
l'honneur des armes du Roi, que le grand nombre de prisonniers
& de trophées qu'il avoit entre les mains, & les équipages pris,
déposoient assez de la supériorité qu'elles avoient eue, & que les
pertes des ennemis étoient trop considérables pour ne pas rompre
entiérement les projets qu'ils avoient formés pour le reste de

la campagne. Il fallut donc une fois céder aux circonstances ; & cette victoire sur son caractere, plus difficile pour lui que celles qu'il remportoit sur les ennemis, ajoutoit encore à sa véritable gloire. M. le Prince se détermina à ramener dans leur camp des troupes victorieuses à Seneff, au Prieuré de Saint-Nicolas-aux-bois, & dans tous les combats qui s'étoient donnés auprès, mais qui malgré plusieurs succès importants qu'elles avoient encore eu contre les Alliés, même dans ce dernier combat au village de Fay, n'avoient pu venir à bout de les y forcer entiérement, & d'égaler la fin de cette journée à son brillant début. La cavalerie se mit en mouvement la premiere pour retourner au camp de Piéton ; l'infanterie la suivit vers la fin de la nuit, & les dernieres troupes d'arriere-garde quitterent leur poste à la pointe du jour.

Si M. le Prince avoit craint d'exposer ses troupes au hasard d'un nouveau combat, & encore plus aux pertes qui en feroient la suite ; celles qu'avoient faites les Alliés, n'avoient pas moins disposé leurs Généraux à l'éviter. Le Comte de Souches sur-tout insista pour qu'on prît le parti de la retraite, & l'armée des Alliés quitta sa position de Fay, en même tems que les François se mettoient en mouvement pour retourner dans leur camp de Piéton. Il ne resta au point du jour, dans le village qui avoit été le théatre d'un combat si long & si sanglant, que le grand nombre de morts qui en avoient été les victimes, & le petit nombre de blessés que de part & d'autre on n'avoit pas pu emporter. Les Alliés se retirerent dans la plaine entre Haisne-Saint-Pierre, Haisne-Saint-Paul & Marimont, où leur camp avoit été marqué la veille. Ils y passerent quelques heures à s'y remettre en ordre, & ils profiterent de ce tems pour faire trois salves d'artillerie, en réjouissance de la victoire qu'ils prétendoient avoir remportée. Croyoient-ils donc qu'il leur suffisoit de gagner les François de vîtesse pour prendre possession de la victoire ? Leurs blessés & les restes de leurs équipages avoient déja filé vers Mons. L'armée en prit elle-même la route, aussi-tôt que les soldats eurent repu, & campa le soir sous cette ville. C'est ainsi que se termina cette action mémorable.

Peut-être le Lecteur, après nous avoir suivis dans les longs détails que nous avons été obligés de mettre sous ses yeux, s'étonnera-t-il des nuages qu'ils répandent sur une question si souvent agitée & presque toujours jugée par la seule prévention.

La

La gloire de cette journée, la victoire en un mot, appartient-elle à M. le Prince ? Jufqu'à préfent uniquement occupés des faits, nous avons peu penfé aux conféquences qu'on en pourroit tirer. La vérité eft fans doute la premiere loi d'un Hiftorien, & d'ailleurs la vérité pourroit-elle jamais être ennemie de la gloire de M. le Prince ? Nous n'envifagerons donc, nous n'écouterons qu'elle dans cette occafion comme dans toutes les autres. Que dans le tems même on foit obligé de déguifer les événemens, de diminuer fes pertes, d'exagérer fes fuccès, pour en impofer au peuple, pour tromper les Cours étrangeres, & favorifer les négociations ; c'eft encore ce qu'on peut mettre en queftion : mais en fuppofant même l'utilité momentanée de cette fauffe & foible politique, la poftérité a droit d'en appeller & d'exiger l'impartialité la plus exacte de quiconque prétend la ramener à des tems qui ne lui offrent plus d'autre intérêt que celui de fon inftruction.

Selon les relations que les François ont donnée dans le tems, les Alliés fe font retirés deux heures avant eux du champ de bataille de Fay : felon les relations des Alliés, les François fe font retirés les premiers, & les ont laiffés maîtres de ce champ de bataille, qu'ils n'ont quitté que deux heures après. Telle eft l'oppofition conftante que nous trouvons dans les recits publiés par les deux partis oppofés.

Mais cette oppofition s'explique aifément, fi l'on confidere que les deux armées fe retirant à peu près dans le même tems pendant une nuit obfcure, indépendamment l'une de l'autre, voulurent enfuite tourner au profit de leur gloire l'incertitude de l'heure précife à laquelle chacune d'elles avoit exécuté fa retraite. Il étoit même difficile de pouvoir démentir authentiquement la prétention que chacune avoit de s'être retirée la derniere, puifque de part & d'autre on pouvoit croire de bonne foi qu'on étoit refté le dernier fur le champ de bataille. Nous ne prétendons pas cependant que l'inftant de la retraite des deux armées ait été exactement le même ; & à le prendre dans le fens ftrict, il eft plus que vraifemblable que l'une des deux eft reftée un moment maîtreffe du champ de bataille. Mais de quelque côté que le hafard ait placé cette différence, ce feroit une puérilité que d'y mettre quelque valeur.

M. le Marquis de la Fare, témoin oculaire, nous dit dans fes Mémoires, à l'occafion de la décharge générale dont nous

K k

avons parlé, & du désordre qu'elle jetta parmi les troupes, qu'elle décida M. le Prince à changer le dessein qu'il avoit de rattaquer les ennemis à la pointe du jour, en celui de se retirer dans le moment même, ce qu'il n'eut pas de peine à faire en bon ordre, ajoute-t-il, car les ennemis, à ce que nous apprîmes ensuite, se retirerent dans le même tems vers Mons. Nous repassâmes donc sur le minuit le défilé que nous avions passé pour venir dans la plaine où étoit la ravine, & reprîmes le chemin de notre camp, où nous arrivâmes entre huit & neuf heures du matin. » Tels sont les termes du Marquis de la Fare, qui servoit à l'armée de M. le Prince, & qui se trouva avec lui à la fin de la bataille. Le Comte de Chavagnac, autre témoin oculaire, & commandant un corps de six mille hommes de troupes de l'Empereur, après nous avoir dit que la plus grande partie de l'armée alliée se retiroit sans qu'il eût encore reçu d'ordre pour le faire, ajoute ce qui suit : » Je fis appeller un Lieutenant du régiment de Souches, nommé Lagrenouille, François de nation, à qui je promis une Compagnie, s'il vouloit se glisser sur le ventre, & aller écouter ce que faisoient les ennemis. Il y fut, & n'entendit rien. Comme il faisoit fort noir, il alla à la haie, où il fit un petit trou ; à la lueur d'une mèche, il vit qu'il n'y avoit personne : j'y allai moi-même m'en informer ; je n'en eus pas plutôt connu la vérité, que je mandai à Souches & au Prince d'Orange que s'ils vouloient revenir, j'étois maître du champ de bataille. Le Prince le voulut ; mais Souches n'y consentit jamais. Il m'ordonna de m'en revenir en diligence. Le jour vint, je me promenai dans le camp des ennemis qui m'étoient opposés, j'y trouvai douze cens morts, & plus de deux cens blessés, qui ne m'entendirent pas plutôt parler François, que les uns me demanderent des Confesseurs, & les autres des Chirurgiens. Je leur répondis que je n'en avois pas, mais que j'allois envoyer un Trompette à M. le Prince pour qu'il les envoyât chercher, & qu'en attendant je laissois un Capitaine avec cent chevaux pour empêcher les paysans de leur faire du mal, ce que je fis, &c. »

On peut soupçonner M. de Chavagnac de partialité, & croire qu'il se fait un peu valoir lorsqu'il nous raconte les faits où il a eu part ; mais il n'en résulte pas moins du fond de son recit, de celui de M. de la Fare, de la comparaison de toutes les relations, de l'opposition même qui y régne, que les deux armées se sont retirées à peu près en même tems, & indépendamment l'une de l'autre, ainsi que nous l'avons établi.

AOUST.

Faudra-t-il en conclure que M. le Prince n'ait pas gagné la bataille de Seneff? Si l'on admet que la victoire appartient à celui-là seul qui reste maître du champ de bataille, la question restera indécise quant au champ de bataille de Fay, puisqu'il a été abandonné à peu près en même tems par les deux partis. Mais quoique le combat qui s'y est donné, ait été le plus long, le plus vif & le plus opiniâtre; il avoit été précédé de plusieurs autres, dans lesquels M. le Prince avoit eu l'avantage le plus signalé, & avoit complettement battu & presque détruit les troupes qu'il avoit attaquées: il avoit poussé les ennemis de champ de bataille en champ de bataille, ou plutôt tout le terrain depuis Seneff, & au-delà jusqu'à Fay, n'en n'avoit formé qu'un seul, dont il s'étoit rendu maître; à Fay même il avoit gagné quelque terrain sur les ennemis, & détruit encore deux de leurs bataillons. A la vérité il n'avoit pu les y forcer entiérement; mais dans ce poste même où ils l'avoient arrêté, ils n'avoient eu contre lui aucuns succès offensifs, car je ne compte pas pour tels les alternatives des charges & des troupes poussées & repoussées, lorsqu'il en résulte qu'après avoir combattu elles conservent de part & d'autre le même terrain.

Le gain de la bataille justement attribué à M. le Prince.

Mais la possession du champ de bataille depuis Seneff jusqu'à Fay exclusivement, n'étoit pas pour M. le Prince le seul titre à la victoire; le grand nombre de prisonniers & de trophées qu'il avoit entre les mains, outre les équipages, les pontons & le trésor pris, la lui donnoient d'une maniere irréfragable. La plus grande somme d'avantages remportés par un des deux partis, ne constitue-t-elle pas en effet la véritable victoire? M. le Prince amena dans son camp plus de trois mille cinq cens prisonniers, & cent sept drapeaux ou étendards qu'il fit porter à Notre-Dame, justifierent le *Te Deum* qu'on y chanta. Grand nombre de soldats furent enrichis par le pillage des équipages. Le trésor de l'armée profita de six cens mille francs. Toutes ces pertes des Alliés annonçoient assez combien ils mettoient de mauvaise foi dans leurs ridicules prétentions.

AOUST.
Perte de part
& d'autre.

Le nombre des morts & des bleſſés fut très-conſidérable de part & d'autre. Si l'on en croit M. de Feuquieres, les Curés du pays enterrerent plus de vingt mille morts. Il y a lieu de ſoupçonner d'exagération ce compte que ſûrement ils n'ont jamais fait avec ſoin, & qui n'a été donné que comme un apperçu, que l'amour de l'extraordinaire a fait enfler. On ne peut pas faire plus de fond ſur les relations des deux partis, qui toutes diminuent leurs pertes reſpectives avec une extrême partialité, & exagerent d'autant celles du parti oppoſé. Auſſi y a-t-il de très-grandes différences dans les comptes qu'elles nous préſentent; mais en les comparant entr'elles, & prenant les termes moyens, il réſulte aſſez clairement que les François eurent au moins ſept à huit mille hommes tués ou bleſſés, & que les Alliés en eurent dix ou douze mille, comprenant les bleſſés qui ſe trouvoient parmi les priſonniers, leſquels y étoient en grand nombre. Il eſt évident que dans les premiers combats où les François eurent un avantage ſi marqué, la perte des Alliés excéda de beaucoup la leur. Ce rapport devint moins grand à meſure que les premiers leur oppoſerent plus de force & de réſiſtance; enfin elle devint égale & très-grande de part & d'autre, dans le long & opiniâtre combat de Fay.

Les Hollandois furent ceux qui en ſupporterent la plus grande partie, les Eſpagnols enſuite, & les Impériaux la moindre. Ceux-ci ne joignirent le gros de l'armée qu'à Fay, & les autres avoient déjà beaucoup ſouffert dans les combats qui avoient précédé.

La perte des équipages porta entiérement ſur les Hollandois & les Eſpagnols, & principalement ſur les premiers. Le Prince d'Orange perdit la totalité des ſiens. Les Impériaux ayant la tête de la marche, les leurs ſe trouverent loin de l'arriere-garde attaquée, & M. le Comte de Souches avoit pourvu à leur ſûreté. On l'accuſe d'avoir été toute cette campagne beaucoup plus occupé de la conſervation de ſon armée & de tout ce qui en étoit dépendant, que des intérêts de la cauſe commune. Le Comte de Monterey, qui vint l'année d'après en France, y dit, que le lendemain de la bataille l'armée des Alliés s'étoit trouvée plus foible de vingt mille hommes. Mais dans ce nombre il faut comprendre, d'un côté beaucoup de déſerteurs, & de l'autre tous les ſoldats égarés & diſperſés qui rejoignirent enſuite.

Les

DE LA CAMPAGNE DE 1674.

Les Alliés perdirent peu d'artillerie ; M. le Prince ne fait mention que de deux piéces de canon & de deux mortiers, ce qui ne doit pas surprendre, si l'on réfléchit qu'alors les armées en avoient beaucoup moins qu'à présent, & qu'on n'en plaçoit gueres aux arrieres-gardes & aux corps détachés.

AOUST.

Les pontons & plus de deux mille charriots pris & brûlés faisoient une perte considérable en elle-même, mais encore plus difficile & embarrassante à réparer dans l'instant même, & qui devoit naturellement retarder les opérations des Alliés. Pour les François, ils n'avoient laissé entre les mains des ennemis qu'un très-petit nombre de prisonniers, que ceux-ci avoient faits au combat de Fay.

De part & d'autre la perte avoit été très-considérable, tant en Officiers principaux, qu'en Officiers particuliers. Parmi les Alliés, plusieurs des premiers s'étoient sacrifiés avec le plus grand courage pour ranimer celui de leurs troupes. Nous avons parlé du Marquis d'Assentar, qui fut pris après avoir reçu sept blessures ; il mourut ensuite dans le camp François. Le jeune Prince Maurice de Nassau, qui commandoit les trois bataillons que le Prince d'Orange envoya d'abord au secours du Prince de Vaudemont, fut blessé & pris. Son oncle, appellé aussi Maurice, vieillard de soixante-seize ans & à peine convalescent d'une grande maladie, soutint & arrêta près de Fay les efforts de la cavalerie victorieuse du Duc de Navailles. Toutes les relations font l'éloge de la bravoure avec laquelle combattirent le Prince de Vaudemont & le Comte de Waldeck. Celui-ci reçut trois blessures, dont la derniere seule le força à se retirer du combat. Le Rhingrave, le Prince Charles de Lorraine, le Prince Pio furent aussi au nombre des blessés. Le Prince & le Comte de Solms, le Duc de Holstein, le Comte de Merode, furent compris dans celui des prisonniers. Le Duc de Villa-Hermosa, le Marquis de Grana, le fils du comte de Souches sont cités avec éloge. Il paroît que le Comte de Chavagnac * contribua beaucoup à arrêter les succès du grand Condé, auquel il avoit été autrefois attaché. Mais le Prince d'Orange est celui dont la valeur, à la fois active, intrépide & froide, mérite sur-tout d'être transmise à la postérité. Dans

Bravoure des Généraux.

Le Prince d'Orange.

---

* Le Comte de Chavagnac avoit été du parti du Prince de Condé dans les troubles de la Fronde. *Voyez ses Mémoires.*

les derniers combats, & principalement dans celui de Fay, il fut presque toujours au fort du danger; il eut plusieurs chevaux tués sous lui; son Capitaine des Gardes, d'Ouwekerke, fut griévement blessé à la tête, en voulant le garantir d'un coup de pistolet. Cet Officier fut pris par les François, & se sauva ensuite de leurs mains dans le tumulte du combat. Le jeune Prince de Frise, âgé de vingt ans, ne quitta pas le Prince d'Orange. Le Stadhouder en avoit alors vingt-quatre: à cet âge, avec peu d'expérience, n'ayant point encore vu de grande bataille, il ne fut point étonné de l'idée de résister au Prince de Condé, déjà victorieux; il mérita les éloges de ce Prince, qui dit de lui qu'il s'étoit conduit en vieux Capitaine, mais qu'il avoit eu tort de se trop exposer.

M. le Prince.

Le Duc d'Enguien.

Personne pourtant ne s'étoit plus exposé dans cette journée que le grand Condé lui-même; il se montra par-tout au fort du péril, & eut trois chevaux tués sous lui. M. le Duc d'Enguien, qui combattit toujours à ses côtés, en eut deux, & fut blessé de deux fortes contusions, l'une à la jambe & l'autre à la cuisse. Dans cette journée terrible & mémorable, l'activité naturelle de M. le Prince, & l'importance de l'objet, lui firent oublier ses maux habituels. La force de son ame suppléoit toujours aux forces qui lui manquoient.

Au reste ceux qui accusent de témérité & d'imprudence la bravoure avec laquelle les Généraux des deux armées se sont exposés dans cette occasion, n'ont pas considéré sans doute combien leur exemple étoit propre à animer leurs soldats. Il falloit en exiger tout le courage dont les hommes sont capables; celui des deux partis qui seroit resté au-dessous de ce terme, n'auroit pu disputer un seul instant le champ de bataille à l'autre, & il est à présumer que l'armée, dont le Général froid & inactif se seroit contenté de donner les meilleurs ordres, auroit bientôt cédé à celle que la voix & l'exemple de son Chef précipitoient dans le combat plutôt qu'ils ne l'y conduisoient.

Le Duc de Luxembourg.

Après M. le Duc d'Enguien, M. le Prince étoit secondé par les Ducs de Navailles & de Luxembourg: le nom de ce dernier dispense de tout éloge. M. le Prince d'Orange trouvoit dans un des Lieutenants-Généraux de M. le Prince, celui qui avoit déjà fait tant de maux à la Hollande, & qui devoit long-tems après soutenir la fortune de la France contre la

DE LA CAMPAGNE DE 1674

AOUST.

ligue puissante dont Guillaume seroit le Chef. Toutes les relations rendent justice à la conduite, à la fois prudente & valeureuse, que tint M. le Duc de Navailles à la gauche, qu'il commandoit; M. de Montal, M. de Rochefort & M. de Fourilles déciderent les premiers succès : celui-ci les paya de sa vie, le Comte de Montal eut la jambe cassée à l'attaque de Seneff, le Marquis de Rochefort fut blessé d'un coup de feu à l'épaule ; dans les combats qui suivirent, le Prince de Soubise en reçut un à la jambe en chargeant à la tête des Gendarmes de la garde. Nous trouvons encore au nombre des blessés, le Marquis de Villeroy, le Comte de Gassey-Matignon, le Comte de Konigsmark, le Comte de Broglio de Revel, le Marquis de Tonnerre, le Comte de Hautefort, le Marquis de Nesle, le Marquis d'Albret, &c. qui tous combattirent avec le courage que les noms illustres qu'ils portoient ne pouvoient manquer d'inspirer.

Le Marquis de Villars, depuis Maréchal de France, qui étoit alors fort jeune, servit comme volontaire auprès de M. le Prince, & mérita même ses éloges par quelque jugement qu'il porta sur les mouvements des ennemis ; il annonça des-lors ce caractere de bravoure mêlé d'enthousiasme & de romanesque qu'il a soutenu pendant toute sa vie. Lorsqu'il vit M. le Prince tirer son épée pour charger à la tête des premiers escadrons : *Voila*, s'écria-t-il avec enthousiasme, *ce que j'ai toujours le plus desiré de voir, le grand Condé l'épée à la main !* Il reçut une blessure à la cuisse, mais il ne voulut pas se retirer que la bataille ne fût entiérement finie.

Le Marquis de Villars.

M. le Prince rendit le meilleur compte de toutes les troupes de son armée & de leurs Officiers. L'opiniâtreté des combats qu'elles livrerent, ne permet pas de douter de la vérité de ses éloges, & l'on sçait que le Prince n'en étoit pas prodigue lorsqu'ils n'étoient pas mérités. Il en donne de très-grands à la fermeté & à la conduite de MM. de Navailles, de Luxembourg, de Rochefort & de Fourilles, ainsi qu'à la valeur de MM. de Choiseul, de Saulx, de Villeroy, de Montal, de Genlis & de la Cardonniere. La justice qu'il rend à M. de Fourilles, est une sorte de réparation faite à la mémoire de ce brave homme, qu'il avoit eu le malheur d'offenser par des expressions dures, & peu méritées.

Nous avons déjà parlé dans les détails de la bataille, de la bravoure avec laquelle les troupes de la Maison du Roi s'y comporterent ; elles y foutinrent avec diſtinction le premier rang qu'elles ont parmi les troupes du Roi : preſque toujours à la tête des différentes charges, elles déciderent quelques ſuccès, & contribuerent à tous ; auſſi leur perte fut-elle conſidérable. Nous trouvons cités au nombre des Officiers qui ſont péris à cette bataille, MM. de Razilly, de Servon, de Luzanci & de Sainſeyne, Capitaines au régiment des Gardes ; & parmi les bleſſés, MM. de Montigny, de Balançon & Catinat-Croiſil, auſſi Capitaines dans ce régiment. Les Gardes-du-corps eurent un grand nombre de leurs Officiers tués ou bleſſés. Nous trouvons parmi ceux-ci, MM. de Romecourt, de Saint-Eſteve, de la Chauſſaye, de la Bariée, le Marquis de Beauveau, le Marquis d'Eſtaing, le Comte d'Amarian, le Marquis de Chabanes, ces deux derniers y ſervoient comme volontaires, &c. Le Marquis de Beauveau y reçut un coup de feu à la main droite, & un autre au travers de la main gauche, dont il avoit déjà perdu deux doigts au paſſage du Rhin ; quoiqu'il lui fût devenu impoſſible de tenir la bride de ſon cheval, il vouloit encore ſuivre ſon eſcadron lorſqu'un troiſiéme coup à la tête le força de ſe retirer. Au nombre des morts furent MM. d'Ambly, de Bourbonne, de Sandricourt, de Chemerault, de Rancé, de Barbeziers, de Cœurlys, le Comte de Noirmoutier, volontaire, &c. Dans d'autres corps de la Maiſon du Roi, nous trouvons MM. de Sévigny, d'Illiers, de Laſſay, de Courcelles, le Marquis du Terrail & le Comte de Saillan, ſon frere, au nombre des bleſſés ; le Marquis de Chauvalon tué, &c. ainſi que pluſieurs autres dont les noms ne nous ſont point parvenus, & que nous voudrions faire connoître à la poſtérité, car nous ſommes loin de mépriſer ces détails qui ne peuvent paroître minucieux à des militaires animés du deſir de la gloire, & ſur-tout à des François ; nous nous plaignons au contraire du peu de ſoin & d'exactitude des contemporains à nous les tranſmettre. Des noms qui devroient être conſacrés dans des monumens publics, ne ſe trouvent pas même dans les gazettes du tems. Celle de France nous donne une longue & inutile liſte des moindres Officiers ſubalternes de l'armée des Alliés qui ſe trouverent priſonniers & bleſſés ; elle affecte d'augmenter leur perte, & d'atténuer la nôtre, comme ſi les

François

DE LA CAMPAGNE DE 1674.

François étoient invulnérables, comme si leur gloire même n'avoit pas été de vaincre dans les combats difficiles, de surmonter une résistance opiniâtre, & d'acheter des succès par des pertes. Ne valoit-il pas mieux nous faire connoître ceux d'entre nos Officiers, & même d'entre nos soldats qui s'étoient le plus distingués, plutôt que de nous fatiguer de tant de noms qui n'intéressoient que l'étranger, & dont la nombreuse liste satisfaisoit plus la vanité de la nation que la gloire de ses armées.

<small>AOUST.</small>

Parmi les Aides-de-camp de M. de Luxembourg se trouvent deux Feuquieres, le Marquis & le Chevalier, celui-ci reçut un coup de feu à la jambe, & le premier n'eut qu'une contusion. Ce fut lui qui a été depuis Lieutenant-Général, qui mérita, par la sévérité de sa critique, d'être appellé l'aristarque des Généraux, & dont les mémoires ont passé à la postérité avec toute la réputation d'un ouvrage classique: nous y trouvons des observations intéressantes sur la bataille de Seneff, ainsi que sur presque tous les faits de guerre du régne de Louis XIV: on y voit que l'intention de M. le Prince ne fut jamais d'engager une action aussi considérable que celle-ci le devint par la rapidité de ses succès, & par les fautes de ses ennemis. M. de Feuquieres releve avec raison la faute importante qu'ils firent de ne point garnir de troupes les derniers défilés qu'ils passoient : ces troupes, en servant d'appui à l'arriere-garde, eussent vraisemblablement borné cette affaire à l'attaque de Seneff.

<small>Le Marquis de Feuquiéres.</small>

<small>Observations générales.</small>

Mais si nous envisageons les choses sous un point de vue encore plus étendu, nous nous convaincrons que le principe de tout le désordre des ennemis dans cette journée, se trouve dans une marche beaucoup trop allongée, où toutes les parties d'une grande armée devenue foible par-tout, devenoient trop découvertes & trop éloignées les unes des autres ; car cette marche n'étoit en elle-même ni imprudente, ni même très-hardie, & si elle devint périlleuse, ce ne fut que par la maniere dont on l'exécuta. Nous insistons sur ce point pour détruire l'erreur où l'on est, d'imputer comme un tort à M. le Prince d'Orange, d'avoir fait une marche dans laquelle il prêtoit le flanc à M. le Prince ; comme si l'on ne pouvoit jamais exécuter une marche de cette nature ; comme si les grands Généraux de tous les siécles, & sur-tout le Roi de Prusse dans celui-ci, ne nous en avoient fourni plus d'un exemple. Qu'importe dans quel sens une armée marche, pourvu qu'elle puisse se former assez à tems pour combatre en tout ou en partie, selon les forces qui peuvent l'attaquer & le terrein où elle doit se défendre? D'ailleurs M. le Prince d'Orange avoit peu à craindre d'être attaqué par son flanc, & en effet il ne le fut pas. Les marais & les bois qui le couvroient, en rendoient l'accès extrêmement difficile. M. le Prince n'entreprit pas même d'y pénétrer, & jugea que l'arriere-garde seule pouvoit être attaquée. C'est donc avec raison que M. de Feuquieres, dans l'article de ses mémoires où il a pour objet de traiter de la bataille de Seneff, nous la représente dans son principe comme une affaire d'arriere-garde. Mais c'est à tort que dans d'autres articles il nous en parle comme d'une marche, où *une armée prêta imprudemment le flanc, fut punie de cette imprudence, &c.* puisqu'enfin ce prétendu flanc exposé ne fut absolument pour rien dans toute cette action.

Voici une autre erreur de sa part, qu'il importe encore de relever; il a refusé le nom de bataille à la journée de Seneff, & n'a voulu lui donner que celui de combat, parce que les deux armées ne furent jamais déployées en entier vis-à-vis l'une de l'autre. Nous lui aurions demandé volontiers quel nom il prétendoit donc imposer à chacune des actions qui s'étoient passées à Seneff, à Saint-Nicolas-aux-bois, à Fay, &c.? Si c'étoient-là autant de combats très-vifs & très-meurtriers, comment appellera-t-il donc la somme de ces combats? Qu'importe la disposition dans laquelle deux grandes armées ont combattu, réguliere ou irréguliere, projettée à l'avance ou amenée par le hasard, en colonnes ou en bataille, en masse ou par parties séparées? Si ces deux armées ont combattu presqu'entieres dans des actions longues & opiniâtres, l'ensemble de ces actions mérite à juste titre le nom de bataille, surtout s'il y a eu vingt mille hommes tués ou blessés, ainsi qu'à Seneff. En ce genre c'est l'importance qui décide du nom, ainsi que le dit M. de Voltaire, dont nous préférons ici la décision à celle de M. de Feuquieres.

Le Comte de Souches.

Nous voyons par la relation envoyée par le Prince d'Orange aux Etats-Généraux, qu'il se loue fort des Officiers de son armée, subalternes ou supérieurs, & sur-tout du Comte de Souches. De son côté, ce Général, dans la lettre qu'il écrit aux Etats, fait les plus grands éloges du Prince d'Orange : il y dit que ce Prince *a fait paroître la prudence d'un vieux Capitaine, la vaillance d'un Céſar, & l'intrépidité d'un Marius.* Ce ſont ſes propres termes, & c'eſt mal à propos que beaucoup d'Hiſtoriens les ont attribués au Prince de Condé.

AOUST.

Nous avons lieu de douter de la ſincérité des témoignages publics, au moins de celui que le Stadhouder rendit au Général Impérial. Nous voyons par pluſieurs relations, que les Alliés rejetterent en grande partie ſur celui-ci les malheurs de cette journée. On l'accuſa d'avoir preſſé le départ & la marche, tant de ſes troupes que de ſes équipages, ſans s'embarraſſer du reſte de l'armée, & de s'être peu occupé d'obſerver les arrangements de détail dont on étoit convenu pour l'enſemble de la marche. On ne peut ſe diſſimuler que cette accuſation paroît avoir quelque fondement, puiſque la tête des troupes Impériales étoit déjà au nouveau camp lorſque l'arriere-garde de l'armée ſe battoit à Seneff. Les Hollandois & les Eſpagnols pouvoient avoir tort dans les retards de leur marche ; mais M. de Souches devoit ſuſpendre auſſi la ſienne, ſe tenir toujours à portée d'eux, & en meſure de les joindre, ſelon le beſoin : ſi même quelqu'un devoit pourvoir ou ſuppléer aux précautions néceſſaires, c'étoit ce Général, vieilli dans le métier, tandis que le Prince d'Orange, jeune encore & ſans expérience, étoit plus pardonnable de les omettre. On reproche encore au Comte de Souches d'avoir tant différé à remarcher en arriere lorſqu'il eut les premiers avis des attaques des François, & de s'être plus occupé alors de la conſervation des équipages de ſon armée, que de ſecourir ſes Alliés. On prétend que ce fut contre ſes ordres, & en lui déſobéiſſant formellement, que le Prince Pio conduiſit dans un poſte, où ils combattirent utilement, trois régiments que le Comte de Souches vouloit encore envoyer aux équipages. On l'accuſe lui-même de n'avoir pas exécuté quelques ordres du Prince d'Orange. On parle d'une propoſition qui lui fut faite par Spork, de marcher avec un gros corps de cavalerie à la droite du camp de M. le Prince, qui dans ce moment étoit dégarnie de troupes. Si ce mouvement eût été exécuté, il eût pu effectivement faire eſſuyer quelque échec aux François au milieu même de leurs ſuccès. M. de Souches s'y refuſa, ſoit qu'il crût dangereux de ſe dégarnir de ce corps de troupes, ſoit par d'autres raiſons.

La division qui régnoit dans l'armée des Alliés, les plaintes par lesquelles il étoit affez naturel, après la journée de Seneff, que chacun cherchât à en rejetter le tort fur d'autre; la haine qu'on vouoit au Comte de Souches, fur-tout dans fa propre armée; toutes ces caufes ont pu faire exagérer les griefs dont nous venons de rendre compte. M. de Chavagnac nous peint la haine du Général Spork pour le Feld-Maréchal, en nous difant que, *ſi celui-ci eût été en paradis, l'autre n'auroit pas voulu y aller*. A en juger par fes mémoires, M. de Chavagnac ne laiſſoit pas que de partager cette prévention. Il réfulte qu'à cette bataille, ainfi que pendant toute la campagne, M. de Souches fut plus occupé de la confervation de fon armée que de l'employer à décider de grands fuccès pour la caufe commune; foit qu'il agît en cela d'après fes idées particulieres, ou que ce fût d'après les inftructions de fa Cour; foit qu'il craignît de compromettre fa réputation, fon état ou fa fortune; foit enfin que l'âge eût influé fur fa conduite, & l'eût rendu trop timide & trop circonfpect.

On célébra de toutes parts le gain de la bataille de Seneff. On chanta le *Te Deum* à la Haye, à Bruxelles, à Vienne, à Madrid, ainfi qu'à Paris; mais celui-ci feul fut orné de fes piéces juftificatives; tels furent en effet les 107 drapeaux ou étendards qu'on porta à Notre-Dame, & qui annonçoient la victoire la plus complette. Jamais M. le Prince ne mérita mieux d'être appellé le *Tapiſſier de cette métropole*. Les Alliés n'eurent point de femblables preuves à produire. Ils ne citent dans leurs relations que trois étendards pris aux François. Le Chevalier Temple, qui étoit alors Ambaſſadeur d'Angleterre à la Haye, dit quelque part, *que l'un & l'autre parti prétendoient la victoire; mais que l'un & l'autre la prétendoient peut-être fans beaucoup de raiſon*. Mais les réflexions que fait M. de Chavagnac dans fes mémoires, font encore plus juftes: c'eft *que de quelque côté que fût la victoire, il n'y avoit nul fujet de chanter de part & d'autre*. En effet la perte avoit été énorme dans les deux armées, fans qu'aucune des deux eût pris affez d'afcendant fur l'autre pour décider du refte de la campagne. Ce fut pourtant un fuccès pour les François, d'établir au moins l'égalité avec leurs ennemis, & de prévenir les efforts qu'on devoit attendre de la fupériorité de leurs forces.

Nous terminerons cette partie de notre narration par quelques anecdotes

anecdotes qui ne laissent pas aussi que d'avoir leur intérêt par l'importance des faits auxquels elles sont liées, & la célébrité des personnages qu'elles concernent.

AOUST.

On rapporte que le Comte de Staremberg, s'étant trouvé à dîner chez le Prince d'Orange quelque tems auparavant, observa que le vin n'étoit pas trop bon ; & que le Prince lui répondit qu'il lui promettoit de lui en faire boire de meilleur en Champagne. Ce même Staremberg fut fait prisonnier à Seneff, & conduit à Rheims : *Eh bien*, dit-il, *Guillaume est homme d'honneur, il m'a tenu parole : buvons à sa santé.*

Anecdotes.

Il est un mot malheureusement plus célebre, & que tous les Historiens ont affecté de nous transmettre. C'est cette repartie de M. le Prince lorsqu'on lui parloit de la perte qu'il avoit faite à Seneff : *Bon*, dit-il, *une nuit de Paris la réparera.* Nous sommes loin de justifier ce qu'un tel propos a de dur & de révoltant, & nous croyons même qu'il est consolant pour l'humanité de penser qu'un pareil trait ait suffi pour obscurcir la gloire d'un grand homme & flétrir ses lauriers ; mais nous observerons que les Auteurs qui nous transmettent de telles reparties le font ordinairement sans avoir égard à l'occasion, au ton de voix & à mille petites circonstances qui sont nécessaires pour faire discerner ce qui n'appartient qu'à l'humeur & la disposition du moment de ce qui vient d'un sentiment vrai & intérieur ; en supposant qu'en effet ce mot fût échappé à la vivacité de son caractere ou plutôt à la vivacité de son esprit, accoutumé à s'exprimer par saillies, il seroit injuste d'y mettre plus d'importance qu'il n'y mit lui-même de réflexion, & d'en conclure qu'il vit, avec la legéreté que ce mot pris à la lettre semble comporter, tout le sang que ses succès venoient de coûter à la France.

Il y a une autre anecdote, que nous transmettent les mémoires de Gourville, & qui montre combien le Prince conservoit de sérénité & même de gaieté au milieu du péril. A l'entrée de la nuit, dans un moment où il venoit de mettre pied à terre pour changer de cheval, un régiment François, qui plia, le mit tout-à-fait à découvert, & l'exposa au danger manifeste d'être tué ou pris. Ses jambes encore enflées par la goute, lui refusoient le service. Le Palfrenier qui tenoit son cheval eut peur, & prit la fuite. *Sauvez-vous donc, Monseigneur, sauvez-vous donc*, lui crioit un de ses Gentilshommes. *Eh ne vois-tu pas*, lui répondit le Prince en riant, *que je ne puis courir avec mes jambes ?* Le parti qu'il se proposa alors fut de se jetter dans un fossé & de s'y tenir caché, dans l'espérance que le régiment qui avoit été poussé par les ennemis, les repousseroit à son tour, & le tireroit d'affaire. Il faut avouer que le grand Condé caché dans un fossé eût été une chose rare. Heureusement un cheval, qu'on apperçut sans maître, & sur lequel on le monta, le dispensa d'avoir recours à un expédient aussi dangereux.

Nous citerons ici pour dernier trait ayant rapport à la bataille de Seneff, l'aveu que faisoit le Prince d'Orange, de la supériorité du Général qu'il venoit de combattre. *Je voudrois*, dit le jeune Stadhouder, *qu'il m'en eût coûté la moitié de mon bien, & avoir fait quelque campagne sous M. le Prince.* Cet éloge est celui de l'un & de l'autre. Un grand homme seul pouvoit parler avec autant d'enthousiasme de la supériorité de son rival, au moment même où il en éprouvoit les effets.

{Etat des armées à la bataille de Seneff.} L'armée Françoise étant rentrée le 12 au matin dans son camp de Piéton, chaque corps y reprit la même place qu'il occupoit avant la bataille. M. le Prince renvoya sur les derrieres tous les prisonniers ennemis & tous les blessés en état d'être transportés. Les premiers ne tarderent pas à être conduits & dispersés dans les provinces de l'intérieur, par les ordres de M. de Louvois. M. de Gourville fut chargé de porter au Roi les 107 drapeaux ou étendards pris aux ennemis. Au milieu des réjouissances publiques, on eut à s'occuper de réparer ses pertes. Plusieurs corps n'étoient plus en état de servir. Presque tous avoient besoin de beaucoup de recrues & de remontes. Le Royaume, épuisé & pressé ailleurs par des ennemis qui s'augmentoient de jour en jour, étoit peu en état de fournir à l'armée de Flandre les ressources nécessaires; & le Ministere s'étoit même flatté que la victoire de Seneff lui laisseroit la possibilité de tirer des troupes de cette armée pour renforcer celle de M. de Turenne. Les comptes que rendit M. le Prince en détromperent bientôt. Peu s'en fallut qu'on ne regrettât secrettement les succès dont on se glorifioit. Cependant l'activité du Ministere de Louis XIV & l'habileté de ses Généraux continuerent de faire face à tout; & M. le Prince, malgré la diminution de son armée, soutint jusqu'au bout la supériorité qu'il s'étoit acquise sur le Prince d'Orange.

DE LA CAMPAGNE DE 1674. 143

Les Alliés, s'étant retirés le 12 sous Mons, firent encore un petit mouvement le 13, & dépasserent cette ville du côté de Saint Guiflain, se tenant à la rive droite de la Haîsne. Leur perte n'avoit pas été beaucoup plus forte que celle des François, au moyen de quoi ils leur étoient toujours très-supérieurs en nombre. Ils déciderent néanmoins de rassembler toutes leurs forces. La plus grande partie des troupes qui restoient encore dans les garnisons, & particuliérement des Espagnols qui étoient dans les grandes places du Hainaut eurent ordre de joindre l'armée. On les remplaça par les débris des régiments qui étoient trop maltraités pour pouvoir continuer la campagne. La position des armées, & l'état dans lequel les Alliés n'ignoroient pas qu'étoit celle de M. le Prince, leur laissoient peu craindre qu'il entreprît un siége. Ils intercepterent une lettre, par laquelle il opposoit au projet qu'avoit M. de Louvois de l'affoiblir encore, le délabrement de son armée, & la perte considérable que lui avoient coûté ses succès. On se rappellera que nous avons laissé M. d'Agourto à Leuse, avec un corps de quatre mille chevaux. Ce corps de cavalerie, tiré des garnisons du Hainaut, & qui ne s'étoit point trouvé à la bataille de Seneff, fut réuni à l'armée. Avec ces secours, les Alliés restoient en état d'agir offensivement. Ce fut l'objet de leurs delibérations & des Conseils, & sur-tout l'avis du Prince d'Orange, dont le courage ne fut jamais abbatu par le malheur, ni détourné par l'obstacle. Il leur étoit important d'agir pour soutenir l'honneur de leurs armes, & pour prouver par les suites que c'étoit à eux, comme ils prétendoient, qu'appartenoit la victoire de Seneff; mais ce qui les arrêtoit pour l'instant, c'étoit la perte de leurs équipages, & sur-tout de la grande quantité de chariots qui avoient été pris, brisés & brûlés, perte dont il falloit remplacer au moins une partie, avant que l'armée pût entamer de nouvelles opérations. On travailla avec diligence dans toutes les grandes villes, & principalement à Bruxelles.

AOUST.

Tandis que ces grands événements occupoient le théatre de la guerre, les corps qui n'avoient pu y prendre part, n'étoient pas pour cela restés dans l'inaction. M. d'Agourto, que nous avons laissé près de Leuse, en étoit parti le 11, & s'étoit porté à Mortagne, ville située au confluent de la Scarpe & de l'Escaut. Il porta quelques détachements au-delà de cette riviere, &

Mouvements du général d'Agourto & du maréchal d'Humieres.

non content d'avoir fait rompre les éclufes de Mortagne & de Thune ; il fit combler le lit de la riviere dans quelques points, afin d'empêcher la navigation des convois de Douay à Tournay.

M. le Maréchal d'Humieres étoit encore à Lille ; fuivant les ordres qu'il avoit reçus de fa Cour, il fe préparoit à fe porter à Tournay avec la plus grande partie de fa cavalerie de Flandre. Les avis qu'il eut le 11 au foir de la marche de M. d'Agourto à Mortagne, lui firent penfer que peut-être il vouloit attaquer les forts de Carillon & de la Motte, près de Saint Amand, ou tout au moins prendre pofte dans l'Abbaye. M. le Maréchal d'Humieres fe décida en conféquence à faire marcher un gros détachement fur ce point, pour s'oppofer aux entreprifes des ennemis, & leur faire repaffer la riviere s'ils l'avoient déjà paffée. Il envoya fur le champ des ordres à Douay pour en faire partir le 12 au matin le régiment de Vermandois, qui devoit joindre à Orchies un détachement de fept cens hommes d'infanterie de la garnifon de Lille. Il en partit lui-même à l'inftant pour fe rendre à Tournay, avec le projet de faire marcher auffi un détachement de cette place pour fe joindre aux deux premiers ; mais il reçut en chemin des avis que M. d'Agourto ne s'étoit arrêté à Mortagne que le tems néceffaire pour faire les dégradations dont on a rendu compte, & qu'il s'étoit auffi-tôt retiré fous Condé. Ces avis étoient faux. Cependant ils déterminerent le Maréchal à envoyer contr'ordre à l'infanterie, qui s'étoit mife en marche, & à la faire rentrer dans fes garnifons. Il arriva à Tournay le 12 au matin, & après avoir pris avec lui mille ou douze cens chevaux des garnifons de Flandre, qui s'étoient rendus de différents points, il en partit auffi-tôt pour Saint-Amand. Il trouva les ennemis encore campés à Mortagne ; mais ils n'avoient rien entrepris fur Saint Amand. Le Maréchal fit occuper l'Abbaye par cent dragons, pourvut à tout ce qui étoit néceffaire aux forts de la Motte & de Carillon, pour les mettre en état de fe bien défendre, & retourna tout de fuite à Tournay.

M. le Maréchal d'Humieres reçoit ordre de fe jetter dans Ath.

Il y reçut un courier de M. de Louvois. Ce Miniftre avoit fes efpions à lui. Prefque tous les Officiers employés lui rendoient des comptes directs. C'étoit lui faire fa cour, & perfonne n'en négligeoit les occafions. Il avoit donc fes nouvelles particulieres, indépendamment de celles qu'il recevoit

par

DE LA CAMPAGNE DE 1674.

par les Généraux des armées ; mais l'empressement qu'on avoit de lui en donner, lui en valoit quelquefois de hazardées, & les conséquences qu'il en tiroit portoient à faux. Telles furent les conjectures qu'il forma sur le siége d'Ath. Pendant qu'on se battoit à Seneff, on croyoit à la Cour cette place investie ou au moment de l'être. Le courier dont nous parlons portoit à M. le Maréchal d'Humieres l'ordre de s'y jetter en diligence, s'il étoit encore tems, & d'y faire entrer avec lui cinq cens chevaux. Il y avoit un autre qui enjoignoit à M. de Vauban de s'y rendre en personne. Toutes ces précautions étoient excellentes, il n'y manquoit que l'*à propos*. On peut juger de la surprise d'un Général à qui le Ministre veut apprendre ce qui se passe à quelques lieues de son armée. Il fallut pourtant obéir, car M. de Louvois ne souffroit pas qu'on interprétât ses ordres. Le Maréchal partit donc le 13, c'est-à-dire, le lendemain de l'arrivée du courier, & se rendit à Ath en grande diligence, menant avec lui cinq cens cavaliers ou dragons, & les deux compagnies de Mousquetaires, qu'on avoit fait marcher en grande hâte de la frontiere, toujours pour secourir cette place prétendue attaquée. Il écrivit en même tems à M. le Prince, & lui porta ses plaintes secrettes du peu d'emploi qu'on lui donnoit. En effet, quelqu'important que fût Ath par sa position, il semble que c'étoit une commission peu digne d'un Maréchal de France que d'être chargé de le défendre. L'événement de la bataille qu'il apprit en arrivant, changeoit encore l'état des choses ; il donnoit nécessairement quelque délai avant que les ennemis pussent rien entreprendre, & rendoit encore plus inutiles les dispositions dont nous venons de rendre compte. Le Maréchal s'occupa néanmoins pendant le peu de tems qu'il passa à Ath, de tout ce qui pouvoit intéresser la sureté de cette ville, & la mettre en état de faire une bonne défense, si jamais les ennemis pensoient à en entreprendre le siége.

Mais au lieu d'attaquer cette place, ils pouvoient encore aussi-tôt qu'ils se feroient remis en état d'agir, reprendre le projet qu'ils avoient eu avant la bataille, passer la Haisne, traverser le Hainaut, & se porter sur nos frontieres, en tout ou en partie. Il y avoit quelques petites places peu en état de défense, & qui laissoient de l'inquiétude. M. le Prince ordonna à M. le Maréchal d'Humieres de renvoyer à Ham une des deux compagnies de Mousquetaires qu'on avoit fait marcher à Ath.

HISTOIRE

AOUST. On fit quelques autres arrangements de détail, & quelques changements dans les garnisons, selon que les places parurent plus ou moins exposées, ou plus ou moins en état de défense. Il ne resta à Ath qu'une partie de la cavalerie que le Maréchal d'Humieres y avoit amenée. Il en partit lui-même, apès avoir pourvu à tout, & retourna à Tournay, conséquemment aux ordres de M. le Prince.

Les Alliés à Kievrain.
Le corps de M. d'Agourto réuni à l'armée.
Les Alliés passerent la Haisne le 18, & marcherent à Kievrain entre Mons & Valenciennes. Ils y furent joints par le corps que M. d'Agourto commandoit, & que nous avons laissé à Mortagne. Aussitôt qu'il eut quitté ce poste, M. le Maréchal d'Humieres, fit travailler en diligence à rétablir les écluses détruites, & à ouvrir le lit de la riviere, dans quelques points où il avoit été comblé, afin que la navigation pût avoir lieu. Les Alliés attendirent dans le camp de Kievrain tous les renforts, recrues, remontes, munitions, équipages de toute espéce, qu'ils pouvoient recevoir & qui leur étoient nécessaires, pour réparer, du moins en quelque façon, les pertes qu'ils avoient faites à Seneff. Il fallut aussi qu'on envoyât de Hollande, de l'argent pour suppléer à la caisse militaire qui avoit été prise. Tout en travaillant à rétablir leurs armées, les Généraux tenoient de fréquents Conseils, pour décider quel seroit l'objet de leurs opérations. On juge bien, par l'irrésolution qui avoit caractérisé jusqu'à ce moment presque toutes celles de la campagne, que ce n'étoit pas chose aisée. L'aissons-les un moment à leur incertitude, pour nous occuper de ce qui s'étoit passé à Grave.

Siége de Grave.
Nous avons instruit nos Lecteurs des préparatifs du siége, ainsi que de quelques actions vigoureuses qui annonçoient aux ennemis, la belle défense que M. de Chamilly alloit faire. Sa garnison, composée d'environ quatre mille hommes, étoit animée du même esprit que son Chef. Elle consistoit en soixante-onze compagnies d'infanterie; sçavoir, vingt-sept de Normandie, dix de Bourgogne, dix de Languedoc, douze de Dampierre, & douze de Vendôme, & en neuf de cavalerie, dont six formoient le régiment de Saint Louis & trois de celui de Carcado. Les Officiers principaux de cette garnison étoient le Comte de Guiscard, Colonel de Normandie, & M. de Saint-Louis, Mestre de camp du régiment de son nom. Le premier commandoit l'infanterie, & le second la cavalerie. M. de Beton étoit Lieute-

nant de Roi de la place. M. de Saint-Juſt en faiſoit les fonctions
en ſecond ſous lui. M. de Violaine, Capitaine au régiment de
Bourgogne, faiſoit celles de Major. Deux Ingénieurs ſuffirent
à cette longue & mémorable défenſe ; ils s'appelloient MM. de
Paxis & de Belleiſle. Le courage & le zèle avec lequel tous
ces Officiers ont ſecondé leur brave Gouverneur, ont mérité
que leurs noms nous fuſſent tranſmis. Nous ne ſéparons pas d'eux
M. des Madrys, Intendant, & MM. Hubert & Sauvé, Commiſſaires
des guerres, qui ne craignirent pas de s'expoſer par-tout où ils
pouvoient être utiles.

 La lenteur des Alliés dans toutes leurs déterminations, avoit
fort allongé les préparatifs du ſiége. M. de Rabenhaupt n'avoit
reçu que ſucceſſivement les troupes qui lui étoient deſtinées, &
les dernieres n'étoient pas encore arrivées à la fin de Juillet, lorſqu'il fit ouvrir la tranchée. La place n'étoit pas totalement inveſtie.
Elle ne l'étoit pas à la rive gauche de la haute Meuſe, non plus
que du côté de Bolduc ; mais l'éloignement de l'armée Françoiſe, trop occupée par la réunion des Alliés, laiſſoit à M. de
Rabenhaupt peu d'inquiétude à cet égard ; d'ailleurs Grave étant
bien approviſionné de tous points, & ayant une garniſon auſſi
forte que cette Ville pouvoit la comporter, n'avoit à deſirer aucun ſecours, qu'il fût intéreſſant de prévenir par un inveſtiſſement exact.

 La tranchée fut ouverte dans un terrein aſſez reſſerré entre
la Meuſe & la digue de Ravenſtein. Les retours de cette digue
favoriſoient ceux de la tranchée, en formant une ſorte de retranchement, qui la défendoit en même tems contre les ſorties, &
qui la couvroit des feux de la place. Le terrein entre la digue & la
riviere, ſe reſſerroit de plus en plus en approchant de la place ;
au moyen de quoi, la garniſon ne pouvoit déboucher ſur la
tranchée, que ſur un front très petit. Le front de l'attaque étoit
lui-même très étroit, & n'embraſſoit que le dernier demi-baſtion
de la place, du côté de la riviere. C'étoit pour ainſi dire attaquer une place en colonne ; mais M. de Rabenhaupt n'avoit pas
le projet de ſe borner à ce point. Il fit ouvrir en même tems la
tranchée de l'autre côté de la riviere, ſur une redoute revêtue,
qui étoit à la tête du pont de la place. Les premieres batteries
placées, furent dirigées ſur le demi-baſtion de l'attaque de Ravenſtein, & ſur les ouvrages qui le couvroient. La tranchée
chemina très-vite de ce côté, & fut bientôt pouſſée juſqu'à por-

JUILLET & AOUST.

tée de piftolet de l'avant foffé. La digue qui fe prolongeoit juf-qu'aux ouvrages extérieurs de la place, en foutenoit feule les eaux, & les empêchoit de s'écouler dans la Meufe, qui étoit alors très-baffe; au moyen de quoi, les ennemis une fois parvenus, le long de cette digue, à l'avant foffé, pouvoient aifément le faigner & le metre prefque à fec, & avec lui les autres foffés de la place qui y communiquoient. Il eft étonnant que dans cette occafion on n'ait pas imaginé de meilleures méthodes pour fe rendre maître des eaux.

Quoiqu'il en foit, M. de Chamilly, qui fentoit l'importance de les foutenir auffi hautes qu'il fe pourroit, s'occupa d'autant plus d'éloigner les approches de fon avant-foffé. Il fit tracer, & auffitôt exécuter fur le glacis, des places d'armes, au moyen defquelles les troupes qui y étoient placées, défendirent cet avant-foffé de plus près qu'elles n'euffent fait du chemin couvert, & incommodoient plus les ennemis par leur feu. Huit piéces de canon étoient amenées le foir à l'extrêmité du glacis, & tiroient toute la nuit à cartouches. La furabondance de munitions qu'avoit M. de Chamilly, le difpenfoit de toute économie à cet égard; le jour on retiroit cette artillerie derriere les places d'armes. Il y avoit en avant de l'avant-foffé, des excavations qu'on y avoit faites, parce qu'on avoit eu befoin de terre ailleurs : M. de Chamilly tiroit parti de ces excavations, & y plaçoit la nuit trente ou quarante foldats, qui tiroient prefque à bout touchant fur les travailleurs ennemis, & fe retiroient dans les places d'armes, s'ils étoient attaqués; tous ces feux multipliés coûtoient beaucoup de monde aux ennemis. M. de Chamilly qui ne négligeoit aucune des reffources que fon induftrie & l'art de la défenfe des places pouvoient lui fournir, imagina de faire miner la digue de l'attaque. La galerie qu'il y fit pratiquer, ne forma proprement qu'une fougaffe, c'étoit tout ce que l'épaiffeur de la digue pouvoit comporter. Il avoit encore à craindre que les ennemis, après avoir ruiné le demi-baftion qui appuyoit à la riviere, ne s'avançaffent par le terrein prefque fec, qui fe trouvoit entr'elle & les ouvrages avancés du coté de la droite, & qu'ils n'attaquaffent la place de vive force : il y pourvut en faifant barrer le terrein par fix traverfes de paliffades.

Attaque des fours.

Les ennemis formerent une attaque appuyée à la haute Meufe, qui prit le nom d'attaque des Fours, de celui de la porte qui

DE LA CAMPAGNE DE 1674. 149

qui étoit de ce côté là. La tranchée y fut ouverte, peu après qu'elle l'eût été du côté de Ravenstein, & M. de Chamilly y employa à peu près les mêmes moyens de défense. L'infanterie de la garnison fut partagée entre les deux attaques. M. de Beton, Lieutenant de Roi, fut chargé de celle des Fours, avec les régimens de Dampierre, Vendôme & Languedoc ; celle de Ravenstein fut confiée à M. de Saint-Just, Sous-Lieutenant de Roi, ayant à ses ordres les détachemens de Normandie & de Bourgogne. Toute cette infanterie campoit dans les chemins couverts, & ne rentra plus dans la Ville, qui ne fut bientôt qu'un amas de ruines. Chacun des trois bataillons qui étoient à chaque attaque, en avoit alternativement la tête.

AOUST.

M. de Chamilly multiplioit tous les moyens de défense. Il fit placer dans les chemins couverts des fronts d'attaque, une seconde palissade à cinq pieds en dedans de la premiere. Cette espece de galerie fut coupée de cinquante en cinquante pas, par des traverses, aussi de palissades : elles offroient de nouveaux obstacles à l'ennemi qui l'auroit forcé dans un point, & l'empêchoient de s'étendre dans la totalité. Il y avoit une petite porte à chacune de ces traverses, & une autre auprès, dans le second rang de palissades. Le piquet placé derriere celui-ci, soutenoit & protégeoit le fusilier qui étoit devant. L'ennemi supposé maître d'une partie du chemin couvert, avoit un second combat à livrer, pour s'emparer de l'autre, & pour forcer les troupes réfugiées derriere le second rang de palissades. L'espace étroit & coupé de traverses, dans lequel il se trouvoit resserré, ne lui permettoit ni communication ni développement ; avantage que conservoient pleinement les troupes qu'il avoit à combattre. Le journal de M. de Chamilly nous apprend que ce double rang de palissades fut très-utile à la défense du chemin couvert, & la prolongea. C'est une forte présomption pour l'utilité de cette pratique. C'en est une en tout, pour un moyen de défense quelconque, que d'avoir été employé au siége de Grave. Nous sentons cependant qu'on peut trouver à celui-ci des inconvéniens, qu'il n'est pas de notre objet de discuter.

Double rang de palissades dans le chemin couvert.

L'armée du siége fut jointe dans les premiers jours d'Août, par environ trois mille hommes de troupes de l'Electeur de Brandebourg, aux ordres du Général Spaën ; dans ce nombre il y avoit près de mille chevaux. Ces troupes furent placées sur la haute Meuse, & se joignirent à celles qu'y commandoit déjà le Colo-

Armée du siége.

P p

nel Golſtein. La totalité campa entre la Meuſe & les marais de Peel. M. de Rabenhaupt fit jetter un pont ſur la haute Meuſe pour la communication de ſes quartiers, ainſi qu'il en avoit un ſur la baſſe. Il fut encore joint par la plus grande partie de la garniſon de Bolduc, où il ne reſta qu'un foible détachement. Au moyen de ces renforts, M. de Rabenhaupt ſe trouvoit avoir environ ſeize mille hommes.

Travaux des Aſſiégeants. — Il employoit tous les payſans des environs aux travaux qu'il avoit à exécuter. Il en fit un très-conſidérable au travers du marais de Peel. La digue qu'il y éleva, remplit le double objet de ſervir à la communication de ſes quartiers, & de détourner la petite riviere du Ram. M. de Rabenhaupt la fit paſſer dans le foſſé de ſa ligne de circonvallation; au moyen de quoi ceux de la place, où elle venoit auparavant ſe jetter, n'eurent plus que très-peu d'eau.

Sorties. — Indépendamment de tous les moyens de défenſe que M. de Chamilly oppoſoit aux aſſiégeans, il faiſoit fréquemment des petites ſorties, par leſquelles il les inquiétoit, leur tuoit du monde, détruiſoit quelques parties de leurs travaux, & les retardoit toujours. Par-là il entretenoit dans ſes troupes, l'idée qu'elles avoient de leur ſupériorité, & l'aſcendant qu'elles avoient pris ſur l'ennemi. Il avoit le plus grand ſoin de ne pas les compromettre pour des ſuccès incertains; & en effet on ne voit pas, que dans tout ce qu'il entreprit pendant le ſiége, il ait jamais éprouvé un échec.

M. de Chamilly ordonna pour la nuit du 14 au 15, une ſortie plus conſidérable que celles qui avoient eu lieu les jours précédents. Elle fut faite par trois cens hommes aux ordres de M. de la Teillay, Lieutenant-Colonel du Régiment de Normandie, ſuivis de cinq cens travailleurs, & ſoutenus par toute la cavalerie de la place. Elle eut tout le ſuccès deſiré. On détruiſit les travaux des ennemis juſqu'à leur premiere batterie. On renverſa pluſieurs piéces dans l'eau, & on encloua les autres. Le malheureux Dupas, qui étoit en priſon dans Grave, & qui avoit demandé à M. de Chamilly de ſervir comme volontaire, ſe fit tuer ſur un des canons qu'il enclouoit. Il cherchoit à effacer par quelque action d'éclat, la tache dont ſa vie étoit flétrie. Les ennemis eurent environ quarante hommes tués, & ſoixante faits priſonniers. Les François ne perdirent qu'un petit nombre d'hommes. Ils furent pendant pluſieurs heures maîtres des travaux

DE LA CAMPAGNE DE 1674. 151

des ennemis, & ils en profiterent pour raſer une partie de la digue
qui les couvroit, de ſorte qu'ils ſe retirerent à tems & en bon
ordre, lorſque M. de Rabenhaupt s'avança en force au ſecours
des ſiens.

AOUST.

Le Gouverneur de Grave, non content de défendre ſa place contre l'armée qui l'aſſiégeoit, avoit conçu le projet ſingulier & hardi, d'ajouter une nouvelle conquête à celles du Roi. Nous avons dit que la garniſon de Bolduc avoit été envoyée preſque toute entiere à l'armée du ſiége. Il n'y étoit reſté qu'un foible détachement. Le Gouverneur en étoit abſent. On négligeoit cette place, qui ſe trouvoit loin des armées, & pour laquelle on n'avoit nulle crainte. La garde s'y faiſoit avec peu de ſoin. Grave n'étoit pas entiérement inveſti du côté de Bolduc. Un Officier de cette derniere place vint offrir à M. de Chamilly de la lui livrer, & lui préſenta comme faciles les moyens de s'en rendre maître. M. de Chamilly les trouva tels, & adopta le projet. Il devoit lui ſuffire d'un détachement de cinq ou ſix cens hommes de ſa garniſon, pour ſurprendre Bolduc & le garder, juſqu'à ce que M. le Prince y eût pourvu, & il croyoit que ce détachement ne nuiroit pas à la défenſe de Grave. Il convint donc avec l'Officier Hollandois, & de la nuit qu'il falloit choiſir pour exécuter cette entrepriſe, & des moyens à prendre au-dedans & au-dehors. On doit penſer que M. de Chamilly, qui étoit entreprenant & actif, mais qui n'étoit ni imprudent ni téméraire, ne ſe hazardoit pas à cette entrepriſe, ſans s'être aſſuré de la poſſibilité & même de la vraiſemblance du ſuccès, & ſurtout ſans être ſûr de n'expoſer à aucun échec, les troupes qu'il y deſtinoit. Tout annonçoit en effet le ſuccès le plus complet. Les gens qu'on avoit introduits dans Bolduc, & ceux qu'on y avoit gagnés, étoient prêts à agir, ainſi qu'on en étoit convenu, à l'inſtant où arriveroient les troupes envoyées de Grave; celles-ci étoient prêtes à partir, & rien ne s'oppoſoit à leur paſſage. Enfin tout favoriſoit ce projet, & il étoit au moment de s'exécuter, lorſque M. de Chamilly fut obligé de l'abandonner pour un autre dont nous allons rendre compte, & qui ne pouvoit pas ſouffrir de retard, parce qu'il dépendoit de la garniſon de Maëſtricht.

Projet ſur Bolduc.

M. le Maréchal de Belleſons avoit laiſſé dans Grave les ôtages qu'il avoit emmenés des Villes de Hollande. Ils répondoient de plus de 800000 liv. de contributions, que ce Général avoit exigées d'elles en les évacuant, & qu'elles n'avoient pu

Enlévement des ôtages enfermés dans Grave.

AOUST. payer. Il eſt étonnant qu'on ait négligé juſqu'alors de retirer les ôtages, d'une Ville auſſi avancée & expoſée que Grave, & qu'on ne ſe ſoit pas occupé avant le ſiége, de les faire paſſer à Maëſtricht ou dans quelque autre place plus reculée. Quoiqu'il en ſoit, on aſſure que cette raiſon influa ſur le parti que prirent les Alliés, d'aſſiéger Grave plûtôt qu'aucune autre place; les Etats-Généraux ayant eſpéré que la repriſe de leurs ôtages les dédommageroit des frais qu'ils alloient faire. M. de Chamilly propoſa de réparer la faute qu'on avoit commiſe, & de faire marcher un gros détachement de cavalerie pour les enlever. Il eſpéroit que la négligence que les ennemis apportoient à leur inveſtiſſement, favoriſeroit ce projet, pour peu qu'on ne tardât pas à l'exécuter; & que quand même ils auroient reſſerré cet inveſtiſſement, il ſeroit toujours poſſible, au moyen d'une forte ſortie de ſa garniſon combinée avec l'arrivée de la cavalerie qu'on envoyeroit, de percer dans quelque point de leurs lignes. Il pouſſoit même ſes vues plus loin, & il imaginoit que ſi ce corps de cavalerie étoit un peu conſidérable, il ſeroit facile de battre & d'enlever quelques-uns des quartiers ennemis. On voit que l'activité de M. de Chamilly ne ſe bornoit pas à la défenſe de ſa place.

M. de Louvois goûta ſon projet, quant à l'enlevement des ôtages, & donna des ordres en conſéquence à M. le Comte d'Eſtrades; auſſitôt celui-ci détacha de Maëſtricht M. de Melin, Brigadier, avec ſix cens chevaux qu'il tira de ſa garniſon & de celle de Mazeuils. M. de Chamilly n'eut avis que le quinze au ſoir de l'arrivée de ce détachement, & ne ſçut que dans ce moment que ſon projet avoit été approuvé par la Cour. C'étoit le lendemain matin 16 qu'il falloit qu'il s'exécutât; M. de Melin s'approchoit, & n'étoit déjà qu'à quelques lieues de Grave. C'étoit cette même nuit du 15 au 16 que M. de Chamilly avoit choiſie pour l'exécution de ſon projet ſur Bolduc. Obligé de ſacrifier l'un à l'autre, il fit paſſer auſſi-tôt un homme à Bolduc, pour avertir les gens qu'il y avoit envoyés ou gagnés, qu'il falloit, au moins pour le moment, renoncer à l'entrepriſe. Cet homme les trouva prêts à agir & il les affligea beaucoup en leur portant un contre-ordre. Les ennemis, devenus plus vigilants après l'enlevement des ôtages, reſſerrerent leur inveſtiſſement & perfectionnerent leurs lignes. Le ſiége fut pouſſé plus vivement, & il eût été alors imprudent

à

DE LA CAMPAGNE DE 1674.

à M. de Chamilly, de s'occuper d'autre chose que d'en arrêter les progrès.

AOUST.

C'étoit par le côté de Bolduc qu'arrivoit M. de Melin, laissant le marais de Peel à sa droite. La plus grande partie de la cavalerie des ennemis se trouvoit campée entre le marais & la Meuse. La disposition de M. de Chamilly fut de tâcher de la contenir avec la sienne, & de sortir avec presque toute son infanterie sur l'attaque des fours. Mais il avoit espéré que son opération se feroit promptement & au point du jour. Il y eut quelques retards occasionnés par la crainte assez fondée qu'avoit M. de Melin de s'exposer témérairement, n'imaginant pas que l'accès d'une place assiégée depuis trois semaines, & devant laquelle l'ennemi étoit depuis six, pût être aussi facile. M. de Chamilly lui fit dire qu'il répondoit de l'événement. Les allées & venues que cela exigea, menerent jusqu'à neuf heures du matin. Les ennemis avertis de la marche d'un corps de cavalerie Françoise, dont ils ignoroient la force & l'objet, avoient pris les armes, & leur cavalerie se mettoit en mouvement, pour passer sur la digue du marais de Peel, & aller au-devant des François. M. de Chamilly suivit la disposition qu'il avoit projettée. La plus grande partie de l'infanterie de la place sortit en grand appareil, tambour battant, drapeaux déployés, & se mit en bataille sur les glacis de l'attaque des Fours. M. de Saint-Louis marcha avec son régiment à la tête de la digue, & contint la cavalerie ennemie, qui ne tenta plus de la passer. M. de Melin s'avança à la faveur de ces dispositions, à travers la bruyere, jusqu'à la Justice, à la portée du mousquet de la place. M. de Chamilly alla au devant de lui, avec l'escadron de Carcado, au milieu duquel étoient les ôtages, qu'il lui remit; il reçut six mille pistoles, que cet Officier avoit été chargé de lui porter. Les ennemis, tranquilles spectateurs de ces mouvemens, se contenterent de se tenir en défense par-tout & de renforcer l'attaque des Fours, menacée par la sortie des François. Ils crurent que le détachement qui arrivoit, n'étoit autre chose qu'un renfort pour la garnison. Si nous en croyons les lettres de M. le Comte d'Estrades, M. de Melin resta deux heures avec M. de Chamilly. Il est étonnant que pendant ce tems, les ennemis, plus éclairés sur son objet, ou devant au moins s'en défier, ne se soient pas occupés de lui couper la retraite. Il l'est encore que lui-même ne l'ait pas craint, & ne se soit pas plus preſſé pour éviter ce danger. Quoiqu'il en ſoit, on conçoit la joie de la garniſon de Grave, de voir ainſi arriver à ſes portes, en plein jour, & au travers des quartiers des ennemis, un détachement de celle de Maëſtricht. On ſent combien cela étoit propre à donner du nerf & de l'audace à la premiere, & à lui faire mépriſer les aſſiégeants. M. de Melin ſe retira, & emmena les ôtages, avec autant de tranquillité qu'il s'étoit avancé. M. de Chamilly tint encore pluſieurs heures ſes troupes dehors pour en impoſer aux aſſiégeants. Ceux-ci n'entreprirent aucunement de troubler, ni dans l'exécution, ni dans la retraite, cette opération hardie. Les ôtages qui euſſent été repris tôt ou tard avec la ville de Grave, furent mis en ſûreté, & M. le Prince d'Orange, ainſi que les Etats-Généraux, furent mauvais gré à M. de Rabenhaupt du peu de vigilance & de vigueur de ſa conduite dans cette occaſion. Cet Officier, inſtruit par l'activité de M. de Chamilly à profiter de ſes fautes, ſe preſſa de les réparer & d'achever ſes lignes: non content de fermer les paſſages vers Bolduc, il prit une autre précaution, dont il auroit dû s'aviſer plutôt, c'eſt de tirer en dedans de ſes circonvallations & du côté de Bolduc, une contrevallation ou parallele contre la place. Dans le même tems on achevoit auſſi des travaux commencés pour faire entrer la petite riviere du Ram dans les foſſés de ſes lignes.

Inveſtiſſement fermé.

Cependant les trois attaques de Ravenſtein, des fours & de la redoute à la tête du pont, ne ſe pouſſoient pas avec moins de vigueur que M. de Chamilly n'en mettoit à en arrêter les progrès. Le pont avoit été détruit par les batteries des ennemis, & l'on ſe ſervoit de bateaux pour relever le poſte de la redoute. M. de Chamilly faiſoit faire fréquemment de cette redoute, ainſi que ſur les deux autres attaques, de petites ſorties, qui inquiétoient les aſſiégeants, leur tuoient du monde, arrêtoient leurs travaux, & ſouvent en détruiſoient quelque partie. Le pis qui arrivoit de ces ſorties, étoit qu'elles n'euſſent aucun ſuccès déciſif. Jamais elles n'en avoient de mauvais. Elles entretenoient le courage de la garniſon, & l'inquiétude des aſſiégeants.

Pont détruit.
Redoute à la tête du pont.

La redoute dont nous parlons fut battue en bréche par quatre piéces de 24, & par conſéquent bientôt ouverte. M. de Chamilly fit faire des retranchements dans l'intérieur, ne voulant abandonner aucuns de ſes dehors qu'à la derniere extrémité; il fit

DE LA CAMPAGNE DE 1674.

plus, il la fit miner pour la faire sauter quand il seroit forcé de l'abandonner, ce qui n'arriva que le premier Septembre.

AOUST.

Les ennemis avoient tenu pendant plusieurs jours une garde fort considérable dans la parallele qu'ils avoient tirée du côté de Bolduc. Ils la diminuerent ensuite, & se relâcherent de leur vigilance. M. de Chamilly, qui épioit leurs fautes, se hâta de profiter de celle-ci. Le 30 Août à midi il fit monter toute sa cavalerie à cheval. Les cent premiers cavaliers prirent en croupe cent hommes d'infanterie choisis. On ouvrit les portes de la ville, & toute cette troupe sortit & courut à toute bride à la parallele. Rien n'avoit pu annoncer aux ennemis, ni même à la garnison ce projet, dont M. de Chamilly ne parla qu'au moment de l'exécution. La cavalerie arriva sur eux avant qu'ils eussent pris les armes, & y jetta beaucoup d'épouvante & de désordre. Les cent hommes d'infanterie sauterent aussi-tôt dans la parallele, & firent main-basse sur tout ce qu'ils purent atteindre. Une partie de la cavalerie passa de l'autre côté, & coupa la retraite à ce qui se sauvoit. Les ennemis perdirent en cette occasion environ deux cens hommes tués ou prisonniers, presque tous ceux-ci blessés, & on leur prit trois drapeaux. Les François ne perdirent que quelques hommes, & rentrerent aussi-tôt dans la place, glorieux du succès de cette sortie audacieuse faite en plein jour, & avec si peu de perte.

Sortie en plein jour.

On voit quelle activité M. de Chamilly mettoit dans sa défense, & combien il varioit ses moyens & ses ressources. Il avoit imaginé de faire avec deux grands bateaux joints ensemble, une espéce de redoute flottante, sur laquelle il mettoit deux cens hommes d'infanterie, & qu'il laissoit filer, au moyen d'un très-long cable, jusqu'à hauteur de l'attaque de Ravenstein. Ces deux cens hommes, descendant ainsi la Meuse par une nuit obscure, secondoient par un feu très-vif sur le flanc de l'attaque, la sortie qui se faisoit en tête, tuoient beaucoup de monde aux ennemis, & leur faisoient abandonner leurs travaux. On remorquoit ensuite les bateaux, & l'infanterie rentroit sans nulle perte. Ce moyen ne put cependant être employé que deux fois, & la redoute flottante fut coulée à fond par les ennemis, lorsqu'ils eurent connu l'usage que M. de Chamilly en faisoit.

Redoute flottante.

Le 26 les ennemis n'avoient encore poussé leurs travaux de l'attaque de Ravenstein, qu'à cent pas de l'avant-fossé. Ils

Progrès des attaques.

percerent alors la digue, & s'étendirent par une parallele sur tout le front attaqué, dont jusqu'à ce moment ils n'avoient embrassé qu'un demi bastion. On est étonné de voir leurs travaux aussi peu avancés au bout d'un mois de tranchée ouverte. Ils ne l'étoient pas davantage à l'attaque des fours, & quelque fût l'habileté de M. de Chamilly, & le courage de sa garnison, il reste beaucoup à rejetter sur la lenteur des assiégeans. La ville étoit écrasée par les batteries de canon & de mortiers qu'ils avoient établies successivement. Cependant le mois d'Août se passa sans qu'ils eussent encore opéré rien de décisif.

Nous avons dit que la garnison campoit dans les fortifications. Elle y étoit très-incommodée de l'artillerie des ennemis, mais elle l'eût été encore plus dans la ville, où le peu d'abri qu'on avoit, ne suffisoit pas à l'hôpital & aux magasins de toute espéce. Elle eût eu encore à craindre la chute des maisons, qui furent presque toutes renversées ; car les Hollandois ne se firent aucune difficulté de détruire de fond en comble cette ville qui leur appartenoit. Les soldats étoient exposés à perdre la vie pendant leur sommeil & pendant leur repas, & ces risques qu'ils couroient sans combattre, étoient ceux qui ébranloient le plus leur courage ; mais leur Général les soutenoit toujours par son exemple, son maintien & ses propos. Jamais Gouverneur d'une place assiégée n'a sçu inspirer un si bon esprit à ses troupes. La gaieté régnoit dans sa garnison, malgré les fatigues & les périls. Il ne s'étonnoit & ne s'affligeoit de rien, & quand il arrivoit quelque chose de malheureux, sa réponse étoit toujours *tant mieux* ou *qu'importe*. Les soldats lui en avoient donné le sobriquet, & l'appelloient le Général qu'*Importe*. Il les traitoit très-familiérement, sur-tout ceux d'entr'eux qui se distinguoient, & il leur donnoit souvent de l'argent. Il expliquoit volontiers aux Officiers & aux soldats tout ce qu'il vouloit faire, & par cet air de confiance il les intéressoit davantage au succès. La Cour l'avoit autorisé à nommer provisoirement aux emplois vacants pendant le siége. Il déclara que chaque corps pourroit nommer ceux qu'il jugeroit dignes de les remplir. Lorsque M. de Melin arriva avec son détachement, M. de Chamilly imagina de dire à sa garnison, qu'à la réserve de cent chevaux nécessaires pour escorter les ôtages, cet Officier avoit ordre de lui laisser les troupes qu'il amenoit

s'il

AOUST.

Conduite valeureuse & adroite de M. de Chamilly.

DE LA CAMPAGNE DE 1674.

AOUST.

s'il croyoit avoir besoin de renfort ; mais qu'il l'avoit refusé comme inutile, & ne voulant pas que personne vînt partager, avec les braves gens qu'il avoit à ses ordres, la gloire d'une défense dont ils avoient eu jusqu'alors les fatigues & les périls. Ces braves gens parurent lui sçavoir gré de sa confiance & de ce prétendu sacrifice, quoiqu'il n'y eût dans ce fait aucune vraisemblance à cette histoire, & qu'ils dussent sentir qu'une augmentation de cavalerie leur eût été plus embarrassante qu'utile.

Nous avons déjà eu occasion de faire voir combien la garnison de Grave méprisoit les assiégeants. Ce mépris étoit soutenu d'une très-grande animosité, que M. de Chamilly échauffoit autant qu'il le pouvoit. Il excitoit les soldats à crier des injures aux ennemis à la tête des attaques. Il vouloit que l'acharnement & la haine avec laquelle ils se battoient, échauffât leur valeur, & en augmentât l'effet. Peut-être ce moyen n'est-il pas sans quelque danger. En effet, si la guerre, ainsi qu'il arrive pour l'ordinaire, n'est qu'une vicissitude d'heureux & de mauvais succès, les insultes, les outrages sont punis tôt ou tard, & l'on paie souvent bien cher l'ivresse d'un moment ; si au contraire une nation, par la supériorité de ses forces & de sa valeur, ose se promettre d'obtenir toujours la victoire, alors la noblesse & la générosité peuvent seules en relever l'éclat, & son intérêt s'accorde encore avec la voix de l'humanité. Mais en même tems il est des cas où l'objet particulier qu'on se propose a une telle importance, qu'il doit être envisagé seul & indépendamment de tout principe général, car ce n'est pas connoître les principes que de ne pas connoître leurs limites, & de ne pas en sçavoir modifier l'application. Quoiqu'il en soit, nous répéterons ce que nous avons déjà dit ailleurs, & ce qu'il nous importe de persuader à nos Lecteurs, c'est qu'observer n'est pas juger, & raconter n'est pas enseigner.

M. de Rabenhaupt, qui avoit été informé de la bataille de Seneff plutôt que M. de Chamilly, en fit le 26 la réjouissance. Celui-ci la fit le 28 ; mais M. de Rabenhaupt poussa la bravade jusqu'à profiter de cette occasion pour le sommer de se rendre, quoiqu'à la vérité à des conditions avantageuses, & M. de Chamilly répondit sur le même ton ; sa conduite justifioit mieux ses propos, comme nous le verrons par la suite, après que nous aurons rendu compte de ce qui s'est passé ailleurs.

R r

AOUST.

Mais avant de retourner aux deux armées, où la curiosité de nos Lecteurs nous a peut-être déjà rappellé plus d'une fois, nous devons faire mention de quelques événements de détail qui concourent à former le tableau général de la campagne dont nous écrivons l'Histoire. On a vu plus haut que la situation des Puissances belligérantes étoit telle qu'elles avoient réciproquement des facilités de pénétrer dans le pays ennemi, & cela par le moyen des villes & des forteresses qu'elles occupoient sur leurs frontieres respectives. En effet tandis que l'armée des Alliés menaçoit Mons ou Ath, M. le Comte d'Estrades, qui commandoit dans Maëstricht, étendoit par sa gauche ses contributions jusqu'à Anvers, & par sa droite jusqu'au pays qui comprenoit les Duchés de Cléves, de Berg, de Juliers, de Limbourg, &c. Les fausses nouvelles que les ennemis avoient répandues sur la bataille de Seneff ayant engagé quelques Communautés à refuser le paiement des sommes convenues, elles en furent punies sévérement. Un Seigneur poussa l'obstination jusqu'à se laisser brûler, lui & ses gens, dans une tour de son château, où il s'étoit réfugié; il ne demanda quartier que lorsque le premier étage fut brûlé, & alors il n'étoit plus tems.

Courses de la garnison de Maëstricht.

M. d'Estrades étoit si tranquille à Maëstricht, qu'il tint long-tems sa cavalerie à Tongres. Elle y consommoit les fourrages du pays, ménageoit ceux de la place, & se trouvoit aussi à portée de joindre l'armée de M. le Prince, dans le cas où il en eût eu besoin. Pendant ce tems-là on rassembloit dans Maëstricht les approvisionnements de toute espéce dont il avoit besoin pour l'hiver. La navigation de la haute Meuse jusqu'à Liége, étant absolument libre, lui facilitoit beaucoup les transports.

Courses des Alliés sur nos communications.

D'un autre côté, les ennemis nous rendoient sur nos communications les inquiétudes que la garnison de Maëstricht leur donnoit. C'étoit par Rocroy & Philippeville que M. le Prince faisoit arriver ses convois sur la Sambre. Les garnisons de Namur & de Charlemont faisant de fréquentes courses entre la Sambre & la Meuse, obligeoient à prendre beaucoup de précautions & à employer de fortes escortes. Un convoi de farine assez considérable fut attaqué le 21 à une lieue de Rocroy, par un détachement de trois cens hommes qui étoit sorti de Charlemont, & qui s'étoit embusqué dans les bois. Cinquante

Convoi attaqué.

DE LA CAMPAGNE DE 1674.

maîtres, qui avoient la tête de l'escorte, s'enfuirent à toute bride au premier coup de fusil, donnant l'alarme par-tout, & criant que tout le convoi étoit perdu. Cependant il n'en fut rien : l'infanterie n'imita pas une si mauvaise conduite ; elle fit ferme, quoiqu'en petit nombre, & les ennemis se retirerent dès qu'ils éprouverent de la résistance, craignant qu'il n'arrivât du renfort & qu'ils ne fussent battus ou coupés dans leur retraite. En effet M. de Lailhiere marcha de Rocroy au secours du convoi, dès qu'il sut qu'il étoit attaqué. M. le Marquis de Renel y envoya un détachement de Philippeville, & marcha en personne avec un autre, pour essayer de couper celui des ennemis ; mais ils avoient prévenu ces mouvements par leur retraite. Il y eut peu de perte au convoi, & le plus grand mal fut l'embarras & le retard que causa la fuite des paysans, qui abandonnerent les charriots, & se sauverent avec leurs chevaux. M. de Lailhiere eut à se reprocher de n'avoir pas voulu assurer cette escorte par un détachement de cavalerie, qui avoit amené le 19 des prisonniers & des blessés de Philippeville à Rocroy, & que M. le Marquis de Renel lui avoit mandé de garder, ce qu'il n'avoit pas voulu faire, par économie pour ses fourrages.

AOUST.

Tandis qu'une espece d'équilibre régnoit dans cette guerre de détail, l'armée des Alliés par sa position entre Mons & Valenciennes menaçoit les frontieres du Royaume, plus qu'elle ne l'avoit encore fait. Elle pouvoit s'avancer sur la Somme ou sur l'Oyse. Elle pouvoit aussi passer le Haut-Escaut, se porter sur la Scarpe, & attaquer quelqu'une des places de seconde ligne dans la Flandre Françoise. Cette position avancée sembloit même annoncer que c'étoit là leur projet, plutôt que d'assiéger Ath, Courtray ou Oudenarde, ainsi qu'on l'avoit cru d'abord. Ils attendoient incessamment un convoi considérable de Bruxelles ; & on imaginoit que lorsqu'ils l'auroient reçu, ils ne tarderoient pas à se remettre en mouvement. La marche d'un corps de trois ou quatre mille chevaux envoyé au devant de ce convoi, pour l'escorter, avoit même alarmé la frontiere, qui n'en connoissoit pas la vraie destination. Cependant M. le Maréchal d'Humieres s'occupoit avec activité, de toutes les précautions qui pouvoient assurer la défense des places de Flandre. Il fit rompre tous les ponts de la Scarpe, entre Arras & Douay. Il mit les eaux autour de cette derniere place. On

L'armée des Alliés.

ne cessoit de travailler dans toutes les petites Villes de la Somme & de l'Oyse.

Le tems approchoit, où les ennemis devoient avoir réparé leurs pertes, & s'être remis en état d'agir. M. le Prince jugea qu'il devoit lui-même se mettre plus en mesure de s'opposer à leurs projets, surtout à ceux qu'il étoit possible qu'ils formassent contre la frontiere même du Royaume. L'armée étoit depuis près d'un mois dans le camp de Piéton. Elle n'en étoit sortie que pour se battre à Seneff. Elle avoit consommé toutes les subsistances de ce camp & des environs. M. le Prince envoya encore des détachemens vers Vaure & Nivelle, qui enleverent non-seulement le fourrage qui y restoit, mais encore les chevaux & les bestiaux. Il résolut ensuite de repasser la Sambre, & se mit en marche le 22 d'Août.

L'armée Françoise repasse la Sambre.

L'ARMÉE MARCHA SUR TROIS COLONNES.

Marche de Piéton à Ham-sur-Heure. 22 Août.

Celle de droite, composée de deux brigades de dragons & de quatre de cavalerie, se dirigea, partant du château de Marche, par les bois de ce nom; laissa Fontaine-l'Evêque à gauche, Lierne à droite; passa à la cense de l'Epinette, à Langely; passa ensuite la Sambre au gué qui est près de ce village; laissa l'Abbaye d'Alne à droite, en traversa le bois & se trouva à la droite du camp.

Les campemens & nouvelles gardes, précédés d'un régiment de cavalerie, marcherent à la tête de la colonne du centre. Ils furent suivis de l'artillerie, des vivres, & des équipages de toute espéce, ayant outre leurs gardes ordinaires, les deux bataillons de fusiliers, & quatre-vingt hommes détachés de l'infanterie distribués à la tête, à la queue & dans les intervalles. Quatre brigades d'infanterie marcherent après les équipages & furent suivies de la réserve. Les heures de départ des troupes & des équipages qui entroient dans la composition de cette colonne, furent reparties selon le rang que chacun devoit y tenir.

Elle fut dirigée de Forchies, qu'elle laissa à droite, par le Sart-du-Hainaut; prit le chemin de Marchiennes-au-Pont où

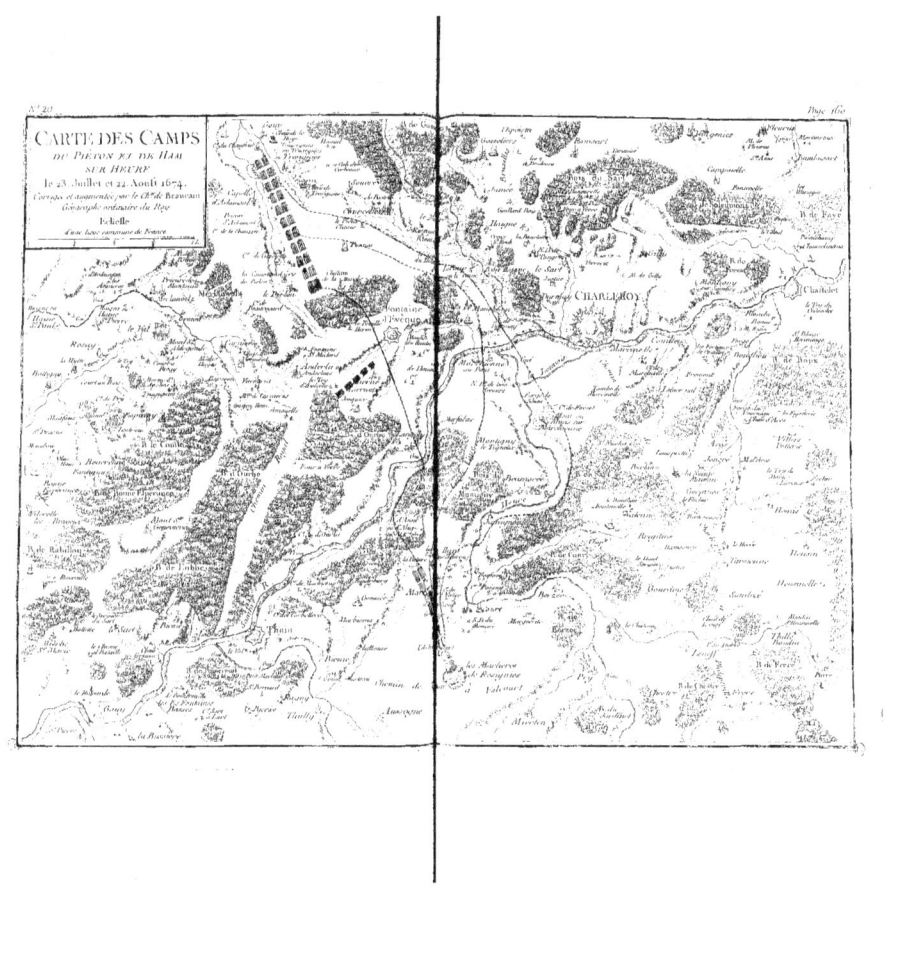

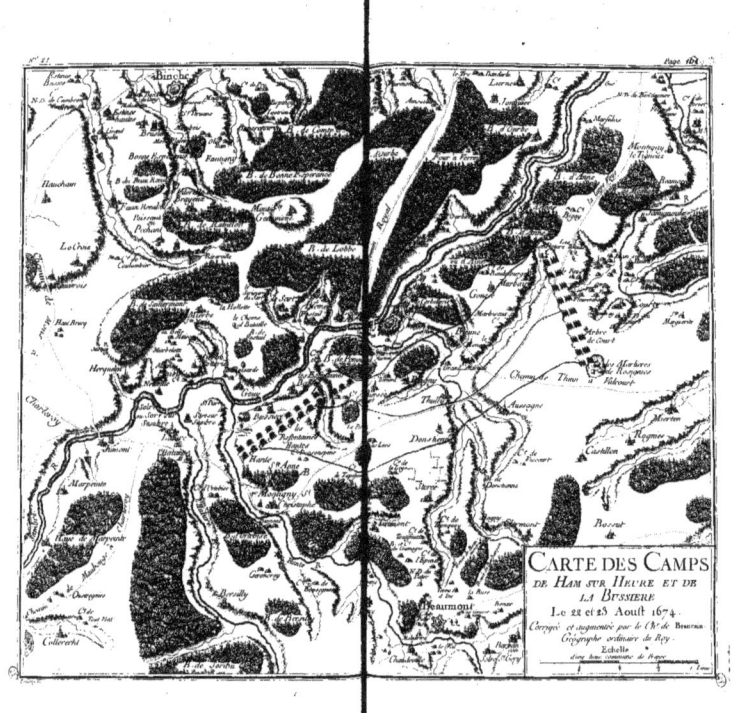

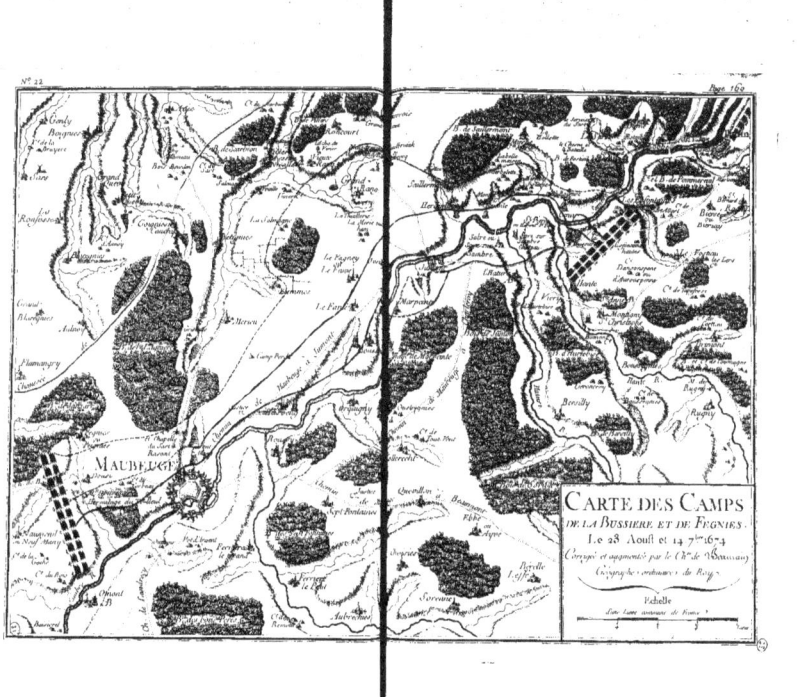

DE LA CAMPAGNE DE 1674.

où elle passa la Sambre, & suivit ensuite la-Large-Voie qui la conduisit au camp.

AOUST.

La colonne de gauche composée de toute l'infanterie & de toute la cavalerie de la gauche, celle-ci en ayant la tête & la queue, marcha de Traisignies sur Courcelles qu'elle laissa à gauche, passa à Rianwelz, près de Roux, laissa Moncheaux à droite, passa la Sambre sur un pont de bateaux au dessous de Marchiennes-au-Pont, se dirigea sur Mons, sur Marchiennes dont elle longea les haies, le laissant à droite, suivit la riviere d'Heure jusqu'à Jamignoule où elle la passa sur le pont, & delà entra dans la plaine du camp.

La Cavalerie qui campoit à Lierne, entra dans la colonne de gauche. Quelques régiments d'infanterie qui s'y trouvoient encore, furent du nombre de ceux qui suivirent la colonne du centre. M. le Prince ayant fait pendant son séjour au camp de Piéton, & particuliérement après la bataille de Seneff, quelques changemens de détail assez peu importans pour que nous n'ayons pas cru nécessaire d'en rendre compte; il en résultoit qu'il n'étoit resté à Lierne, qu'une partie du corps de M. de Luxembourg : plusieurs des régiments qui y avoient campé d'abord, avoient été placés près de Traisignies d'où ils se joignirent à la colonne de gauche pour la marche que nous venons de décrire.

M. Le Prince prit son camp, la droite aux bois d'Alne, & la gauche aux marlieres de Rosignies. Le quartier-général fut à Ham-sur-Heure. La gauche de ce camp est absolument en l'air, mais on ne doit le regarder que comme de passage. L'armée marcha le lendemain 23 en remontant la Sambre, & se porta à la Bussiere.

Camp de Ham-sur-Heure.
22 Août.

ELLE MARCHA SUR TROIS COLONNES.

Celle de la droite, composée de la cavalerie & de l'infanterie de l'aîle droite, la premiere en ayant la tête & la queue, marcha près des bois jusqu'aux châteaux de Gousée, laissant l'un & l'autre à droite, se dirigea ensuite à travers la plaine entre Thuin & Bienne, passa le ruisseau à un moulin au-dessous de Bienne, laissa Thuin à droite, Ragny à gauche,

Marche de Ham-sur-Heure à la Bussiere.
23 Août.

passa à Bierzay, à la cense de Pommereuil, laissant le bois & le château de Fostiaux & la cense de Sart-à-Lard à gauche, de-là aux Esfontaines-basses, laissant les censes des Esfontaines-hautes à gauche, & entra dans le camp.

La colonne du centre, composée de l'artillerie, des vivres & des équipages de toute espéce, escortés d'un régiment de cavalerie à la tête & de deux à la queue, des deux bataillons de fusiliers & des détachements d'infanterie ordinaires, suivit la-Large-Voie, passa au pont de Tully, laissa Ragny à droite, passa le long du bois de Fostiaux, laissa le château à gauche, passa à la cense de Sart-à-Lard, à celle des Esfontaines-hautes, & entra dans le camp.

La colonne de gauche, composée de la cavalerie & de l'infanterie de la gauche, la premiere en ayant la tête & la queue, laissa Aussogne à gauche, passa le ruisseau près de Donstienne, le laissant à droite, de-là à la cense Tappe-fesse, à celle d'Auronspenne & dans la plaine du camp.

Camp de la Bussiere. 23 Août. Il fut placé entre les deux ruisseaux de Hante & des Esfontaines basses, ayant la Sambre derriere lui, sur laquelle M. le Prince fit jetter plusieurs ponts. M. de Luxembourg resta campé avec un corps détaché à Thuin, pour mieux assurer la communication avec Charleroy, d'où l'armée tiroit ses vivres, & défendre cette communication contre les courses des détachements ennemis qui pouvoient arriver par les bois, & passer la Sambre qui est guéable en beaucoup d'endroits. Ce fut dans ce camp de la Bussiere, que M. le Prince voulut attendre le parti que prendroient les Alliés, prêt à marcher sur l'une ou l'autre rive de la Sambre, suivant les mouvements qu'ils feroient. Ce camp très-bon quant à l'objet militaire, l'étoit encore relativement à l'abondance & à la commodité des subsistances ; & l'armée avoit besoin de toutes facilités à cet égard, pour se remettre, non-seulement des fatigues de Seneff, mais encore de celles que lui avoit donné l'éloignement des fourrages, vers la fin de son séjour au camp de Piéton.

Vues de la Cour après la bataille de Seneff. On avoit jugé à la Cour des avantages de la bataille de Seneff, par le grand nombre de prisonniers & de trophées qui étoient tombés entre les mains des François, & l'on avoit cru d'abord qu'elle mettoit les Alliés hors d'état de rien entreprendre, pendant le reste de la campagne. M. le Prince fut

DE LA CAMPAGNE DE 1674.

bientôt obligé de diminuer lui-même l'idée qu'on avoit de ses succès pour ramener le Conseil du Roi à une opinion juste sur l'état des affaires. Il fit voir dans plusieurs lettres, que le plus grand avantage qui résultoit de cette bataille, étoit la crainte inspirée aux ennemis, & la réputation des armes du Roi ; que la perte ayant été à peu près en proportion de la force des deux armées, cette proportion restoit encore la même, & qu'ainsi les Alliés conservant toujours sur les François la supériorité de nombre qu'ils avoient depuis le commencement de la campagne, ils restoient aussi en état d'agir offensivement ; que cette supériorité se trouvoit maintenue par les troupes qu'ils tiroient de leurs garnisons, & que ces renforts auxquels les François ne pouvoient gueres en opposer de semblables, compensoient & au-delà la perte que les Alliés avoient faite, à Seneff. Il y avoit des avis que le siége de Grave alloit être levé, & que les troupes de M. de Rabenhaupt joindroient l'armée alliée. Certainement on ne pouvoit rien désirer de plus heureux, & la bataille de Seneff ne pouvoit pas avoir de conséquences plus avantageuses ; mais en même tems, si cela étoit arrivé, un tel renfort eût donné de terribles moyens au Prince d'Orange. Les troupes qu'il avoit tirées de différentes garnisons avoient déja porté son armée à cinquante-cinq mille hommes. Celle de M. le Prince n'étoit que d'environ trente-cinq mille. Cependant il fut décidé d'en détacher la cavalerie qu'avoit amenée M. le Marquis de Renel, & quelques autres troupes encore, pour les faire marcher vers Metz, & remplacer par échelons celles dont on vouloit renforcer l'armée de M. de Turenne. M. le Prince opposa aux ordres qu'il reçut à ce sujet, les raisons dont nous venons de rendre compte. Il montra que loin d'affoiblir son armée, il falloit plutôt la renforcer par les ressources dont on pouvoit disposer encore. Il représenta que ce seroit vraisemblablement en Flandre, ou sur la frontiere de France qui en est limitrophe, que les Alliés agiroient le plus offensivement jusqu'à la fin de la campagne ; qu'ils y avoient réuni trois armées & qu'il n'étoit pas vraisemblable qu'ils les laissassent inactives ; que si le Prince d'Orange avoit essuyé un échec à Seneff, il n'en seroit que plus ardent à faire quelque action d'éclat pour en effacer l'impression ; que les troupes de Brunswick & de Zell dont on craignoit la jonction à l'armée opposée à M. de Tu-

AOUST.
&
SEPTEMBRE.

AOUST. & SEPTEMBRE.

renne, n'étoient pas prêtes à y arriver, & qu'elles n'y feroient que vers la fin de Septembre ou au commencement d'Octobre; qu'il feroit tems alors d'envoyer à M. de Turenne la plus grande partie de la cavalerie de Flandre, après avoir mis l'infanterie dans les places, & qu'il n'y auroit plus aucun inconvénient à prendre ce parti, puifqu'il feroit trop tard pour que M. le Prince d'Orange pût entreprendre des fiéges, ou que s'il en entreprenoit, il trouveroit de fortes garnifons qui l'empêcheroient d'y réuffir; que fi avant ce tems on perfiftoit à vouloir diminuer confidérablement l'armée qu'il commandoit, il étoit préférable de prendre dès-lors le parti de la féparer, pour que les places puffent fe défendre au moyen de l'infanterie qu'on y jetteroit, ce qu'elles ne feroient pas avec de foibles garnifons protégées par une plus foible armée. M. le Prince oppofoit encore à M. de Louvois, l'incertitude où l'on étoit, du point où fe porteroient les troupes de l'Electeur de Brandebourg. La plûpart des avis annonçoient même, qu'elles alloient fe diriger fur le pays de Cleves, & qu'elles devoient agir en Flandre avec l'armée des Alliés. Il réfulta des répréfentations de M. le Prince, que fon armée ne fut diminuée que de deux efcadrons & de quelques détachements. Loin de pouvoir l'augmenter, Louis XIV ne fe trouvoit pas même en état de faire face par-tout : on venoit de donner des ordres pour affembler la moitié de tous les Gentilshommes du Royaume qui ne feroient pas éloignés de la frontiere de plus de cent lieues; cette nobleffe étoit deftinée à garder les places de la Meufe & de la Mofelle, mais Louis XIV avoit dans la perfonne de M. le Prince & dans celle de M. de Turenne une reffource plus affurée. Leurs fuccès difpenferent d'avoir recours à cette troupe, courageufe fans doute, mais ignorante & indocile, & l'on dut fentir dès-lors que la véritable force des plus grands Potentats dépend bien moins du nombre que des talents de leurs fujets.

Projets des Alliés.

On fe rappellera que le projet des Alliés avant la journée de Seneff, avoit été d'attaquer la frontiere même de la France, & qu'ils y dirigeoient leurs marches, lorfque M. le Prince les avoit arrêtés par cette fanglante Bataille. Il fut agité aux camps de Mons & de Kievrain, s'ils reprendroient le même plan. M. le Prince le craignoit. Nous en trouvons la preuve dans les

ordres

DE LA CAMPAGNE DE 1674.

ordres que donna M. le Duc d'Enguien, pour les châteaux de Chantilly & de Liancourt. Nous remarquons entr'autres, celui de faire partir de Chantilly sous quelque prétexte, Mme. la Duchesse & ses enfans, non qu'il imaginât que l'armée ennemie pût pénétrer jusques-là, mais il craignoit qu'elle n'y poussât des détachements, si elle s'avançoit jusques sur la Somme ou sur l'Oyse. Cependant les Alliés après plusieurs Conseils renoncerent à ce projet, soit qu'ils se crussent trop affoiblis pour pouvoir en espérer du succès, soit qu'ils jugeassent la campagne trop avancée. On proposa différens siéges en Flandre. M. de Monterey insista sur celui d'Ath, qu'il avoit déjà proposé. On convint qu'on l'entreprendroit, & il partit aussitôt pour Bruxelles, afin d'y ordonner les préparatifs nécessaires.

AOUST.
&
SEPTEMBRE.

Projets du siége d'Ath.

On étoit au moment d'exécuter ce projet. Un corps de cinq mille chevaux devoit partir le 7 aux ordres du Prince de Lorraine, pour précéder l'armée & faire l'investissement. Mais le peu d'accord des Généraux entr'eux, & les incertitudes du Comte de Souches, apporterent de nouveaux obstacles. Il fit de nouvelles difficultés, & le résultat de ces difficultés fut qu'il se refusoit absolument au siége auquel il avoit consenti quelques jours auparavant. Pressé cependant sur l'importance d'agir d'une maniere quelconque, & se voyant imputer à lui seul l'inaction dans laquelle on restoit, ainsi que la lenteur de toutes les opérations de la campagne, il proposa celui d'Oudenarde. On ne voit pas trop les raisons de préférer l'un à l'autre. Les deux places étoient à peu près également en état de défense, également pourvues de munitions. Il y avoit dans l'une & dans l'autre, une assez bonne garnison. M. le Maréchal d'Humieres s'occupoit, sur-tout depuis la bataille de Seneff, de la défense des places de l'Escaut, ou voisines de l'Escaut, que la position des ennemis & leurs préparatifs sembloient menacer. Il étoit à Tournay avec un corps de cavalerie, prêt à jetter un renfort dans celle qui feroit attaquée. Ce renfort pouvoit être jetté dans Oudenarde comme dans Ath, & l'armée ennemie étoit même plus éloignée de cette premiere place. Il semble d'ailleurs que le choix d'un siége à faire en Flandre, devoit être déterminé par les Espagnols qu'il intéressoit particuliérement, plutôt que par les Impériaux qui n'y avoient d'intérêt que celui de la cause commune. Mais les vues du Comte de Souches paroissent avoir été dans cette occasion, ainsi que

De celui d'Oudenarde.

T t

pendant toute la campagne, de gagner du tems, de conferver fon armée, d'obferver M. le Prince, & de l'empêcher feulement de rien entreprendre. Il fe foucioit peu d'avoir ou de procurer aux Alliés des fuccès décififs, pour lefquels il ne vouloit pas courir des hazards & s'expofer à des pertes. Tel eft le principe de la conduite de ce Général, à laquelle fon irréfolution, augmentée par l'âge, peut bien avoir contribué, mais qui feroit trop inexpliquable par cette irréfolution feule, lorfqu'on fonge que ce Général avoit acquis de la réputation, & que ce n'avoit été que par d'utiles & longs fervices qu'il s'étoit élévé au grade de Feld-Maréchal. Sans doute que M. de Souches en propofant le fiége d'Oudenarde, au lieu de celui d'Ath, cherchoit une défaite. Il efpéroit que ce dernier projet ne feroit pas accepté, ou que les difcuffions dans lefquelles il jetteroit & les nouveaux préparatifs qu'il faudroit faire, entraîneroient trop de retard pour qu'il pût avoir lieu. Mais le Prince d'Orange avoit trop envie d'agir; il étoit trop fatigué de tant de contradictions & d'incertitudes de la part du Général Autrichien, pour ne pas faifir une propofition qui venoit de lui, & qu'il feroit obligé de juftifier par le fuccès. Après tout, les deux projets revenoient à peu-près au même. Les deux places étoient également intéreffantes aux Efpagnols. Les préparatifs faits pour le fiége d'Ath, pouvoient également fervir à celui d'Oudenarde. Quelques avantages devoient même dédommager de ceux qu'on facrifioit & du tems que ce changement de projet faifoit perdre. Gand devenoit un fecond entrepôt, plus près d'Oudenarde que Bruxelles. La navigation de l'Efcaut facilitoit les tranfports. Le petit nombre de troupes qui reftoient encore, tant à Gand que dans la Flandre maritime Efpagnole & Hollandoife, pouvoit fervir à l'inveftiffement, & le rendre plus prompt & plus imprévu. D'après ces confidérations, & fur-tout d'après la néceffité de fuivre un projet propofé par le Comte de Souches, puifqu'il ne vouloit fuivre aucun de ceux qu'on lui propofoit, le fiége d'Oudenarde fut réfolu.

Siége d'Oudenarde réfolu.

L'armée des Alliés fe mit en marche le 12, paffa la Haifne, & campa à Blaton. Le lendemain 13, elle défila à la vue des remparts d'Ath, & le 14 elle arriva à trois lieues d'Oudenarde. Un corps de cavalerie marcha auffitôt en avant, & fit l'inveftiffement la nuit du 14 au 15. L'armée partit elle-même le 15 à la pointe du jour, & arriva de bonne heure devant Oudenarde. On avoit déjà travaillé à jetter les ponts nécessaires. Les Impériaux resterent à la rive droite de l'Escaut & occuperent les hauteurs entre Etichoven & l'abbaye d'Enam. Les Hollandois & les Espagnols passerent à la rive gauche. Ceux-ci camperent entre l'abbaye de Peteghem & le château de Moreghem, & les premiers à leur droite, s'étendirent vers le village d'Asperen. Un corps de vingt-cinq mille chevaux s'étoit avancé de Gand entre la Lys & l'Escaut, & avoit servi à l'investissement. Les Alliés avoient en même tems poussé une tête sur Harlebeck, au moyen de laquelle ils paroissoient menacer Courtray. Un grand nombre de pionniers assemblés d'avance à Gand, joignirent l'armée au camp devant Oudenarde. La grosse artillerie & les munitions y arriverent par l'Escaut.

SEPTEMBRE. Investissement.

Les projets des Alliés sur les places de Flandre, auroient pu porter également sur Ath, Oudenarde & Courtray; aussi M. le Prince s'étoit-il occupé de pourvoir à leur défense. Il avoit envoyé M. le Marquis de Ranes avec un détachement de cavalerie & de dragons à Ath, avec ordre de rester dans cette place si les ennemis l'attaquoient, ou de faire ensorte de se jetter dans Oudenarde, s'ils assiégeoient celle-ci. Les environs d'Ath déjà dévastés par le séjour & le passage des armées, le furent complettement par les détachements de M. de Ranes. On enleva les fourrages à plusieurs lieues à la ronde, & on brûla tous ceux qu'on ne put pas enlever. La gazette de France nous dit froidement & en forme d'éloge, que M. le Prince fit brûler la petite ville de Lessines, celle de Chiévres & les autres quartiers les plus commodes & les plus voisins d'Ath. Nous pensons que ce malheur a pu arriver par l'indiscipline des troupes, dans le désordre de l'enlevement des fourrages & de l'incendie de ceux qu'on étoit forcé de laisser, mais nous ne croyons pas que M. le Prince ait jamais donné l'ordre cruel de brûler des villes & des villages.

Précautions prises pour la défense des places menacées.

Les places les plus près de la frontiere n'avoient pas été négligées pour celles de l'Escaut. M. le Prince avoit envoyé M. de Lançon au Quesnoi, avec des détachements, pour en renforcer la garnison.

Mais aussi-tôt que la marche des Alliés fut décidée au-delà

de la Haifne, M. le Maréchal d'Humieres envoya des ordres pour raffembler diligemment à Tournay tout ce qu'il étoit poffible de tirer des garnifons de Flandre qui fe trouvoient en arriere, & de toutes celles de Hainaut, de Picardie & d'Artois. M. le Prince fe prépara lui-même à fuivre de près les ennemis, & à marcher au fecours de la place qui feroit affiégée, après avoir cependant réuni à fon armée les troupes que raffembloit M. le Maréchal d'Humieres.

La marche des Alliés parut d'abord menacer Ath autant & plus qu'Oudenarde. M. le Prince crut même que c'étoit la premiere de ces deux places qu'ils alloient affiéger. C'étoit affez indifférent pour le parti qu'il avoit à prendre, & dans les deux cas, les premieres marches étoient les mêmes pour aller au fecours de l'une ou de l'autre.

M. le Marquis de Ranes & M. de Vauban dans Oudenarde. Etat de la place.

M. le Marquis de Ranes ne fut pas trompé par les démonftrations de l'ennemi; il fe jetta dans Oudenarde, conformément aux intentions de M. le Prince, avec une partie des détachements qu'il avoit amenés à Ath. M. de Vauban s'enferma auffi dans la ville affiégée. M. de Rochepere, ancien & brave Officier, en étoit Gouverneur; mais fon grand âge ne lui permettant pas de fe livrer aux fatigues qu'exige la défenfe d'une place de la part de celui qui commande, M. le Prince avoit jugé par cette raifon devoir la confier au Marquis de Ranes. La garnifon d'Oudenarde fe trouvoit d'environ deux mille cinq cens hommes. Cette place étoit d'ailleurs bien approvifionnée en vivres & en munitions de guerre.

Elle n'étoit pas auffi bien fortifiée. Traverfée par l'Efcaut, fa plus grande force confiftoit dans l'inondation dont il étoit aifé de l'entourer prefque entiérement & à une grande diftance. Ses fortifications, qui n'étoient pas revêtues, étoient vues de revers de différents côtés. Une éminence dominoit la place de très-près à la rive droite. On juge que toute l'habileté de M. de Vauban étoit néceffaire pour tirer parti d'auffi mauvaifes défenfes. Cependant les affiégés ne doutoient pas de tenir affez long-tems pour donner à M. le Prince celui de les fecourir. Son activité, la lenteur & l'embarras que jettoit dans les opérations des Alliés, la méfintelligence perpétuelle de leurs Chefs, fondoient affez ces efpérances.

M. le Prince marche au fecours.

M. le Prince partit le 14 du camp de la Buffiere, paffa la Sambre, & fe porta à Feignies au-delà de Maubeuge.

L'ARMÉE

DE LA CAMPAGNE DE 1674.

L'ARMÉE MARCHA SUR TROIS COLONNES.

SEPTEMBRE.

Celle de droite formée de l'aîle gauche, cavalerie & infanterie, paſſa la Sambre près les Esfontaines-baſſes, & enſuite ſe dirigea par la cenſe de Roiſard, par Mierbelette, paſſa au château de Saillermont, à la Juſtice, à Hautbruik, à la maladrerie de Grand-Rang, laiſſa la cenſe de Viviers à droite, le bois & la cenſe de la Salmagne à gauche, paſſa à Eleſmes, à la chapelle de Camp-Perdu, à la cenſe du Sart-Raſant, à l'extrêmité du bois de Lagniere, de-là à travers champs à Feignies & au camp.

Marche de la Buſſiere à Feignies. 14 Septembre.

Les troupes qui étoient à Thuin, aux ordres de M. de Luxembourg, y paſſerent la Sambre, & prirent la queue de cette colonne.

Il y eut des détachements commandés pour en couvrir la marche du côté de Mons.

L'artillerie, les vivres & les équipages paſſerent la Sambre ſur deux ponts de bateaux au-deſſus & au-deſſous de la Buſſiere, & ſe réuniſſant enſuite, formerent la colonne du centre. Deux eſcadrons de cavalerie marcherent à la tête & deux à la queue. Les deux bataillons de fuſiliers & les détachements ordinaires furent répartis dans les intervalles.

Cette colonne ſe dirigea par Mierbe-Potterie, Herquelin, la Mairie, le village du Fagney, laiſſa Haſveng à gauche, paſſa au moulin de Douzy, & entra dans le camp.

La colonne de gauche, compoſée de la cavalerie & de l'infanterie de l'aîle droite, paſſa le ruiſſeau de Hante, à la droite du camp, enſuite celui de Hature près de ce village, d'où elle ſe dirigea ſur Jumont, ſe ſépara en deux & paſſa la Sambre ſur les ponts de Jumont & de Marpeinte, ſe réunit enſuite, paſſa par Bouſſoit, Haſveng, à la Juſtice près de Maubeuge, traverſa le bois du Tilleul paſſant à l'hermitage, de-là à Douzy & au camp.

L'armée campa en avant du ruiſſeau de Feignies, la droite entre Neufmeſnil & Feignies, la gauche à la Sambre. Elle marcha le lendemain 15 pour ſe porter à Bavay.

Camp de Feignies. 14 Septembre.

V v

LA MARCHE FUT SUR TROIS COLONNES.

SEPTEMBRE.

*Marche de Feignies à Bavay.
15 Septembre.*

Celle de droite, composée de la cavalerie & de l'infanterie de la droite, la premiere en ayant la tête & la queue, traversa les bois de Janfart, laissa la cense des Mottes, & Longueville à gauche, Taisnieres à droite, passa le long des haies de Houdain, & entra dans la plaine du camp.

La colonne du centre, composée de l'artillerie, des vivres & des équipages, avec les troupes d'escorte ordinaire, passa à la cense des Mottes, à Longueville, le long des murs de Bavay qu'elle laissa à gauche, pour entrer dans le camp.

La colonne de gauche, composée de la cavalerie & de l'infanterie de la gauche, la premiere en ayant la tête & la queue, traversa les bois de Vieux-Mesnil & de Hargny, laissant les deux villages à gauche, passa à la cense du Quesne-au-Leu, laissa Mequignies à gauche, Bavay à droite, & entra dans la plaine où devoit être le camp.

*Camp de Bavay.
15 Septembre.*

Il fut placé, la droite à Bavay, & la gauche à Beterchies. M. le Prince y reçut des nouvelles de la marche décidée des Alliés sur Oudenarde, & en conséquence il marcha le lendemain lui-même à Kievrain.

L'ARMÉE MARCHA SUR TROIS COLONNES.

*Marche de Bavay à Kievrain.
16 Septembre.*

Celle de droite composée de la cavalerie & de l'infanterie de la droite, passa le ruisseau de Bellegnies entre Houdain & Hergies, sur un pont appellé des Bergers, laissa la cense & le bois de Fontenay à gauche, ainsi que Bellegnies, Herquenne à droite, passa le long des haies du Fay, laissa Montigny-sur-Roc & Atiche à gauche, Blangy & Dour à droite, passa entre Elonge & Wiherie, laissant le premier à droite, & l'autre à gauche, & entra dans la plaine du camp.

La colonne du centre, composée de l'artillerie, des vivres & des équipages de toute espéce, avec les troupes d'escorte ordinaires, passa au gué de Bellegnies, laissant le village à droite, longea les bois d'Atiche, qu'elle laissa aussi à droite

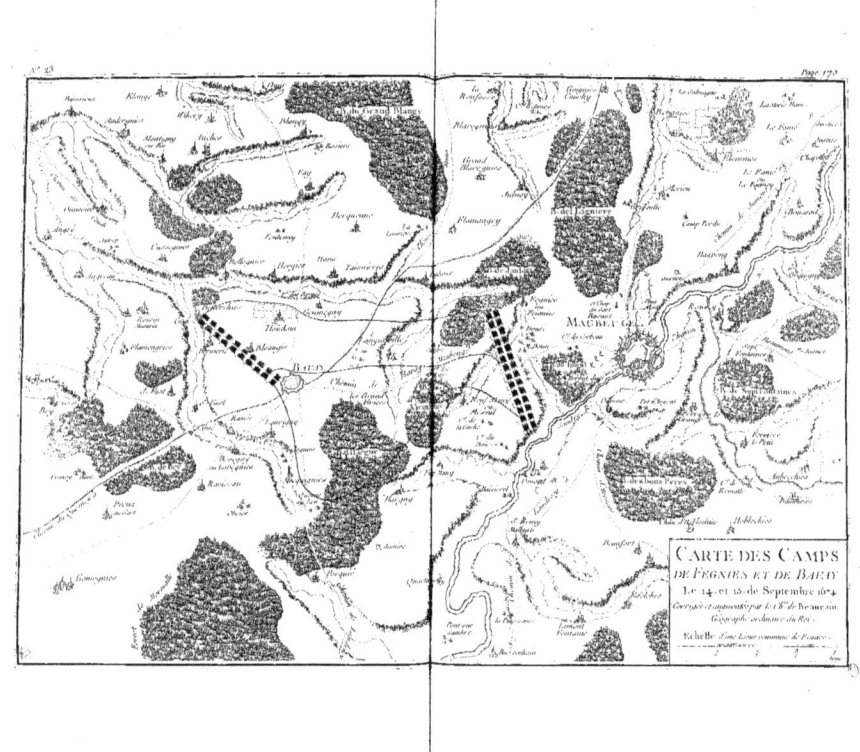

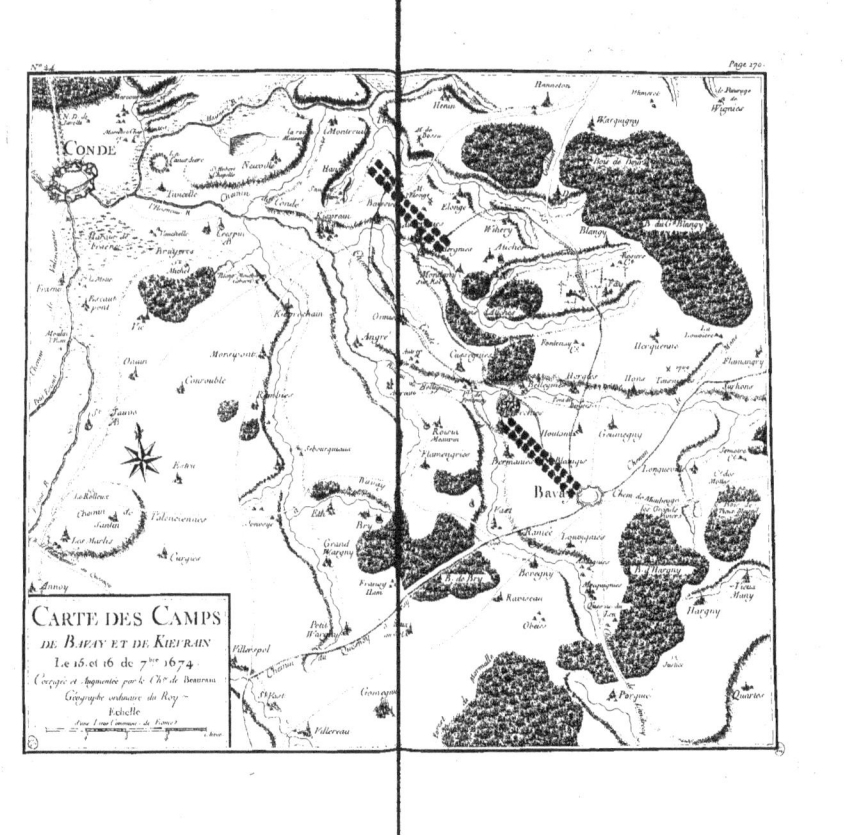

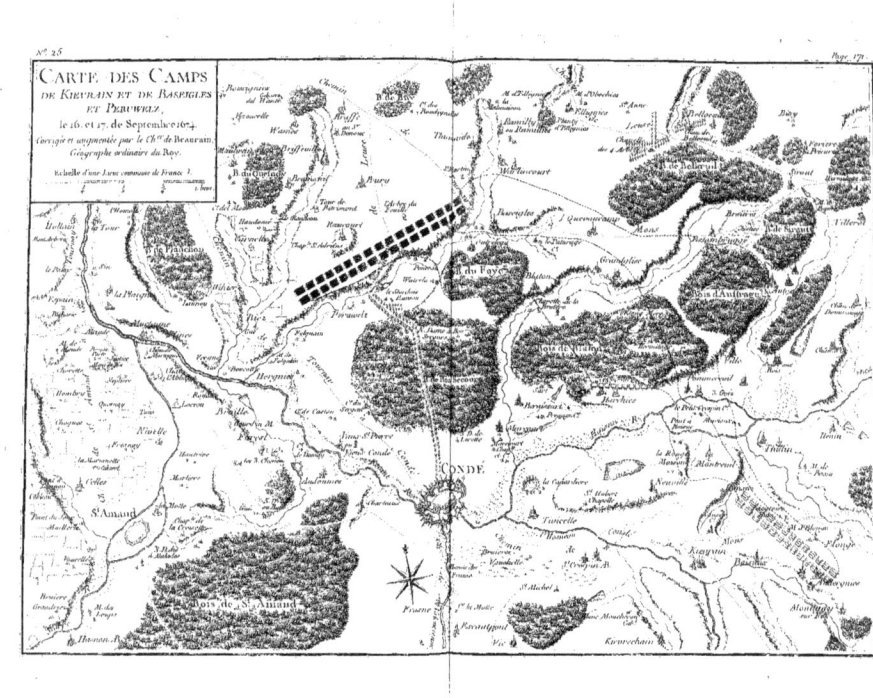

ainsi que Montigny-sur-Roc, laissant Gussegnies & Onnesies à gauche, passa le ruisseau d'Audergnies à ce village, d'où elle entra dans la plaine du camp.

SEPTEMBRE.

La colonne de gauche, composée de la cavalerie & de l'infanterie de la gauche, passa au pont de Fontenay, près de Gussegnies qu'elle laissa à droite, à Onnesies, à Baissieux, d'où elle entra dans le camp.

La gauche de ce camp fut à Hansies, & la droite à Audergnies. M. le Prince reçut de la Cour des ordres conformes à ses projets. On lui mandoit de secourir Oudenarde ou Ath, en cas que ces places fussent attaquées. Il continua sa marche, & passa la Haisne le lendemain 17.

Camp de Kievrain.
16 Septembre.

L'ARMÉE FUT MISE EN MARCHE, AINSI QUE LES JOURS PRÉCÉDENTS, SUR TROIS COLONNES.

Celle de droite, composée de la cavalerie & de l'infanterie de la droite, passa la Haisne sur un pont de bateaux au-dessous de Montreuil près de Pommereuil, le laissant à gauche, près de Ville, le laissant à droite, laissa de même Austrage à droite, traversa les bois, se dirigea sur Estanbruge, passa dans les pâturages de Quevaucamp qu'elle laissa à gauche, delà à Warlincourt qu'elle laissa à droite, à la chapelle Saint Martin, & dans la plaine du camp.

Marche de Kievrain à Perwelz.
17 Septembre.

La colonne du centre, composée de l'artillerie, des vivres & des équipages de toute espéce, avec les troupes d'escorte ordinaires, passa la Haisne sur deux ponts de bateaux au-dessus de Montreuil près de Pommereuil, le laissant à droite, traversa les bois de Blaton, passa à Grandglise près de Quevaucamp, le laissant à droite, à la cense du Pâturage, à Baseigles, & entra dans le camp.

La colonne de gauche, composée de la cavalerie & de l'infanterie de la gauche, se mit en marche le 16 à 10 heures du soir, passa la Haisne au Pont-à-Haisne, & s'avança jusqu'au bois de Blaton, laissant le château & le village d'Archies à gauche. Elle se mit en bataille entre le bois & le village, à dessein de masquer Condé & de couvrir aussi la colonne d'équipages qui marchoit au centre. Elle resta dans cette position jusqu'à ce que cette colonne fût enfoncée dans le bois, & alors elle se remit en marche elle-même, traversa les bois, laissant quelque tems une arriere-garde à la lisiere du bois, & des détachements sur sa gauche, passa à Blaton, à Watrelo, au Ponceau, y passa le ruisseau, laissant Perwelz à gauche, & entra dans le camp.

Camp de Perwelz. 17 Septembre. Ce camp fut placé entre Baseigles & Perwelz, le ruisseau derriere.

La colonne de droite eut l'attention de tenir toujours des détachemens sur sa droite pour se couvrir du côté de Mons. C'est une chose digne d'observation, que pendant cette campagne presque toutes les marches de M. le Prince se firent au milieu des places occupées par les ennemis; mais on est forcé d'avouer que si elles n'ont jamais été troublées, on le doit en grande partie à la foiblesse des garnisons & à l'inactivité de ceux qui les commandoient.

L'armée poursuivit sa marche le 18 Septembre, & se porta à Tournay.

ELLE MARCHA SUR TROIS COLONNES.

Marche de Perwelz à Tournay. 18 Septembre. Celle de droite, composée de la cavalerie & de l'infanterie de la droite, passa le long des haies de Thumayde qu'elle laissa à droite, de même près de Villaupuche, traversa le bois de Leuse, laissa Pipers à droite, passa à Bary, laissa Guiberchies à droite & Gussegnies à gauche, Havines à droite, Gaurin & le ruisseau à gauche, & longeant ce ruisseau, elle arriva à la droite du camp.

La colonne du centre, composée de l'artillerie, des vivres & des équipages de toute espéce avec les troupes d'escorte ordinaires, prit en avant du camp le grand chemin de Mons à Tournay, le suivit jusques près de Tournay, puis le quitta pour passer le ruisseau de Gaurin & de Werchin au-dessus du pont d'Amour, laissant Werchin à droite, & au-delà du ruisseau entra dans le camp.

La colonne de gauche, composée de la cavalerie & de l'infanterie de la gauche, passa près de Raucour qu'elle laissa à droite, à la tour de Bitrimont, à Bramenil, laissa Briffeuil à droite, passa à Wames, à travers champs, entre Vezon & Bousignies, près & à droite de Fontenay, laissa Vaux &

Alain

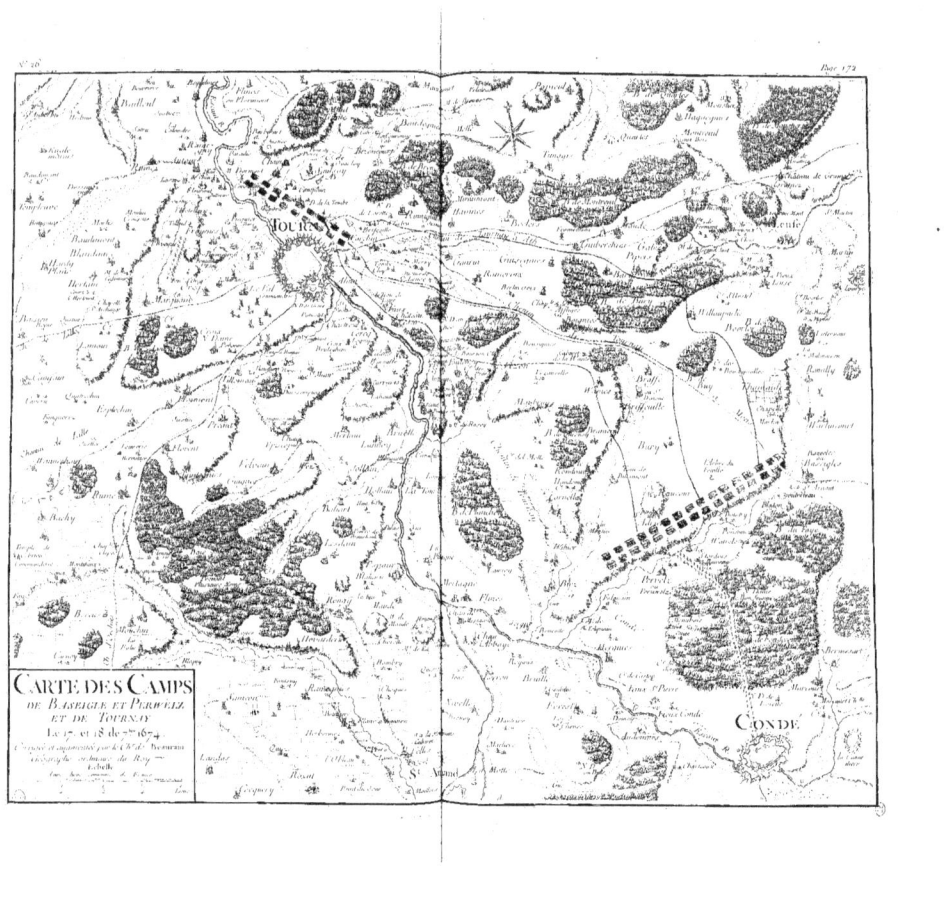

CARTE DES CAMPS
DE TOURNAY ET D'ESPIERRE
Le 18 et 19 de Septembre 1674
Corrigée et augmentée par le Ch.er de Beaurain
Géographe ordinaire du Roy

Echelle
d'une lieue commune de France

DE LA CAMPAGNE DE 1674. 173

Alain à gauche, & passa au pont d'Amour, au-delà duquel elle entra dans le camp.

SEPTEMBRE.

Il fut placé, la droite au ruisseau de Werchin vers ce village, la gauche au château de Constantin, Tournay & l'Escaut derriere. Il est aisé de voir combien sa position est bonne par elle-même, mais il ne fut encore que de passage. M. le Prince passa l'Escaut le lendemain 19, & continua sa marche sur Oudenarde. Le Maréchal d'Humieres avoit rassemblé à la rive gauche un corps de sept à huit mille hommes tirés des différentes garnisons, & au moyen de ce renfort l'armée se trouvoit d'environ quarante mille hommes. Avec de pareilles forces, M. le Prince n'hésita pas de marcher aux ennemis, qui avoient rassemblé près de cinquante-cinq mille hommes devant Oudenarde.

Camp de Tournay. 18 Septembre.

Réunion de M. le Maréchal d'Humieres à M. le Prince.

L'ARMÉE PARTANT DU CAMP DE TOURNAY, FUT MISE EN MARCHE SUR TROIS COLONNES.

Celle de droite fut composée de l'artillerie, des caissons des vivres nécessaires & des menus équipages, avec plusieurs brigades de cavalerie & d'infanterie, outre les troupes d'escorte ordinaires; on laissa à Tournay les gros équipages, c'est-à-dire, les charriots, car tous les chevaux suivirent l'armée, conduits par les valets ou charretiers, & marcherent à la queue de cette colonne. Elle passa l'Escaut sur un pont de bateaux près du château de Constantin, & suivit ensuite jusqu'à Espierres le grand chemin qui conduit de Tournay à Oudenarde par la rive gauche.

Marche de Tournay à Espierres. 19 Septembre.

La colonne du centre, composée de la cavalerie & de l'infanterie de la gauche, passa l'Escaut sur un pont de bateaux au-dessus de celui où passerent les équipages, traversa le chemin de Tournay à Oudenarde, qu'elle laissa ensuite sur la droite, passa le long des haies & à gauche de Fleurival, de Froyenne & de Lassu, à la cense de Rumeez, à Bailleul, à Enimbourg, passa le ruisseau d'Espierres au-dessus de Saint Leger, de-là à la cense de Ravinghen, à celle de Claircamp la laissant à droite, celle de Bois-Jacquet à gauche, passa le ruisseau d'Esprillon, & entra dans le camp.

La colonne de gauche, composée de la cavalerie & de

X x

l'infanterie de la droite, paſſa l'Eſcaut ſur un pont de bateaux au-deſſus des deux autres, ſe dirigea enſuite ſur Blandain, paſſa à Templeuve, à la cenſe de Baudimont, près de celle du Carnoy, la laiſſant à gauche, près de Nechin le laiſſant à droite, paſſa le ruiſſeau d'Eſpierres près la cenſe de Bourde, laiſſa Evergnies à droite, paſſa au moulin de Quevaucamp, à la cenſe de Babocherie, à celle d'Havry, y paſſa le ruiſſeau d'Eſprillon, & entra dans le camp.

Les troupes de M. le Maréchal d'Humieres furent partagées dans ces trois colonnes, & en prirent la queue.

Camp d'Eſpierres. 19 Septembre. L'armée campa, la droite à Helehin, la gauche à Coyeghem, le ruiſſeau derriere. Ce camp, appuyé à l'Eſcaut à ſa droite, eſt tout-à-fait en l'air à ſa gauche, & très-près des bois par leſquels on peut y arriver. Il eſt en outre très-coupé de ruiſſeaux & de ravines; ainſi il ne peut être regardé que comme de paſſage, & en effet M. le Prince ſe diſpoſa à s'avancer dès le lendemain vers Oudenarde.

Progrès du ſiége d'Oudenarde. Nous devons rendre compte ici des progrès & de l'état du ſiége. On ſe rappelle que les Alliés, arrivés le 15 devant cette place, l'avoient inveſtie ce même jour, & avoient auſſi-tôt travaillé à leurs lignes, avec un grand nombre de pionniers qu'ils avoient raſſemblés de toutes parts. Les Impériaux occupoient la rive droite, & les Hollandois & les Eſpagnols, la rive gauche de l'Eſcaut. Mais les premiers ne ceſſoient de rallentir toutes les opérations de l'armée dont ils faiſoient partie. Preſque tous les écrits du tems concourent à rejetter ſur le Comte de Souches les fautes ou les mauvais ſuccès, & ſur-tout ceux qui tenoient à des irréſolutions, à des moments perdus ou à des occaſions manquées. Les travaux des Impériaux furent pouſſés moins vîte que ceux des autres Alliés, quoiqu'ils euſſent à leur diſpoſition la plus grande partie des pionniers de l'armée. Enfin la tranchée ne put être ouverte que le 17 au ſoir. La principale attaque fut à la porte de Gand. Les Eſpagnols en eurent la droite, & conduiſirent leurs boyeaux entre le vieux fauxbourg & l'inondation. Les Hollandois, à la gauche de l'attaque, pouſſerent leurs travaux le long du grand chemin de Gand. Ceux de ces derniers furent, au jugement des François lors de la levée du ſiége, les meilleurs, les mieux entendus,

DE LA CAMPAGNE DE 1674.

& les plus perfectionnés. L'attaque formée par les Impériaux à la rive droite fut très-irréguliere, & ne consista gueres que dans l'établissement des batteries qui tirerent contre la place. Il y en eut trois à cette rive de l'Escaut, & trois à la gauche. Une partie des premieres prenoit à revers les ouvrages sur lesquels étoit dirigée la principale attaque. Ces six batteries employoient plus de cinquante piéces de gros calibre, indépendamment des mortiers. Elles furent établies le 16 & le 17, & du moment où elles le furent, elles ne cesserent de faire un feu très-vif. Les assiégés n'étoient pas en état d'y répondre de façon à leur en imposer, n'ayant pas une artillerie suffisante pour cela, & l'incertitude de la durée du siége les obligeant de ménager leur poudre.

<small>SEPTEMBRE.</small>

M. le Prince d'Orange pressoit les attaques avec toute l'activité possible : Il sentoit que le succès du siége dépendroit principalement de la vivacité avec laquelle il seroit poussé ; & il n'étoit pas sans espérance d'emporter la place avant que M. le Prince pût la secourir ; mais les travaux n'avançoient pas à proportion de ses soins, & au gré de ses desirs. Le chemin couvert de l'avant-fossé d'un bastion fut cependant insulté le 19, mais sans succès, & les Alliés y furent repoussés. M. le Prince d'Orange avoit projetté d'attaquer en force, la nuit du 20 au 21, le chemin couvert de la place. Cependant les travaux de la nuit du 19 au 20 ne furent encore conduits qu'à cent pas de la palissade. Tel étoit l'état où M. le Prince trouvoit le siége. Il n'y avoit eu qu'une sortie faite par M. de Rochepere avec sept cens hommes, dans l'objet de reconnoître, le jour même de l'investissement, & cet Officier avoit été repoussé avec quelque perte.

L'ARMÉE, MARCHANT LE 20 DU CAMP D'ESPIERRES SUR OUDENARDE, FORMA TROIS COLONNES.

Celle de droite, composée de presque toute la cavalerie & de l'infanterie de la droite, avec l'artillerie, les vivres, les équipages du quartier-général & ceux des troupes de cette même colonne, suivit le chemin d'Oudenarde le long de l'Escaut; elle eut ordre de faire alte à Warmarde, & d'y attendre ceux qu'enverroit M. le Prince.

<small>Marche d'Espierres sur Oudenarde. 20 Septembre.</small>

La seconde colonne, composée de presque toute la

cavalerie & de l'infanterie de la gauche, avec les équipages de ces troupes, paſſa près de Saint-Genois & de Mœnen les laiſſant à gauche, puis à Hertrude & à Tyghen, où elle dut également attendre les ordres de M. le Prince.

Les troupes de M. le Maréchal d'Humieres, avec quelques autres de l'armée qu'on y joignit, marcherent à la gauche, laiſſerent Saint-Genois & Mœnen à droite & ſe dirigerent ſur Otteghem, où elles attendirent, ainſi que les deux autres colonnes, des ordres ultérieurs.

M. le Maréchal d'Humieres commanda cette colonne, M. le Duc de Navailles celle de droite, & M. de Luxembourg celle du centre.

Il y eut quatre piéces de canon de quatre à la tête de chacune de ces colonnes, avec des charriots de munitions & d'outils, & les travailleurs néceſſaires. Chacune d'elles fut auſſi précédée d'une avant-garde aſſez forte, compoſée de cavalerie & de dragons.

Manœuvre de M. le Prince devant Oudenarde.

Cette marche ſe fit avec beaucoup d'ordre, mais avec encore plus de lenteur. M. le Prince imaginoit que les Alliés fortiroient de leurs retranchemens & marcheroient au-devant de lui; il penſoit qu'au moins ils occuperoient les hauteurs par leſquelles on arrivoit ſur leurs lignes & qui les dominoient. Lorſqu'il en fut à portée, il vit avec étonnement la négligence des ennemis, & la faute inſigne qu'ils avoient faite; mais il ne pouvoit pas en profiter ſur le champ. Il n'avoit à portée de lui que ſes avant-gardes; l'armée étoit encore loin, & par une lenteur qu'on a peine à concevoir, la tête des colonnes n'arriva que vers le ſoir à hauteur d'Elſeghem, quoiqu'elles ſe fuſſent miſes en mouvement au point du jour, & qu'il n'y eût que quatre lieues d'Elſeghem au camp d'où elles étoient parties. M. le Prince avoit fait dire qu'elles s'avançaſſent tout de ſuite au-delà de Warmande & des autres points correſpondans, où ſuivant les premiers ordres qu'elles avoient reçus, elles devoient s'arrêter.

Cependant il craignit de reveiller l'attention des ennemis & de les éclairer ſur leurs fautes, s'il plaçoit ſes avant-gardes & les premieres troupes dont il pouvoit diſpoſer ſur les hauteurs qu'ils avoient négligé d'occuper. Comme ils étoient plus près que lui, il étoit poſſible qu'ils y marchaſſent très

en

en force, qu'ils vinssent à bout de l'en chasser. M. le Prince se contenta donc de tenir ses troupes en mesure de les occuper pendant la nuit. Il chercha en attendant à entretenir les ennemis dans leur sécurité, & défendit que jusqu'à ce qu'il donnât de nouveaux ordres, personne se montrât sur les hauteurs.

SEPTEMBRE.

Pour mieux les tromper sur ses véritables desseins, & contenir les Impériaux à la rive droite, M. le Prince fit jetter un pont sur le haut Escaut au-dessus de l'inondation. Il fit reconnoître l'abbaye de Peteghem, où finissoit cette inondation. Elle étoit retranchée & n'étoit point enfermée dans les lignes des assiégeans. Ils y avoient quelques troupes, mais en petit nombre, & ils avoient négligé de garder le poste avec autant de forces que son importance l'exigeoit. M. le Prince le fit attaquer par des détachements de dragons, qui furent soutenus par d'autres troupes. Il le fit battre aussi par quelques piéces de canon. Les ennemis le défendirent jusqu'à la nuit, & finirent par l'abandonner. Ils négligerent, en se retirant, la précaution si simple de brûler ou de couler bas plusieurs bateaux qui étoient sous les murs de cette abbaye. M. le Prince en fit aussi-tôt usage, pour faire passer dans Oudenarde un Officier & quelques soldats, qui y donnerent avis de son arrivée, & y porterent ses ordres.

Attaque de Peteghem.

Officier introduit dans la place.

Le flanc droit de l'armée fut appuyé à ce poste de Peteghem dont on venoit de s'emparer, & elle s'étendit delà vers Hoyeke, cernant les hauteurs, & embrassant la plus grande partie des lignes des assiégeans à la rive gauche de l'Escaut. M. le Duc de Navailles eut la droite avec les troupes de la colonne qu'il avoit conduite; M. le Duc de Luxembourg fut placé au centre avec les siennes, & M. le Maréchal d'Humieres à la gauche. M. le Prince fit ses dispositions au commencement de la nuit; l'armée la passa toute entiere au bivac, & se prépara à attaquer les ennemis le lendemain à la pointe du jour, avec l'espérance très-fondée de les battre, s'ils l'attendoient dans leurs foibles lignes.

Cependant la journée du 20 ne se passa pas sans agitation dans le camp des Alliés. M. le Prince d'Orange instruit de la marche de M. le Prince, sentoit, ainsi que la plûpart de ses Officiers-Généraux, tout le danger de rester derriere des retranchements aussi foibes qu'étendus. Il jugeoit que le seul parti à prendre, étoit de marcher aux François, & de les

Les Alliés toujours incertains sur le parti qu'ils doivent prendre.

Y y

combattre avec toutes les forces des Alliés réunies; ou que si l'on trouvoit ce parti trop hardi, & si on vouloit les attendre, il falloit au moins que ce fût hors des lignes, & sur les hauteurs qui étoient en avant de la circonvallation. Le Stadhouder pressa le Comte de Souches de prendre sans delai l'une ou l'autre de ces résolutions, & de passer sur le champ l'Escaut avec ses troupes, afin que la moitié de l'armée séparée de l'autre, ne restât pas exposée à être battue. Les objections, les difficultés, les incertitudes, les lenteurs ordinaires, retarderent le parti qu'il étoit pressant de prendre, & rien ne fut exécuté de la journée. On ordonna seulement que les gros équipages fussent renvoyés à Gand. On décida que les Impériaux passeroient l'Escaut pendant la nuit, que toute l'armée sortiroit de ses lignes, & on résolut assez vaguement qu'on combattroit les François. De nouveaux Conseils devoient déterminer plus positivement, d'après les nouvelles qu'on auroit de M. le Prince, ce qu'il seroit nécessaire de faire. On espéroit qu'on seroit encore à tems d'occuper les hauteurs en avant des lignes. Les Généraux des Alliés ne sçavoient pas assez quelle étoit l'activité du grand homme qu'ils avoient en tête, & combien il sauroit mettre à profit les moments précieux qu'ils perdoient.

Joie dans la place à l'occasion de l'arrivée de M. le Prince.

On se figure aisément quelle joie répandit dans la place, l'arrivée de l'Officier & du petit détachement qu'il conduisoit. Dès que la tête de l'armée Françoise eut chassé les ennemis de l'abbaye de Peteghem, les assiégés s'occuperent aussitôt d'exécuter les ordres de M. le Prince, & de seconder ses projets. Ils lâcherent leurs éclufes, pour essayer, par la force des eaux supérieures, de rompre les ponts que les Alliés avoient sur le bas Escaut, & de couper la communication des Impériaux avec les Hollandois. Pour mieux remplir cet objet, ces eaux furent chargées de beaucoup de gros arbres, que M. de Rochepere avoit à l'avance amassés dans ce dessein: un des ponts fut rompu, mais aisément rétabli; les deux autres résisterent, &

Les Impériaux réunis aux Hollandois & aux Espagnols à la rive gauche.

les Impériaux passerent à la rive gauche, ainsi qu'ils avoient résolu.

La nuit fut employée tant à exécuter cette jonction qu'à retirer l'artillerie des tranchées, & sur-tout à tenir de nouveaux Conseils sur le parti ultérieur qu'on avoit à prendre. Il ne fut plus tems d'occuper les hauteurs sur lesquelles on

DE LA CAMPAGNE DE 1674.

avoit eu deſſein de ſe porter ; l'armée Françoiſe en étoit maîtreſſe & elle étoit déja prête à profiter de tous ſes avantages pour attaquer les Alliés dans leurs lignes, s'ils avoient l'imprudence d'y reſter. Leurs irréſolutions, leurs incertitudes, le tems qu'ils avoient perdu & que M. le Prince avoit employé, les mirent dans la néceſſité d'aller prendre en arriere une poſition dans laquelle ils puſſent lui faire face. Un brouillard très-épais favoriſa leur retraite, & la deroba quelque tems à ce Général. Les Impériaux prirent ſur la droite, manœuvrerent habilement ſur le flanc du Maréchal d'Humieres, & en menaçant par les hauteurs la gauche & les derrieres des François, les empêcherent de ſuivre les Hollandois & les Eſpagnols, qui ſe retiroient avec aſſez de déſordre & de confuſion. Le brouillard dura preſque juſqu'à midi. Les Alliés s'arrêterent derriere le ruiſſeau d'Aſperen. M. le Prince ſe mit tard en mouvement pour les ſuivre, & s'arrêta en deçà de ce même ruiſſeau. Les deux armées reſterent en préſence, ſéparées par cet obſtacle, toute la nuit du 21 au 22, & preſque toute la matinée du 22. Elles ſe canonerent aſſez foiblement. Une incertitude perpétuelle ſe fait appercevoir dans les opérations de l'armée des Alliés, puiſque tous leurs mouvements avoient été ſubordonnés à ceux de M. le Prince ; au point même qu'en ſortant de leurs lignes la nuit du 20 au 21, il n'étoit pas encore décidé quel parti ils prendroient ; qu'en ſe retirant derriere le ruiſſeau d'Aſperen, ils étoient encore incertains s'ils attaqueroient l'armée Françoiſe, s'ils l'attendroient là, ou s'ils ſe retireroient ſous Gand, & qu'enfin leur retraite ſur cette ville, ne fut décidée que fort tard dans la matinée du 22.

Preſque tous les mémoires du tems rejettent ſur le Comte de Souches ces irréſolutions & ces retards deſtructifs de tous ſuccès. Le Comte de Chavagnac le charge de la maniere la plus odieuſe, & le peint comme un imbécile, qui a perdu la tête & qui a peur. Il eſt évident que la haine que cet Officier avoit vouée à ſon Chef, lui a fait inventer les détails abſurdes qu'il nous tranſmet ; mais il réſulte d'un témoignage preſque unanime, que ce jour-là le Comte de Souches ſervit avec peu de bonne foi, de zèle & de réſolution. Il avoit voulu qu'on entreprît le ſiége d'Oudenarde de préférence à celui d'Ath, eſpérant que l'un n'auroit pas

SEPTEMBRE.

Siége levé.
21 Septembre.

lieu plus que l'autre. Il eût defiré que la campagne s'achevât fans rien faire, croyant en faire affez de contenir M. le Prince. Mais quelques fuffent fes idées, on a d'autant plus le droit de rejetter fur lui les fautes énormes qui furent commifes, qu'il étoit le Général le plus vieux & le plus expérimenté de l'armée, & qu'il devoit plutôt remédier à celles que la jeuneffe du Prince d'Orange eût rendues excufables.

La juftice exige pourtant que nous obfervions que le Comte de Souches qui ne fit rien toute la campagne pour procurer des fuccès aux Alliés, arrêta ceux des François dans deux occafions importantes. A la bataille de Seneff, l'armée Impériale fe réunit tard à M. le Prince d'Orange, & ne combattit qu'à Fay; mais elle y combattit vaillamment, & contribua beaucoup à empêcher M. le Prince de forcer ce pofte. A la retraite d'Oudenarde, elle fit l'arriere-garde, & manœuvra habilement fur le flanc de l'armée Françoife, de façon à l'empêcher de s'avancer fur les Hollandois & les Efpagnols. C'eft M. le Prince lui-même qui rend ce témoignage. Il eft vrai que M. de Chavagnac s'attribue cette derniere manœuvre, & qu'en rejettant, ainfi qu'à Seneff, tous les blâmes & toutes les fautes fur fon Général, il lui refufe l'honneur de ce qui fut fait de bien; mais fa vanité, ainfi que fa haine, doit nous être fupecte. Il réfulte néanmoins de ce que nous recueillons fur le Comte de Souches, que ce Général étoit fort au-deffous de la réputation qu'il avoit acquife, foit qu'il l'eût ufurpée comme il arrive fouvent, foit que fon efprit eût baiffé avec l'âge. Enfin nous le trouvons par-tout incertain, irréfolu, craignant d'agir, de fe compromettre, craignant fur-tout d'expofer fon crédit. Le foin de la confervation de fon armée, & les inftructions fecrettes qu'il pouvoit avoir de fa Cour, quelqu'elles fuffent, ne le juftifient pas pleinement, & n'empêchent pas qu'il ne refte à l'accufer d'une conduite prefque toujours incertaine, inhabile & timide.

Cependant les Alliés s'étoient retirés fur le ruiffeau d'Afperen, fans avoir de plan bien fixe fur ce qu'ils vouloient faire. Il fallut par conféquent y tenir de nouveaux Confeils, dont le réfultat fut de fe retirer à Gand. Ce parti étoit d'autant plus néceffaire à prendre, que le Comte de Souches, en renvoyant fes équipages dans la nuit du 20 au 21, avoit en même

Les Alliés fe retirent à Gand.

même tems renvoyé une grande partie de son artillerie & de ses munitions. La retraite se fit en plein jour, dans l'après midi du 22, avec assez de confusion. Le tems affreux qu'il fit & les chemins extrêmement gâtés, augmenterent le désordre, mais favoriserent en même tems les Alliés, par la difficulté que M. le Prince trouvoit à les suivre. Ce Général, séparé d'eux par le ruisseau, & n'ayant pas jugé à propos de les attaquer depuis la veille, ne les poursuivit pas, & les laissa tranquillement achever leur retraite. Son objet étoit rempli par la levée du siége, & il avoit d'autant plus à s'applaudir du succès de son opération, qu'elle ne lui avoit point coûté de sang. Il n'y eut en effet qu'un petit nombre d'hommes tués ou blessés, tant à l'attaque de l'abbaye de Peteghem, qu'à la canonade qui eut lieu sur le ruisseau d'Asperen. On a applaudi à la prudence avec laquelle M. le Prince sut se modérer dans ses succès, & ne voulut pas les compromettre en se laissant aller au desir d'en obtenir de plus brillants & de plus flatteurs. Dans la journée du 21 il avoit arrêté lui-même quelques escadrons qui s'ébranloient pour charger les ennemis; c'est que le mouvement des Impériaux sur son flanc, ne lui avoit pas échappé. La sagesse de M. le Prince dans cette occasion laissa plein & entier le succès d'Oudenarde. On prit aux ennemis onze à douze mille sacs de farine, & beaucoup de boulets, de grenades & d'outils, qui avoient été abandonnés à l'abbaye d'Ename quartier du Comte de Souches.

La levée de ce siége répandit dans la Cour la joie la plus vive. Le Roi, en envoyant à M. le Prince l'ordre de secourir Oudenarde, n'avoit osé se flatter qu'il y réussît aussi aisément. Il y avoit lieu de croire qu'il faudroit acheter le succès par une bataille, & l'on avoit appris à Seneff, combien le succès d'une bataille pouvoit être cher & incertain. L'activité de M. le Prince & la sagesse de ses mesures, secondées par les fautes des Alliés, lui firent remplir cet objet, sans qu'il en coûtât de pertes à l'armée du Roi.

M. de Feuquieres, dans ses réflexions sur ce siége, traite M. le Prince d'Orange avec bien de la sévérité, lorsqu'il l'accuse de présomption & d'inexpérience pour l'avoir entrepris. L'investissement coupé par l'Escaut, & l'inondation qui empêchoit d'établir des ponts au-dessus de la place, (ce sont les

Jugement de M. de Feuquieres sur le siége d'Oudenarde.

SEPTEMBRE. difficultés alléguées par M. de Feuquieres) n'étoient point à beaucoup près de nature à rendre le fuccès de cette entreprife impoffible. La Cour étoit même loin de le croire. La faute du Prince d'Orange fut, non pas d'avoir entrepris ce fiége dans lequel il pouvoit très-bien réuffir, mais de n'avoir pas raffemblé fon armée qui étoit très-fupérieure, pour marcher au devant de celle du Roi & la combattre. Ce fut encore de n'avoir pas occupé les hauteurs auxquelles fes lignes étoient foumifes, d'avoir négligé de mieux défendre l'abbaye de Peteghem &c. & fur-tout, fi toutefois il put le faire, de n'avoir pas pris une autorité plus abfolue & plus décidée fur toutes les parties de fon armée & fur leurs différens Chefs. Voilà la caufe principale de tous les mauvais fuccès des Alliés. Ce n'eft pas que nous ne penfions avec M. de Feuquieres, que l'inexpérience du jeune Stadhouder ait pu influer fur les fautes qui furent commifes devant Oudenarde ; mais nous ne convenons pas avec lui qu'il y eut de la témérité à en entreprendre le fiége, & nous penfons que la foibleffe de la place & les moyens qu'avoit le Prince d'Orange, en rendoient le fuccès affez vraifemblable. Des raifons politiques fe joignoient encore aux raifons militaires. Pouvoit-il en effet laiffer inactive pendant les deux derniers mois de la campagne, une armée qui n'avoit encore rien fait, & n'étoit-ce pas autorifer les plaintes des Puiffances qui fourniffoient leurs troupes ? L'événement fut contraire, mais il prouva que le fiége avoit été mal conduit, & non pas témérairement entrepris.

Camp d'Oudenarde. 22 Septembre.

Après la retraite des ennemis, M. le Prince établit fon camp fous Oudenarde, la droite en avant de cette place vers Moreghem, & la gauche à l'Efcaut près de l'abbaye de Peteghem. Son armée refta quelques jours dans cette pofition, & s'y repofa des fatigues non interrompues qu'elle avoit effuyées depuis le 14, jour de fon départ du camp de la Buffiere.

Plaintes portées à l'Empereur, contre le Comte de Souches.

Il fut agité au camp des Alliés fous Gand de faire arrêter le Comte de Souches ; mais cette propofition faite par le Prince d'Orange & approuvée par quelques-uns, ne fut pas reçue unanimement. On s'en tint au parti plus moderé de dreffer un mémoire des plaintes qu'on formoit contre ce Général. Ce mémoire, figné par le Stadhouder & par les principaux Officiers-Généraux des trois nations, fut envoyé à l'Empereur. Le Comte de Souches y étoit repréfenté comme la principale

DE LA CAMPAGNE DE 1674.

cause des mauvais succès des Alliés, comme ayant tout arrêté par ses contradictions & ses incertitudes, & empêché que les trois armées réunies n'opéraſſent rien d'utile.

SEPTEMBRE.

La saison déjà trop avancée, ne permettoit plus aux Alliés de tenter aucune entreprise considérable, & ils avoient trop mal profité des beaux tems de l'année, pour imaginer de tirer un meilleur parti de l'automne. Le Prince d'Orange desira que le siége de Grave offrît au moins un succès à citer, & qu'au moyen de la prise de cette place, la campagne ne fût pas regardée comme perdue pour la cause commune. Le succès de ce siége intéreſſoit particulierement les Hollandois, auprès desquels le Prince avoit à soutenir son crédit, & qui ne supportoient pas sans murmures les frais énormes qu'ils faisoient pour la guerre. Cependant M. de Chamilly opposoit constamment la plus vigoureuse défense à M. de Rabenhaupt, & après deux mois de tranchée ouverte & près de trois d'investiſſement, rien n'annonçoit encore que la place dût être bientôt forcée de se rendre. Le Stadhouder forma le projet d'aller en personne à ce siége, & d'y renforcer de quelques troupes la petite armée qui le faisoit. Il espera qu'il en pousseroit les attaques avec plus d'activité & de vivacité que ne faisoit M. de Rabenhaupt. Toutes les contradictions qu'il avoit éprouvées à son armée, & l'impoſſibilité d'y rien faire de bien, le dégoûtoient d'y rester. Son deſſein étoit de laiſſer le commandement des Hollandois au Comte de Waldek, & celui des Impériaux & des Espagnols à leurs Chefs respectifs. Il ne pensoit pas que dans cette saison avancée, M. le Prince de Condé voulût rien entreprendre avec une armée foible & fatiguée, & il imaginoit que ce Général la sépareroit, aussitôt qu'il croiroit pouvoir le faire sans risque. M. le Prince d'Orange ne voulut cependant pas prendre de parti, sans le concerter avec les Généraux Impériaux & Espagnols. Il proposa au Comte de Monterey qui se trouvoit alors à Bruxelles, un rendez-vous à Dendermonde pour le 26, & le Baron de Capliers s'y rendit pour le compte des Impériaux.

Le Prince d'Orange forme le projet d'aller au siége de Grave.

L'armée alliée partit ce même jour du camp qu'elle occupoit sous Gand entre la Lys & l'Escaut, passa cette derniere riviere, & campa entre la Dender & l'Escaut.

L'armée des Alliés passe l'Escaut. 26 Septembre.

M. le Prince partit le 27 du camp sous Oudenarde pour se rapprocher de Tournay, & marcha à Hauterive. Pendant son séjour à Oudenarde, il avoit fait raser tous les travaux des ennemis; il avoit pourvu la place de munitions de guerre & de bouche mieux qu'elle n'étoit avant le siége, & donné des ordres pour la prompte réparation des fortifications endommagées ou détruites par l'artillerie de l'ennemi.

L'ARMÉE MARCHA SUR TROIS COLONNES.

*Marche de l'armée Françoise d'Oudenarde à Hauterive.
27 Septembre.*

Celle de droite, composée de la cavalerie & de l'infanterie de la droite, la premiere en ayant la tête & la queue, suivit le grand chemin d'Oudenarde à Courtray jusqu'au près de Dervick, où elle le quitta & prit à gauche; passa contre les hayes de ce village; se dirigea par la plaine, laissant les bois d'Otteghem à droite & le village de ce nom à gauche; laissa de même Hestrude & Monnen à gauche, Saint-Genois à droite, & entra dans le camp.

La colonne du centre, composée de la cavalerie & de l'infanterie de la gauche, la premiere en ayant la tête & la queue, laissa Anseghem à droite, Gyselbrutghem à gauche, passa à Caster, à Tighem, à Hestrude, à Monnen, d'où elle entra dans le camp.

La colonne de gauche, composée de l'artillerie, des vivres & des équipages, avec les troupes d'escorte ordinaires, & la réserve à l'arriere-garde, suivit le long de l'Escaut le grand chemin d'Oudenarde à Tournay, qui la conduisit dans le camp.

*Camp d'Hauterive.
27 Septembre.*

La gauche fut placée au château d'Helchin, & la droite à Hauterive, l'Escaut à la droite & derriere.

Le Prince d'Orange suspend son projet de joindre l'armée devant Grave.

Le résultat du Conseil tenu à Dendermonde, entre le Prince d'Orange, le Comte de Monterey & le Baron de Capliers, fut que le premier devoit différer encore le projet qu'il avoit d'aller au siége de Grave. On jugea que M. le Prince de Condé pouvoit encore former quelque entreprise; que le départ du Stadhouder seroit propre à lui en faire naître l'idée & à en assurer le succès; que par son absence les trois armées n'en formeroient plus une, puisque c'étoit son autorité qui les unissoit; que les différences d'avis entre les Généraux & sur-tout les contradictions qu'on éprouvoit de la part du Comte de Souches, deviendroient plus fortes que jamais;

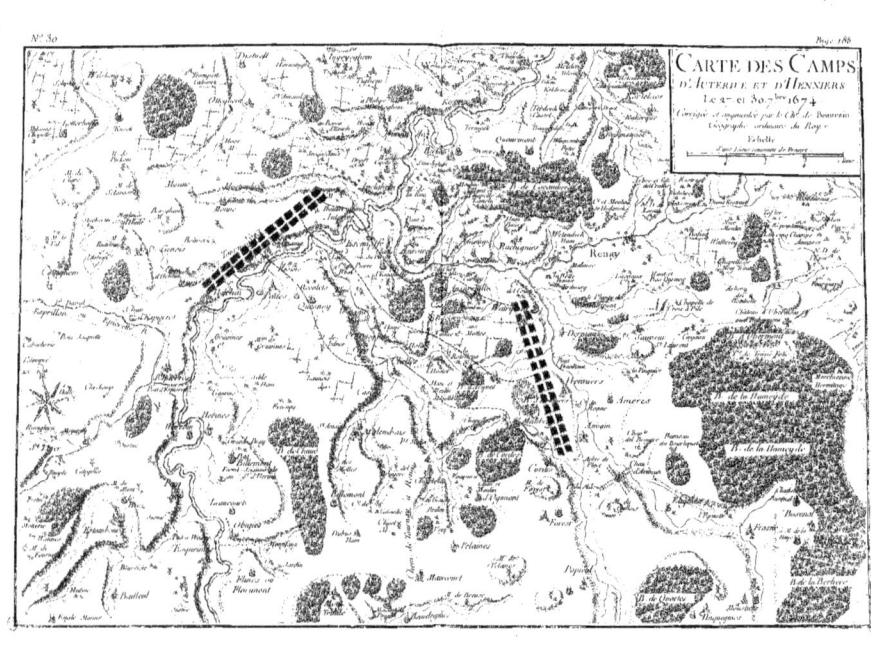

DE LA CAMPAGNE DE 1674.

jamais ; que personne n'auroit d'autorité pour les résoudre ; qu'elles empêcheroient qu'on ne prît aucun bon parti, & qu'il seroit à craindre qu'il n'en resultât quelque désastre. Le Prince d'Orange se décida donc, d'après l'avis du Comte de Monterey & du Baron de Capliers, à attendre quel parti M. le Prince de Condé prendroit lui-même ; & il rejoignit le 27 au soir son armée, qui étoit passée à la rive droite de l'Escaut, & campée sur la Dender.

SEPTEMBRE.

Si les Alliés craignoient quelque entreprise de la part de M. le Prince, ce Général avoit à se précautionner contre celles qu'ils pouvoient encore former. Leurs mauvais succès n'empêchoient pas qu'ils ne conservassent une armée toujours très-supérieure à la sienne. Pour avoir levé le siége d'Oudenarde, ils n'en étoient pas moins en état d'entreprendre celui d'Ath. Mais on avoit lieu de se rassurer, toutes les fois qu'on pensoit aux obstacles éternels qui naissoient de leur propre conduite, & de l'incertitude de leurs Conseils. Ce principe de leurs fautes étoit inhérent en eux, & tenoit à la composition de leurs armées. Cependant M. le Prince voulant se mettre à portée de mieux observer leurs mouvemens, passa ainsi qu'eux à la rive droite de l'Escaut. Son objet étoit aussi de consommer des fourrages en avant de ses quartiers d'hiver, & de faire completter, sous la protection de son armée, ce qui pouvoit encore manquer à l'approvisionnement d'Ath.

M. le Prince passe l'Escaut.

L'ARMÉE PARTIT LE 30 DU CAMP D'HAUTERIVE, ET MARCHA SUR TROIS COLONNES.

Celle de droite composée de la cavalerie & de l'infanterie de la gauche, passa l'Escaut sur un pont de bateaux près de Bossut, puis aux Récollets, au moulin des Aulnes, à Chelles, à Cordes & au camp.

Marche d'Hauterive à Henniers. 30 Septembre.

La colonne du centre composée de l'artillerie, des vivres & des équipages de toute espece avec les troupes d'escorte ordinaires, passa l'Escaut sur un pont de bateaux près d'Hauterive ; laissa Escanaffe & Amfureuille à gauche ; passa à la lisiere du bois d'Arques le laissant à droite, près de ce village le laissant aussi à droite, & entra dans le camp.

HISTOIRE

SEPTEMBRE & OCTOBRE.

La colonne de gauche, composée de la cavalerie & de l'infanterie de la droite, passa l'Escaut sur un pont de bateaux au-dessous des deux premiers vis-à-vis d'Escanaffe, suivit le cours du ruisseau de Rosne, passa à Amsureuille, à Watripont, & entra dans le camp.

Camp d'Henniers. 30 Septembre.

La gauche fut à Watripont, la droite à Anvain, le petit ruisseau sur le front du camp; le quartier général à Henniers.

L'armée ne resta qu'un jour dans le camp, & se remit en marche le 2 Octobre pour s'approcher d'Ath.

ELLE MARCHA SUR TROIS COLONNES.

Marche d'Henniers à Ligne. 2 Octobre.

Celle de droite, composée de la cavalerie & de l'infanterie de la gauche, suivit le derriere du camp, passa le ruisseau de la droite au pont de Milonoy, ensuite au moulin du Caillois, à Moustiers, en traversa le bois, passa à la cense d'Ameries, & entra dans le camp.

La colonne du centre, composée de l'artillerie, des vivres & des équipages de toute espece, avec les troupes d'escorte ordinaires, passa le ruisseau de la droite au pont d'Anvain, laissa ce village & le château à gauche, ainsi que le ruisseau de Rosne jusqu'à Frasne, où elle le passa & entra dans le grand chemin d'Ath, suivit ce chemin jusqu'au delà des bois, le quitta alors le laissant à gauche, passa près d'Houtin-le-Neuf le laissant aussi à gauche, puis à la cense de Romé, & entra dans le camp.

La colonne de gauche, composée de la cavalerie & de l'infanterie de la droite, passa le ruisseau de Rosne au pont d'Henniers, de-là à la cense du Carnoy; suivit le chemin d'Ath jusqu'à Frasne, le laissa alors à droite, passa à Busenal, en traversa les Bois, laissa Mainvaux à gauche, traversa le chemin d'Ath, se dirigea sur Ligne, & entra dans le camp.

Nous remarquerons encore la défectuosité de cette marche, qui doit être regardée comme de flanc, & dans laquelle les colonnes de droite & de gauche sont composées chacune d'une aîle, au lieu de l'être chacune d'une ligne, ainsi que l'exigent les principes de cette sorte de marche. Il résultoit de ce dé-

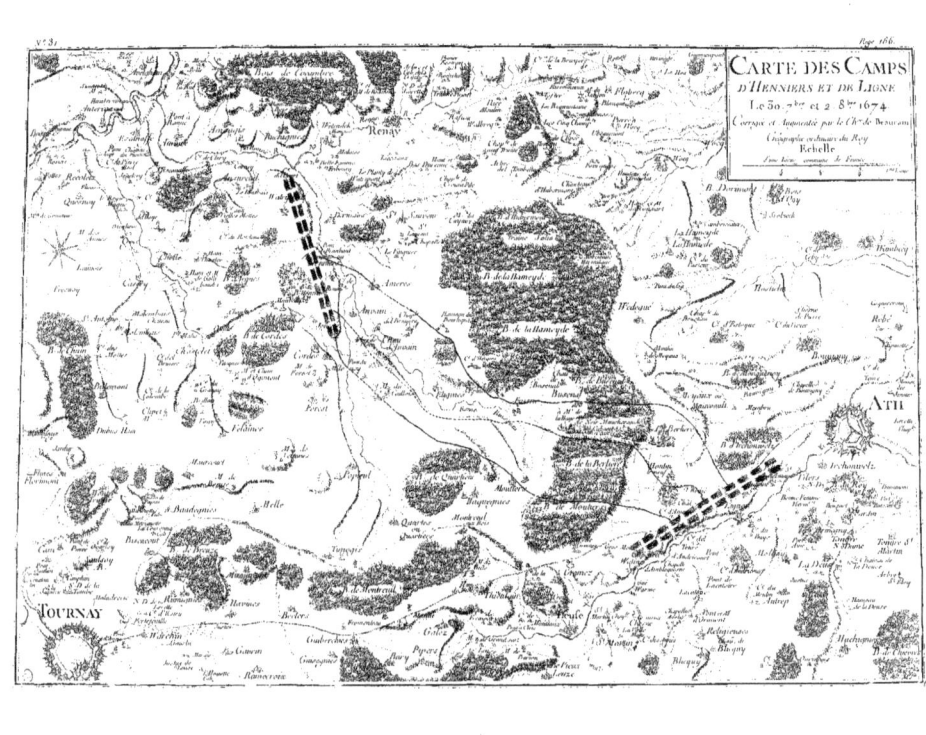

DE LA CAMPAGNE DE 1674.

faut de méthode & de principe, qu'il n'y avoit ni netteté ni ordre, dans la maniere dont les troupes se distribuoient dans les colonnes en partant de l'ancien camp, & se séparoient en entrant dans le nouveau; ce qui les obligeoit à faire plus de chemin & augmentoit d'autant leurs fatigues.

OCTOBRE.

Le camp fut placé en avant du ruisseau de Ligne, la droite en avant de Villers-Notre-Dame, & la gauche vers Capelle-à-Watine.

Camp de Ligne, 2 Octobre.

Les troupes aux ordres de M. le Maréchal d'Humieres, formant une quatriéme colonne sur la droite, marcherent par Arques, Cordes, Forest, laisserent Popieulle à droite, passerent le ruisseau près de ce village, traverserent le bois de Quartes, & camperent à Hacquegnies, dans l'intervalle des bois de Quartes & de Moustiers.

Le premier projet des Alliés, après qu'ils eurent passé l'Escaut, avoit été de s'avancer à Grammont vers la haute Dender, pour consommer des susbstances en avant d'eux, menacer Ath &c.; mais la marche de M. le Prince leur fit abandonner ce dessein: ils se contenterent de s'avancer dans le pays d'Alost, passerent la Dender près de cette ville le 3 Octobre & camperent à Afflighem.

Les Alliés passent la Dender.

Les deux armées ainsi séparées par la Dender, avoient leurs postes avancés sur cette riviere; les François jusqu'à Lessines, & les Alliés jusqu'à Ninove.

Cependant M. le Prince d'Orange reprit le projet qu'il avoit eu d'aller à Grave. Le siége n'avançoit pas; la mauvaise saison s'approchoit: il eût été trop deshonorant, après tant de mauvais succès & de projets mal concertés & plus mal exécutés, d'être forcé d'abandonner encore celui-là: on en couroit le risque, si le siége se prolongeoit jusqu'à l'hiver: les troupes de M. de Rabenhaupt étoient excedées de fatigues, tandis que M. de Chamilly, calme & tranquille sous les ruines de sa ville, annonçoit encore la plus longue résistance. D'un autre côté, le Stadhouder avoit des avis que M. le Prince de Condé détachoit une grande partie de sa cavalerie pour joindre M. de Turenne: tout annonçoit qu'il ne tarderoit pas à mettre son armée en quartier d'hiver, & qu'il n'attendoit pour cela que la séparation de celle des Alliés, ou du moins qu'il n'entreprendroit plus rien du reste de la campagne. D'après ces

Le Prince d'Orange va au siége de Grave, & y envoie des troupes.

considérations, le Prince d'Orange fit partir, pour joindre l'armée devant Grave, un détachement de trois mille hommes de pied, & de trois mille chevaux. Il partit lui-même de son camp d'Afflighem le 6, pour suivre le détachement, & joignit M. de Rabenhaupt le 9.

<small>Séparation d'une partie des armées.</small>

Dans ces entrefaites, M. le Prince détacha de son armée à différentes reprises cinquante escadrons & dix ou douze bataillons pour joindre l'armée d'Alsace.

Les gros équipages & la grosse artillerie des Hollandois furent embarqués avec plusieurs régiments pour rentrer en Hollande. La plus grande partie des troupes Espagnoles fut renvoyée dans leurs garnisons. La diminution réciproque des deux armées laissoit peu à craindre de part ou d'autre, & annonçoit assez que leurs Chefs n'avoient plus de projets offensifs; d'ailleurs le départ du Prince d'Orange pour Grave prouvoit que ses vues se bornoient à la prise de cette place. Il n'entroit pas dans le plan de la Cour de la secourir; en conséquence, M. le Prince se décida à mettre son armée en quartier d'hiver, & quitta le 12 le camp de Ligne pour la ramener à Tournay, laissant dans Ath une garnison suffisante & beaucoup de munitions de guerre & de bouche.

L'ARMÉE FORMA TROIS COLONNES.

<small>Marche de Ligne à Tournay. 12 Octobre.</small>

Celle de droite fut composée des troupes de M. le Maréchal d'Humieres, qui en eurent la tête, suivies de l'infanterie & de la cavalerie de l'aîle droite, plusieurs brigades de celle-ci en formant la queue; elle traversa le grand chemin d'Ath à Tournay qui longeoit le front du camp, & laissant toujours ce chemin à gauche, Houtin & le château de la Berliere à droite, elle passa sur les petites communes de Moustiers, laissa le village de ce nom aussi à droite, passa à Herquignies, à Timogies, à Melle, au château de Baudignies, de-là à l'Abbaye du Saulfoy, & dans la plaine du camp.

La colonne du centre, composée de l'artillerie, des vivres, & des gros & menus équipages de toute espéce, avec les dragons & deux régiments de cavalerie à la tête, trois à la queue, & les troupes d'escortes ordinaires, suivit

le

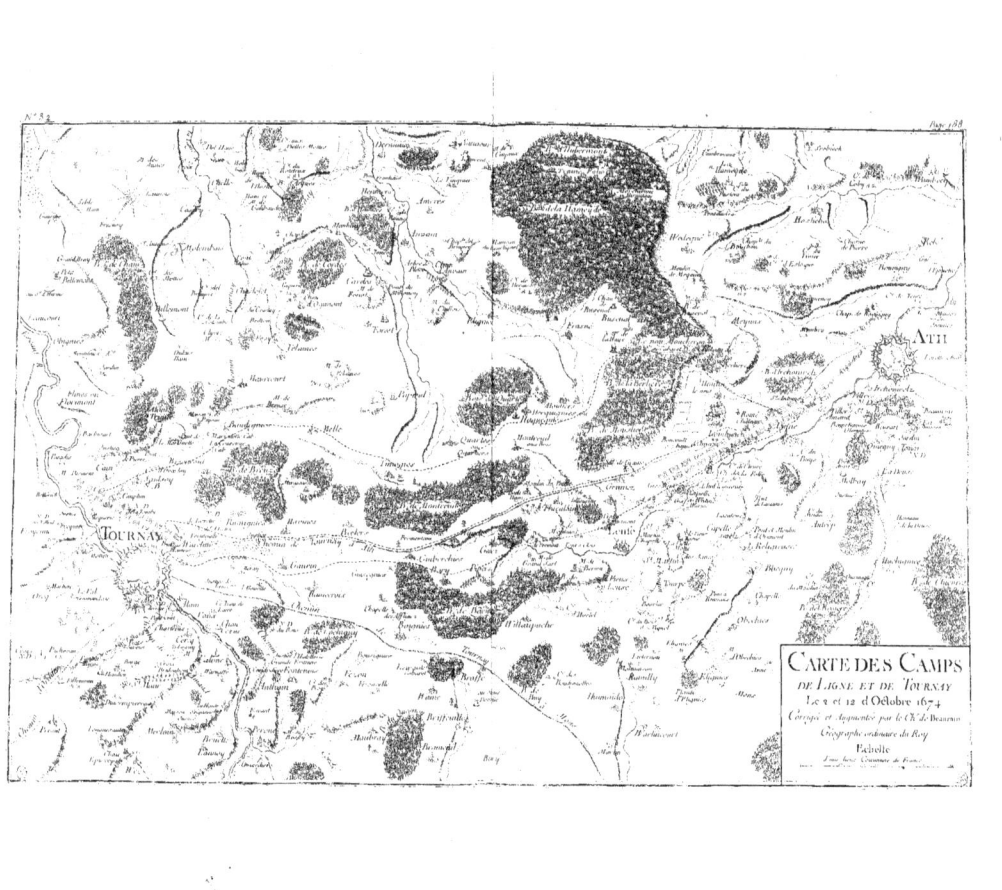

DE LA CAMPAGNE DE 1674. 189
le grand chemin d'Ath à Tournay, qui la conduisit dans
la plaine du camp.

OCTOBRE.

La colonne de gauche, composée de toute la cavalerie
& de l'infanterie de la gauche, la premiere en ayant la tête
& la queue, marcha entre le grand chemin & le ruisseau,
passant près & sur la droite de Ligne & de Leuse, se dirigea
sur Pipers, passa près de ce village, le laissant à gauche,
ensuite à Bary, à Guiberchies, à Gaurin, laissant Romecroix
à gauche, à Werchin & au camp.

Ce fut le même que l'armée avoit occupé le 18 Septembre, *Camp de Tournay.*
la droite à Werchin, & la gauche au château de Constantin.
Le lendemain 13, l'armée passa l'Escaut, & rentra dans le *12 Octobre.*
camp où elle s'étoit assemblée au commencement de la cam- *L'armée passe l'Escaut, & se sépare.*
pagne entre Chin & Tournay. Elle se sépara les jours suivants
pour entrer dans ses quartiers d'hiver : ces quartiers furent les
mêmes que l'hiver précédent ; la plus grande partie de l'infanterie fut distribuée dans les places de la Lys, de l'Escaut, de
la Scarpe, & entre ces rivieres. Ath, muni d'une forte garnison,
forma une tête vers le Brabant. Charleroy défendit la Sambre.
Six mille hommes qui étoient dans Maëstricht continuerent
d'inquiéter les ennemis. Il étoit encore incertain quel seroit
le sort de Grave. Quant à la cavalerie, nous avons vu qu'une
partie avoit été détachée pour joindre l'armée d'Alsace, le
reste fut distribué dans les places dont nous avons fait mention,
ou renvoyé plus en arriere entre la Sambre & la Meuse, sur
la Somme & sur l'Oyse. M. le Maréchal d'Humieres, Gouverneur de Flandre, fut destiné à y commander pendant l'hiver.
Cependant M. le Prince attendit à Tournay le parti que prendroient les ennemis, qui étoient encore sur la Dender, l'événement du siége de Grave, & la permission qu'il demandoit
à la Cour, de quitter l'armée pour aller jouir d'un repos,
que sa santé épuisée par les fatigues de la campagne lui rendoit
nécessaire.

Nous avons dit que quelques troupes des Hollandois & des
Espagnols, & particuliérement de ces derniers étoient déjà
entrées dans leurs quartiers d'hiver ou parties pour s'y rendre.
Le départ de M. le Prince du camp de Ligne, décida celui du
reste de l'armée des Alliés. Elle quitta le camp d'Afflighem, *Les Alliés marchent vers la Meuse.*
se mit en marche en plusieurs divisions, & sur plusieurs

Bbb

colonnes, pour traverser le Brabant & s'approcher de la Meuse. Elle marcha à petite journée, en cantonnant & faisant de fréquents séjours. Les troupes Espagnoles, qui n'avoient pas encore pris leurs quartiers, s'arrêterent successivement dans ceux qui leur étoient destinés, ou en prirent la route. Toutes les relations du tems parlent des désordres énormes que commirent les Impériaux dans cette marche. Il ne restoit plus de Chef commun. M. le Comte de Waldeck commandoit les Hollandois, le Duc de Villa-Hermosa les Espagnols, & c'étoit inutilement que ces Généraux faisoient des représentations au Comte de Souches sur les excès commis par ses troupes; il n'y faisoit aucune attention, ou peut-être n'avoit-il pas l'autorité nécessaire pour les réprimer. Cependant l'armée combinée s'arrêta dans la Campine aux environs de Beringen. Tandis qu'elle attendoit les ordres du Prince d'Orange pour la séparation des Hollandois, & ceux de la Cour de Vienne pour les quartiers des Impériaux, elle étoit toujours à portée de couvrir le siége de Grave.

SEPTEMBRE. Nous retournons maintenant à ce siége fameux, que nous avons suivi jusqu'à l'époque du premier Septembre: le Lecteur se rappellera qu'à cette époque les Hollandois, qui avoient investi la place dès le mois de Juin, & ouvert la tranchée dès celui de Juillet, étoient encore à cent pas du chemin couvert, & n'avoient fait abandonner aux François d'autre dehors que la petite redoute de la tête du pont à la rive droite de la Meuse. La défense jusques-là valeureuse & brillante de M. de Chamilly, le devint de plus en plus à mesure que les difficultés augmenterent, que ses moyens diminuerent, que les ennemis reçurent de nouveaux renforts, & qu'ils agirent avec plus de vivacité & de vigueur. Nous continuerons d'en présenter les principaux faits.

Approvisionnements. L'approvisionnement de Grave en grains étoit très-considérable, mais les grains n'étoient pas en totalité réduits en farines. Tous les moulins à eau furent détruits par le canon & par les bombes; on fut réduit à la ressource des moulins à bras, dont on fit usage dans les caves, & auxquels on employa les bourgeois. M. de Chamilly fit cependant donner double ration de pain aux troupes pendant la plus grande partie du siége, & sur-tout lorsque la viande manqua. Il ne restoit plus, au commencement de Septembre, qu'un petit nombre de vaches, qu'on fut obligé de garder pour les malades & les blessés ; on commença à tuer des chevaux, & on en distribua à la garnison : le Gouverneur & les Officiers donnerent l'exemple d'en manger. Cependant le mécontentement occasionné par le mal-être, les fatigues, & par la longueur du siége, augmentoit, & conséquemment la désertion qui en étoit la suite. Les ennemis la provoquoient par tous les moyens possibles, tant par les propos qu'ils tenoient dans la tranchée, que par le bon traitement qu'ils faisoient aux déserteurs, & l'abondance qui régnoit dans leur camp. M. de Chamilly cherchoit à y obvier en employant tour à tour l'adresse & la sévérité ; il ne négligeoit rien sur-tout pour soutenir & ranimer le bon esprit de sa garnison. Il imagina de dire hautement aux attaques, qu'il ne vouloit pour soutenir *la grande & belle affaire* dont le Roi l'avoit chargé, & partager la gloire qu'il comptoit y acquérir, que des compagnons braves, déterminés & fidèles ; que ceux qui ne s'en sentoient pas le courage, n'avoient qu'à parler, & que sans les exposer au risque & à l'infamie de déserter, il leur donneroit leur congé, s'estimant heureux d'être débarrassé d'eux. On croira aisément qu'aucun n'éleva la voix pour accepter la proposition de son Gouverneur ; tous jurerent avec acclamation de servir avec fidélité & avec zèle, de dénoncer & livrer le premier d'entr'eux dont les intentions ou le courage paroîtroient suspects. Il arriva un jour ou deux après, qu'un soldat, placé dans un poste avancé, jetta tout à coup ses armes pour déserter & courir aux retranchements des ennemis ; quatre de ses camarades, qui étoient dans le même poste, le poursuivirent & le joignirent avant qu'il ne fût arrivé à ces retranchements, & le tenant par les cheveux, le ramenerent dans le chemin couvert : deux de ces braves gens furent blessés en ramenant le déserteur. Les Officiers du poste voulurent le juger sur le champ, & en firent demander la permission à M. de Chamilly. Le Général les pria de trouver bon qu'il en chargeât les soldats eux-mêmes, & qu'il leur laissât le soin & l'honneur d'en faire justice. On sent combien ceux-ci furent flattés de cette marque de confiance & de considération de la part de leur Gouverneur. Le Conseil se tint aussi-tôt : les opinions furent partagées, & quelques-unes singulieres ; on proposa que le coupable fût lié en dehors des palissades, & exposé au feu des ennemis jusqu'à

SEPTEMBRE.

Désertion.

ce qu'il y pérît; cependant la pluralité des voix décida qu'il seroit passé par les armes. Les Juges exécuterent eux-mêmes le Jugement qu'ils avoient prononcé, & ils le firent avec tant d'animosité qu'on eût dit qu'ils vengeoient une injure personnelle. Depuis ce moment jusqu'à la fin du siége il y eut peu de défertion : les difficultés semblerent redoubler la valeur des assiégés; car telle est la nature du courage, appliqué long-tems de suite au même objet, qu'il s'exalte par l'opiniâtreté, & se change aisément en fanatisme.

Moyen de faire passer & de recevoir des nouvelles.

On ne sera peut-être pas fâché de connoître un des moyens dont M. de Chamilly se servoit pour entretenir une correspondance avec la Cour & avec M. le Prince. Un soldat, bon nageur, remontoit la Meuse à la nage, & même en plongeant dans les instants où il craignoit d'être découvert, jusqu'au-delà de la circonvallation des ennemis. Il étoit habillé de toile, & portoit ses lettres dans une espéce de boëte de cire assez épaisse. Lorsqu'il faisoit nuit, il se jettoit à l'eau, il en sortoit dès qu'il se croyoit hors de danger, côtoyoit encore quelque tems la riviere, prêt à s'y rejetter dans le besoin, & suivoit enfin sa route à pied jusqu'à Mazeick, où il arrivoit au jour. Il y laissoit ses lettres, & rapportoit par la même voie celles qui y étoient déposées pour M. de Chamilly. On conçoit que ce soldat étoit bien payé des fatigues & des dangers auxquels il s'exposoit.

Travaux des assiégeants.

M. de Rabenhaupt, voyant combien le siége traînoit en longueur, fit travailler à quatre petits forts, dont on peut voir la position dans le plan, par lesquels il voulut assurer ses lignes. Les assiégés furent tentés de croire que les Hollandois vouloient tourner le siége en blocus; mais l'objet de ceux-ci étoit de resserrer la place plus sûrement & de plus près, & ils poufferent désormais leurs attaques avec plus de vivacité.

M. de Chamilly fit sortir une nuit des bateliers, qui percerent la digue par laquelle les eaux de la petite riviere du Peel étoient soutenues & les rendirent à la place; mais les ennemis réparerent bientôt la petite ouverture qui avoit été faite, & ensuite garderent mieux leurs digues.

Alarme.

Le Gouverneur, qui s'avisoit de tout & ne méprisoit aucun moyen dès qu'il le jugeoit utile, imagina de donner un divertissement burlesque à sa garnison; il prit un cheval attaqué du farcin, & le fit lâcher sur la digue de Ravenstein,

après

DE LA CAMPAGNE DE 1674.

après lui avoir fait attacher aux crins & à la queue un très-grand nombre de bouts de mèche allumés. Cet animal, excité par le feu, suivit la digue jusqu'aux retranchements des ennemis, en parcourut plusieurs fois le front au grand galop, y jetta quelque alarme, attira sur lui beaucoup de coups de fusil, jusqu'à ce que la comédie finît par la mort de l'innocent acteur; mais ce fut un grand sujet de risée pour les assiégés, & une source de plaisanteries & de bons mots contre les assiégeants: c'étoit tout ce que vouloit M. de Chamilly, qui cherchoit à soutenir par tous les moyens possibles la bonne opinion que les soldats avoient d'eux-mêmes, & le mépris qu'ils faisoient de leurs ennemis.

SEPTEMBRE.

M. de Rabenhaupt, qui avoit reçu quelques renforts, fit former le 10 Septembre une nouvelle attaque du côté de Bolduc; elle se lioit à celle de Ravenstein: il faut voir les détails sur le plan. M. de Chamilly se trouva obligé de diviser ses troupes lorsque sa garnison s'affoiblissoit, & de tirer des détachements des attaques de Ravenstein & des Fours, pour défendre celle de Bolduc.

Attaque de Bolduc.

Il fit pratiquer de petits logements en forme de redans, aux angles saillants sur le bord de l'avant-fossé, pour mieux en disputer le passage, & empêcher que les ennemis ne le lui surprissent.

Pendant dix ou douze jours il ne se passa rien d'important; car nous ne regardons pas comme tels les petits combats qui se livroient fréquemment à la tête des attaques, & dont le succès peu marqué n'avoit d'autre effet que de faire périr quelques soldats de plus. L'artillerie des ennemis continua de foudroyer la place, qui ne cessoit d'y répondre par un feu très-vif. Le mauvais tems contrarioit extrêmement leurs travaux, qu'ils avançoient avec moins de vivacité que de précaution & de sûreté.

M. de Chamilly fut legérement blessé le 22 d'un coup de feu à la jambe: il tint sa blessure secrette, & ne garda la chambre que deux jours.

Enfin les ennemis étoient parvenus au bord de l'avant-fossé, & pouvoient en tenter le passage: c'étoit un foible progrès au bout de trois mois d'investissement, & de près de deux de tranchée ouverte. Les logements que M. de Chamilly avoit fait pratiquer à l'extrémité du glacis faisoient le meilleur effet:

Logemens sur le bord de l'avant-fossé.

Ccc

ils gênoient un peu le feu du chemin couvert ; mais ils en fourniſſoient un plus meurtrier & à bout touchant : de ces logements on enleva pluſieurs fois avec des crochets, les faſcines que les ennemis jettoient dans l'avant-foſſé pour le combler.

Ils s'étoient attachés dès le commencement du ſiége, à battre le baſtion qui appuyoit à la Meuſe vis-à-vis l'attaque de Ravenſtein : ils avoient même placé deux batteries, dont quelques piéces étoient de 33 & de 48, vis-à-vis de ce baſtion, près de l'autre bord de la Meuſe. Ces batteries, qui tiroient à la diſtance de la largeur de la riviere, démontoient fréquemment celles que M. de Chamilly leur oppoſoit ; mais comme il avoit beaucoup d'affuts de rechange, il les réparoit bientôt & les remettoit en état de tirer : il parvint même à en établir une ſur la face parallele à la riviere, qui démonta à ſon tour celle des aſſiégeants. Mais le baſtion étoit ruiné ; il y avoit une bréche énorme & d'un accès facile. M. de Chamilly avoit à craindre que les ennemis ne cheminaſſent entre les ouvrages & la riviere, & n'aſſailliſſent la place par ce point. Il multiplia les obſtacles qu'il y avoit élevés, & les moyens de défenſe qu'il y avoit préparés. Au nombre de ces moyens étoient les chevaux de Friſe, dont il fit avec ſuccès un très-grand uſage pendant tout le ſiége. On les plaçoit à l'entrée de la nuit en avant des bréches ou des retranchements, & on les retiroit au point du jour, parce qu'ils euſſent été briſés par le canon : ils arrêtoient la premiere ardeur des ennemis, & ſi quelquefois on étoit forcé de les abandonner, la perte étoit peu importante en comparaiſon du ſervice qu'ils avoient rendu.

Chevaux de Friſe.

Au milieu de cet effort général, il régnoit une rivalité perpétuelle entre les deux attaques de Ravenſtein & des Fours : les troupes qui les défendoient, ſe faiſoient un point d'honneur de ne pas laiſſer gagner plus de terrain aux ennemis d'un côté que de l'autre, & MM. de Beton & de Saint-Juſt, qui y commandoient, ſuivoient les exemples d'intelligence, d'opiniâtreté & de valeur, que leur donnoit M. de Chamilly.

Emulation.

Cependant les difficultés augmentoient par le grand nombre de bleſſés qui alloit à huit ou neuf cens. Preſque tous les édifices étoient détruits en tout ou en partie, ou couroient riſque de l'être d'un jour à l'autre, le feu de l'artillerie des

DE LA CAMPAGNE DE 1674. 195

ennemis devenant de plus en plus vif. Il ne reſtoit d'aſile ſûr que les caves; & elles ne ſuffiſoient qu'à peine aux habitants, aux malades, aux bleſſés & aux beſoins de toute eſpéce de la garniſon.

SEPTEMBRE.

La ville étant fort petite, le feu des batteries s'y croiſoit, & il y avoit preſqu'autant de riſque à courir dans les rues qu'aux attaques. Il y eut beaucoup de bourgeois & de femmes tués pendant le ſiége. M. de Chamilly avoit déjà déſiré de ſe débarraſſer de celles-ci; mais M. de Rabenhaupt s'y étoit refuſé, imaginant que par l'embarras & la conſommation qu'elles feroient dans la place, elles pourroient en accélérer la reddition. Cependant M. de Chamilly, ſollicité par elles, en fit ſortir un grand nombre par la porte de Bolduc un des derniers jours de Septembre; l'Officier Hollandois qui commandoit dans cette partie, les reçut, & en fut déſapprouvé & puni par M. de Rabenhaupt, du moins ſi l'on en croit la relation Françoiſe.

Femmes ſorties de la place.

C'étoit à l'attaque de Bolduc que les travaux avançoient le plus. M. de Chamilly voulut les troubler, & en retarder les progrès par une ſortie qu'il fit faire le 28 au ſoir. Soixante cavaliers, portant ſoixante hommes d'infanterie en croupe, ſortirent à l'improviſte, & s'avancerent au galop ſur la tranchée; ils étoient ſoutenus par le reſte de la cavalerie de la place, aux ordres de M. de Saint-Louis. La ſortie eut un plein ſuccès, quant au déſordre qu'elle jetta parmi les ennemis, & à la perte qu'elle leur cauſa. Les François prétendirent leur avoir tué ou bleſſé cent vingt hommes, outre quarante priſonniers qu'ils ramenerent. Ils ne perdirent que quatre ou cinq hommes; mais il paroît qu'ils ne purent pas tenir aſſez long-tems la tranchée, & qu'ils y étoient avec trop peu d'infanterie pour en renverſer les travaux & enclouer les batteries: la garniſon de Grave, déjà trop affoiblie, ne pouvoit pas s'expoſer à acheter de plus grands ſuccès par des pertes ſenſibles.

Sortie.

M. de Chamilly avoit bien jugé les riſques qu'il avoit à courir, & le point par lequel il étoit vraiſemblable que les ennemis tenteroient d'emporter ſa place. Nous avons parlé de toutes les précautions de défenſe qu'il avoit priſes au baſtion qui appuyoit à la baſſe Meuſe, & qui étoit abſolument ruiné. M. de Rabenhaupt réſolut de tenter le 29 une attaque ſur ce point, & de tâcher d'arriver ſur ce baſtion, en cheminant

Attaque de vive force ſur le côté de Ravenſtein.

SEPTEMBRE. entre la Meuse, qu'il auroit à sa gauche, & les ouvrages qu'il laisseroit à sa droite. Cinq ou six mille hommes se mirent en mouvement vers 4 ou 5 heures du soir, & s'avancerent à découvert par la digue de Ravenstein : ils y étoient protégés par le feu de toutes les batteries que les ennemis avoient à l'une & à l'autre rive de la Meuse. On se rappellera qu'il y en avoit deux à la rive droite, qui prenoient en flanc le front attaqué, & le battoient à la distance de la largeur de la riviere. M. de Rabenhaupt avoit en outre fait tirer près du bord sur cette même rive une ligne de gabionnage, qu'il avoit garnie d'infanterie, & dont il sortoit un feu de flanc très-incommode pour les troupes qui défendoient les traverses des palissades à la rive opposée. Secondés de ces précautions, les ennemis attaquerent avec vigueur les logements que les François occupoient encore sur la digue, & les en chasserent bientôt. Ceux-ci opposerent en vain une résistance opiniâtre au grand nombre d'ennemis qui les attaquoient ; ils furent poussés de poste en poste jusqu'au second rang des palissades qui traversoient l'espace entre les ouvrages & la Meuse, par lequel les assaillants vouloient arriver au corps de la place. M. de Chamilly fit venir promptement quelque renfort des attaques des Fours & de Bolduc : il fit tirer à cartouches tout le canon du bastion menacé : toute la cavalerie étoit à pied dans le bastion, prête à soutenir l'infanterie. M. de Guiscard marcha en avant à la tête du régiment de Normandie, & seconda les efforts de celui de Bourgogne, qui, forcé par la supériorité des ennemis de perdre quelque terrein, défendoit avec beaucoup de vigueur celui dont ils tentoient de le déposter encore. L'arrivée du régiment de Normandie rendit l'avantage aux François, qui repousserent les ennemis, & les forcerent d'abandonner à leur tour les postes dont ils s'étoient emparés. M. de Chamilly, ayant tiré deux cens hommes des autres attaques, s'étoit porté dans l'ouvrage à corne, près duquel se passoit le combat, afin de seconder l'infanterie qui étoit aux prises ; mais M. de Guiscard soutint son avantage, poursuivit les ennemis jusques sur la digue, reprit tous les logements, & leur tua beaucoup de monde. On fit sauter une mine en avant de l'avant-fossé ; ce qui contribua à jetter parmi eux le désordre & l'épouvante. Cependant ils ne tarderent pas à se rallier, & rattaquerent avec vigueur & avec succès les postes des François:

le

le feu qui prit aux poudres & aux grenades amassées dans les places d'armes pratiquées sur le glacis, augmenta la perte de ceux-ci ; mais ils retournerent bientôt à la charge, & repousserent encore les ennemis. Il y eut ainsi plusieurs alternatives de combats & de succès qui durerent depuis cinq heures jusqu'au-delà de huit. Les deux partis combattirent avec beaucoup de courage ; mais sur-tout les François, très-inférieurs en nombre aux ennemis, qui se renouvelloient sans cesse. Le succès qui résulta fut tout en faveur des premiers : ils conserverent leurs postes : les assiégeants ne gagnerent pas un pouce de terrein, & furent encore contenus au-delà de l'avant fossé. Ceux-ci demanderent le lendemain une tréve de quelques heures pour enterrer les morts. Leur perte avoit été très-considérable & au-delà de six cens hommes. Les François en avoient eu plus de deux cens tués ou blessés, & sur ce nombre plus d'Officiers à proportion que de soldats. La perte des assiégés portoit sur les régiments de Normandie & de Bourgogne, & particuliérement sur ce dernier, qui après avoir été obligé de céder à la supériorité du nombre, fit ensuite des prodiges de valeur.

SEPTEMBRE & OCTOBRE.

Le premier d'Octobre, M. de Rabenhaupt fit encore attaquer les logements que les François conservoient sur la digue. Ces logemens furent foiblement défendus : on vouloit attirer l'ennemi jusques sur les places d'armes du glacis, & qu'il s'étendît sur le terrein qu'embrassoit un grand fourneau de mine. C'est ce qu'il fit en effet en poursuivant son attaque. On fit alors jouer cette mine si à propos, qu'elle coûta beaucoup aux troupes qui formoient la tête de l'attaque, & jetta le désordre dans le reste. Dès qu'elle eut fait son effet, les François, conséquemment aux ordres qu'avoit donnés à l'avance M. de Chamilly, sortirent sur les ennemis, les repousserent & les poursuivirent l'épée dans les reins jusqu'au-delà des logements de la digue. Tels étoient l'art & la vigueur avec lesquels M. de Chamilly défendoit sa place : elle n'étoit plus qu'un monceau de ruines, & les assiégeants n'avoient encore fait aucun progrès décisif.

Mine.

Jusques-là, la garnison avoit toujours campé dans les chemins couverts, mais comme elle étoit extrêmement fatiguée & affoiblie, M. de Chamilly craignit qu'elle n'y courût trop de risque, les logements des ennemis occupant le bord de l'avant-fossé ; il la retira donc dans les ouvrages à cornes

des fronts d'attaque, d'où elle étoit à portée de foutenir les
OCTOBRE. détachements qu'il laiſſoit dans les chemins couverts.

Les ennemis n'entreprirent plus rien d'important juſqu'à
l'arrivée de M. le Prince d'Orange : ils s'attacherent ſeulement
à pouſſer leurs travaux de l'attaque de Bolduc, & continuerent
Deſtruction de de battre la place du feu de leur artillerie. Il n'y reſtoit plus
la place. de bâtiments entiers ; les voutes de beaucoup de caves étoient
écraſées ſous les débris des maiſons ; une partie des approviſionnements en grain étoit à découvert ; on manquoit d'abri
pour une infinité de choſes, pour leſquelles il eût été important d'en avoir : mais rien de tout cela n'ébranloit la
fermeté de M. de Chamilly. Cependant il voyoit avec peine
que ſa garniſon ſe trouvoit conſidérablement diminuée, &
qu'il n'avoit plus de ſecours à eſpérer, tandis que les aſſiégeants
recevoient un renfort conſidérable : en effet il étoit à préſumer
que ceux-ci ſeroient animés par cette augmentation de force,
& ſur-tout par la préſence & par l'activité du jeune Stadhouder.
A ces difficultés, il oppoſa ſon courage, & l'eſprit de conſ-
tance & d'opiniâtreté qu'il avoit ſçu inſpirer à ſa garniſon.

L'arrivée du Prince d'Orange fut célébrée le 10 & le 11 au
camp des Hollandois, par un feu beaucoup plus vif de leur
artillerie, & par beaucoup de cris de joie. Les munitions de
guerre étant encore abondantes dans la place, permettoient
à M. de Chamilly d'y répondre par un feu auſſi vif. On entendoit
inceſſamment crier aux attaques, d'un côté vive le Roi, & de
l'autre, vive le Prince d'Orange. Cependant celui-ci, mécontent de la lenteur des opérations de M. de Rabenhaupt,
vouloit preſſer le ſiége avant que la ſaiſon devînt abſolument
mauvaiſe : il décida pour la nuit du 11 au 12 l'attaque des
retranchements ou logements pratiqués en avant du chemin
couvert du front des Fours. La journée du 11 fut employée
à amaſſer des faſcines & à faire toutes les diſpoſitions & préparatifs néceſſaires.

Attaque de L'attaque commença à onze heures du ſoir : elle fut fa-
vive force ſur le voriſée par des attaques ſimulées ſur d'autres points : M. le
front des Fours. Prince d'Orange marcha en perſonne à la tête de trois régiments : les retranchements fortement défendus par les François, furent à la fin emportés ; & ceux-ci forcés de ſe rejetter
dans le chemin couvert. M. de Chamilly y arriva dans cet
inſtant, & fit auſſi-tôt remarcher en avant les troupes de

l'attaque. Leurs efforts furent secondés par deux fourneaux de mine, qu'on fit jouer très à propos, & qui jetterent beaucoup de désordre parmi les ennemis. Ceux-ci furent à leur tour forcés d'abandonner les retranchements. Ils revinrent à la charge & en chasserent encore les François, qui les r'attaquerent & les reprirent encore. Il y eut ainsi plusieurs alternatives de succès dans lesquels on combattit de part & d'autre avec beaucoup de courage, & dont le résultat fut que les uns & les autres perdirent beaucoup, mais que les retranchements resterent aux François. Ainsi le Prince d'Orange apprit, par sa propre expérience, à n'être plus étonné des difficultés que M. de Rabenhaupt avoit éprouvées jusques-là.

OCTOBRE.

Cependant il ne se rebuta point, & il ordonna pour la nuit du 13 au 14, une attaque générale sur les trois fronts. Elle se faisoit avec assez de troupes pour être véritable partout. Cependant comme on craignoit les mines à l'attaque de Ravenstein, c'étoit sur le front qui joignoit à celui-là, & sur celui des fours, que devoient se faire les principaux efforts. Les ennemis entretinrent à l'attaque de Ravenstein un feu très-vif. Les troupes de cette attaque étoient à portée de soutenir dans le besoin celles qui agissoient à leur droite, ou d'agir en avant conjointement avec elles, si les efforts de celles-ci réussissoient.

Les troupes qui marcherent sur le front qui tenoit à celui de Ravenstein, passerent en grand nombre l'avant-fossé sur des ponts de jonc sans éprouver de résistance, & même sans que les assiégés s'en apperçussent, parce qu'ils avoient négligé de tenir du monde dans le petit logement du bord de cet avant-fossé. Les ennemis se déployerent sur le glacis, & attaquerent le chemin couvert, où ils pénétrerent par plusieurs points. M. de Chamilly fit rassembler les troupes qui le gardoient, & fermer les places d'armes. Il employa ensuite sa maniere ordinaire de sortir sur les ennemis, & d'attaquer lui-même ceux qui l'attaquoient. Un détachement de cavalerie qu'il tenoit habituellement dans le chemin couvert, déboucha & tomba le sabre à la main sur l'infanterie qui avoit passé l'avant-fossé & s'étoit mise en bataille sur le glacis. Cette cavalerie secondée de l'infanterie qui marcha à son appui fit à merveille : les ennemis furent rechassés au-delà de l'avant-fossé, qu'ils repasserent fort en désordre, & dans lequel un grand nombre se noyerent. Ils perdirent beaucoup à cette attaque, & on leur fit un assez grand nombre de prisonniers : tous ceux qui avoient pénétré dans le chemin couvert ne purent pas se retirer à tems, & plusieurs furent pris ou tués. On dut ce succès à la vigueur & à l'impétuosité avec laquelle les détachements des assiégés sortirent & attaquerent ; la cavalerie ne fut point arrêtée dans le chemin qu'elle eut à parcourir sur le glacis, par le feu qu'elle essuyoit à découvert de la part des ennemis qui étoient à l'autre bord de l'avant-fossé.

Pendant ce tems le feu avoit été très-vif de part & d'autre à l'attaque de Ravenstein : les assiégeans avoient tenté en vain d'y faire le passage de l'avant-fossé ; ils avoient été contenus par les troupes qui leur étoient opposées.

Leur succès avoit d'abord été complet à l'attaque des fours, & ils avoient surmonté, après un combat assez vif, la résistance du régiment qui tenoit la tête de cette attaque ; ils s'étoient même rendus maîtres des logemens de la digue & des retranchements en avant, & ils avoient passé l'avant-fossé : deux bataillons se déployoient déjà sur le glacis ; ils alloient être suivis de plusieurs autres, & attaquer le chemin couvert, lorsque M. de Chamilly y accourut, après avoir terminé, ainsi que nous l'avons dit, l'affaire de l'attaque de Bolduc, & le même succès l'attendoit encore. Le régiment de Vendôme qui avoit été forcé de plier, demanda à remarcher en avant : il attaqua les ennemis avec la plus grande vigueur dans les logemens de la digue, & vint à bout de les en déposter. Le régiment de Languedoc sortit ensuite, & prenant à gauche de la digue, chargea avec impétuosité les troupes qui étoient en bataille sur le glacis. Vendôme rétabli sur la digue, leur ôtoit cette communication, & les accabloit de son feu, en flanc & de revers. Dampierre soutenoit ces deux régiments. Les ennemis furent forcés de repasser l'avant-fossé avec assez de précipitation & de désordre, & perdirent beaucoup. Telle fut l'issue de cette attaque générale. Les Hollandois y combattirent vaillamment, réussirent d'abord, & furent ensuite repoussés par les François. Mais les succès de ceux-ci étoient achetés par des pertes. Ils eurent un grand nombre d'Officiers & de soldats tués ou blessés, & plus d'Officiers à proportion que de soldats ; ce qui prouve

combien

combien les premiers donnoient l'exemple du courage. La garnison s'affoiblissoit, les difficultés augmentoient, les moyens de toute espéce diminuoient ; mais la fermeté du Marquis de Chamilly n'en étoit point ébranlée.

OCTOBRE.

Il y eut dans la journée du 14, un tréve de quelques heures, pour enterrer les morts. Si nous en croyons la relation Françoise, les ennemis avoient laissé plus de dix-sept cens hommes sur les différens champs de bataille : leurs journaux ne font pas monter leur perte aussi haut ; mais de leur aveu elle fut très-considérable, & il ne pouvoit en être autrement, puisqu'on se battit toute la nuit & dans plusieurs endroits à la fois.

La nuit du 15 au seize, M. le Prince d'Orange revint à la charge, & fit de nouveau attaquer les logemens des digues & retranchements en avant de l'avant-fossé, sur les fronts des Fours & de Ravenstein. La diminution de la garnison ne permettant plus de sacrifier autant de monde à leur défense, ils furent abandonnés après quelque résistance. Les ennemis passèrent les avant-fossés. Ils éprouverent plus de difficultés, & perdirent beaucoup plus à l'attaque des Fours, qu'à celle de Ravenstein : M. de Saint-Just, qui commandoit à la premiere, fit sortir des détachements de cavalerie & d'infanterie, qui chargerent à plusieurs reprises les troupes qui s'établissoient sur le glacis, & les forcerent de repasser l'avant-fossé en désordre, & ce ne fut qu'après plusieurs tentatives, après avoir tué beaucoup de monde à ces détachements & en se couvrant de chevaux de Frise contre la cavalerie, qu'elles parvinrent à repousser leurs efforts. Ces combats furent encore très-meurtriers & coûterent beaucoup aux ennemis, qui se logerent enfin au pied du glacis à l'une & à l'autre attaque.

Nouvelle attaque.

Il étoit apparent qu'ils attaqueroient le chemin couvert la nuit suivante. M. de Chamilly imagina de faire jetter à l'entrée de la nuit sur le glacis, une quantité de petits sacs de poudre remplis de grenades, & auxquels communiquoient des traînées de poudre qui partoient du chemin couvert: il en avoit encore assez dans la place, pour ne pas la menager, dès qu'il pouvoit être utile d'en faire usage. On suspendit le feu du chemin couvert, de crainte que les traînées de poudre ne s'allumassent. Les ennemis attaquerent

Stratagéme.

Attaque du chemin couvert.

vers dix ou onze heures du foir, fur les deux fronts, des Fours & de Ravenſtein, ainſi que M. de Chamilly l'avoit prévu. Le ſtratagême dont nous venons de rendre compte, fut la premiere défenſe qu'il leur oppoſa, & réuſſit pleinement. Les Officiers qui en avoient la commiſſion, mirent le feu aux traînées de poudre, à l'inſtant où ils virent les aſſaillans avancés juſques fur la crête du glacis. Les grenades firent un grand fracas, les étonnerent, jetterent beaucoup de déſordre parmi eux, & en mirent un grand nombre hors de combat. Ils revinrent à la charge avec vigueur, mais furent reçus plus vigoureuſement encore. Ils eurent à eſſuyer le feu le plus vif de mouſqueterie & d'artillerie, tant du chemin couvert que des ouvrages en arriere & du corps de la place. Ils attaquerent à pluſieurs repriſes, & furent toujours repouſſés: tous ceux qui forcerent la premiere paliſſade, furent arrêtés par la feconde & périrent entre les deux. On doit fe rappeller ce moyen de défenſe, qu'avoit preparé M. de Chamilly dès le commencement du ſiége.

Beaucoup de petites ſorties qu'il avoit ordonnées, & qui parcouroient rapidement la crête du glacis dans les intervalles des attaques, troubloient les ennemis lorſqu'ils travailloient à fe loger, ou renverfoient ce qu'ils avoient déjà fait. Les ſoldats François rejetterent dans la place un grand nombre de faſcines qu'ils enleverent aux ennemis, & elles fervirent à la réparation des batteries pour leſquelles on en manquoit. M. de Chamilly les leur payoit 20 liv. le cent: la modicité de ce prix, prouve bien que c'étoit l'honneur bien plus que l'intérêt, qui animoit le zele du foldat. Les ennemis ne réuſſirent cette nuit à rien de ce qu'ils entreprirent, pas même au paſſage de l'avant-foſſé qu'ils tenterent à l'attaque de Bolduc, & où ils furent repouſſés ainſi qu'aux attaques des deux chemins couverts.

Mais il étoit difficile de vaincre le Prince d'Orange en courage & en opiniâtreté. Malgré les combats répétés de la nuit, qu'il avoit animés par ſa préſence & ſon exemple; malgré la fatigue de ſes troupes & la perte qu'elles avoient eſſuyée, il vouloit emporter le chemin couvert de Ravenſtein; il le fit r'attaquer à ſept heures du matin. Ses détachements y marcherent avec la plus grande valeur, & ſurmonterent enfin la réſiſtance des François. Un angle du chemin couvert fut abandonné, après que la plus grande partie de ce qui le défendoit eut péri. Cependant les affiégés firent ferme derriere les traverses. Les ennemis accablés de leur feu & de celui de la place, se contenterent de se loger sur le revers de cet angle, d'où ils voyoient tout le chemin couvert, ainsi que le pont par lequel il communiquoit avec l'ouvrage à corne. M. de Chamilly ne voulut pas les y souffrir : il fit battre ce logement par neuf piéces de canon de vingt-quatre, & le fit ensuite attaquer par un bataillon de Bourgogne. M. de la Roche-Tulon qui le commandoit y marcha avec la plus grande valeur, emporta le logement déja renversé par le canon, en chassa les ennemis qui s'y défendoient à découvert, & reprit l'angle du chemin couvert. Ils revinrent à la charge pour r'attaquer encore : les affiégés ne les attendirent pas & sortirent l'épée à la main au devant d'eux. Il y eut un combat très-vif sur le glacis, où les ennemis furent repoussés. Ces combats qui duroient depuis onze heures du soir, avec de courts intervalles, ne finirent qu'à près de midi. Il s'y fit de part & d'autre des prodiges de valeur : la perte fut énorme, sûr-tout pour les affiégeans, qui n'en retirerent d'autre profit que d'avoir encore affoibli la garnison : le glacis étoit couvert de leurs morts.

Il y avoit alors près de mille blessés dans la place; il n'y restoit gueres au-delà d'un pareil nombre d'hommes en état de combattre. L'apothicairerie étoit épuisée, & les drogues manquoient pour les pansements : le Chirurgien-Major vint en rendre compte à M. de Chamilly ; il lui ordonna d'en garder le secret, & de faire des compositions indifférentes qui les imitassent pour en imposer aux soldats.

Dès ce moment M. de Chamilly résolut cependant de ne plus défendre aussi vivement les chemins couverts ; & il n'y laissa que de foibles détachements, avec ordre de se retirer dans les ouvrages à cornes, lorsqu'ils seroient attaqués avec vigueur.

Les actions courageuses furent de part & d'autre très-fréquentes à ce siége : la résistance des affiégés avoit presque monté les affiégeans à leur ton : nous en citerons quelques exemples. Les tranchées des ennemis étoient encore peu avancées, lorsque cinq soldats du régiment de Languedoc s'étoient détachés pour leur compte, avoient été à toute course y jetter

OCTOBRE.

Grand nombre de blessés dans la place.

Traits de courage.

des grenades, en arracher une fascine, & avoient rapporté leur trophée avec plus de bonheur que de prudence, sans qu'aucun d'eux fût blessé. Un soldat des ennemis étoit venu de même à toute course tuer la sentinelle d'un des logements de la digue de Ravenstein, & enlever le réchaud de gaudron qu'on y tenoit la nuit pour éclairer ces logements & ne pas les incommoder du feu de la place. Six hommes déterminés vinrent se jetter entre la premiere & la seconde palissade du chemin couvert à l'attaque des Fours, & y périrent tous les six. Ils s'étoient offerts à M. le Prince d'Orange d'y aller, pour reconnoître positivement ce que c'étoit que cette seconde palissade, & lui en rendre compte. Lorsque les ennemis furent maîtres d'une partie du chemin couvert de l'attaque des Fours, un soldat de Normandie imagina d'aller jetter une bombe au milieu d'une place d'armes qu'ils occupoient : il prit sur sa tête la bombe toute chargée, fit mettre le feu à la fusée, courut à la place d'armes, jetta la bombe, qui fit son effet, & s'en revint. Ce courage des troupes s'étoit communiqué du soldat aux valets, & même aux habitants. M. de Chamilly, moins pressé à l'attaque de Bolduc qu'aux deux autres, en retira les troupes, arma les valets pour la défendre, & ils s'y comporterent bien. Il avoit livré deux petites piéces de canon de deux livres de balle aux enfants, qui s'amusoient tout le jour à les tirer sur les travaux des assiégeants, & il leur faisoit donner de la poudre tant qu'ils en vouloient : une petite fille eut la cuisse emportée à la batterie ; les autres enfants n'en continuerent pas moins à la servir. Une jeune veuve avoit refusé de sortir de la place avec les autres femmes, pour ne pas quitter son amant qu'on y retenoit encore comme ôtage. Enfin on ne comptoit plus pour rien le péril, qui étoit devenu l'état habituel de tout ce qui étoit dans la place : désormais les seules actions extraordinaires pouvoient encore attirer quelque attention.

Les jours qui suivirent les combats dont nous avons rendu compte, les ennemis se logerent sur la crête du glacis à l'une & à l'autre attaque. Il jetterent une quantité prodigieuse de grenades dans le chemin couvert, entre la premiere & la seconde palissade : on s'en garantissoit, en retirant le soldat derriere celle-ci, dont on garnissoit encore le pied avec des fascines. Ils ne formerent plus d'attaques générales ; mais ils attaquerent successivement quelques parties du chemin couvert,

Chicanes du chemin couvert.

DE LA CAMPAGNE DE 1674.

couvert, qu'on difputa plus ou moins, qu'on leur abandonna ou qu'on reprit, fuivant le nombre des affaillants ou l'opiniâtreté qu'ils y mettoient. Enfin les affiégés fe borneront à conferver quelques places d'armes principales. Pour M. de Chamilly, il étoit loin de fe croire au bout de fes reffources; il en voyoit encore en grand nombre, tant dans la défenfe des places d'armes qu'il confervoit encore, que dans les chicanes qu'il préparoit contre le paffage du foffé, & le parti qu'il comptoit tirer de fes fortifications, toutes ruinées qu'elles étoient.

OCTOBRE.

M. le Prince d'Orange, voulant achever de les détruire, fit établir encore deux groffes batteries; l'une fur la rive gauche, dirigée fur le baftion qui appuyoit à la haute Meufe; l'autre fur la rive droite, dirigée fur le demi-baftion gauche de l'ouvrage à corne du même front. Ces deux ouvrages, qui avoient déja beaucoup fouffert de l'artillerie qui les battoit depuis le commencement du fiége, furent alors entièrement ruinés. Le feu des ennemis redoubla fur tout le front que préfentoit la place, tandis que M. de Chamilly qui commençoit à fentir le befoin de ménager fes munitions, n'y répondoit plus avec une égale vivacité. Ils commencerent à chercher les mines des Affiégés: le 21, ils réuffirent à en éventer une: M. de Chamilly les avoit multipliées autant qu'il l'avoit pû, fous tous les ouvrages qui en étoient fufceptibles. Le 23, les François ayant fait une fortie, mirent le feu à un gros amas de fafcines que les affiégeans avoient fait près du batardeau de l'attaque des Fours, comptant s'en fervir au paffage du foffé. Enfin le 24, M. de Chamilly reçut une lettre du Roi qui fauva les reftes de fa brave garnifon: elle l'autorifoit à remettre fa place à M. le Prince d'Orange à des conditions honorables, fi le Prince les lui accordoit. L'intrépide Gouverneur reçut avec déplaifir cette permiffion qui étoit une efpece d'ordre; il gémit de ne pouvoir plus conferver ces baftions qu'il avoit fi long-tems défendus & dont il n'avoit pas encore permis à l'ennemi d'approcher. La lettre du Roi lui avoit été remife à neuf heures du foir; lorfqu'elle fut déchiffrée, il lui parut qu'il étoit trop tard pour entrer en négociation, & il ne jugea pas à propos d'en inftruire la garnifon; au contraire il donna des ordres, pour que les parties du chemin couvert dont les affiégés reftoient maîtres, fuffent défendues avec la plus grande vigueur, en cas

Nouvelles batteries.

Mines.

Sortie.

Lettre du Roi qui autorife à rendre la place.

Fff

OCTOBRE. que les ennemis les attaquaſſent, car il ne vouloit pas s'expoſer à un échec qui eût pu les rendre plus difficiles ſur les conditions qu'il avoit à leur propoſer ; heureuſement que les ennemis n'attaquerent pas. Le lendemain M. de Chamilly ne pouvoit ſe réſoudre à faire rappeller : les aſſiégeans lui éviterent encore la honte qu'il y attachoit, en faiſant rappeller eux-mêmes, pour demander le corps d'un de leurs Officiers, qui avoit été tué quelques jours auparavant, entre les deux paliſſades du chemin couvert. M. de Chamilly prit occaſion de la petite trêve qui fut accordée, pour entrer en converſation avec l'Officier-Général Hollandois qui commandoit à l'attaque : il feignit d'avoir ignoré juſqu'alors que le Prince d'Orange étoit à l'armée du ſiége, & il demanda qu'il lui fût permis d'envoyer un Officier pour le complimenter. Cet Officier fut chargé d'inſinuer au Stadhouder, que s'il vouloit accorder des conditions raiſonnables & honorables pour la garniſon, on pourroit entrer en négociation avec lui. Le Prince d'Orange ſaiſit avidement cette ouverture : il ſentoit tout ce que la place pouvoit encore lui coûter de travaux & de ſang : les aſſiégeans n'étoient point encore logés ſur la contreſcarpe ; le ſeul progrès réel qu'ils euſſent fait, étoit le paſſage de l'avant-foſſé ; la ſaiſon devenoit mauvaiſe ; elle pouvoit forcer de lever le ſiége, ou au moins de le tourner en blocus ; les troupes étoient excédées, & avoient beſoin d'entrer en quartier d'hiver. Cependant l'armée n'étoit point encore ſéparée : les affaires du Prince le rappelloient en Hollande ; il deſiroit d'y rentrer avec la gloire d'avoir terminé lui-même ce ſiége long & difficile, & de pouvoir au moins préſenter aux Hollandois la priſe de Grave, comme le fruit de ſa campagne, & des dépenſes qu'elle avoit coûtées.

La négociation fut bientôt entamée. On remit des ôtages de part & d'autre. Elle ſouffrit cependant de grandes difficultés, principalement pour l'artillerie aux armes de France que M. de Chamilly prétendoit emmener. M. le Prince d'Orange s'y refuſoit, perſuadé qu'il ſeroit humiliant d'accorder des conditions ſi brillantes à une garniſon aſſiégée depuis quatre mois, & qui n'avoit nulle eſpérance d'être

Capitulation. ſecourue. L'opiniâtreté du Gouverneur l'emporta ſur la répugnance du Prince. La capitulation fut ſignée le 27. La garnison au nombre d'onze ou douze cens hommes, sortit le 28 avec tous les honneurs de la guerre, pour être conduite à Charleroy. Elle défila au milieu de l'armée ennemie, qu'elle salua & dont elle fut saluée. Il n'étoit pas possible que les Hollandois ne regardassent avec admiration des ennemis si respectables. Le Prince d'Orange combla d'honnêtetés M. de Chamilly, qui ne lui dissimula pas que c'étoit par un ordre exprès du Roi qu'il rendoit sa place. La capitulation accordoit vingt-quatre piéces de canon aux armes de France : il n'y en avoit que vingt-huit dans Grave, & les quatre qui resterent étoient hors de service. M. de Chamilly avoit à lui deux petites piéces de quatre, que lui avoit données la ville de Zwolt lorsqu'il y commandoit : il n'en n'avoit point été question dans la capitulation. Le Prince d'Orange les lui laissa, en témoignage de l'estime qu'il faisoit de lui. Telle fut la fin de ce siége mémorable, digne de servir d'exemple à la postérité, & fait pour prouver combien le courage & l'opiniâtreté peuvent étendre la défense des places au-delà des bornes ordinaires.

OCTOBRE.

Les ennemis avoient commencé à s'assembler devant Grave, ou plutôt aux environs de Grave, à la fin de Juin. Ils resserrerent ensuite cette place, à mesure qu'il arriva des troupes ; mais la tranchée ne fut ouverte que le 29 Juillet ; par conséquent la place ne soutint que trois mois de tranchée ouverte. On ne sçait pourquoi on a mis dans la légende d'un plan de ce siége, qui est très-connu, que cette place avoit soutenu quatre mois de tranchée ouverte ; exagération d'autant plus ridicule, qu'elle ne peut ajouter à la gloire de M. de Chamilly, & qu'elle est même contredite ensuite par la relation à laquelle ce plan sert d'explication.

Durée du siége.

La perte des assiégés pendant tout le siége se monta à deux mille trois ou quatre cens hommes tués ou blessés. Nous n'avons pas de notes bien précises sur celle des assiégeans ; mais nous avons lieu de croire qu'elle fut de sept ou huit mille. La consommation en munitions de guerre fut prodigieuse de part & d'autre. M. le Prince d'Orange trouva cependant encore quatre-vingt milliers de poudre dans la place, ainsi qu'une assez grande quantité de grains ou farines. A ces objets près, dont elle avoit été abondamment pourvue, & qui en effet étoient les plus essentiels, M. de Chamilly

Perte de part & d'autre.

manquoit à peu près de tout : sa garnison avoit mangé cinq ou six cens chevaux.

OCTOBRE.

Lorsque M. de Chamilly revint à la Cour, le Roi lui fit l'accueil le plus flatteur ; le grade de Maréchal de camp, accompagné du brevet le plus honorable, une pension, & un Gouvernement furent sa récompense. Tous ceux qui avoient servi sous lui, & dont il rendit un compte avantageux, en reçurent de proportionnées à leur grade & à leurs services.

M. le Prince d'Orange entra le 28 dans Grave ; c'étoit moins une ville qu'un monceau de décombres. Il fit les arrangements relatifs à la garnison qui devoit y rester, donna les ordres pour les réparations les plus urgentes, & nécessaires à la sûreté de cette place pendant l'hiver, fit partir les troupes du siège pour de bons quartiers dont elles avoient le plus grand besoin, partit lui-même le 29, pour rejoindre ce qui restoit de son armée à Meerhout.

Le Prince d'Orange rejoint son armée.

Les François avoient achevé pendant le siège de Grave, de se disperser & de s'établir dans leurs quartiers d'hiver : presque toute l'armée Espagnole étoit dans les siens ; il en étoit de même d'une partie des Hollandois ; les Impériaux, avec ce qui restoit assemblé de leurs Confédérés, étoient cantonnés dans la Campine. La réponse de l'Empereur aux plaintes portées par le Prince d'Orange & les autres Généraux, contre le Comte de Souches, avoit été de rappeller ce Général à Vienne, pour y rendre compte de sa conduite, & de lui ordonner de remettre le commandement de l'armée au Lieutenant-Général Spork.

On se rappellera qu'au commencement de la campagne les Impériaux s'étoient emparés, moitié par force, moitié par négociation & par surprise, du château de Dinant. Ils y avoient laissé une foible garnison, malgré laquelle l'ancienne garnison Liégeoise avoit eu la liberté de rester dans la ville. Il avoit été convenu entre les Impériaux & les Espagnols, que ce château seroit remis aux derniers, & la convention étoit au moment de s'exécuter. Les Liégeois redoutoient le joug des Espagnols encore plus que celui des Impériaux. Ils profiterent de la sécurité de ceux-ci, & de la négligence avec laquelle ils se gardoient, & trouverent moyen de rentrer dans le château, d'en chasser la garnison, & de s'en rendre les maîtres ; ils n'éprouverent qu'une foible résistance, & il n'y eut qu'un petit nombre

Les Liégeois reprennent le château de Dinant.

DE LA CAMPAGNE DE 1674.

nombre d'hommes tués ou blessés de part & d'autre : un détachement Espagnol, qui devoit en prendre possession, se présenta inutilement aux portes, qui lui furent fermées. On conçoit aisément que tout cela se faisoit à l'instigation des François; & en effet les Liégeois reçurent peu après dans Dinant, sept cens cinquante hommes d'infanterie, qu'on leur envoya de Charleville.

OCTOBRE.

M. le Prince d'Orange convint avec les Généraux Impériaux & Espagnols, qu'il falloit punir cette espéce de révolte des Liégeois, & venger l'insulte faite aux armes de l'Empereur: ils arrêterent, que l'armée Impériale feroit les sièges de Dinant & d'Huy, avant d'entrer dans ses quartiers d'hiver. Ces opérations devoient être courtes & faciles ; car il n'étoit pas vraisemblable que ces places, dont les garnisons étoient foibles, & dont les châteaux faisoient toute la force, fissent une grande résistance: il ne l'étoit pas non plus que les François, déjà dans leurs quartiers, en sortissent & se rassemblassent pour les secourir. D'un autre côté, ces deux places étoient nécessaires à l'armée de l'Empereur, qui devoit hiverner en partie dans le pays de Liége. M. le Prince d'Orange vouloit donc bien joindre aux Impériaux un corps de trois ou quatre mille Hollandois, aux ordres de M. de Fariaux : ce corps étoit destiné à prendre aussi ses quartiers sur la Meuse, aussi-tôt que les deux villes seroient soumises.

Après avoir fait ces arrangements, le Prince fit partir pour les garnisons des Pays-Bas & de Hollande, le reste des troupes Espagnoles & Hollandoises qui étoient encore assemblées : il partit lui-même de Meerhout le premier Novembre, visita les principales villes de Hollande, arriva le 9 à la Haye, & trouva par-tout les peuples enthousiasmés de ses grandes qualités, & enchantés de ses succès, que la politique & l'amour propre national avoient exagérés.

Séparation des Hollandois & Espagnols.

M. le Prince de Condé étoit depuis le 12 Octobre à Tournai. Il y reçut vers la fin de ce mois la permission qu'il attendoit avec impatience de quitter l'armée ; ses infirmités rendoient son retour nécessaire : il partit aussi-tôt, revit avec plaisir sa belle & délicieuse retraite de Chantilly, & arriva le 2 Novembre à Saint Germain, où le Roi lui fit l'accueil le plus distingué. On sçait le mot de ce Monarque, qui, voyant que le Prince se hâtoit, mais ne montoit qu'avec peine l'escalier

Départ de M. le Prince.

Ggg

NOVEMBRE.

au haut duquel il étoit allé l'attendre, lui dit : *Mon Cousin, ne vous pressez pas ; quand on est aussi chargé de lauriers que vous l'êtes, on ne peut pas aller bien vîte.*

L'armée Impériale.

L'armée Impériale quitta, après le départ du Prince d'Orange, ses cantonnements de Beringen & environs, pour s'approcher de la Meuse. M. le Comte d'Estrades eut quelque inquiétude pour Mazeick, & en renforça la garnison. Les petites marches des Impériaux, qui n'étoient à proprement parler que des déplacements, & les séjours dont ils les coupoient, ne laissoient pas voir bien clairement sur quelle partie de la Meuse ils vouloient se porter, & dans quel point ils projettoient de passer cette riviere. Cependant ils négocioient avec les Etats de Liége, à qui ils demandoient des quartiers d'hiver, & de fortes contributions & livraisons de toute espéce : on juge bien que ceux-ci s'y refusoient autant qu'ils le pouvoient. Liége étoit constamment divisée entre le parti Impérial & le parti François, & la neutralité de cette Ville n'étoit rien moins que paisible. M. de Spork exigeoit que Huy & Dinant lui fussent livrés : on craignoit qu'il ne s'emparât de Liége même ; cependant on refusa de lui remettre les deux places qu'il demandoit. L'armée s'approcha d'Huy, & cantonna le 10 aux environs de cette ville : M. de Spork la

S'empare d'Huy.

fit sommer le 11, & elle lui ouvrit ses portes. Il n'en fut pas de même du château, dont le Commandant refusa de se rendre : Spork remit à un autre moment à en faire le siége, & se contenta de laisser une forte garnison dans la ville. Il passa la Meuse le 12 avec son armée, remonta à la rive

Siége de Dinant.

droite de cette riviere, & arriva le 15 devant Dinant, où il trouva de l'artillerie de siége, qu'il avoit fait venir de Namur. Les François, qu'on y avoit fait entrer, se défendirent quelques jours ; mais il n'étoit pas possible de tenir long-tems contre une armée, dans une mauvaise place, mal approvisionnée, & qui manquoit particuliérement de munitions de guerre. La capitulation fut signée le 21 ; elle accordoit aux habitants le pardon du passé : la ville & le château furent remis aux troupes de l'Empereur. Le Baron d'Hautepenne, Gouverneur, & les principaux Bourguemestres, qui avoient fait révolter les habitants contre la garnison Impériale, furent cependant arrêtés : les François sortirent avec armes & bagages, & se retirerent à Philippeville.

DE LA CAMPAGNE DE 1674.

M. de Spork laissa deux mille hommes de garnison à Dinant, & se rapprocha d'Huy. Il fit sommer de nouveau le Comte de Merode, qui commandoit dans le château, & qui persista dans son refus. Spork l'assiégea en régle le 30 Novembre, & l'écrasa du feu de trois batteries : le Comte de Merode eût en vain entrepris de résister ; il capitula le 2 Décembre.

NOVEMBRE & DÉCEMBRE.
Du château d'Huy.

L'armée Impériale, maîtresse d'Huy & de Dinant, se sépara ensuite, & entra dans ses quartiers d'hiver ; ils s'étendirent entre la Meuse & le Rhin, & jusques sur la Roer, dans le pays de Liége, dans les Duchés de Berg, de Juliers & de Limbourg, & dans l'Electorat de Cologne : le régiment de Souches occupa Aix-la-Chapelle, dont les habitants ne résisterent qu'un moment, & seulement pour la forme. Le Comte de Chavagnac commanda à Huy : M. de Staremberg à Dinant. L'artillerie fut placée à Munster-Eyfeld. M. de Spork établit son quartier-général à Bonn.

L'armée Impériale prend ses quartiers d'hiver.

Les Impériaux qui étoient aux environs de Liége & sur la Roer, eurent à se garder contre les incursions de la garnison de Maëstricht : cette garnison, composée de six mille hommes de bonnes troupes, & commandée par un Chef habile & actif, les inquiéta souvent dans le courant de l'hiver, & leur fit même éprouver quelques échecs.

Le corps de troupes Hollandoises qui avoit suivi l'armée Impériale, & que le Général-Major Fariaux commandoit, s'avança dans le pays de Cologne ; son objet étoit de se faire payer des sommes que les Etats-Généraux prétendoient leur être dues par l'Electeur.

Il y avoit eu un projet pour que l'armée Impériale, secondée de ce corps de troupes Hollandoises, & d'un autre de troupes Espagnoles, qui venoit hiverner dans le Luxembourg, aux ordres de M. de Louvignies, fît le siége de Tréves : l'Electeur en sollicitoit vivement l'exécution. M. de Grana fut quelque tems à Coblentz pour le discuter ; mais la mauvaise saison, la fatigue des armées, la forte garnison que les François avoient dans Tréves, & les difficultés de toute espéce que présentoit cette entreprise, l'obligerent d'y renoncer.

Les troupes legeres du Colonel Massiette furent du nombre des Espagnols qui hivernerent dans le Duché de Luxembourg. Elles inquiéterent les François de la haute Meuse, demanderent des contributions, sommerent les petites villes de Mouzon,

Donchery, &c.; mais au défaut de troupes réglées, les milices firent bonne garde dans tous les lieux fermés, & les courfes de ces partis fe bornerent au pillage de quelques malheureux villages.

NOVEMBRE & DÉCEMBRE.

Les troupes Impériales répandues dans les Ardennes, poufferent de leur côté leurs courfes jufqu'aux environs de Sedan. Elles fommerent Bouillon; mais le Commandant refufa de fe rendre à une fommation qui n'étoit pas foutenue par un corps capable de le forcer. Elles ne l'entreprirent pas, & fe renfermerent dans leurs quartiers de Rochefort, Marches, Roche, &c.

Conclufion de cet Ouvrage.

Maintenant que nous avons atteint le terme de la Campagne que nous avions entrepris de décrire, il ne nous refte plus qu'à préfenter au Lecteur quelques réfultats & quelques réflexions. S'il a fuivi avec attention le fil des événements que nous nous fommes occupés de lui tranfmettre; fi à travers les détails il en a faifi l'enfemble; s'il a obfervé ce que nous avons cherché à lui développer avec le plus de foin, les caufes des différents fuccès; il aura vu que le génie maîtrife la fortune, que le hazard n'eft que pour les ignorants, que la fupériorité en nombre eft le moindre des avantages; enfin que l'habileté du Général, la bravoure & le bon efprit des troupes, l'unité dans les Confeils, la fuite dans les projets, la vivacité dans l'exécution, ont un effet toujours affuré, & ne manquent jamais de décider le fuccès d'une Campagne.

M. le Prince avoit à défendre les frontieres feptentrionales du Royaume, & les conquêtes du Roi en Flandre, contre des ennemis puiffants & nombreux. Il fçavoit que fon armée feroit très-inférieure en nombre à celle que les ennemis raffembloient pour agir contre lui; ajoutez à cela qu'une grande partie de fes forces confiftoit dans le corps que M. de Bellefont ramenoit de Hollande. Il étoit donc de la plus grande importance d'exécuter une jonction affez difficile, & contre laquelle les ennemis pouvoient facilement entreprendre. M. le Prince, pour mieux les tromper, raffemble fes troupes fur l'Efcaut, traverfe enfuite rapidement l'efpace qui eft entre cette riviere & la Meufe, fait fa jonction avec le Maréchal de Bellefont, s'empare de quelques forts ou châteaux,

DE LA CAMPAGNE DE 1674.

châteaux, dont il ordonne la démolition : son projet rempli, il revient sur ses pas avec la même célérité, occupe successivement divers camps en avant de la Sambre & de la Haisne, consomme les subsistances du pays, laisse du repos à son armée, & par des positions savantes, inquiéte & contient l'ennemi, dont il menace les places, en même tems qu'il est en mesure de parer à tous les projets offensifs que celui-ci pourroit former contre lui.

Les Alliés pendant ce tems sont inactifs & incertains ; ils restent paisibles spectateurs de cette jonction qu'ils pouvoient empêcher : en effet, si les Impériaux, qui avoient vu tranquillement le Maréchal passer à la tête de leurs quartiers, avoient voulu en sortir, il n'est pas douteux qu'ils eussent pu lui opposer un nombre de troupes supérieur aux siennes, & qu'ils l'eussent combattu avec avantage. Au lieu de cela, ils ne se rassemblent que tard & lentement ; ils errent pendant près de deux mois à la rive droite de la Meuse, désolent le pays, & ne remplissent aucun objet. Les Hollandois & les Espagnols restent aussi oisifs derriere Bruxelles, vivent sur leur pays, qu'ils épuisent, & perdent le tems le plus précieux de la Campagne à discuter & à concerter avec les Impériaux, des projets compliqués & contradictoires, qui se succédent & se détruisent, & ne sont jamais exécutés. Ce n'est que vers la fin de Juillet que les Alliés prennent un parti : mais après être convenus de porter la plus grande partie de leurs forces à la rive droite de la Meuse, ils les rassemblent par une contradiction sans exemple, à la rive gauche, dans les plaines de la Méhaigne. Là se trouvant en état d'agir avec une armée de soixante-dix mille hommes, contre M. le Prince, qui en avoit moins de cinquante mille, ils ne s'approchent de lui qu'avec des projets timides & indécis : bientôt après ils abandonnent l'idée de l'attaquer dans le camp formidable de Piéton, mais ils esperent l'en tirer & le rappeller au secours de la frontiere qu'ils menacent. Une marche mal combinée & plus mal exécutée, fournit à ce grand homme une occasion qu'il saisit avec autant de célérité que de génie. Il attaque & défait leur arriere-garde, renverse les troupes qui le précédent, pénétre jusqu'au centre de leur armée, & remporte jusques-là la victoire la plus signalée & la plus complette. La résistance qu'il éprouve ensuite dans le poste excellent où

Hhh

les ennemis fe font raffemblés, & où il entreprend inutilement de les forcer, n'aboutit qu'à borner fes fuccès, mais ne fauroit lui faire éprouver d'échecs. M. le Prince rentre après fa victoire dans le camp de Piéton. Les Alliés vont en Hainaut; ils y paffent un mois, occupés de réparer leurs pertes, & de faire de nouveaux projets, auffi incertains que les premiers. Les François, après avoir achevé de confommer les fubfiftances en avant de la Sambre, repaffent cette riviere, & fe rapprochent d'eux pour être en mefure de les obferver. Ceux-ci fe décident au fiége d'Oudenarde, arrivent devant cette place par des marches forcées, en font l'inveftiffement, & ouvrent la tranchée fans perte de tems; mais M. le Prince marche fur leurs pas, trouve le fiége peu avancé, profite des fautes des Alliés, & par fes feules difpofitions les force d'abandonner leur entreprife. M. le Prince d'Orange, fatigué de tant de mauvais fuccès, penfe qu'il ne lui refte plus rien d'utile à faire que de preffer le fiége de Grave, & fe détermine à s'y rendre lui-même, fuivi d'un corps de troupes affez confidérable. Cependant M. le Prince jugeant n'avoir plus rien à craindre des Alliés, envoie cinquante efcadrons de fa cavalerie à M. de Turenne. Peu après il fépare fon armée & la fait entrer dans fes quartiers. La plus grande partie des Hollandois & des Efpagnols fuit fon exemple. Les Impériaux s'acheminent vers la Meufe. Le fiége de Grave terminé par M. le Prince d'Orange après la réfiftance la plus glorieufe de la part de M. de Chamilly, met fin à cette Campagne; & la prife de cette place, qui n'eft plus qu'un tas de ruines, eft le feul effet des grands deffeins que les Alliés avoient conçus, l'unique fruit qu'ils retirent d'une dépenfe exceffive, de la réunion de trois armées, & d'une fupériorité de forces prefque exorbitante.

Tel eft le coup d'œil que nous offre la Campagne de 1674. Elle eft principalement défenfive de la part de M. le Prince; mais le Lecteur doit obferver combien le plan de cette défenfive eft net, comme la conduite en eft fûre & peu compliquée. Toujours la fcience des moyens eft cachée fous leur fimplicité. La plus grande partie de la Campagne fe paffe dans des pofitions habilement prifes, d'où M. le Prince brave & les projets, & la fupériorité de fes ennemis; & ces pofitions, en même tems menaçantes pour eux, les inquiétent,

DE LA CAMPAGNE DE 1674.

les contiennent, augmentent leurs incertitudes & leurs lenteurs. Cette défensive sage & savante, est encore active, offensive même ; tous les objets sont remplis ; nul instant n'est perdu ; nulle occasion n'est manquée : M. le Prince vole de l'Escaut à la Meuse pour se joindre à M. de Bellefont ; il apperçoit une faute des ennemis, la saisit & les bat à Seneff ; il est sur leurs pas à Oudenarde ; les étonne par son activité, leur en impose par ses manœuvres, & les force d'abandonner leurs lignes.

Quel contraste avec la conduite des Alliés ! Au lieu d'un plan décidé & sûr, exécuté avec activité, on ne voit ici qu'incertitude & lenteur, au point que le Lecteur en est fatigué. Les Alliés prennent cependant dans cette Campagne deux partis offensifs importants ; l'un de marcher en avant après leur réunion tant discutée, tant projettée & si tardive, à la rive gauche de la Meuse, & c'est pour se faire battre à Seneff ; l'autre, de faire le siége d'Oudenarde, & c'est pour le lever presque aussi-tôt qu'il est commencé. La seule entreprise qui leur réussit, mais trop tard, mais après trop de dépenses & de pertes, c'est le siége de Grave, place abandonnée à elle-même, qu'il n'entroit pas dans le plan des François de secourir, & dont la défense fut digne d'être à jamais citée pour exemple.

Résumons & finissons. De la part des François, unité de conseil, unité de plan, esprit de suite, activité dans l'exécution ; Général absolu, né avec le génie de la guerre, consommé par l'expérience, affermi par l'habitude des succès ; troupes inférieures en nombre, mais excellentes ; aguerries, subordonnées, disciplinées, autant que celles de ce tems pouvoient l'être ; aimant, craignant, respectant leur Chef, poussant leur confiance en lui jusqu'au dévouement : chez les Alliés, au contraire, jalousie perpétuelle entre trois Puissances bien plus divisées par leurs vues particulieres, que réunies par l'intérêt commun ; difficulté de s'accorder sur un plan, défaut de sincérité dans l'intention de l'exécuter ; embarras, lenteurs, contradictions, & tous les autres inconvéniens qui en résultent. Si l'on se détermine enfin à agir, la mésintelligence, les disputes perpétuelles entre les Chefs, quelquefois la mauvaise volonté, & toujours l'irrésolution, arrêtent tous les succès, déconcertent toutes les mesures. Au milieu de tant d'intérêts, de conseils opposés, nulle autorité absolue pour trancher toute difficulté ; celle du Général en chef assez équivoque sur les troupes qui ne sont point de sa nation ; ce Général possédant de grandes qualités, mais jeune encore, ayant peu d'expérience, & obligé de s'instruire en commandant..... Que l'on considere maintenant ce tableau sous ces deux points de vue, on sentira que vingt mille hommes de plus, font une foible compensation pour tant de désavantages, & personne ne sera plus étonné que le génie du Grand Condé ait fait pencher la balance.

La Campagne que nous venons de décrire, fut l'avant-derniere où commanda ce grand homme : il servit encore l'année suivante, d'abord sous le Roi en Flandre, & ensuite en Alsace après la mort de M. de Turenne. Couvert de gloire, mais accablé d'infirmités, il se retira ensuite à Chantilly, résolu d'y donner à la philosophie, à sa famille & à ses amis le reste d'une vie passée dans le trouble des affaires & dans le tumulte des armes. Alors l'on vit disparoître à la fois du vaste théatre de la guerre les trois plus grands Généraux de ce siécle, Condé, Turenne & Montécuculi : Créquy & Luxembourg, formés sous les deux premiers, soutinrent la fortune de la France jusqu'à la paix de Nimegue.

F I N.

www.ingramcontent.com/pod-product-compliance
Lightning Source LLC
Chambersburg PA
CBHW060547230426
43670CB00011B/1723